DIE BESTEN STELL- UND CAMPINGPLÄTZE

Stellplatz Les Pinettes, Préfailles 15

An der Spitze der Halbinsel von Préfailles liegt dieser Pass'Étapes-Stellplatz in unmittelbarer Nähe von Strand und Meer. In ruhiger Umgebung sind hier schöne Wanderungen und Fahrradtouren möglich (s. S. 42).

160wf if

164wf-if

23 Camping Municipal La Pointe, Île de Noirmoutier

Dieser naturbelassene Campingplatz befindet sich an der Südspitze der Insel auf einer großen Düne. Toller Blick auf das Meer, rundum feiner Strand und der Hafen von L'Herbaudière ganz in der Nähe – was will man mehr (s. S. 53)?

Stellplatz Mortagne-sur-Gironde 68

Hier stehen die Womos idyllisch unter Bäumen und von jedem Platz hat man einen schönen Blick auf den kleinen Hafen und die nachts illuminierte Umgebung. Auch der Ort oben auf dem Hügel ist einen Besuch wert (s. S. 124).

076wf-if

023wf-if

98 Stellplatz Hourtin-Port

Am größten Süßwassersee Frankreichs und doch nicht weit vom Meer entfernt liegt dieser schöne Stellplatz ganz in der Nähe der neuen Marina. Cafés, Restaurants, Segelschule, Kanuverleih – hier ist alles vorhanden (s. S. 189).

Camping de L'Océan Carcans 100

Mitten im Pinienwald und in unmittelbarer Nähe zum feinen und breiten Sandstrand von Carcans liegt dieser idyllische Campingplatz direkt hinter den Dünen. Tolle Fahrradwege laden zur Erkundung der Region ein (s. S. 191).

176wf©Camping de L'Océan Carcans

DIE SCHÖNSTEN LANDSCHAFTEN

197wf©Thierry RYO, stock.adobe.com

Île de Noirmoutier

Die kleine Schwester der Île de Ré und der Île d'Oléron ist eine typische Insel der französischen Atlantikküste mit breiten Dünen, feinsten Sandstrände und idyllischen Fichtenwäldern – aber auch mit viel Kultur, Salzgärten und Austernzuchtbetrieben (s. S. 48).

198wf©Jean-Luc Ichard, stock.adobe.com

Dune du Pilat

Die größte Wanderdüne Europas ist äußerst beeindruckend und einer der größten Besuchermagneten Frankreichs. Unbedingt sollte man den Aufstieg wagen, denn der Panoramablick auf das Becken von Arcachon und auf Cap Ferret ist überwältigend (s. S. 204).

199wf©arcachonphoto.com, stock.adobe.com

Côte d'Argent

Die Region von der Gironde bis zum Fluss Adour im Süden wird als Silberküste bezeichnet. Hier befinden sich so bekannte Badeorte wie Biscarrosse, Mimizan oder Capbreton. 200 km zieht sich ein fantastischer feiner Sandstrand die Küste der Biskaya entlang (s. S. 181).

200wf©hifografik, stock.adobe.com

Tal der Vézère

Auf einer Strecke von gerade einmal 50 km sind 14 UNESCO-Welterbestätten zu entdecken, darunter die berühmte Höhle von Lascaux. Die einzigartige Landschaft hier im Périgord Noir ist aber auch als kulinarisches Eldorado bekannt (s. S. 148).

201wf©Pascale Gueret, stock.adobe.com

Pyrénées-Atlantique

Dieser südlichste Teil der französischen Atlantikküste ist ganz anders als der Rest. Die Küste ist zerklüftet, die Architektur baskisch und die regionale Küche ländlich geprägt. Saint-Jean-de-Luz und Saint-Jean-Pied-de-Port muss man besucht haben (s. S. 225).

DIE SEHENSWERTESTEN ORTE

Saint-Martin-de-Ré

Die Hauptstadt der Île de Ré ist ein idyllisches Hafenstädtchen mit sehr viel maritimem Charme. Die komplette Altstadt mit ihren kleinen Gässchen ist von einer Festungsmauer umgeben und UNESCO-Weltkulturerbe (s. S. 88).

202wf©Gregory CEDENOT, stock.adobe.com

La Rochelle

Den berühmten historischen Hafen von La Rochelle sollte man unbedingt besichtigen, denn der Anblick hat eindeutig Postkartenpotenzial. In den von Arkaden gesäumten Einkaufsstraßen der schönen Altstadt macht das Bummeln so richtig Spaß, an Kultur mangelt es ebenfalls nicht (s. S. 73).

203wf©dudlajzov, stock.adobe.com

Bordeaux

Die Welthauptstadt des Weines an der Gironde ist ein Must-see. Der historische Stadtkern ist UNESCO-Weltkulturerbe, trotzdem herrscht in Bordeaux eine sehr lebendige und moderne Atmosphäre. Alles ist überschaubar und die Highlights sind bestens per pedes erreichbar (s. S. 168).

204wf©dbrnjhrj, stock.adobe.com

Arcachon

Die elegante Stadt besticht mit ihren völlig unterschiedlichen Stadtteilen: Winterstadt, Frühlingsstadt, Sommerstadt und Herbststadt – jede hat ihren ganz eigenen Charakter. In Arcachon herrscht das ganze Jahr Urlaubsatmosphäre, die man besonders an der lebendigen Promenade spürt (s. S. 197).

205wf©arcachonphoto.com, stock.adobe.com

Saint-Jean-de-Luz

Das sympathische Städtchen wird durch den baskischen Einfluss und die quirlige Innenstadt zu etwas ganz Besonderem. Alles ist etwas anders als am nördlichen Abschnitt der französischen Atlantikküste: Landschaft und Architektur, Kultur und Spezialitäten, aber auch die Sprache (s. S. 228).

206wf©Warpedgalerie, stock.adobe.com

DIE SCHÖNSTEN ROUTEN ENTLANG DER FRANZÖSISCHEN ATLANTIKKÜSTE

Vorwort 7

Die französische Atlantikküste – ein kleiner geschichtlicher Überblick 9

Hinweise zur Benutzung 11

Praktische Reisetipps A–Z. 13

Anreise (14); Campingplätze (18); Diebstahl (18); Diplomatische Vertretungen (18); Einkaufen (19); Einreisebestimmungen (19); Elektrizität (19); Feiertage (20); Gastronomie (20); Gasversorgung (21); Geldfragen (21); Gezeiten (22); Haustiere (23); Informationen (23); Karten (24); KFZ-Kennzeichen (24); Maut (24); Medizinische Versorgung (25); Öffnungszeiten und Preise (26); Panne (27); Parken und Rasten (27); Post (28); Reisezeit (28); Sicherheit (28); Stellplätze (29); Tanken (31); Telefon und Internet (31); Unfall (32); Verkehrsregeln (32); Ver- und Entsorgung (33); Wohnmobil mieten (34); Zoll (34)

1 Route 1: Entlang der Jadeküste bis zur Île de Noirmoutier .35

Routenübersicht (37); Saint-Brevin-les-Pins (38); Tharon-Plage (39); Pointe Saint-Gildas (41); Pornic (43); La Bernerie-en-Retz (45); Port du Bec (47); Île de Noirmoutier (48)

2 Route 2: Entlang der Côte de Lumière bis zur Côte des Fleurs 55

Routenübersicht (57); La Barre-de-Monts und die Île d'Yeu (58); Notre-Dame-de-Monts (59); Saint-Jean-de-Monts (61); Saint-Hilaire-de-Riez (61); Les Sables-d'Olonne (64); Talmont-Saint-Hilaire (66); Jard-sur-Mer (67); Avrillé (69); La Tranche-sur-Mer (70); Pointe de L'Aiguillon-sur-Mer (71); La Rochelle (73); Abstecher in die Marais Poitevin (74)

3 Route 3: La Rochelle und die Île-de-Ré 79

Routenübersicht (81); La Rochelle (82); Île de Ré (87); Angoulins (94); Châtelaillon-Plage (94); Fouras (95)

4 Route 4: Rochefort und eine Rundfahrt über die Île d'Oléron 97

Routenübersicht (99); Rochefort (100); Port-des-Barques (102); Brouage (103); Île d'Oléron (104)

5 Route 5: Le Côte sauvage, Le Côte de Beauté und La Gironde 113

Routenübersicht (115); Marennes (116); La Tremblade (117); La Palmyre (118); Royan (120); Meschers-sur-Gironde (121); Talmont-sur-Gironde (122); Mortagne-sur-Gironde (123); Blaye (125)

Perfekte Poleposition am Meer – von der Villa Belza in Biarritz (s. S. 219) genießt man einen grandiosen Blick (Foto: 001wf-as©litchi cyril, stock.adobe.com)

6 **Route 6: Ausflug durch die Charente und ins Périgord . . 127**
Routenübersicht (129); Saintes (130); Cognac (132); Angoulême (134); Aubeterre-sur-Dronne (136); Brantôme-en-Périgord (138); Périgueux (141)

7 **Route 7: Kulturroute durch das Périgord. 145**
Routenübersicht (146); Montignac (148); Sarlat-la-Canéda (151); Domme (152); La Roque-Gageac (155); Beynac-et-Cazenac (157); Castelnaud-la-Chapelle (157); Limeuil (159); Bergerac (161); Saint-Émilion (162)

8 **Route 8: Die Gironde, Bordeaux und der Wein 165**
Routenübersicht (167); Bordeaux (168); Macau (174); Margaux (174); Fort Médoc (175); Pauillac (177); Saint-Estèphe (178); Saint-Yzans-de-Médoc (178); Le Verdon-sur-Mer (179)

9 **Route 9: Entlang der Côte d'Argent 181**
Routenübersicht (183); Soulac-sur-Mer (184); Montalivet-les-Bains (187); Hourtin-Plage und Hourtin-Port (189); Carcans-Plage (190); Lacanau-Océan (191); Cap Ferret (193); Andernos-les-Bains (194); Arcachon (197)

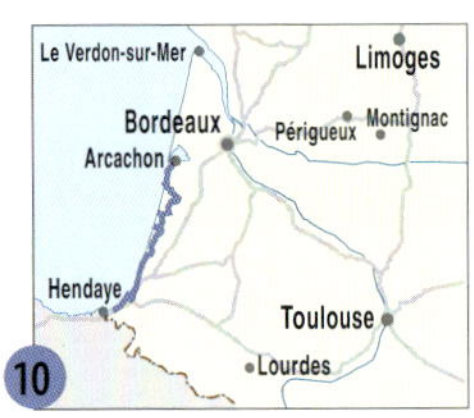

10 **Route 10: Entlang des Golfe de Gascogne 201**
Routenübersicht (203); Dune du Pilat (204); Biscarrosse-Plage und Biscarrosse-Bourg (205); Parentis-en-Born (207); Mimizan-Plage (208); Vieux-Boucau-les Bains (210); Capbreton (212); Bayonne (215); Biarritz (219)

11 **Route 11: Die baskische Küste und die Pyrénées-Atlantiques 225**
Routenübersicht (226); Saint-Jean-de-Luz (228); Hendaye (230); Sare (232); Espelette (233); Saint-Jean-Pied-de-Port (234); Oloron-Sainte-Marie (237); Pau (239); Lourdes (242)

Anhang. 247
Kleine Sprachhilfe (248); Womo-Wörterliste Deutsch – Französisch (250); Die wichtigsten Sätze für Wohnmobilisten (253); Kulinarisches Wörterbuch (254); Register (258); Die Autorin (261); Impressum (261)

Routenatlas. 263
Routenkarten 264
Übersicht der Stell- und Campingplätze 276
Zeichenerklärung zum Routenatlas 280

VORWORT

Lieber Leser,

herzlich willkommen an der französischen Atlantikküste! Vor Ihnen liegt ein Reiseführer mit elf wunderschönen und interessanten Routen, die allesamt ihren ganz eigenen Charakter haben.

Insgesamt über 2000 Kilometer (ohne Hin-und Rückfahrt) führt diese Reise durch abwechslungsreiche Landschaften hin zu sehenswerten historischen Städten und Stätten. Mit ihren idyllischen Inseln, riesigen Dünen, ausgedehnten Pinienwäldern, großen Seen und, nicht zu vergessen, den nicht enden wollenden feinen Sandstränden ist dies eine Urlaubsregion, in der jeder sein Lieblingsfleckchen finden wird.

Um Ihre schönsten Wochen des Jahres wirklich genießen zu können, sollten Sie vorbereitet sein – nehmen Sie sich etwas Zeit, stöbern Sie ein wenig durch dieses Buch und entscheiden Sie aus dem Bauch heraus, wo Sie hinfahren möchten – die beste Grundvoraussetzung für einen gelungenen Urlaub.

Die französische Atlantikküste umfasst ein so großes Gebiet, dass ein Jahresurlaub allein nicht reichen wird, um alles kennenzulernen. Nehmen Sie sich nicht zu viel vor, sondern bleiben Sie ein Weilchen dort, wo es Ihnen gefällt, erholen Sie sich gut und kommen Sie ganz einfach im nächsten Jahr wieder.

Wir beginnen unsere Reise dort, wo die Loire in den Atlantik mündet. Es lohnt sich, für die Anfahrt ein wenig Zeit einzuplanen, während der man sich das ein oder andere berühmte Château an der Loire anschauen kann, um dann stressfrei und in entspannter Urlaubsstimmung am Meer anzukommen.

Möchten Sie einmal mit Ihrem Wohnmobil über das Meer fahren? Die Passage du Gois macht dies bei Ebbe möglich, und auf der anderen Seite erwartet Sie ein Inselidyll.

Die Île-de-Noirmoutier, die kleinste und unbekannteste Schwester der großen französischen Atlantikinseln, ist nach wie vor ein Geheimtipp. In der Region herrscht kein Massentourismus und alles ist ruhig und beschaulich.

Über 2500 Sonnenstunden pro Jahr sind nahezu ein Garant für schönes Urlaubswetter, sodass herrlichen Strandtagen an der „Côte de Lumière“ und auf der Île de Ré nichts im Wege steht.

Ein kleiner Ausflug in die Marais Poitevin bildet das Kontrastprogramm, denn das zweitgrößte Feuchtbiotop Frankreichs ist ein einzigartiges Ökosystem. Mit dem bezaubernden Ort Coulon ist das „Grüne Venedig“ erreicht, wo man sich unbedingt einmal von einem Gondoliere durch die Sümpfe rudern lassen sollte.

An der französischen Atlantikküste findet man eine erstaunliche Anzahl an UNESCO-Weltkulturerbe-Stätten vor, eine der sehenswertesten ist der historische Hafen von La Rochelle.

Dann ist die Île d'Oléron erreicht, die zweitgrößte Insel Frankreichs. Das 175 Quadratkilometer große Urlaubsparadies bietet alles, was das Herz begehrt: feinste Sandstrände, wunderschöne Pinienwälder, kulturelle Sehenswürdigkeiten und noch vieles mehr. Zusammen mit den Parcs á Huîtres von Marennes befindet sich hier auch das bedeutendste Austernzuchtgebiet der Welt – am besten probiert man die von Franzosen so geliebte Delikatesse in einer der bunt gestrichenen „Cabanes“ der Austernzüchter.

Der insgesamt rund 1000 Kilometer lange Küstenabschnitt wird durch den gewaltigen Mündungstrichter der Gironde unterbrochen, an dessen Ende sich die überaus interessante Stadt Bordeaux befindet, und an deren Ufern die berühmten Bordeaux-Weine wachsen.

Wieder am Meer erwartet den Urlauber ein äußerst breiter und langer Strandabschnitt, dessen feiner Sand in der Abenddämmerung silbern schimmert und der Küste ihren Namen gab – Côte d'Argent.

Der südliche Teil der französischen Atlantikküste beginnt in Arcachon, wo rund um die wunderschönen Villen der Belle Époque das ganze Jahr touristisches Flair und überaus angenehme Atmosphäre herrscht.

Die Besteigung der Dune du Pilat ist ein absolutes Muss! Das Panorama von dieser größten Wanderdüne Europas ist so überwältigend, dass es kaum in Worte zu fassen ist – man muss es einfach selbst erlebt haben.

Im weiteren Verlauf der Reise hat der Urlauber nun die Qual der Wahl: die immer wieder faszinierenden Atlantikwellen und ein ausgedehnter Strandspaziergang oder ein entspannter Tag am See und ein herrlicher Fahrradausflug durch die schattenspendenden Pinienwälder?

Biscarrosse, Mimizan und Capbreton sind die bevorzugten Ziele leidenschaftlicher Strandurlauber, die vor allen Dingen Sonne, Sand und Meer genießen, wohingegen die begeisterten Surfer geduldig auf die ultimative Welle warten.

Mit Biarritz ist die baskische Küste erreicht, die Landschaft verändert sich völlig. Zwischen imposanten Steilküsten verstecken sich idyllische Buchten: Land und Leute, die Architektur und die regionalen Spezialitäten – alles ist neu und anders.

Denjenigen, die außer den Küstenregionen auch etwas vom Landesinnern kennenlernen möchten, sei Route 6 empfohlen, die durch die historisch bedeutsame Charente-Maritime über Cognac bis nach Périgueux führt. Route 7 schweift entlang der Dordogne durch das prähistorisch und kulinarisch geprägte Périgord und erreicht mit Saint-Émilion wieder das Bordelais.

Auf der Route 11 geht es in die Pyrénées-Atlantiques, um hier das Pilgerstädtchen Saint-Jean-Pied-de-Port kennenzulernen.

Den Abschluss dieses Wohnmobil-Tourguides bildet Lourdes, dessen allabendliche Lichterprozession durch den Heiligen Bezirk wohl jedem Besucher für immer in Erinnerung bleiben wird.

Egal für welche Region Sie sich entscheiden, Frankreich ist eine campingbegeisterte Nation und ohnehin wohnmobilfreundlich. Nirgendwo in Europa ist die Camping- und Stellplatzdichte so groß wie bei unseren sympathischen Nachbarn, ein nettes Plätzchen für die Nacht wird sich also auf alle Fälle finden. Dieser Wohnmobilführer beschreibt ausschließlich solche Stell-und Campingplätze, die landschaftlich besonders schön gelegen oder ganzjährig geöffnet sind.

Ich wünsche Ihnen gute Fahrt und einen wunderschönen Urlaub an der französischen Atlantikküste.

Herzlichst
Ines Friedrich

005wf-if

☐ *Stockrosen auf der Île de Ré (s. S. 87)*

DIE FRANZÖSISCHE ATLANTIKKÜSTE – EIN KLEINER GESCHICHTLICHER ÜBERBLICK

Zu den bedeutendsten kulturellen Zeugnissen der **Altsteinzeit** zählen die **Höhlenmalereien in Lascaux,** die belegen, dass bereits 20.000 v. Chr. Menschen das Tal der Vézère bewohnten.

Die **Megalithkultur** beginnt etwa 4000 v. Chr., zahlreiche kultische Zeitzeugen wie Dolmen und Menhire (s. S. 70) sind noch heute im nördlichen Teil Frankreichs zu finden.

Um 400 v. Chr. besiedeln **Kelten und Gallier** weite Teile des Landes. Julius Cäsar unterwirft die keltischen Volksstämme im Jahr 52 v. Chr. und hinterlässt eine reiche römische Kultur.

Im 5. Jh. n. Chr. erobern **Germanen (Franken)** das Gebiet, es entsteht das Reich der **Merowinger.** Chlodwig I. regiert nun das Westgoten-Territorium zwischen Loire und Garonne.

800 n. Chr. erobern die **Karolinger** unter Karl dem Großen (768–814) das Land, so entsteht ein Reich, das das heutige Frankreich, große Teile Deutschlands und weitere Gebiete in Italien umfasst.

Das eigentliche **Frankreich** wird gebildet, als im Jahr 832 die Söhne des entmachteten Kaisers Ludwigs des Frommen das Reich im Vertrag von Verdun unter sich aufteilen.

Anfang des 9. Jh. wird das Grab des Apostels Jakobus des Älteren in Santiago de Compostela entdeckt, es beginnt die Pilgerzeit.

Die **Hauptpilgerrouten** verlaufen durch den Südwesten Frankreichs, so entstehen hier ab dem 11. Jh. zahlreiche Kirchen und Klöster.

Eleonore, Erbtochter Wilhelm I. von Aquitanien ehelicht im Jahre 1137 Ludwig VII. und bringt die Gascogne und das Poitou mit in die Ehe.

1152 heiratet Eleonore von Aquitanien den König Heinrich II., wodurch die Hälfte des französischen Reiches unter die Herrschaft der englischen Krone gerät.

Als dritter Sohn des Paares kommt **Richard Löwenherz** 1157 zur Welt, der später den englischen Festlandsbesitz gegen den französischen König Philipp II. verteidigt.

Eine lange Zeit der kriegerischen Auseinandersetzung zwischen England und Frankreich beginnt Mitte des 14. Jh. und führt zum **Hundertjährigen Krieg** (s. S. 156).

Jeanne d'Arc bringt 1429 die Wende des kriegerischen Geschehens zu Gunsten Frankreichs und 1453 endet die Fremdherrschaft der englischen Krone endgültig.

Mitte des 16. Jh. beginnen die **Religionskriege,** diese werden durch König Heinrich IV. mit dem Edikt von Nantes 1598 beendet.

Frankreich erreicht mit der Herrschaft des **Sonnenkönigs Ludwig XIV.** (1638–1715) den Höhepunkt des **Absolutismus.** Wie im Pyrenäenfrieden vereinbart, heiratet der König 1659 die spanische Königstochter Maria Teresa in Saint-Jean-de-Luz.

Die Expansionspolitik Ludwigs XIV. führt zur **Ausweitung der Kolonien in Nordamerika,** und Frankreich gerät mit anderen europäischen Großmächten in Konflikt.

Im Rahmen des **Spanischen Erbfolgekriegs** verliert Frankreich unter Ludwig XV. die Befehlsgewalt über diverse europäische Gebiete und auch viele Kolonien.

Durch die Prunksucht der Könige und die teuren Kriege ist das Land finanziell ruiniert, die Privilegien des Adels und die unerträgliche Steuerbelastung der Bürger und Bauern führen 1789 zur **Französischen Revolution.**

Menschen- und Bürgerrechte werden eingeführt, der Adelsstand aufgelöst und der Klerus enteignet. 1792 wird auch die Monarchie abgeschafft und die Nationalversammlung ruft die **Erste Republik** aus. Durch die Machtansprüche unterschiedlicher politischer Gruppierungen kommt es zu Unruhen, die 1799 von **Napoléon Bonaparte** beendet werden. 1804 krönt sich der diktatorische

Herrscher selbst zum Kaiser und überrennt mit seinem Heer große Teile Europas. Der Russlandfeldzug von 1812 und die Schlacht von Waterloo 1815 führen zum Zusammenbruch des napolenischen Reiches.

Die **Februarrevolution von 1848** führt zur **Zweiten Republik,** Kaiser Napoléon III. besteigt den Thron, wird aber aufgrund der Niederlage im Deutsch-Französischen Krieg von 1870 wieder entmachtet.

Von 1871 bis 1940 währt die **Dritte Republik** und nach Ende des Zweiten Weltkriegs ruft Charles de Gaulle am 3. September 1944 die **Vierte Republik** aus, die innerhalb von zwölf Jahren mehr als zwei Dutzend Regierungen hervorbringt.

1958 wird die **Fünfte Republik** ausgerufen, General de Gaulle wird erneut Präsident und prägt das Land maßgeblich, bis er 1969 nach massiven Studentenunruhen und einer nationalen Revolte zurücktritt.

Ein Großteil der **afrikanischen Kolonien** wird ab 1960 in die **Unabhängigkeit** entlassen, eine freundschaftliche Zusammenarbeit mit dem deutschen Bundeskanzler Konrad Adenauer bereitet den Weg zu einem neuen Europa.

Seit 1949 ist Frankreich Mitglied der **NATO** und es ist 1957 Gründungsmitglied der **Europäischen Union.**

An der Inselspitze der Île de Ré (s. S. 87) steht der Leuchtturm Phare des Baleines, von dem man einen grandiosen Rundumblick hat. Der Turm wurde zwischen 1849 und 1854 erbaut – zu Zeiten der Zweiten Republik.

HINWEISE ZUR BENUTZUNG

GPS-KOORDINATEN

Alle GPS-Daten in diesem Buch sind als **geografische Koordinaten** (Breite/Länge; Lat./Lon.) in Dezimalgrad (hddd.dddd) angegeben, also z. B. 45.187749, 0.730828. Die erste Angabe zeigt den Wert für die nördliche Breite (N), die zweite den für die östliche Länge (E). Bitte beachten Sie, dass der **Nullmeridian** durch die französische Atlantikküste verläuft. Deshalb wechselt die Längenangabe manchmal von E (East) auf W (West), z. B. W2.169278°. Bei der im Buch genutzten numerischen Schreibweise steht statt des W ein negatives Vorzeichen: -0.01200. Alle modernen GPS-Geräte akzeptieren die Schreibung als Dezimalgrad, evtl. muss das Eingabeformat in den Einstellungen des Gerätes aber erst ausgewählt werden, sonst weicht der Punkt deutlich vom erwarteten ab. Einige Geräte verlangen möglicherweise statt des Punktes ein Komma als Trennzeichen.

Das **Kartendatum** ist WGS84.

Umrechnung der Koordinaten

Wenn Sie die GPS-Angaben **von Dezimalgrad in Dezimalminuten** (dd°mm,mmm') umrechnen müssen, so beachten Sie bitte, dass ein Grad 60 (nicht 100!) Minuten hat. Die Angaben in Dezimalgrad können daher nicht einfach durch Kommaverschiebung in Dezimalminuten umgewandelt werden! 45.187749°N sind nicht 45° 18,7749'N, sondern 45° 11.265'N. Wer dies nicht beachtet, erhält beträchtliche Fehler. Ein Datenkonverter wie z. B. www.geoplaner.de erleichtert die Umrechnung beträchtlich.

Nutzung der GPS-Koordinaten

Wer ein GPS-Gerät oder Navigationssystem benutzt, das Koordinaten-Eingaben akzeptiert, der kann sich direkt zu den jeweiligen Punkten führen lassen. Praktisch alle GPS-Handgeräte bieten diese Möglichkeit, während manche Navigationssysteme nur Eingaben von Adressen akzeptieren – und Park- oder Stellplätze haben nicht immer eine Adresse. Einige **Internet-Kartendienste oder Routenplaner** wie GoogleMaps™ (http://google.de/maps) zeigen nach Eingabe der geografischen Daten den gesuchten Punkt an, auf Wunsch mit Satellitenansicht und an vielen Stellen mit StreetView-Funktion.

Koordinaten zum Download

Die **GPS-Koordinaten der Stell- und Campingplätze im Buch** können auf der Verlags-Website www.reise-know-how.de von der Artikelseite dieses Buches als Waypoint-Liste heruntergeladen werden.

Benötigt Ihr Gerät ein **anderes Datenformat als kml oder gpx,** kann die Umrechnung beispielsweise unter www.routeconverter.de oder www.gpsvisualizer.com erfolgen.

SERVICE FÜR MOBILGERÄTE

Durch Einscannen des QR-Codes auf dem Umschlag bzw. die Eingabe der Internet-Adresse **www.reise-know-how.de/womo/atlantik23** wird ein für den mobilen Einsatz optimierter Internet-Dienst aufgerufen. Damit kann die Lage der Stell- und Campingplätze auf einer Karte und die Route dorthin angezeigt werden. Außerdem können darüber Updates nach Redaktionsschluss aufgerufen werden.

Voraussetzung ist eine Datenverbindung über das Mobilfunknetz oder WLAN.

STELL- UND CAMPINGPLÄTZE

In diesem Wohnmobil-Tourguide wird eine breite Auswahl der in der Region verfügbaren Stell- und Campingplätze mit allen wichtigen Angaben beschrieben. Darüber hinaus listen einschlägige Apps und Stellplatzführer weitere Übernachtungsmöglichkeiten auf. Die Nichterwähnung in unserem Buch bedeutet nicht, dass ein Platz nicht mehr existiert oder eine geringe Qualität aufweist.

009wf-if

010wf-if

011wf-if

012wf-if

PRAKTISCHE REISETIPPS A–Z

ANREISE

Die in diesem Buch beschriebene Rundreise beginnt bei Saint-Nazaire, wo die Loire in den Atlantik mündet, und endet an der spanischen Grenze in den Pyrenäen. Im Folgenden werden die vier wichtigsten Anfahrts- bzw. Rückreiserouten beschrieben und einige Übernachtungsplätze in der Nähe der Hauptstrecke vorgestellt. Natürlich existieren noch unzählige weitere Stellplätze, auf Autobahnraststätten sollte man aber auf keinen Fall übernachten, da dies zu gefährlich ist. Es ist nicht nur sicherer, sondern auch sehr viel schöner, ein paar Kilometer ins Landesinnere zu fahren und dort vielleicht auch ein wenig spazieren zu gehen.

Für jede Route gibt es einen Stellplatzvorschlag, der ganz in der Nähe der deutsch-französischen Grenze und in wirklich sehenswerten Orten liegt.

DIE SCHNELLE, NÖRDLICHE ROUTE DURCH DAS TAL DER LOIRE

Für diejenigen, die über Luxembourg auf der A31 oder bei Saarbrücken auf der A4 nach Frankreich einreisen, ist Metz der ideale, grenznahe Übernachtungsort. Die Stadt ist nicht nur sehenswert, sondern bietet auch einen sehr zentralen, kostenlosen Stellplatz vor den Toren des Camping Municipal.

1 Stellplatz Metz Aire Municipale

GPS 49.123864, 6.168912

Ausgewiesene Wohnmobilstellplätze vor dem städtischen Campingplatz, öffentlicher Parkplatz angrenzend. **Lage/Anfahrt:** direkt an der Mosel, ruhig, 500 m zu Fuß ins Zentrum; **Platzanzahl:** 7; **Untergrund:** Asphalt; **Service:** Trinkwasser, Abwasser; **Sicherheit:** beleuchtet; **Preise:** kostenlos; **Max. Stand:** 2 Nächte; **Geöffnet:** ganzjährig; **Kontakt:** Allee de la Plage, Metz, www.tourisme-metz.com.

› **L'Assiette au Boeuf,** Rue du Pont des Morts, Metz, Tel. 0033 387324312. 5 Min. zu Fuß vom Stellplatz entfernt, direkt am Fluss, Terrasse bei gutem Wetter geöffnet, schöner Blick auf die abends beleuchtete Brücke. Moderne Küche mit Burger-Variationen und Salaten, gutes Preis-Leistungs-Verhältnis.

In Autobahnnähe und direkt an der Loire gelegen, bietet sich der großzügige Stellplatz bei Angers an.

2 Stellplatz Aire d'accueil camping-cars de Bouchemaine/Angers

GPS 47.418678, -0.611358

Stellplatz mit großen Parzellen auf einem ehemaligen Campingplatz, ungefähr 8 km von Angers entfernt. **Lage/Anfahrt:** sehr schöne Lage direkt an der Maine, Fahrradweg angrenzend, teilweise schattig, ruhig, teils uneben; von Angers kommend Richtung Bouchemaine, vor dem Ort die Brücke überqueren und im Kreisverkehr links; **Platzanzahl:** 45; **Untergrund:** Asphalt, Wiese; **Service:** Strom, Trinkwasser, Abwasser, Chemie-WC, WLAN; Dusche und Ver-/Entsorgung mit Code, der auf dem Einfahrtsticket vermerkt ist. **Sicherheit:** beleuchtet; **Preise:** 9–15 €, je nach Saison; **Max. Stand:** unbegrenzt; **Geöffnet:** ganzjährig; **Kontakt:** Rue de Chevrière, Bouchemaine, www.ville-bouchemaine.fr.

DIE GEMÜTLICHE ROUTE ENTLANG DER LOIRE

Für diejenigen, die etwas Zeit und Interesse an kulturellen Stätten mitbringen, lässt sich der Urlaub an der französischen Atlantikküste perfekt mit dem Besuch einiger der berühmten Loire-Schlösser verbinden. Bis Montargis, südlich von Paris und kurz vor Orléans, ist es empfehlenswert, die gebührenpflichtige Autobahn zu nehmen, denn der wirklich interessante Teil der Loire-Route beginnt in Briare. Hier befindet sich die berühmte, die Loire überquerende Kanalbrücke.

013wf-as © dannywilde

Gemütlich geht es immer am Fluss entlang in Richtung Westen, nun löst ein Château das nächste ab. Natürlich besitzt jedes zu besichtigende Schloss einen großen Parkplatz, auf dem man sicher auch mal eine Nacht stehen bleiben kann.

Hier zwei Stellplatzvorschläge in besonders schöner Lage.

3 Stellplatz Sully-sur-Loire

GPS 47.770884, 2.384167

Speziell für Wohnmobile angelegter Parkplatz hinter dem Schloss, gut besucht. **Lage/Anfahrt:** zentrumsnah, schöne Lage direkt an der Loire; von Briare kommend, durchquert die D951 den Ort, ca. 750 m hinter dem Château-de-Sully; dem Womo-Piktogramm links vom Wasserschloss folgen; **Platzanzahl:** 35; **Untergrund:** Schotter; **Service:** Trinkwasser, Abwasser, Chemie-WC; **Sicherheit:** beleuchtet; **Preise:** kostenlos; **Max. Stand:** unbegrenzt; **Geöffnet:** ganzjährig; **Kontakt:** Chemin de la Salle Verte, Sully-sur-Loire, www.sully-sur-loire.fr.

Die Pont de Briare an der Loire

4 Stellplatz Aire De Camping Car Saumur

GPS 47.240833, -0.0225

Offizieller Stellplatz der Gemeinde, etwas außerhalb von Dampierre-sur-Loire. **Lage/Anfahrt:** direkt an der Loire, ca. 5 km von der historischen Stadt entfernt; von Saumur kommen der D947 bis zum Stellplatz folgen; **Platzanzahl:** 40; **Untergrund:** Schotter, Wiese, Sand, teilweise uneben; **Service:** Trinkwasser, Abwasser, Chemie-WC; **Sicherheit:** beleuchtet; **Preise:** 6,50 €/Fahrz., in der Saison von April bis Ende Oktober, sonst kostenlos; **Max. Stand:** unbegrenzt; **Geöffnet:** ganzjährig; **Kontakt:** Route de Montsoreau, Saumur, www.ot-saumur.fr.

DIE SCHNELLE ROUTE NACH BORDEAUX

Für die Reisenden, die aus dem südlichen Teil Deutschlands kommen, ist der Grenzübergang Mühlhausen/Mulhouse die beste Wahl.

Von der deutschen A5 kommend, geht die Fahrt ohne Autobahnunterbrechung in Frankreich zügig weiter. Die gebührenpflichtige A36 endet nach 230 km in Beaune, das ein sehr sehenswertes historisches Städtchen ist, und wo auch ein zentrumsnaher Stellplatz zur Verfügung steht. Ganz in der Nähe der Autobahn A6 liegt kurz vor Lyon der Stellplatz von Villefranche-sur-Saône direkt am Fluss.

Von hier aus sind es auf der A89 noch 550 km bis nach Bordeaux. Für einen weiteren Zwischenstopp bietet sich der schöne Stellplatz von Montignac 77 an.

5 Stellplatz Beaune

GPS 47.017662, 4.836559

Gebührenfreier Parkplatz in Zentrumsnähe, spezielle Wohnmobilparkbuchten auf einem gemischten Parkplatz, unruhig. Empfehlenswert ist die Besichtigung der in fünf Minuten Fußweg zu erreichenden Altstadt mit dem berühmten Hôtel Dieu, einem Spital aus dem 15. Jh. **Lage/Anfahrt:** 5 Min. Fußweg zur sehenswerten Altstadt; der Beschilderung Centre folgen, der Platz liegt auf der rechten Seite der Hauptstraße; **Platzanzahl:** offiziell 5, 10 möglich; **Untergrund:** Asphalt; **Service:** Strom, Trinkwasser, Abwasser, Chemie-WC; **Sicherheit:** beleuchtet; **Preise:** 7,90 €/Fahrz., Jetons für Strom und Wasser am Automaten; **Max. Stand:** unbegrenzt; **Geöffnet:** ganzjährig; **Kontakt:** Avenue Charles de Gaulle, Beaune; www.ot-beaune.fr.

6 Stellplatz Villefranche-sur-Saône

GPS 45.972356, 4.751741

Pass'Étapes-Platz (s. S. 30), Aire de Camping Car Park direkt am Fluss, großzügiger, ehemaliger Campingplatz, in der Saison mit Ausflugslokal. **Lage/Anfahrt:** Ortsrand, an der Saône, schöner Spazierweg; von der A6 kommend, Ausfahrt 31.2 auf der D306 Richtung Fluss; **Platzanzahl:** 120; **Untergrund:** Wiese; **Service:** Strom, Trinkwasser, Abwasser, Chemie-WC, WLAN; **Sicherheit:** umzäunt, beleuchtet; **Preise:** 13,30 €/Fahrz., inkl. Ver-/Entsorgung; **Max. Stand:** unbegrenzt; **Geöffnet:** ganzjährig; **Kontakt:** Route de Riottier 2788, Villefranche-sur-Saône, www.villefranche.net.

DIE SCHNELLE ROUTE ENTLANG DER PYRENÄEN

Für die An- bzw. Abreise in den bzw. aus dem baskischen Teil der französischen Atlantikküste ist die Autobahn A64, die über Toulouse

Viele Brücken bieten eine beeindruckende Aussicht

führt, sicherlich die beste Wahl. Weiter geht die Fahrt gen Norden auf der A20. Nahe der Autobahn befinden sich sowohl in Montauban wie auch im etwas nördlicher gelegenen Städtchen Souillac zentrumsnahe Stellplätze.

7 Stellplatz Montauban

GPS 44.007508, 1.341355

Aire de Camping-Car am Pont Canal, unterhalb der Straße direkt am Kanal zum Fluss Tarn, Bahnlinie in Hörweite. **Lage/Anfahrt:** südlich des Orts, Zentrum fußläufig erreichbar; von der A20 kommend nach Überquerung der Tarn auf die N2020 abfahren, nach Überquerung des Kanals zum Stellplatz links unterhalb der Straße fahren; **Platzanzahl:** 10; **Untergrund:** fest; **Service:** Strom, Trinkwasser, Abwasser, Chemie-WC; **Sicherheit:** beleuchtet, videoüberwacht; **Preise:** 9 €/Fahrz., inklusive Ver-/Entsorgung; **Max. Stand:** unbegrenzt; **Geöffnet:** ganzjährig; **Kontakt:** Rue des Oules 125, Montauban, www.montauban-tourisme.com.

8 Stellplatz Souillac

GPS 44.891658, 1.475656

Offizieller Stellplatz der Gemeinde auf dem Parking du Baillot, schattenlos, Wander- und Fahrradweg angrenzend. **Lage/Anfahrt:** zentrumsnah, der Fluss Dole ist nicht weit, Freizeitpark in der Nähe, der Ort liegt unweit der Autobahn; von der A20 kommend Ausfahrt 55 nehmen, auf der D804 Richtung Centre fahren und der Womo-Beschilderung folgen; **Platzanzahl:** 50; **Untergrund:** Schotterrasen, fest; **Service:** Strom, Trinkwasser, Abwasser, Chemie-WC, WLAN; **Sicherheit:** beleuchtet; **Preise:** 10 €/Fahrz., Ver-/Entsorgung inklusive; **Max. Stand:** sieben Nächte; **Geöffnet:** ganzjährig; **Kontakt:** Chemin de Baillot Parking, Souillac, www.campingcarpark.com.

Départements und Gebietsreform

Die Französische Republik ist in 101 Départements unterteilt, von denen 96 in Europa liegen. Martinique, Französisch-Guayana, Réunion, die Insel Mayotte und Guadeloupe befinden sich in Übersee.

Mit 10.000 Quadratkilometern ist Gironde das größte Département in Frankreich, das kleinste ist Paris mit 105 Quadratkilometern.

Alle Départements sind alphabetisch nummeriert, und anhand der letzten beiden Stellen des KFZ-Kennzeichens ist seit 2009 zu erkennen, in welchem Département ein Auto zugelassen ist. So hat zum Beispiel ein Fahrzeug aus dem Département Loire-Atlantique die Endziffern 44, der Verwaltungssitz ist die Stadt Nantes.

Das Département Pyrénees-Atlantiques, in der Region Nouvelle-Aquitane gelegen, ist Nr. 64 mit Präfektur in Pau, Fahrzeuge aus Paris haben die Endziffer 75.

Als Maßnahme gegen die hohe Staatsverschuldung Frankreichs schlug der damalige Präsident François Hollande 2014 vor, die französischen Regionen neu zu ordnen. Durch die neue Aufteilung der bestehenden 22 Regionen auf nun 14 Regionen sollten erhebliche Gelder eingespart werden. Nach heftigen, emotionalen Diskussionen und Meinungsäußerungen wurde die Gebietsreform 2015 durch das französische Parlament endgültig angenommen und der Ort für die jeweiligen Regionalpräfekturen festgelegt. Die neu entstandene Region Nouvelle-Aquitaine hat ihren Sitz in Bordeaux und ist flächenmäßig die zweitgrößte Region Frankreichs nach Französisch-Guayana. Die anhand der Einwohnerzahlen (rund 5,9 Millionen) viertgrößte Region Frankreichs besitzt insgesamt zwölf Départements. Damit sind die alten, bekannten Namen wie Charente, Charente-Maritime, Corrèze, Creuse, Deux-Sèvres, Dordogne, Gironde, Haute-Vienne, Landes, Lot-et-Garonne, Pyrénées-Atlantiques und Vienne offiziell nicht mehr gültig. Die Bräuche und Sitten der alten Kulturlandschaften bleiben aber sicher noch lange erhalten. Dies gilt ebenso für die kulinarischen Spezialitäten, die fast jeder Landstrich sein Eigen nennt.

015wf-lf

CAMPINGPLÄTZE

Dieser Wohnmobil-Tourguide legt seinen Schwerpunkt auf die Vorstellung von Stellplätzen. Es werden in erster Linie solche Campingplätze vorgestellt, die empfehlenswert und ganzjährig geöffnet sind. So wird dem mobilen Reisenden eine möglichst weitgehende Unabhängigkeit garantiert, um nicht ausschließlich auf die Hauptreisezeiten angewiesen zu sein. Ausnahmen bilden einige **Camping Municipal,** die aufgrund ihrer sehr schönen Lage erwähnenswert sind. Diese gemeindeeigenen Campingplätze sind schlicht und sehr preiswert. Auf der Website www.camping-municipal.org sind alle Plätze nach Region und Département aufgelistet.

Darüber hinaus wird bei den Franzosen das **Camping à la Ferme** immer beliebter, also Camping auf dem Bauernhof. Eine Zusammenfassung dieser Möglichkeiten erhält man unter www.campingfrance.com (auch auf Deutsch).

In der Hauptsaison im Juli/August sollte man unbedingt eine Reservierung vornehmen, die auf den gut ausgestatteten Campingplätzen dann aber meist nur wochenweise möglich ist. Einige fortschrittliche Campingplatzbetreiber bieten mittlerweile vor ihren Toren preiswertere Übernachtungsmöglichkeiten an, die Ver- und Entsorgung wird dann pauschal abgerechnet.

DIEBSTAHL

Die Rastplätze an den mautpflichtigen französischen Autobahnen sind meist recht sauber, großzügig mit netten Picknickplätzen angelegt und haben teilweise auch einige Spielgeräte für die Kleinen. Dies lädt zum sorglosen Verweilen, zum ausgiebigen Restaurantbesuch und Übernachten ein, aber nirgends ist das **Aufbruchs- und Überfallrisiko** größer als auf Autobahnrastplätzen. Vor allem unerfahrenen Wohnmobilisten ist dringend zu empfehlen, die Autobahn zum Übernachten zu verlassen. Ganz besonders in der Hauptreisezeit sind Banden unterwegs, die in Sekundenschnelle eine Wohnmobiltür aufbrechen und das Fahrzeug leerräumen können. Gefährdet sind weiterhin die **Parkplätze in der Nähe von Sehenswürdigkeiten und Parks.** Hier herrscht ein ständiges Kommen und Gehen und wer sein Fahrzeug verlässt, ist normalerweise längere Zeit abwesend. Jeder Mitfahrer sollte ganz auffällig Handtasche, Rucksack, Handy und Kamera bei sich tragen, um zu signalisieren, dass keine Wertgegenstände mehr im Auto sind. Zusätzlich sollte man noch die Rollläden schließen und eventuell das Radio anstellen, um vorzugeben, dass noch jemand an Bord ist.

Der Reisende, der trotz aller Vorsichtsmaßnahmen doch einmal Opfer eines Einbruchs oder Taschendiebstahls wird, muss dies unbedingt bei der Polizei zur Anzeige bringen.

DIPLOMATISCHE VERTRETUNGEN

› **Botschaft der Bundesrepublik Deutschland,** BP 3022, 124 Rue Marbeau, 75364 Paris, Tel. 0033 153834500, Öffnungszeiten: Mo–Do 8.30–16.45 Uhr, Fr 8.30–14 Uhr

Auf dem mustergültigen Stellplatz Château d'Oléron 57 *auf der Île d'Oléron*

- **Generalkonsulat der Bundesrepublik Deutschland,** 35 Cours de Verdun, 33000 Bordeaux, Tel. 0033 556171222, Mo–Do 8–12 und 13–15.30 Uhr, Fr 8–14 Uhr
- **Generalkonsulat der Schweiz,** 142, Rue de Grenelle, 75007 Paris, Tel. 0033 149556700, Mo–Fr 9–12 Uhr
- **Österreichische Botschaft Paris,** 6, Rue Fabert, 75007 Paris, Tel. 0033 140633063, Mo–Fr 9–12 Uhr

EINKAUFEN

Unsere französischen Nachbarn legen großen **Wert auf die Qualität** der Lebensmittel und sind bereit, dafür auch etwas mehr auszugeben.

So sind die **Preise** in den meist sehr gut bestückten Supermärkten **deutlich höher.** Diese befinden sich, wie auch in Deutschland, oft in den Industriegebieten oder Einkaufszentren, schließen allerdings schon um 19 Uhr. In den Innenstädten konzentriert sich das Angebot auf kleinere Spezialitätengeschäfte und Boutiquen.

Große Tradition haben in Frankreich **regionale Märkte,** die in nahezu jedem kleinen Ort mindestens einmal pro Woche stattfinden. Die Markthallen, häufig in sehr schönen historischen Gebäuden untergebracht, sind meist täglich am Vormittag geöffnet, und der Besuch eines solchen **marché couvert** ist ein kulinarischer Genuss. Die Auswahl an frischem Obst und Gemüse, an Pasteten, Käse und hochwertigen Fleischstücken ist enorm. Vor allen Dingen das Angebot an Fisch ist meist wirklich beeindruckend. Oft gibt es in den Markthallen auch kleine Imbissmöglichkeiten, wo man sich z. B. ein paar Austern und ein Gläschen Wein gönnen kann.

016wf-lf

⊡ *Den berühmten Schinken von Bayonne (s. S. 215) gibt es in den Pyrénées-Atlantiques überall zu kaufen*

EINREISEBESTIMMUNGEN

In der Europäischen Union sind Grenzkontrollen mit dem Schengener Abkommen abgeschafft worden. Trotzdem muss der Reisende damit rechnen, dass stichprobenweise oder aufgrund besonderer Vorkommnisse an den Grenzen zu Frankreich kontrolliert wird.

Wie auch in Deutschland ist es Pflicht, einen **gültigen Reisepass oder Personalausweis,** den **nationalen Führerschein** und den **KFZ-Schein** mitzuführen. Weiterhin ist es wichtig, als Nachweis den **Grünen Versicherungsschein** dabei zu haben, der im Falle eines Unfalls die Abwicklung erheblich erleichtert.

ELEKTRIZITÄT

In Frankreich findet man sowohl 230 Volt als auch genormte CE-Stecker vor, es gibt aber noch Camping- bzw. Stellplätze, auf denen der Stromanschluss nicht über die CE-Stecker ermöglicht wird.

Die haushaltsüblichen Stecker sind in Frankreich mit einem Loch ausgestattet, da das Gegenstück für den Schutzleiter einen Stift besitzt. Die dafür notwendigen Adapter kann man in Deutschland in fast jedem Baumarkt kaufen, ein Flachstecker passt allerdings immer.

FEIERTAGE

Unsere französischen Nachbarn haben drei gesetzliche, landesspezifische Feiertage, die der Nation sehr wichtig sind. Geschäfte, Banken, Schulen und Ämter sind geschlossen, Restaurants, Cafés und viele Sehenswürdigkeiten haben in touristischen Regionen allerdings meist offen.

Der französische **Nationalfeiertag am 14. Juli** ist das wichtigste Fest im Jahr. Der Tag erinnert an den Sturm auf die Bastille in Paris im Jahr 1789, mit dem die Französische Revolution begann. An diesem Tag werden landesweit, auch in kleinen Ortschaften, Feuerwerke entzündet und die ganze Nation feiert ausgelassen.

Am 11. November 1918 wurde mit dem **Waffenstillstand von Compiègne** das Ende des Ersten Weltkrieges beschlossen, ein Ereignis, dem noch heute gedacht wird.

Am 8. Mai wird das **Fête de la Victoire,** die Siegesfeierlichkeiten zum Ende des Zweiten Weltkriegs mit Militärparaden und Gottesdiensten begannen.

FESTE FEIERTAGE

- Neujahr (Jour de l'An): 1. Januar
- Tag der Arbeit (Fête du travail): 1. Mai
- Tag des Sieges (Fête de la Victoire): 8. Mai
- Nationalfeiertag (Fête Nationale de la France): 14. Juli
- Mariä Himmelfahrt (Assomption): 15. August
- Allerheiligen (Toussaint): 1. November
- Waffenstillstand von Compiègne (Armistice 1918): 11. November
- Erster Weihnachtsfeiertag (Noël): 25. Dezember

BEWEGLICHE FEIERTAGE

- Karfreitag (Vendredi Saint)
- Ostersonntag (Jour de Pâques)
- Ostermontag (Lundi de Pâques)
- Christi Himmelfahrt (Ascension)
- Pfingstsonntag (Pentecôte)
- Pfingstmontag (Lundi de Pentecôte)

GASTRONOMIE

Frankreich gilt als das Gourmetland schlechthin. Essen und Trinken sind unseren Nachbarn sehr wichtig, dabei wird Wert auf Qualität gelegt, für die man auch gerne etwas mehr zu zahlen bereit ist. Das **Frühstück** (petit déjeuner) besteht oft nur aus einer

017wf-as © Brad Pict

Tasse Kaffee und einem Croissant, was der Franzose auch gerne im Schnellverfahren auf dem Weg zur Arbeit in der entsprechenden Lokalität zu sich nimmt.

Das **Mittagessen** (déjeuner) hingegen wird geradezu zelebriert und gerne auch für geschäftliche Besprechungen genutzt. So kann der Frankreichreisende davon ausgehen, dass in öffentlichen, aber auch touristischen Einrichtungen wie Touristeninformationen, Museen usw. eine bis zu zweistündige Mittagspause üblich ist.

Das **Abendessen** (dîner) gehört der Familie und Freunden und besteht auch im Alltag meist aus einem ganzen Menü inklusive Vorspeise (entrée), Nachspeise (dessert) und einem Espresso, der in Frankreich schlicht „café" heißt. Ein digestif, ein Verdauungsschnaps, kann den kulinarischen Abend abrunden, Wein und Wasser allerdings gehören bei jedem Essen selbstverständlich dazu.

Frankreich ist ein riesiges Land, und natürlich hat jeder Landstrich seine eigenen **Spezialitäten** mit ganz besonderen Zutaten. Innerhalb der Routen dieses Buches wird der Leser immer wieder auf regionale Gerichte aufmerksam gemacht, die es sich in jedem Fall zu probieren lohnt.

GASVERSORGUNG

Nahezu jedes Wohnmobil führt heutzutage zwei 11 kg Gasflaschen mit sich, die selbstverständlich bei Urlaubsbeginn auch voll sein sollten. Heizt man nicht, ist dieser Vorrat für einen mehrwöchigen Urlaub auch ausreichend.

Das Befüllen deutscher Gasflaschen wird in Frankreich nicht praktiziert und ist offensichtlich auch verboten. Bei Versorgungsknappheit hilft dann nur die teure blaue Camping-Gaz-Flasche, da nur diese in die Gasflaschenkästen passt. Erhältlich ist sie auf Campingplätzen, in Supermärkten und Eisenwarengeschäften. Sie setzt jedoch voraus, dass man über einen passenden Adapter verfügt, den man auch in Deutschland vorab erwerben kann.

Die Supermarktkette **E.Leclerc** hat im Bereich ihrer Tankstellen eine lilafarbene 11 kg Propangasflasche eingeführt, um ausländische Wohnmobilisten bedienen zu können. Diese Flasche kann dann auch ohne Adapter verwendet werden, muss allerdings in Frankreich wieder zurückgegeben werden.

Mit einem fest eingebauten Gastank ist man in Frankreich gut aufgehoben. Das Tankstellennetz ist sehr dicht, die Gastankstellen oder Zapfsäulen sind mit G.L.P. gekennzeichnet.

GELDFRAGEN

In Frankreich ist die Carte bleue das meistverbreitete Zahlungsmittel im Bereich der **Kreditkarten,** wozu auch Visa-Karte und Mastercard zählen. Banken haben in der Regel Mo bis Fr von 9 bis 12 und 14 bis 16 Uhr geöffnet.

Bei Barabhebungen am Geldautomaten fallen bei Benutzung der Kreditkarten hohe Gebühren an, so ist es günstiger, hierfür die **Debitkarte (Girocard)** einzusetzen, wobei je nach Hausbank auch von dieser Gebühren erhoben werden können.

Diese Karte wird auch in Geschäften und Restaurants akzeptiert. Weiterhin ist die Girocard an **Tankautomaten** bezüglich der Akzeptanz oftmals die bessere Wahl.

Bei der Bezahlung der **Mautgebühren** werden sowohl Kreditkarten als auch die Girocard akzeptiert. Nähere Informationen finden sich im Kapitel Maut (s. S. 24).

KARTENSPERRUNG

Bei **Verlust der Debit-/Giro-, Kredit-** oder **SIM-Karte** gibt es für Kartensperrungen eine **deutsche Zentralnummer** (unbedingt vor

◁ Chilischoten in Espelette (s. S. 233) in den Pyrénées-Atlantiques

der Reise klären, ob die eigene Bank bzw. der jeweilige Mobilfunkanbieter diesem Notrufsystem angeschlossen ist). **Aber Achtung:** Mit der telefonischen Sperrung sind die Bezahlkarten zwar für die Bezahlung/Geldabhebung mit der PIN gesperrt, nicht jedoch für das **Lastschriftverfahren mit Unterschrift.** Man sollte daher auf jeden Fall den Verlust zusätzlich **bei der Polizei zur Anzeige bringen,** um gegebenenfalls auftretende Ansprüche zurückweisen zu können.

In **Österreich** und der **Schweiz** gibt es keine zentrale Sperrnummer, daher sollten sich Besitzer von in diesen Ländern ausgestellten Debit- oder Kreditkarten vor der Abreise bei ihrem Kreditinstitut über den zuständigen Sperrnotruf informieren.

Generell sollte man sich immer die **wichtigsten Daten** wie Kartennummer und Ausstellungsdatum **separat notieren,** da diese unter Umständen abgefragt werden.

› **Deutscher Sperrnotruf:** Tel. +49116116 oder Tel. +493040504050
› **Weitere Infos:** www.kartensicherheit.de, www.sperr-notruf.de

⌃ *Ebbe an der französischen Atlantikküste*

GEZEITEN

Gezeiten entstehen durch die Anziehungskraft zwischen Mond und Erde und zwischen Sonne und Erde, sowie durch die Fliehkraft, die bei der Bewegung des Mondes um die Erde entsteht. Der Mond ist der Erde viel näher als der Sonne, daher überwiegt die Wirkung des Mondes. Das zeigt sich, indem zwischen zwei Hochwassern bzw. zwei Niedrigwassern im Mittel 12½ Stunden, zwischen Hoch- und Niedrigwasser im Mittel 6¼ Stunden liegen. Die Zeit von einer unteren Kulmination (das Erreichen des höchsten oder tiefsten Stands) des Mondes beträgt bis zur nächsten Kulmination 24 Stunden und 50 Minuten.

Das **Ansteigen des Wasserspiegels** vom niedrigen Wasserstand, dem Niedrigwasser, zum höchsten Wasserstand, dem Hochwasser, heißt Flut. Das Fallen vom Hochwasser zum Niedrigwasser heißt Ebbe. Ebbe und Flut sind eine Tide, eine Gezeitenwelle oder kurz eine Gezeit. Der Höhenunterschied zwischen Niedrigwasser und Hochwasser ist der Tidensteig, der Höhenunterschied zwischen der Hochwasserhöhe und der folgenden Niedrigwasserhöhe ist der **Tidenfall.** Das arithmetische Mittel aus **Tidensteig** und Tidenfall ist der **Tidenhub.**

Anlagen, die die Höhe des Wasserstandes messen, heißen **Pegel.**

An den Küsten sind die Gezeitenerscheinungen halbtägig, das bedeutet, dass im Laufe eines Tages im Allgemeinen zwei Hochwasser und zwei Niedrigwasser auftreten. Über einen längeren Zeitraum (größer als ein Monat) gibt es auch Orte mit nur einem Hoch- und einem Niedrigwasser (eintägige Gezeitenform) und Orte von gemischten Gezeitenformen, an denen im Laufe eines Tages auftretende Hoch- und Niedrigwasser in Zeit und Höhe stark voneinander abweichen.

Besonders hohe Hochwasser und besonders niedrige Niedrigwasser entstehen, wenn die die Gezeiten bildenden Kräfte des Mondes und der Sonne zusammenwirken.

Genau das passiert, wenn Erde, Mond und Sonne in einer geraden Linie stehen, also bei Vollmond und bei Neumond. Es herrscht dann **Springzeit** mit Springhochwasser, Springniedrigwasser und dem größten Tidenhub, dem Springtidenhub.

Steht aber der Mond im ersten oder letzten Viertel, so entstehen besonders schwache Gezeiten, die sogenannten **Nipptiden.**

Die Wasserstandsänderungen sind mit horizontalen Wassertransporten verbunden, den Gezeitenströmen. Der Strom beim Fallen des Wassers ist der Ebbstrom, beim Steigen ist es der Flutstrom. Der Flutstrom beginnt während der Flut zu laufen und kann noch nach Eintritt des Hochwassers anhalten. Entsprechend beginnt der Ebbstrom während der Ebbe zu laufen und kann nach Eintritt des Niedrigwassers noch anhalten. Ist der Strom zur Ruhe gekommen, herrscht Stillwasser. Wenn der Flut- zum Ebbstrom übergeht (oder umgekehrt), spricht man davon, dass der Strom kentert.

Die gewaltige Kraft, mit der sich bei beginnender Ebbe das Wasser zurückzieht, darf niemals unterschätzt werden. Der **Sog** ist teilweise so stark, dass ein Badender auf die Dauer keine Chance hat, dagegen anzuschwimmen. Deshalb sollte man nicht zu weit hinausschwimmen und Kinder ohne ständige Aufsicht niemals allein am und im Wasser spielen lassen.

Die Gefahr bei Flut entsteht durch starke **Unterströmungen.** So viel Spaß es auch macht, in die Wellen hinein zu springen und unterzutauchen, so darf man niemals vergessen, dass das Wasser sich am Grund wieder ins offene Meer zurückzieht und nahtlos die nächste Welle heranrollt.

In Touristenbüros, in vielen Hotels und auch auf zahlreichen Campingplätzen ist ein **kostenloser Tidenkalender** erhältlich, der die von Region zu Region unterschiedlichen Tidenzeiten für ein ganzes Jahr beinhaltet. Selbstverständlich gibt es für Smartphones und Tablets eine entsprechende **Tiden-App,** anhand der man sich jederzeit informieren kann.

HAUSTIERE

Bei der Mitnahme von Hunden müssen einige Vorgaben beachtet werden: Die Tiere dürfen **nicht jünger als drei Monate** sein. Der Hund muss per **Mikrochip** identifizierbar sein und einen **Europäischen Impfpass** besitzen, wobei die Impfungen nicht mehr als ein Jahr und nicht weniger als einen Monat zurückliegen dürfen. Tollwutimpfungen sind auch in Frankreich drei Jahre gültig.

Für sogenannte **„Kampfhunde"** gelten besondere Regelungen, über die man sich im Vorfeld erkundigen sollte.

Grundsätzlich gilt auf allen Campingplätzen **Leinenpflicht.** Auf Stellplätzen sollte der Hundebesitzer aus Rücksicht auf die Mitcamper seine Lieblinge freiwillig anleinen.

INFORMATIONEN

In nahezu jedem Ort, den dieser Reiseführer beschreibt, gibt es ein **Fremdenverkehrsbüro,** ein „Office de Tourisme", das abgekürzt oft auch als OT bezeichnet wird. Frankreichreisende können davon ausgehen, dass diese Informationsstellen in den Sommermonaten täglich (mit kurzer Mittagspause) geöffnet sind. In der Nebensaison sollte man allerdings mit stark eingeschränkten Öffnungszeiten rechnen.

Die Touristeninformationen halten umfangreiche, meist kostenlose Informationsbroschüren zu Unterkünften und Restaurants, Sehenswürdigkeiten in der Region und Kartenmaterial für Wander- bzw. Fahrradtouren bereit. Hier können meist auch geführte Ausflüge oder Konzertbesuche gebucht werden. Der Urlauber kann weiterhin davon ausgehen, dass die Mitarbeiter auch Auskünfte zu Ärzten oder Reparaturwerkstätten geben können. Man wird sich sicherlich in jedem Fall bemühen, den Gästen zu helfen.

Wer sich vorab im Internet über die Urlaubsorte erkundigen möchte, ist auf den Webseiten der örtlichen Fremdenverkehrsbüros bestens aufgehoben. Weiterhin finden sich gute, deutschsprachige Infos unter folgenden Links:

- www.france-voyage.com
- www.frankreich-mobil-erleben.de

Sehr hilfreich bei der Vorbereitung einer Reise sind auch die Geschäftsstellen des **ADAC**, bzw. die Automobilclubs **ÖAMTC** in Österreich und **ACS** in der Schweiz.

KARTEN

Am Ende dieses Wohnmobil-Tourguides befindet sich ein detaillierter Routenatlas, mit dessen Hilfe die Routen nachvollzogen werden können. Es ist trotzdem empfehlenswert, zusätzlich eine Straßenkarte in größerem Maßstab dabei zu haben. Diese Landkarten informieren darüber hinaus noch z. B. über landesspezifische Regelungen oder besondere Sehenswürdigkeiten.

Empfehlenswert sind für diesen Reiseführer folgende Michelin-Karten: 316 Vendée, 324 Charente, 335 Aquitanien, Bordeaux, 329 Périgord, 342 Baskenland, Pyrenäen.

In Frankreich wurde vor einigen Jahren die Straßennummerierung und Bezeichnung geändert, aus Nationalstraßen (N) wurden großflächig Départementstraßen (D) bei gleichzeitiger Veränderung der Bezifferung, was mit älterem Kartenmaterial zu Missverständnissen führen kann.

Ein kleiner Tipp ist **www.maps.me,** ein Programm für fast alle gängigen Smartphone-Betriebssysteme. Hier kann man kostenlos Karten herunterladen, die auch offline verwendet werden können.

KFZ-KENNZEICHEN

In Frankreich lassen sich anhand der Autokennzeichen einige Informationen ablesen. Das seit 2009 gültige System zeigt mit schwarzer Schrift auf weißem Grund eine Kombination aus 2 Buchstaben, 3 Ziffern und wiederrum 2 Buchstaben an, die national fortlaufend, serienmäßig vergeben werden.

Die Nummernschilder sind fester Bestandteil eines Fahrzeugs und werden auch bei einem Verkauf nicht ausgetauscht. So soll der Handel mit gestohlenen Fahrzeugen erschwert werden.

Auf blauem Grund ist linksseitig das in Europa allgemein gültige Sternensymbol und darunter der Nationalbuchstabe „F“ für Frankreich zu sehen.

Auf der rechten Seite des KFZ-Zeichens sind oben das Wappen des jeweiligen Départements und darunter die entsprechende Nummer zu erkennen.

MAUT

Um in Frankreich bei der An- und Abreise größere Strecken stressfrei zu bewältigen, ist die Benutzung der mautpflichtigen Autobahnen unerlässlich. Außer rund um die Ballungsräume größerer Städte sind die Autobahnen

So sieht eine typische Mautstation auf einer französischen Autobahn aus

gebührenpflichtig, dafür aber sehr gut ausgebaut und relativ wenig befahren.

An jeder Ausfahrt gibt es eine **Mautstelle** bzw. auf der Autobahn auch dort, wo der Zuständigkeitsbereich des einen Betreibers endet und der des nächsten Unternehmens beginnt.

Es kann nach wie vor am Mauthäuschen mit **Bargeld** bezahlt werden, teilweise werden die Münzen in einen Auffangtrichter geworfen. Alle Mautstellen, ob mit oder ohne Personal, akzeptieren, auch für die kleinsten Beträge, Kredit- oder Debitkarten.

Mautstellen bedeuten aber auch: anstehen, warten und hoffen, dass es keine Probleme gibt.

Zum stressfreien und zeitsparenden Reisen sollte man sich mit dem System des **Télépéage** vertraut machen, was in Frankreich auch für Ausländer problemlos möglich ist.

Mittels einer kleinen Box, innen an der Windschutzscheibe angebracht, wird beim Durchfahren der Zahlstelle die Maut abgebucht – einfach, schnell und problemlos.

Der minimale Aufwand beschränkt sich auf das rechtzeitige Bestellen der Box „Bip & Go" im Internet, deren Versand bis zu einer Woche dauern kann.

Auf der Seite www.bipandgo.com wird in deutscher Sprache alles sehr verständlich erklärt. Die Box kostet 10 € (inklusive Inbetriebnahme), es fallen 10 € Versandkosten und 1,70 € Gebühr je verwendetem Monat an. Entsprechend der gefahrenen Strecke wird die fällige Maut per Einzug vom Girokonto oder einem Kreditkartenkonto abgebucht. Dieses „Bip & Go"-Zahlsystem ist auch in Spanien, Italien und Portugal sowie an verschiedenen Großraumparkplätzen in Frankreich einsetzbar, z. B. am Flughafen in Paris.

Die Box steht allerdings nicht für Wohnmobile mit einer Höhe von über 3 m und/oder mehr als 3,5 t zur Verfügung, für diese ist die teurere „Tollticket"-Box zu erwerben (www.tolltickets.com/country/frankreich).

MEDIZINISCHE VERSORGUNG

Die medizinische Versorgung entspricht dem **Europäischen Standard.** Fachärzte, Zahnärzte und Krankenhäuser sind in jeder größeren Stadt vorhanden.

Für Reisende ist es wichtig zu wissen, dass es in Frankreich Ärzte verschiedener „Gattungen" gibt. So haben Patienten die Wahl zwischen Vertragsärzten und Ärzten mit freier Honorargestaltung (Privatpraxen).

Da die Übernahme der Kosten im Urlaub ein nicht zu unterschätzendes Thema ist, soll-

019wf-as © Netfalls

ten sich Frankreich-Reisende im besten Fall für Vertragsärzte entscheiden, da diese ihre Tarife und Honorare nach den Vorgaben der gesetzlichen französischen Krankenversicherung richten.

Mit dem entsprechenden Abkommen wurde auch hier die **EU-Krankenversicherungskarte** eingeführt. Sie ist für die Notfallversorgung vor Ort gültig und bei der Weiterbehandlung chronischer Erkrankungen. Dennoch müssen Behandlungen und Medikamente in der Regel vor Ort bezahlt werden. Die Quittungen können bei der Krankenkasse in Deutschland eingereicht werden und werden nach dem deutschen Regelsatz erstattet.

Apotheken *(Pharmacie)* erkennt man an einem, während der Öffnungszeiten blinkenden, grünen Kreuz. In jeder Apotheke hängt für Notfälle am Eingang oder im Fenster die Adresse der nächsten diensthabenden Apotheke aus.

Eine zusätzliche **Auslandskrankenversicherung** übernimmt z. B. einen eventuell notwendigen Rücktransport ins Heimatland und kann mittlerweile einfach und kurzfristig über das Internet abgeschlossen werden. Besonders Reisenden aus der Schweiz ist eine solche Versicherung sehr zu empfehlen.

ÖFFNUNGSZEITEN UND PREISE

An der Französischen Atlantikküste herrscht saisonbedingter Tourismus vor und so gleicht je nach Jahreszeit mancher Badeort einer Geisterstadt. Dass hier kein Fremdenverkehrsbüro oder Restaurant geöffnet ist, ist nachvollziehbar. Aber auch in Städten wie La Rochelle oder Bordeaux werden in den Nebensaisons eingeschränkte Öffnungszeiten zu erwarten sein. Der Reisende, der außerhalb der Hauptsaison unterwegs ist, muss damit rechnen, häufiger vor verschlossenen Türen zu stehen.

Frankreich hat **kein verbindliches Ladenschlussgesetz** für die Werktage, daher können die Öffnungszeiten stark variieren. Die meisten **Geschäfte** sind von Montag bis Samstag zwischen 9 oder 10 und 18 oder 19 Uhr geöffnet. In touristischen Regionen sind die Läden während der Hauptsaison allerdings auch sonntags zumindest am Vormittag geöffnet.

Auch für die Schalterstunden von **Banken** gibt es keine festen Öffnungszeiten. Hier sollte man auf alle Fälle mit Mittagspausen zwischen 12 und 14 Uhr rechnen.

In den bunten Cabanes am Hafen von Le Château d'Oléron haben viele Künstler ihr Atelier (s. S. 105)

Ein schönes Fleckchen Erde zum Rasten findet sich immer!

Postämter schließen samstags in der Regel um 12 Uhr.

Museen und **öffentliche Sehenswürdigkeiten** können normalerweise den ganzen Sonntag über besucht werden, dafür haben diese Einrichtungen allerdings sehr häufig montags zu.

PANNE

Im Falle einer hoffentlich nie auftretenden Panne gelten in Frankreich die gleichen Bestimmungen wie in Deutschland:

Das **Fahrzeug möglichst verkehrssicher abstellen** und **Warnblinker** anstellen.

Die **Warnwesten** anziehen, das Fahrzeug Richtung Fahrbahnrand verlassen und das **Warndreieck** aufstellen. Sofort die Fahrbahn verlassen und hinter den Leitplanken oder in Abstand zum fließenden Verkehr warten.

Den **Pannendienst** beziehungsweise die **Notrufnummer 112** benachrichtigen.

Auf französischen Autobahnen oder Schnellstraßen sind in regelmäßigen Abständen orangefarbene Notrufsäulen installiert, sobald ein Notruf abgegeben wurde, wird ein zugelassener Mechaniker losgeschickt. Die Tarife variieren: Ob die Pannenhilfe am Tag (8–18 Uhr) oder in der Nacht (18–8 Uhr), in der Woche oder am Wochenende benötigt wird, sowie die Entfernung des Abschleppdiensts zur Werkstatt des Mechanikers oder zu einem anderen Ort, haben Einfluss auf die Kosten.

Der **Mindesttarif** beträgt 132,70 € für Fahrzeuge unter 1,8 t. Ein Womo bis 3,5 t kostet mindestens 164,09 €. Die genauen Tarife sind auf der Internetseite des französischen Automobilclubs ASFA (www.autoroutes.fr) gelistet.

PARKEN UND RASTEN

Das Standard-Wohnmobil ist rechtlich gesehen ein Pkw mit Sonderaufbau. Somit darf das Fahrzeug überall dort parken, wo entsprechend große Parkflächen vorhanden sind. **Weißgestrichelte Linien** zeigen die vorgesehenen Parkplätze an. Dabei sollte man beachten, dass der Bürgersteig in Frankreich nicht – auch nicht teilweise – zum Parken genutzt werden darf. In den **blau markierten**

Bereichen am Straßenrand kann man kostenlos parken, ansonsten ist eine Parkgebühr zu entrichten. **Durchgezogene gelbe Linien** am Bordstein bedeuten ein absolutes Halteverbot, **eine gelbe gestrichelte Linie** weist auf ein Parkverbot hin, wobei in geschlossenen Ortschaften meist noch ein Schild mit dem durchgestrichenen Buchstaben „P“ aufgestellt ist.

Ansonsten ist, wie in Deutschland auch, in Frankreich das **einmalige Übernachten** im Wohnmobil erlaubt, solange kein campingähnliches Verhalten an den Tag gelegt wird. Dazu gehören die Benutzung von Unterlegkeilen und einer Markise, Tisch und Stühle dürfen nicht aufgestellt werden.

Rastplätze erkennt man an der Beschilderung „Aire de ...“. Diese sind nicht nur an Autobahnen zu finden, sondern auch z. B. in Nationalparks und an Flüssen in meist ansprechender Umgebung. Familien nehmen das Angebot der Picknicktische und -stühle gerne in Anspruch und verbringen ihre Freizeit in der freien Natur. Aber so schön die Umgebung auch ist, für den Wohnmobilisten gilt auch hier die Regel der einmaligen Übernachtung.

POST

Auch wenn im Zeitalter des Internets viele Urlaubsgrüße per Messenger-Dienst verschickt werden, erfreut sich die **Postkarte** nach wie vor großer Beliebtheit. Eine große Auswahl an Karten halten vor allen Dingen Souvenirshops und Tabakläden bereit, wobei letztere meist auch **Briefmarken** verkaufen.

Zurzeit beträgt das **Porto** für eine Postkarte nach Deutschland 0,90 €.

Die zumeist an Hauswänden angebrachten, kleinen **Briefkästen** erkennt man in Frankreich an ihrer gelben Farbe.

☐ *Muschelsucher auf der Île d'Oléron mit Blick auf das Fort Boyard (s. S. 107)*

REISEZEIT

Bei der Wahl der Reisezeit spielen für die meisten Urlauber das Wetter und der zu erwartende Touristenansturm eine wesentliche Rolle. **Überfüllte Campingplätze** wird man in Frankreich in der Hauptsaison **vom 15. Juli bis zum Samstag nach dem 15. August** vorfinden, und dies besonders dann, wenn der Platz am Meer oder an einem Badesee liegt. Wer also zu dieser Zeit nach Frankreich fahren möchte, sollte den Campingplatz seiner Wahl **unbedingt vorher reservieren.** Eine Stellplatzreservierung ist in der Regel nicht möglich.

Bis Anfang Juli oder ab Ende August in Urlaub zu fahren, ist nahezu gleichbedeutend mit einer Garantie für einen Übernachtungsplatz, denn die Camping- und Stellplatzdichte Frankreichs sucht in Europa ihresgleichen.

Vor- und Nachsaison bieten zudem den Vorteil, dass es insgesamt nicht nur preiswerter, sondern aufgrund der niedrigeren Temperaturen oft auch erholsamer ist.

Das **Klima** an der französischen Atlantikküste ist geprägt vom warmen Golfstrom, es herrschen hier also ozeanisch gemäßigte Wetterbedingungen. Selbst im Winter fällt die Temperatur selten auf Minusgrade, sodass Schneefälle aufgrund des Wärmespeichers Atlantik selten sind. Bereits im Februar blühen auf der Île-de-Ré oder der Île d'Oléron die Mimosenbäume und die ideale Verbindung von milden Wintern, feuchten Frühjahren und warmen Sommern begünstigt den Weinanbau.

Aufgrund der stetigen Atlantikwinde sind extrem heiße Temperaturen selbst im Hochsommer nicht zu erwarten, und über 2000 Sonnenstunden pro Jahr machen diese Region zu einer der beliebtesten Urlaubsziele der Franzosen.

SICHERHEIT

Frankreich ist ein **sicheres Land** ohne überdurchschnittliche Kriminalitätsrate. Leider kann man, wie in Deutschland auch, immer

022wf-if

und überall das Pech haben, Opfer eines **Diebstahls** oder **Autoaufbruchs** zu werden.

In einem solchen Fall sollte der Geschädigte den Vorfall umgehend **bei der Polizei zur Anzeige** bringen. Das amtliche Protokoll ist für die deutsche Versicherung wichtig, wenn es um Schadensregulierung geht. Auch bei **Verlust von Ausweis, Fahrzeugpapieren, Kreditkarten** und anderen wichtigen Papieren ist ein polizeiliches Protokoll notwendig, damit die Botschaft Ersatzpapiere ausstellen kann.

Es ist ratsam, vor Reiseantritt alle persönlichen Dokumente zu fotografieren oder zu kopieren, um diese Nachweise den Behörden vorlegen zu können. Zur Kartensperrung s. S. 21.

NOTRUFNUMMERN

- **Polizei – Gendarmerie:** Tel. 17
- **Feuerwehr – Pompiers:** Tel. 18
- **Notruf – SAMU:** Tel. 15
- **Pannenhilfe:** Tel. 13
- **Auskunft:** Tel. 12
- **ADAC-Notrufdienst Frankreich:** Tel. 047 2171222 (deutschsprachig, rund um die Uhr besetzt)
- **ADAC-Ambulanzdienst München:** Tel. +49 (0) 89767676 (deutschsprachig, rund um die Uhr besetzt)
- **ÖAMTC-Schutzbrief-Nothilfe:** Tel.+43 (0) 12512000
- **ACS-Notruf-Schweiz:** Tel. +41 (0) 446288899

Im hoffentlich nicht auftretenden Fall einer **Panne** sind oben genannte Telefonnummern sicherlich nützlich. Weiterhin enthält das Bordhandbuch, das man immer mit sich führen sollte, eine Liste der jeweilgen Wohnmobil-Servicepartner.

STELLPLÄTZE

In diesem Buch werden nur Stellplätze vorgestellt, die von Gemeinden oder privaten Betreibern offiziell angeboten werden, um keinen Strafzettel zu riskieren. Weiterhin gibt es einige Parkplätze, z. B. an Sehenswürdigkeiten oder in der Nähe von Naturparks, wo das Übernachten geduldet wird.

Generell ist **Wildes Campen** (camping sauvage) in Frankreich **verboten.** Wie aber in Deutschland auch berechtigt das Parken, soweit kein Nachtparkverbot besteht, auch zum Schlafen im Fahrzeug.

Unterlegkeile zu benutzen, Markise auszufahren, Tisch und Stühle aufzustellen, den Grill anzuzünden usw. ist gleichbedeutend mit Camping und somit verboten!

Wer **frei nächtigen** möchte, wird in der Nebensaison sicherlich keine Probleme bekommen. In der Haupturlaubszeit, im Juli und August, sieht die Sache aufgrund der großen Anzahl von Wohnmobilen anders aus. Dann ist es ratsam, schon zeitig einen offiziellen

Stellplatz anzufahren, denn gegen Abend ist mit Sicherheit alles belegt.

In diesem Buch werden zahlreiche Stellplätze vorgestellt, wobei als Auswahlkriterium in erster Linie die **Lage** ausschlaggebend war. Die **Anzahl der Stellplätze** steigt stetig, denn viele Gemeinden haben verstanden, dass nahezu jeder der meist zahlungskräftigen Wohnmobilisten im Ort auch den ein oder anderen Euro ausgibt: Man geht ins Restaurant, besucht eine Sehenswürdigkeit, tankt und geht einkaufen – einen Campingplatz mit sanitären Anlagen braucht man aber nicht.

Das blaue Schild mit weißer Schrift **„Aire de Camping Car“** sieht man in Frankreich somit häufig, wohingegen das blaue Wohnmobilsymbol eher weniger anzutreffen ist.

Bei beidem handelt es sich um offiziell angebotene Stellplätze, was allerdings nichts über die Ausstattung aussagt.

Für die zumeist geringe Stellplatzgebühr wird, was der Reisemobilist nicht vergessen sollte, auch für Sauberkeit und Müllentsorgung gesorgt. Ver- und Entsorgung ist oft an einer Euro-Relais-Station für 2 € möglich. Eine weitere Sani-Station nennt sich **„flot bleu“.** Für diese muss man meist spezielle Jetons in naheliegenden Geschäften, Tankstellen oder Restaurants besorgen.

Der Name **Pass'Étapes** steht für ein privates Unternehmen, das in ganz Frankreich vor allem gemeindeeigene **Stellplätze** pachtet und diese unter eigener Regie erfolgreich betreibt. Die Gelände befinden sich zumeist in landschaftlich reizvoller Lage und sind alle mit Ver-/Entsorgungs-Stationen bestückt, deren Benutzung im Preis inbegriffen ist.

Pass'Étapes funktioniert nach dem **Geldkartensystem,** das man je nach Bedarf pro Stellplatzgebühr oder auch vorab mit einer größeren Summe aufladen kann.

Da selbst Franzosen manchmal verzweifelt vor der Schranke stehen und nicht begreifen, wie sie hinein- bzw. herauskommen, hier eine genaue Erklärung:

Wer schon **vor Reiseantritt** eine Karte über das Internet erworben und aufgeladen hat, muss diese zum Hineinfahren nur noch über den Scanner an der Schranke halten, das Gleiche gilt für das Hinausfahren.

Wer noch keine der wiederaufladbaren Pass'Étapes-Karten besitzt, muss sie für 5 € erwerben. Das ist **am Automaten** folgendermaßen möglich:

Sprache wählen, im oberen rot unterlegten Bereich Pass'Étapes + (und) anklicken und wählen, wie viele Tage man bleiben möchte: 12 € für 1 Tag, 24 € für 2 Tage usw. – die

023wf-if

Summe wird bestätigt. Ein Nachbuchen ist jederzeit möglich. Nun muss die **Handynummer** eingegeben und bestätigt werden.

Im nächsten Schritt gibt man seinen Namen und die Zahlungsart an (mit Debit- oder Kreditkarte). Die gewählte Karte wird in den dafür vorgesehenen Schlitz geschoben, die PIN wird eingegeben. Daraufhin wirft der Automat die Pass'Étapes-Karte aus und eine Quittung über die abzubuchende Summe wird erstellt. Diesen Beleg hält man über den Scanner des Eingangsbereichs und die Schranke öffnet sich. Auch zum Hinausfahren und meist auch für die Entnahme von Frischwasser ist diese Quittung nötig, also gut aufbewahren!

Unter dem Begriff **France Passion** haben sich in Frankreich weit über 2000 Winzer und Bauern zusammengeschlossen, die kostenlose 24-Stunden-Stellplätze in teilweise wunderschöner Umgebung anbieten. In diesen landwirtschaftlichen Betrieben wird eine Verkostung der produzierten Produkte wie Weine aus dem Bordelais, Rosen-Confit aus der Vendée, Foie Gras aus dem Périgord und viele weitere regionale Spezialitäten angeboten, die man selbstverständlich auch kaufen sollte.

Der zugehörige, jährlich neu erscheinende und mehrsprachige **Etappenführer** ist von Ostern bis Ostern gültig und stellt momentan 10.000 Übernachtungsplätze vor. Vorab über das Internet für 30 € erworben, enthält der bebilderte Führer auch eine persönliche nummerierte Einladungskarte und Fahrzeugvignette zum kostenlosen Übernachten.

Stellplatzmöglichkeiten gibt es an der französischen Atlantikküste somit reichlich, allerdings sind diese einem steten Wandel ausgesetzt.

TANKEN

Wer die Chance hat, an einer **Tankstelle der großen Supermarktketten** Super U, Leclerc und Intermarché den Tank aufzufüllen, sollte dies tun, da **freie Tankstellen** meist deutlich teurer sind. In Frankreich werden die Spritpreise einmal wöchentlich festgelegt und variieren somit nicht täglich, beziehungsweise sogar zwischen Vor- und Nachmittag, wie es in Deutschland mittlerweile üblich ist.

Der Kraftstoff entspricht den EU-Normen, Kraftstoffsorten sind:

- Diesel = Gasoil
- Benzin = Benzine sans plomb SP
- Super Plus = SP98
- Super = SP95
- Super E10 = E10 und SP95

TELEFON UND INTERNET

Die französische Landesvorwahl ist +33. Bei Anrufen aus dem Ausland entfällt die „0“ der Rufnummer. Bei Telefonaten innerhalb Frankreichs wird immer die komplette Nummer inklusive der Ortsvorwahl gewählt. Telefonieren im Auto ist nur mit Freisprechanlage erlaubt!

Seit 2017 gibt es in der EU **keine Roaminggebühren** mehr. Damit ist das Telefonieren und Surfen mit dem Handy im EU-Ausland so günstig wie zu Hause – es sei denn, man nutzt das Handy im Ausland über einen längeren Zeitraum hinweg, dann können je nach Anbieter Nutzungsobergrenzen gelten.

Der Zugang ins Internet über **WLAN,** in Frankreich nur als WIFI bekannt, ist mittlerweile auf fast allen Campingplätzen frei. Allerdings funktioniert die Internetverbindung meist nur im näheren Umkreis der Rezeption. Kostenloses WLAN gibt es auch z. B. in Rathäusern, Fremdenverkehrsbüros oder Restaurants.

VORWAHLEN

- **Deutschland:** Tel. +49
- **Österreich:** Tel. +43
- **Schweiz:** Tel. +41

Auf dem schönen Stellplatz Hourtin-Port (98) in Landes

UNFALL

Im Falle eines Unfalls mit Sachschaden, aber ohne Verletzte, fühlt sich die Polizei in Frankreich nicht unbedingt zuständig. Um einen solchen Vorfall möglichst stressfrei abwickeln zu können, ist es ratsam, einen **Europäischen Unfallbericht** (Constat amiable) mitzuführen, ein Formular, das man von seiner Kfz-Versicherung bekommt. In dieses werden alle Daten der Beteiligten, Kfz-Nummer, Versicherungsnummer und Versicherungsgesellschaft des Unfallgegners eingetragen. Jedes Fahrzeug hat an der Frontscheibe einen Pflichtaufkleber (Motorräder am vorderen Schutzblech), auf dem diese Angaben notiert sind. (Die Notrufnummer der Polizei lautet 17.)

VERKEHRSREGELN

Frankreich hat ein **sehr gut ausgebautes Straßenverkehrsnetz.** Die **Nationalstraßen (N)** sind oft vierspurig ausgebaut und führen meist um Ortschaften herum. Die **Département-Straßen (D)** verlaufen auch durch die Orte hindurch und zeichnen sich durch besonders häufigen Kreisverkehr aus. Dies soll die gefahrene Geschwindigkeit und die Unfallgefahr reduzieren, erhöht aber den Zeitaufwand enorm. In den Orten wurden in den letzten Jahren vermehrt Schilder aufgestellt, die das Befahren jenseits der 3,5-t-Grenze verbieten. Diese Schilder betreffen allerdings nur den gewerblichen Verkehr. Laut neuester Verkehrsregelung gelten in Frankreich für Wohnmobile abweichende Bestimmungen. Wenn zu diesem 3,5-t-Verbotsschild noch ein Wohnmobil-Verbotsschild und/oder der Zusatz „Aux Camping-Cars“ angebracht ist, ist das Verbot auch für Wohnmobile bindend. Das Anfahren eines Stell-/Campingplatzes allerdings ist hiervon ausgenommen, das komplette Durchfahren des Ortes jedoch untersagt.

Für ein Wohnmobil bis 3,5 t gelten folgende Höchstgeschwindigkeiten:

- **auf Autobahnen:** 130 km/h, bei Nässe 110 km/h
- **auf Landstraßen:** 80 km/h, bei Nässe 70 km/h
- **auf Schnellstraßen mit zwei Fahrsteifen:** 110 km/h, bei Nässe 100 km/h
- **innerhalb geschlossener Ortschaften:** 50 km/h

Geschwindigkeitsbegrenzung für Fahrzeuge und Gespanne mit zulässigem Gesamtgewicht über 3,5 t:

- **Autobahn:** 110 km/h
- **Landstraßen:** 80 km/h
- **Stadt:** 50 km/h

In diesem Zusammenhang sei erwähnt, dass das zulässige Gesamtgewicht vieler Wohnmobile vor allen Dingen bei Reiseantritt häu-

149wf-as © Philipimage

fig überschritten wird, eine **Gewichtskontrolle** wird stichprobenartig vorgenommen.

Wohnmobile über 3,5 t zGG sind beidseitig und am Heck mit **speziellen Warnhinweisen** zu versehen. Dies soll Fußgänger und Zweiradfahrer vor der Gefahr des toten Winkels warnen. Die Verordnung schließt auch außerhalb Frankreichs zugelassene Fahrzeuge ein. Die entsprechenden Aufkleber sind beim ADAC oder an französischen Tank- und Rastanlagen erhältlich.

Weiterhin herrscht für alle Fahrzeuginsassen **Gurtpflicht,** das **Telefonieren** während der Fahrt ist verboten, und die **Promillegrenze** von 0,5 gilt auch in Frankreich. In Frankreich herrscht, wie in Deutschland, **Warnwestenpflicht.**

Auch über **Fahrbahnmarkierungen** in geschlossenen Ortschaften sollte der Reisende Bescheid wissen: Gelbe Randsteine oder durchgezogene Linien bedeuten Halteverbot und bei unterbrochenen Linien Parkverbot. In der Zone Bleue, d. h. im Bereich blauer Linien am Randstein, darf man nur mit Parkscheibe parken.

Eine besondere Regelung betrifft **Fahrradfahrer:** Außerhalb geschlossener Ortschaften müssen alle Radfahrer bei Nacht, in der Dämmerung und tagsüber bei schlechten Sichtverhältnissen (Nebel, Regen) eine **Warnweste** in Neongelb tragen. Bei Zuwiderhandlungen droht ein Bußgeld von 35 €.

VER- UND ENTSORGUNG

Die Camping- und Stellplatzdichte in Frankreich sucht in Europa ihresgleichen, sodass die **Ver- und Entsorgung in der Regel kein Problem** darstellt. Generell ist festzustellen, dass die Ver-/Entsorgung auf jedem Stellplatz anders ist. Die Sanitärstationen sind allerdings meist so installiert, dass sie auch für denjenigen nutzbar sind, der hier nicht übernachten will. Für einen geringen Eurobetrag (immer genügend Münzgeld im Fahrzeug haben) oder mit Jetons aus benachbarten Tankstellen oder Geschäften ist die Versorgung somit problemlos möglich.

Die **Rastplätze** der in Frankreich privat betriebenen Autobahnen sind bestens ausgestattet und bieten auch oft Ver-/Entsorgung für Wohnmobile an.

Weiterhin ist die Anzahl der **Supermärkte mit Womo-Service** in den letzten Jahren stetig gestiegen. Man hat erkannt, dass der da-

▣ Die Brücke von Saint Nazaire überquert den gigantischen Mündungstrichter der Loire

▣ Das französische Straßenschild „Rappel" ist eine Mahnung bzw. Erinnerung

mit angesprochene Wohnmobilist auch gleich noch tankt oder einkaufen geht. Aber auch in vielen Gemeinden wird man immer wieder ein blaues Schild entdecken, auf dem ein Wohnmobil mit Entsorgungszeichen abgebildet ist. Im Gegensatz zu **Grauwasser** darf der Inhalt von **Chemietoiletten** niemals in einen normalen Wasserkanal entleert werden.

Um jederzeit den **Wasservorrat** auffüllen zu können, dürfen einige wichtige Utensilien in einem Wohnmobil niemals fehlen:

Eine 10-Liter-Gießkanne, ein Plastikschlauch von mindestens 8 Metern Länge und Anschlüsse für ½ und ¾ Zoll.

Es hat sich auch bewährt, einen Gummianschluss dabei zu haben, den man einfach über den Wasserhahn schiebt und der in jedem Baumarkt oder bei jedem Campingausrüster zu erwerben ist.

Die Versorgung mit **Strom** ist eigentlich nur auf Campingplätzen gewährleistet. Stellplätze bieten meist nicht für jede Parkbucht eine Stromsäule an, und der Preis für die Kilowattstunde ist oft sehr hoch.

WOHNMOBIL MIETEN

Es ist ratsam, vor einem Wohnmobilkauf das Gefährt erst einmal einige Male zu mieten, um beurteilen zu können, ob diese Art des Urlaubs den persönlichen Bedürfnissen gerecht wird. Was für den einen die grenzenlose Freiheit bedeutet, empfindet der Nächste als unerträgliche Enge. Ein Reisender möchte sich im Urlaub verwöhnen lassen, der andere ist mit der eigenen Bordküche völlig zufrieden.

Bei der Miete eines Wohnmobils gibt es allerdings einige Grundregeln zu beachten:

Am Wichtigsten ist die umfassende Einweisung in das Fahrzeug, um späteren Unsicherheiten und unnötigen Ärgernissen vorzubeugen.

Wohnmobilhandbuch, Auslandsschutzbrief, Versicherungskarte, Erreichbarkeit des Vermieters, gefüllte Gasflaschen und Einweisung in den Gasflaschentausch, Abwasser- und WC-Kassettensystem sind wichtig. Hierbei ist es ratsam, einen kurzen Spülgang vorzunehmen und auch den Abfluss im Spülbecken zu testen.

Weiterhin sollte man auch die Ausmaße des Fahrzeugs kennen, da die Kenntnis der Höhe des Fahrzeugs von entscheidender Bedeutung für das Durchfahren so manchen Tunnels nötig ist. Die Wohnmobillänge ist oft für die Auswahl der Stellplätze von großer Bedeutung.

Für diejenigen, die **in Frankreich direkt ein Wohnmobil mieten** möchten, sind die europäischen Verordnungen maßgebend. Alle großen Wohnmobil-Vermieter, z. B. McRent, haben auch in Frankreich Niederlassungen. Es ist empfehlenswert, sich vorab per Internet zu erkundigen und gegebenenfalls auch zu reservieren, da die Mietbedingungen hier auch auf Deutsch ausführlich beschrieben sind.

Vor Übernahme des Wohnmobils ist in der Regel ein nicht unerheblicher Betrag als Kaution zu hinterlegen. Im Schadensfall wird dieses Geld mit der Reparatur verrechnet.

ZOLL

Auch wenn in der Europäischen Union seit 1993 der Zoll für Privatpersonen abgeschafft wurde, so muss zeitweise doch mit stichprobenartigen Kontrollen gerechnet werde.

Für **EU-Bürger** wurden für den privaten Gebrauch folgende Maximalmengen festgelegt: 800 Zigaretten, 200 Zigarren, 1000 g Schnitttabak, 110 l Bier, 90 l Wein oder 20 l Spirituosen unter 22 Vol.-%, max. 10 l mit höherem Volumengehalt und 10 kg Kaffee. Alle Mengen oberhalb dieser Grenzwerte gelten als gewerblich.

Für **Nicht-EU-Bürger,** z. B. Reisende aus der Schweiz, gelten verminderte Werte: Einkäufe für den persönlichen Bedarf oder Geschenke bis max. 300 Euro, 200 Zigaretten, 50 Zigarren, 250 g Tabak, 2 l Wein oder 2 l Spirituosen unter 22 Vol.-% und 1 l darüber, 4 l Wein, 16 l Bier, 500 g Kaffee und 100 g Tee. Alle Mengen darüber müssen verzollt werden.

ROUTE 1

ENTLANG DER JADEKÜSTE BIS ZUR ÎLE DE NOIRMOUTIER

025wf-as © Altitude Drone - stock.adobe.com

Strecke:
Saint-Brevin-les-Pins (s. S. 38) – **Tharon-Plage** (14 km, s. S. 39) – **Pointe Saint-Gildas** (10 km, s. S. 41) – **Pornic** (12 km, s. S. 43) – **La Bernerie-en-Retz** (8 km, s. S. 45) – **Port du Bec** (26 km, s. S. 47) – **l'Île de Noirmoutier** (20 km, s. S. 48)

Streckenlänge:
90 km

« *Kapitelstartseite: Blick auf Saint-Brevin-les-Pins (s. S. 38)*

ROUTENÜBERSICHT

Die Reise beginnt im Département Loire-Atlantique mit seiner berühmten Jadeküste, die ihren Namen von der Farbe des Meeres hat, die im Sonnenschein an grüne Jade erinnert. Der Küstenabschnitt ist geprägt von zerklüfteten Felsen, herrlichen Stränden und idyllischen Buchten. Ein kleiner Badeort nach dem anderen befindet sich entlang der Strecke, keiner von ihnen ist durch große Hotelburgen verunstaltet. Wunderschöne, strahlend weiße Häuschen mit blauen Fensterläden bezeugen, dass dieser Küstenabschnitt noch vor nicht allzu langer Zeit zur Bretagne gehörte, auch die Esskultur hat eindeutig bretonische Einflüsse.

Und noch etwas Wesentliches haben all die Küstenstädtchen gemeinsam: Sie haben ausnahmslos ein Herz für Wohnmobilisten und bieten allesamt Stellplätze an.

Nach nur 40 Kilometern ändert sich bei Bourgneuf-en-Retz das Landschaftsbild völlig. Hier beginnt die Marais Breton, ein von Kanälen durchzogenes Sumpfgebiet, das geradezu prädestiniert ist für die Austernzucht.

„Last but not least" ist die Île de Noirmoutier (s. S. 48) mit dem unvergesslichen Erlebnis der bei Ebbe möglichen Fahrt über die Passage du Gois einen Besuch wert.

⊡ *Im Port de Pêche de l'Herbaudière auf der Île de Noirmoutier (s. S. 48)*

Egal ob man aus der Bretagne kommt, sich der französischen Atlantikküste gemütlich der Loire entlang fahrend nähert oder die schnelle Route über die Autobahnen wählt, der Anblick der spektakulären **Brücke von Saint-Nazaire** ist äußerst beeindruckend.

Der Stahlkoloss ist eine Schrägseilkonstruktion und verbindet seit 1975 die Industriestadt Saint-Nazaire mit dem Badeort Saint-Brevin-les-Pins auf der anderen Seite der Loire.

Insgesamt 52 Stützpfeiler tragen die 67 m hohe und über 3 km lange Brücke. Bei starkem Wind ist das Überfahren z. B. für Wohnwagengespanne zeitweise nicht erlaubt.

Die Reise entlang der Französischen Atlantikküste beginnt, um genau zu sein, im Département Loire-Atlantique in der Region Pays de la Loire.

SAINT-BREVIN-LES-PINS

Der sympathische, langgestreckte Ort besteht aus drei kleinen Stadtteilen: dem Hafenbereich Mindin, dem alten Ortskern und dem touristischen St-Brevin-l'Océan.
Den schönsten Blick auf die Brücke, das auf der anderen Uferseite liegende Saint-Nazaire und den gigantischen Mündungstrichter der Loire hat man von **Port de Mindin** aus. Hier befinden sich einige Restaurants, das Marinemuseum und ein großer Parkplatz.

Empfehlenswert ist der kleine Strandspaziergang zu der riesigen **Ozeanschlange,** einem Kunstwerk von Huang Yong Ping. Das Ausmaß dieser Skulptur ist erst richtig auszumachen, wenn sich Menschen in ihrer Nähe befinden.

Von der Hafenmole am Port de Mindin aus kann man bei beginnender Ebbe sehr aufschlussreich das ablaufende Flusswasser und das einlaufende Atlantikwasser der kommenden Flut beobachten. Quer über den Mündungstrichter der Loire verläuft dann eine schlammig braune, gut zu erkennende Linie, die sich mit erstaunlicher Geschwindigkeit bewegt. Für den Betrachter wird hier gut vorstellbar, welche Kraft die Gezeiten (s. S. 22) entwickeln können.

Der Blick auf den geschäftigen **Hafen von Saint Nazaire** ist beeindruckend. Riesige

☑ *Die riesige Ozeanschlange, ein Kunstwerk von Huang Yong Ping in Saint-Brevin-les-Pins*

Containerschiffe werden be- und entladen, gigantische Kreuzfahrtschiffe liegen im Trockendock und davor schaukeln kleine Freizeit- und Fischerboote sanft im Wasser.

Wer die Besteigung der Brücke nicht scheut, dem ist in über 60 m Höhe ein sicherlich unvergessliches Panorama garantiert.

Der Besuch des historischen Zentrums des Ortes sollte im Rahmen eines gemütlichen Spaziergangs erfolgen, denn für ein Wohnmobil sind die Straßen zu schmal und das Parkplatzangebot zu gering. Saint-Brevin bietet aber mehrere Stellplatzmöglichkeiten und einen sehr zentral gelegen Campingplatz an, sodass sich eine Park- bzw. Übernachtungsgelegenheit finden sollte. Ganze 9 km Strand gehören zur Gemeinde, und so steht einigen ersten erholsamen Urlaubstagen nichts im Wege.

In und um St-Brevin-les-Pins sind mehrere **Dolmen und Menhire** (s. S. 70) zu bewundern, die, wie in der Bretagne auch, an der französischen Atlantikküste zahlreich und in sämtlichen Größenordnungen zu finden sind.

Information

› **Office de Tourisme des Pins,** Rue de l'Église 10, Saint-Brevin-les-Pins, Tel. 0033 240272432, www.saint-brevin.com, geöffnet: Sept.–Juni Mo–Sa 9.15–12.15, Mo–Fr auch 14–18 Uhr, Juli–Aug. Mo–Sa 9.30–13 und 14–19 Uhr, So geschlossen

Einkaufen

Wochenmärkte finden das ganze Jahr über donnerstags und sonntags in St-Brevin und samstags in St-Brevin-l'Océan statt. In der Hochsaison werden wöchentlich **Nachtmärkte** und diverse Events organisiert.

Parken

P **1 St-Brevin-l'Océan Strand,** GPS 47.248817, -2.169278. Kostenlose Parkmöglichkeit direkt am Meer in der Avenue de Beaumal, im Sommer stark frequentiert.

P **2 St-Brevin,** GPS 47.243064, -2.163869. Ausgewiesene Womo-Parkplätze in der Avenue de la Saulzaie am Friedhof, ideal für einen Bummel durch den Ort, 500m zum Meer.

9 Camping de Mindin, St-Brevin-les-Pins

GPS 47.264385, -2.169016

Familiärer Campingplatz im Pinienwald von St-Brevin mit direktem Meerzugang, beheizter Pool, teilweise Schatten, Bar, Restaurant, Brötchenservice, Zentrum 5 Minuten entfernt. **Lage/Anfahrt:** von der D213 kommend Ausfahrt Saint-Brevin Nord oder Mindin nehmen, hier im Kreisverkehr in die Avenue du Bois einbiegen; **Platzanzahl:** 74; **Untergrund:** Wiese, Sand; **Service:** Strom, Trinkwasser, Abwasser, Chemie-WC, WLAN; **Sicherheit:** umzäunt, beleuchtet, bewacht; **Preise:** 17–30 € je nach Saison; **Max. Stand:** unbegrenzt; **Geöffnet:** ganzjährig; **Adresse/Kontakt:** 32 Avenue du Bois, Saint-Brevin-les-Pins, Tel. 0033 240274641, www.camping-de-mindin.com.

THARON-PLAGE

(14 km – km 14)

Die Weiterfahrt gen Süden erfolgt am einfachsten über die gut ausgebaute D213. Nach nur 14 km ist Tharon-Plage erreicht, das mit einem 4,5 km langen, feinen Sandstrand lockt und Wassersportaktivitäten aller Art anbietet.

Da hier ein besonders schöner Abschnitt der **Jadeküste** liegt, hat die Doppelgemeinde Tharon-Plage und **Saint-Michel-Chef-Chef** einige Themenwanderungen ins Leben gerufen: Der **Küsten- und Windmühlenrundgang „Circuit de Littoral et des Moulins“,** der Rundgang zu den Quellen und Menhiren „Circuit des Sources et Menhire“ und ein Spaziergang durch die Gemeinde. Das entsprechende Kartenmaterial und nähere Informationen zu den Wanderungen und vielen weiteren Unternehmungen erhält man im Fremdenverkehrsbüro.

International bekannt ist die bretonische Spezialität der Gemeinde St-Michel-Chef-Chef, der **Keks „St-Michel Galettes“,** ein mit Meersalz gewürztes, mürbes Buttergebäck, das frei von Konservierungs- und Farbstof-

fen und ohne Palmöl gebacken ist. Hier kann man auch eine der beiden süßen Verführungen der Region probieren, **Rigolettes** und **Berlingots.** Beides sind Bonbonspezialitäten aus der Stadt Nantes, die nach wie vor handwerklich hergestellt werden. Rigolettes haben unter ihrer harten Zuckerschale einen weichen Kern mit Marmeladenfüllung in verschiedenen Geschmacksrichtungen. Der Berlingot ist ein festes Bonbon in einer dreieckigen Form in den Farben rot, gelb und grün mit Zitronen-, Himbeer-, Johannisbeer-, Orangen- und Pfefferminzgeschmack.

Einkaufen

Rigolettes, Berlingots und noch viele andere Leckereien kann man an mehreren Vormittagen auf den Wochenmärkten einkaufen.

› **Tharon-Plage,** Place du Marché

› **St-Michel-Chef-Chef,** Avenue de la Convention

Information

› **Office de Tourisme Saint-Michel-Chef-Chef,** Rue du Chevecier 17, Saint-Michel-Chef-Chef, Tel. 0033 240649999, www.pornic.com, geöffnet: Mo–Sa 10–13 Uhr und 15–18.30, So 9.30–13.30 Uhr, So in der Nebensaison geschlossen. Auf der Internetseite „Destination Pornic" unter https://de.pornic.com/wohnmobil.html werden mehrere offizielle Stellplätze vorgestellt.

10 Stellplatz Municipal, Saint-Michel-Chef-Chef

GPS 47.182115, -2.147259

Parkbuchten für Wohnmobile auf einem gemischten Parkplatz, zentral gelegen. **Lage/Anfahrt:** von der D213 kommend die Ausfahrt zur D78 Richtung Centre nehmen, beim nächsten Kreisverkehr ist der Parkplatz ausgeschildert; **Platzanzahl:** 25; **Untergrund:** Asphalt; **Service:** Strom, Trinkwasser, Abwasser, Chemie-WC; **Preise:** 7 €/Fahrz., Ver-/Entsorgung 3,40 € (Jetons in der Mairie gegenüber erhältlich, dem Bürgermeisteramt); **Max. Stand:** unbegrenzt; **Geöffnet:** ganzjährig; **Kontakt:** Rue du Chevecier 18, St-Michel-Chef-Chef.

An der wunderschönen Jadeküste bei Tharon-Plage

Im Leuchtturm am Pointe Saint-Gildas ist ein Museum untergebracht

11 Camping Clos Mer et Nature, Tharon-Plage

GPS 47.17233, -2.157878

3-Sterne-Campingplatz in ruhiger Lage, 400m vom Strand entfernt, Pool, Snackbar, schöner Baumbestand, Fahrrad-Verleih, Küstenwander- und Fahrradweg angrenzend. **Lage/Anfahrt:** von der D213 kommend beim Supermarkt „Super U“ in die Rue de la Plaine abfahren, dann rechts in die Rue de la Princetière und links in die Zielstraße abbiegen; **Untergrund:** Wiese, fest; **Service:** Strom, Trinkwasser, Abwasser, Chemie-WC, WLAN; **Preise:** 18–29 € je nach Saison; **Max. Stand:** unbegrenzt; **Geöffnet:** April–Okt.; **Adresse/Kontakt:** Rue de Tharon 102, Saint-Michel-Chef-Chef, Tel. 0033 240278571, www.camping-clos-mer-nature.fr.

12 Camping-Car Park Le Thar-Cor, Tharon-Plage

GPS 47.159979, -2.169444

Pass'Étapes-Stellplatz (s. S. 30) in ruhiger Umgebung, 100 m zum Strand, teilweise Schatten. **Lage/Anfahrt:** Stellplatz vor dem Campingplatz Thar Cor, von der D96 kommend den Campingplatzschildern folgen; **Platzanzahl:** 24; **Untergrund:** Schotter, Wiese; **Service:** Strom, Trinkwasser, Abwasser, Chemie-WC, WLAN; **Preise:** 11,40 €, Ver-/Entsorgung inklusive; **Max. Stand:** unbegrenzt; **Geöffnet:** ganzjährig; **Kontakt:** Avenue du Cormier 43, Saint-Michel-Chef-Chef, www.campingcarpark.com.

POINTE SAINT-GILDAS

(10 km – km 24)

Der Weg zur Landspitze Pointe Saint-Gildas führt auf der D96 durch **La Plaine-sur-Mer,** das zwar nicht am Meer liegt, aber einen gut ausgestatteten, kostenlosen Stellplatz 13 und einen bestens sortierten Supermarkt bietet.

13 Stellplatz Municipal, La Plaine-sur-Mer

GPS 47.139103, -2.192208

Offizieller Stellplatz der Gemeinde am Ortsrand, zentral, aber ruhig gelegen, Supermarkt in der Nähe. **Lage/Anfahrt:** der Versorgungsplatz liegt an der Einfahrt zum Chemin de la Gare, von hier führt eine kleine Straße links zum Übernachtungsplatz; **Platzanzahl:** 15; **Un-**

tergrund: Asphalt; **Service:** Trinkwasser, Abwasser, Chemie-WC; **Sicherheit:** beleuchtet; **Preise:** kostenlos; **Max. Stand:** eine Nacht; **Geöffnet:** ganzjährig; **Kontakt:** Boulvard des Nations Unies/Chemin de la Gare, La Plaine-sur-Mer, www.laplainesurmer.fr.

Weiter geht es auf der D313 durch ein schönes Pinienwaldgebiet zur Spitze der Halbinsel von **Préfailles.** Das Gebiet ist ein **Eldorado für Radfahrer** und ein Teil der „Vélodyssée", einem Radfernweg, der 1200 km von der Bretagne bis zur spanischen Grenze führt. Der Pointe Saint-Gildas ist ein idyllisches Fleckchen Erde, das auch zu herrlichen Spaziergängen einlädt, wobei der Besuch des **Leuchtturms** nicht fehlen darf. **Zahlreiche** Bunker, Zeitzeugen des Atlantikwalls im Zweiten Weltkrieg (s. S. 186), passen sich erstaunlich gut dem schönen Panorama an. Im Französischen werden Bunker übrigens „blockhaus" genannt. Im **Hafen** laufen kleine Fischerboote ein und aus, einige Restaurants warten auf Gäste und eine Segelschule verleiht Katamarane.

Rundherum befinden sich diverse **Buchten,** in denen man fast alleine ist, perfekt zum Baden, Sonnen und Erholen. Der Küstenweg, das jadegrüne Meer immer im Blick, lädt aber auch zu ausgiebigen Spaziergängen ein.

In der Gemeinde Préfailles gibt es zwei offizielle **Stellplätze,** die unter dem Namen „Camping-Car Park" mit dem Pass'Étapes (s. S. 30) bezahlt werden.

⑭ Stellplatz Pointe, Préfailles

GPS 47.138793, -2.222008

Großzügiger Stellplatz von Pass'Étapes (s. S. 30) vor dem „Camping de la Pointe", 2 km vom Meer entfernt in ruhiger Lage. **Lage/Anfahrt:** von der D313 kommend in die Route du Bois Roux einfahren, dann links in die Zielstraße; **Platzanzahl:** 49; **Untergrund:** Schotterrasen; **Service:** Strom, Trinkwasser, Abwasser, Chemie-WC, WLAN; **Sicherheit:** beleuchtet, bewacht; **Preise:** 10,60 €/Fahrz. und Steuer, Ver-/Entsorgung inklusive; **Geöffnet:** ganzjährig; **Kontakt:** Chemin du Port aux Ânes, Préfailles, www.prefailles.fr.

⑮ Stellplatz Les Pinettes, Préfailles

GPS 47.135697, -2.238313

Stellplatz von Pass'Étapes (s. S. 30) am Ende der Landzunge des Pointe de Saint-Gildas kurz vor dem Hafen direkt am Meer. **Lage/Anfahrt:** der D313 fast bis zum Ende folgen, der Platz liegt auf der rechten Seite und ist ausgeschildert; **Platzanzahl:** 39; **Untergrund:** Schotter; **Service:** Strom, Trinkwasser, Abwasser, Chemie-WC, WLAN; **Sicherheit:** beleuchtet; **Preise:** 12 €/Fahrz. und Steuer, Ver-/Entsorgung inklusive; **Max. Stand:** unbegrenzt; **Geöffnet:** ganzjährig; **Kontakt:** Chemin des Pinettes, Préfailles, www.prefailles.fr.

160wf-if

⑯ Camping Eléovic, Préfailles

GPS 47.132564, -2.232303

4-Sterne-Campingplatz im Pinienwald direkt am Meer, schöner Blick auf die Île de Noirmoutier, ruhig, direkter Zugang zum Wander- und Fahrradweg, beheiztes Schwimmbad, Brötchenservice, Imbiss, teilweise Schatten, Zentrum 1 km entfernt; **Lage/Anfahrt:** von La Plaine-sur-Mer kommend auf der D313 in Richtung Pointe fahren, links in die Rue de la Prée abbiegen und rechts der Zielstraße bis zum Campingplatz folgen; **Platzanzahl:** 50; **Untergrund:** Wiese und Sand, befestigt; **Service:** Strom, Trinkwasser, Abwasser, Chemie-WC; **Sicherheit:** beleuchtet; **Preise:** 36–48 € je nach Saison; **Geöffnet:** Anfang April–Anfang Oktober; **Kontakt:** Route de la Pointe Saint-Gildas, 44770 Préfailles, Tel. 0033 240216160, www.camping-eleovic.com.

PORNIC

(12 km – km 36)

Ein hübscher Badeort folgt dem nächsten und zurück auf der D13 ist nach nur 10 km das Küstenstädtchen Pornic erreicht. Die Gemeinde mit ihren über 15.000 Einwohnern hat viel zu bieten: einen ansehnlichen **Jacht- und Fischereihafen,** eine **mittelalterliche Altstadt** und das alles überragende **Château des Brefs.** Ursprünglich aus dem 12. Jh., wurde es unter König Louis XIII. zum Lustschloss umgebaut und beherbergt heute ein Kunst- und Kulturzentrum. Pornic ist die südlichste Bastion der historischen Bretagne, was man gut am Baustil der Häuser erkennt, die mächtige Natursteinmauern, typische Kamine und stark geneigte Schieferdächer besitzen. Im weiteren Verlauf der Reise werden diese von einer südfranzösisch geprägten Architektur mit eingeschossigen, weiß getünchten Häuschen mit flachen, roten Ziegeldächern abgelöst.

Ganz in der Nähe des Hafens steht eine Megalithanlage, der **Tumulus des Mousseaux.** Das Hügelgrab wurde zwar schon 1840 entdeckt, aber erst 1970 ausgegraben und ist heute eine frei zugängliche Touristenattraktion.

Das sehenswerte Städtchen Pornic mit seinem trutzigen Schloss und dem schönen Hafen

Thalassotherapie

Der Begriff stammt aus dem Griechischen („thalassa" bezeichnet das Meer und „therapia" die Behandlung). Die Kombination aus Klima, Schlamm, Algen, Sand und weiteren Meeressubstanzen sollen dem Körper helfen, auf natürliche Art und Weise Stress abzubauen und die Harmonie von Körper und Geist wiederzugewinnen.

Schon seit der Antike wird die Heilkraft des Meerwassers und des Meeresklimas geschätzt. Bereits 1822 wurde in Frankreich das erste Zentrum für Thalassotherapie eröffnet und von den Kurgästen begeistert angenommen. Zahlreiche weitere Meerwasserbäder entstanden und der Französische Verband der Thalassotherapie wurde gegründet, der einige Grundprinzipien festlegt:

Nur natürliches Meerwasser mit einem maximalen Salzgehalt von 2 % darf verwendet werden. Der schwefelhaltige Schlamm wird in der Bucht von Bourgneuf-en-Retz an der französischen Atlantikküste und auf den Chausy Inseln im Ärmelkanal gesammelt.

Thalassotherapie hilft bei Schlafstörungen, Durchblutungssörungen, Arthrose und Rheuma, Schuppenflechte und Neurodermitis. Die Haut wird durch das Meerwasser weich und geschmeidig und der Organismus wird durch Schlammpackungen sanft von Giftstoffen gereinigt. Algen weisen eine sehr hohe Konzentration an Spurenelementen auf und verstärken die remineralisierende und ausgleichende Wirkung des Meerwassers um das 100.000-fache. Die jodhaltige Luft erzeugt ein sogenanntes Reizklima, bei dem der Organismus mit erhöhter Wärmebildung reagiert und so die Abwehrkräfte stärkt. Durch das Einatmen der salzhaltigen Luft wird Schleim in den Atemwegen gelöst und das Luftholen erleichtert.

Natürlich gibt es auch **nette Buchten, Strand und Meer,** aber auch eine Steilküste.

Auf dem fast 14 km langen Küstenpfad *(corniche)* folgt man dem ehemaligen Schmugglerweg inklusive herrlichem Panorama.

Schon Lenin und Renoir weilten hier und haben vielleicht auch den berühmten **Curé Nantais** genossen, eine lokale Käsespezialität. Hierbei handelt es sich um einen Weichkäse aus Kuhmilch mit einer rosa bis orange gefärbten Rinde, den man hier überall kaufen kann. Überhaupt lässt es sich in Pornics Altstadt hervorragend bummeln und shoppen. Für Eisfans ist der Besuch von „La Fraiseraie" auf der Place du Petit Nice ein Muss, eine Feinschmeckeradresse und Eisdiele vom Feinsten, in der alles rund um die Erdbeere angeboten wird.

Mit dem Wohnmobil sollte man besser etwas außerhalb am ausgeschilderten Municipal Aquacentre (s. rechts) parken, denn historische Zentren sind bekanntlich eher für die Größe eines Pferdefuhrwerks gebaut. Auf der D13, der Hauptdurchgangsstraße von Pornic, kommt man an dem hervorragend sortierten Supermarkt „Hyper Super U" vorbei, dem ein ausgezeichnetes Fischgeschäft und eine preiswerte Tankstelle angeschlossen sind.

Einkaufstipp: Die ganzjährigen Wochenmärkte finden Mittwoch, Donnerstag, Samstag und Sonntag jeweils am Vormittag statt.

Tipp: Hier in Pornic kann man sich auch einen Tag im **Thalassozentrum** (siehe oben) gönnen. Nicht nur bei schlechtem Wetter ist ein solcher Besuch eine Wohltat für Körper und Geist. Am Plage de la Source befindet sich das Alliance Pornic Resort Hotel Thalasso & Spa, eines der Therapiezentren an der französischen Atlantikküste.

Information

› **Office de Tourisme Pornic,** Place de la Gare, Pornic, Tel. 0033 240820440, www.pornic.com, geöffnet: Mo–Sa 9.30–12.30 und 14–18.30, So 10.30–13 und 15–17.30 Uhr

Parken

P **3 Aquacentre, Pornic,** GPS 47.120731, -2.091136. Kostenlose Womo-Parkmöglichkeit für die Besichtigung von Pornic, Flot-Bleu-Station zur Ver-/Entsorgung vorhanden.

⑰ Camping Capfun La Madrague

GPS 47.115748, -2.155848

4-Sterne-Platz direkt am Meer, großer Schwimmbadbereich mit mehreren Pools, Animation, Imbiss, Brötchenservice, Zugang zum Küstenwanderweg; **Lage/Anfahrt:** von der D213 kommend in Pornic auf der D286 am SuperU vorbei fahren, der Straße bis zum Meer folgen, dort rechts auf die D751 bis zur Zielstraße, der Campingplatz ist ausgeschildert; **Platzanzahl:** 90; **Untergrund:** Wiese u. Sand, befestigt; **Service:** Strom, Trinkwasser, Abwasser, Chemie-WC; **Sicherheit:** beleuchtet; **Preise:** 42 €; **Geöffnet:** Anfang April–Ende Sept.; **Kontakt:** Chemin de la Madrague, 44210 Pornic, Tel. 0033 240820673, www.madrague.net.

165wf © Camping La Madrague

LA BERNERIE-EN-RETZ

(8 km – km 44)

Am besten verlässt man Pornic wieder auf der D213, um schon nach gut 8 km den nächsten Badeort zu erreichen.

La Bernerie-en-Retz bietet eine Besonderheit: eine **gezeitenunabhängige Badebucht.** Dadurch kann man hier am kleinen Stadtstrand nach Lust und Laune ins kühle Nass springen, ohne auf die nächste Flut warten zu müssen.

Das ehemalige Fischerdorf wurde durch den Bau spezieller Schiffe mit drei Masten reich, an denen das Ruder sowohl am Heck wie am Bug befestigt werden konnte.

⑱ Stellplatz municipal, La Bernerie-en-Retz

GPS 47.078595, -2.03395

Großer Stellplatz mit leichtem Baumbestand mitten im Ort, ca. 200 m vom Strand entfernt. **Lage/Anfahrt:** von der D13 in La Poteau auf die D66 abfahren, im Ort der Hauptstraße D97 bis zum Stellplatz folgen, Womo-Piktogramm, Supermarkt in der Nähe; **Platzanzahl:** 30; **Untergrund:** Asphalt; **Service:** Strom, Trinkwasser, Abwasser, Chemie-WC; **Sicherheit:** beleuchtet; **Preise:** 12 €/Fahrz., Strom und Wasser kostenpflichtig; **Max. Stand:** unbegrenzt; **Geöffnet:** ganzjährig; **Kontakt:** Rue Jeanne d'Arc 7, La Bernerie-en-Retz, www.pornic.com.

166wf-lf

030wf-if

Information

› **Office de Tourisme,** Boulvard Chausée du Pays de Retz 3, La Bernerie-en-Retz, Tel. 0033 240827099, www.pornic.com, geöffnet: Mo–Sa 10–13 und 15–18.30, So 9.30–13.30 Uhr

Schwimmen ist in der gezeitenunabhängigen Bucht von La Bernerie-en-Retz immer möglich

Frischer geht nimmer: eine Verkostung in der Austernhütte in Port du Bec (s. S. 47)

19 Camping de l'Hermitage des Dunes

GPS 47.065231, -2.013662

3-Sterne-Campingplatz direkt am Meer, beheizter Pool, schöner Baumbestand; **Lage/Anfahrt:** auf der Küstenstraße D97 von La Bernerie-en-Retz kommend nach 2 km rechts auf die Zielstraße einbiegen; **Platzanzahl:** 88; **Untergrund:** Wiese und Sand, befestigt; **Service:** Strom, Trinkwasser, Abwasser, Chemie-WC; **Sicherheit:** beleuchtet; **Preise:** 18–36 € je nach Saison; **Geöffnet:** Anfang April–Anfang Oktober; **Kontakt:** Rue du Bois Millet, 44760 Les Moutiers-en-Retz, Tel. 0033 240646400, www.hermitagedesdunes.com.

167wf © Camping de l'Hermitage des Dunes

031wf-if

PORT DU BEC

(26 km – km 70)

Die Jadeküste nähert sich ihrem Ende. Für die Weiterfahrt Richtung Île de Noirmoutier fährt man zunächst auf der D13 weiter und wechselt in Bourgneuf-en-Retz auf die D758. Das Landschaftsbild ändert sich nun völlig. Entlang der **Parcs à Huîtres** auf der Seeseite erstreckt sich im Landesinnern das **Marais Breton,** ein Sumpfgebiet, das von Kanälen durchzogen ist.

Eine **Austernzuchtfarm** nach der anderen zeigt, wovon die Menschen hier leben. Für die *dégustation* sollte man allerdings warten, bis der Port du Bec erreicht ist, denn ursprüng-

⑳ Stellplatz Port du Bec, Bouin

GPS 46.939244, -2.07333

Stellplatz der Gemeinde Bouin direkt am Meer, kein Schatten. Der Platz befindet sich ganz am Ende der Hafeneinfahrt, die Versorgungsstation ist 100 m weiter vorne rechts neben dem Gebäude der „Coopérative maritime" zu finden. **Lage/Anfahrt:** von der D758 kommend der Beschilderung zum Port du Bec folgen; **Platzanzahl:** 50; **Untergrund:** Schotter; **Service:** Strom, Trinkwasser, Abwasser, Chemie-WC; **Sicherheit:** beleuchtet; **Preise:** 5 €/Fahrz., Strom und Wasser sind kostenpflichtig; **Max. Stand:** unbegrenzt; **Geöffnet:** ganzjährig; **Kontakt:** Le Port du Bec, 85230 Bouin, www.otsi-paysdugois.fr.

168wf-if

licher als hier geht es wohl kaum. Direkt im kleinen Hafen haben zwei Fischer ihre schlichten, einfachen Hütten zu kleinen **Probierstuben** umfunktioniert. Die Austern *(huîtres)*, die Krabben *(crevettes)* und selbst der Hummer *(homard)* werden auf Plastiktellern serviert, der eisgekühlte Weißwein aus der Region kommt ebenfalls in Plastikbechern auf den Tisch.

Die **Atmosphäre** ist einmalig: Die Fischerboote schaukeln auf dem Wasser oder liegen bei Ebbe im Schlamm. Wer nun nicht mehr weiterfahren möchte, muss nur 100 m die Hafeneinfahrt entlang bis zum Stellplatz 20 spazieren, wo bis zum Auslaufen der Fischerboote am frühen Morgen sicherlich absolute Ruhe garantiert ist.

ÎLE DE NOIRMOUTIER

(20 km – km 90)

Die **nördlichste Insel an der französischen Atlantikküste** ist zwar nicht so bekannt wie ihre berühmten Schwestern Île de Ré (s. S. 87) und Île d'Oléron (s. S. 104), sie ist allerdings nicht weniger schön.

Schon allein die Überfahrt auf das Eiland ist ein Erlebnis, vorausgesetzt es herrscht Ebbe und man wählt die Fahrt über die **Passage du Gois.** Dies ist eine gepflasterte Straße, die 4,5 km auf dem Meeresgrund verläuft. Die *gois* (Furt) ist ein Teil der Nationalstraße N148 und bei Hochwasser etwa 2 bis 3 m überflutet. Entlang der Strecke stehen in regelmäßigen Abständen betonierte Rettungspontons mit langen Stangen, an denen sich Unvorsichtige festhalten können, während sie mit ansehen müssen, wie ihre Autos in den Fluten versinken. Wenn man sich vorher an den angebrachten Warnschildern mit den Tidezeiten (Horaires des marées) orientiert, ist die Überfahrt kein Problem. Vor allem die vielen Sammler, die den Schlick nach Muscheln und Krebsgetier durchwühlen, vergessen in ihrer Begeisterung oftmals die Zeit und werden unsanft in die Wirklichkeit zurückgeholt.

Die Salzblume – Fleur de sel

Die ersten Salzgärten der Île de Noirmoutier wurden bereits im 7. Jh. von Mönchen angelegt. Heute bedecken sie knapp ein Drittel der Insel und produzieren jährlich fast 3000 t gewöhnliches Meersalz und 140 t des berühmten „Fleur de sel", das nicht mehr aus der gehobenen Küche wegzudenken ist. Noirmoutier ist der drittgrößte Salzproduzent Frankreichs. Die Gewinnung ist sehr arbeitsintensiv, reine Handarbeit und stark vom Wetter abhängig, denn das durch künstlich angelegte Kanäle geleitete Meerwasser muss verdunsten. Zurück bleibt eine Salzschicht, die mit dem Holzrechen vom Lehmboden abgeschabt werden muss, zum größten Teil grau ist und meist als reines Kochsalz genutzt wird. Für das Tafelsalz wird das grobe Meersalz getrocknet und zerrieben.

Nur die Salzblume, die sich in besonders heißen Sommerzeiten bildet und wie feine Kristalle im Sonnenlicht flimmert, ist das „weiße Gold" – das „Fleur de sel".

Seit 1987 finden jedes Jahr im Juni die **„Foulées du Gois"** statt, ein Wettlauf, bei dem derjenige gewinnt, der im letztmöglichen Moment losläuft und noch trocken die Insel erreicht. Mehr als 1500 sportbegeisterte Männer, Frauen und Kinder nehmen an diesem Wettbewerb teil, von denen sicherlich der ein oder andere ziemlich naß werden dürfte.

Die Île de Noirmoutier ist zu jeder Zeit auch über eine **mautfreie Brücke** zu erreichen. Auf der Insel angekommen, empfängt den Besucher eine sehr **abwechslungsreiche Landschaft.** Der Süden und Osten der Insel sind von Dünen und langen Stränden geprägt, der Norden mit seinen kleinen Buchten ist felsig und dazwischen liegt ein Sumpfgebiet, das vor allen Dingen zur Salzgewinnung genutzt wird.

Werkzeugfunde belegen, dass die Insel schon in der Steinzeit besiedelt war. Dolmen und Menhire (s. S. 70) wurden gefunden und in der Nähe von Le Vieil zeugen Reste einer Therme von der römischen Vergangenheit.

Durch Überfälle und Eroberungen geriet die Île de Noirmoutier im Lauf ihrer Geschichte in die Hände unterschiedlicher Besitzer, so waren im 7. und 8. Jahrhundert die Sarazenen und Wikinger die Herren, später dann, neben Piraten, auch Briten, Spanier und Holländer. Erst 1767 erwarb Ludwig XV. die Insel, seitdem gehört sie zu Frankreich.

Haupteinkommensquellen der knapp 10.000 Einheimischen sind die Austern- und Muschelzucht und natürlich der Tourismus, der aber trotz der 120.000 Gäste pro Jahr recht leise und beschaulich ist. Sonne, Strand und Meer gibt es reichlich und Wanderer wie Fahrradfahrer kommen voll auf ihre Kosten. Das entsprechende Kartenmaterial und noch viele weitere Informationen erhält man im Touristenbüro (s. S. 52) in **Noirmoutier-en-Île,** dem Hauptort der Insel. Ein zentral gelegener Stellplatz 22 findet sich hier ebenfalls.

Die **Inselhauptstadt** ist ein überaus sympathisches Städtchen und mit ihren idyllischen Gässchen wirklich besuchenswert. Hier finden sich zahlreiche kleine Läden, die zum Einkaufen einladen. In der Ortsmitte steht auch eine sehenswerte Markthalle, deren Besuch am Vormittag ein kulinarischer Genuss ist.

Eine Besonderheit der Insel ist die kleine, festkochende Kartoffelsorte „Bonnotte", die auf mit Tang gedüngten Feldern angebaut wird und daher einen ganz eigenen Geschmack hat.

Die alles überragende Trutzburg, das **Château de Noirmoutier** aus dem 12. Jahrhundert, beherbergt heute ein sehenswertes Museum.

Blick auf Noirmoutier-en-Île, die Inselhauptstadt

› **Schlossmuseum Noirmoutier-en-Île,** Place d'Armes, Noirmoutier-en-Île, Tel. 0033 251391042, www.ville-noirmoutier.fr, geöffnet: Mo–So 10–12.30 und 14.30–18 Uhr. Das Museum zeigt eine Ausstellung über den Vendée-Krieg (s. S. 52), der eine Folge der Französischen Revolution war. Die Erkundung der Burganlage ist auch für Kinder interessant.

Aber auch die **Église St-Philibert** nebenan beeindruckt mit ihrer Krypta aus dem 11. Jh. Namensgeber ist der heilige Philibert, der 674 auf der Insel ein Benediktinerkloster gründete und die Bevölkerung dazu ermutigte, den Boden zu bestellen und Windmühlen zu bauen. Er förderte die Salzgewinnung und verhalf so den Inselbewohnern zu Arbeit und Wohlstand.

Zur Zeit der Französischen Revolution diente die Kirche als Gefängnis für 1500 Gefangene, die allesamt hingerichtet wurden und in den Stranddünen von Vieil begraben wurden.

15 Campingplätze und mehrere Stellplätze kann die 20 km lange Insel vorweisen, ganz zu schweigen von den vielen Parkmöglichkeiten bei den Salzgärten, die häufig Verkaufsstände und teilweise auch Führungen anbieten.

Der Badeort **L'Épine** liegt ungefähr in der Mitte der Insel an einem kilometerlangen Sandstrand und kann den zweitgrößten Hafen vorzuweisen. Der Stellplatz 24 befindet sich zwar nicht direkt am Meer, ist aber recht komfortabel.

An der Inselspitze, dem **Pointe de L'Herbaudière,** lädt der große Fischerei- und Jachthafen zum Bummel ein. Zahlreiche Restaurants, Eisdielen und Cafés befinden sich direkt an den Hafenkais und dem quirligen Treiben zuzuschauen ist ein Erlebnis. Zu Beginn des letzten Jahrhunderts war der Hafen ein reiner Sardinenhafen, in dem hauptsächlich die kleinen *pinasses* (Sardinenfangschiffe) vor Anker lagen. Auf der Insel gab es da-

Das historische Fest in der Inselhauptstadt der Île de Noirmoutier ist ein beliebtes Event

034wf-lf

Fahrradtour auf der Île de Noirmoutier

Diese 19 km lange Fahrradtour ist sehr empfehlenswert und ohne Probleme zu bewältigen. Sie führt vom L'Herbaudière zum Plage de la Madeleine, von dort durch den Bois de la Chaise zur Plage des Sableaux. Von hier aus führt der Weg durch ein Naturschutzgebiet mit dem typischen Sumpfcharakter zur Inselhauptstadt Noirmoutier-en-Île. Hier sollte man das Rad ein wenig durch die engen Gässchen schieben und die Atmosphäre genießen.

Auf dem ausgeschilderten Fahrradweg verlässt man den Ort am Stellplatz (23) vorbei Richtung L'Herbaudière. Entlang einer Reitroute und abseits der Straße streift der gut ausgebaute Weg einige Mühlen und erreicht dann wieder L'Herbaudière am dortigen Stellplatz. Diese Fahrradroute ist sowohl im in der Touristeninformation (s. S. 52) erhältlichen Inselplan wie auch auf der gesamten Strecke blau gekennzeichnet.

mals vier Konservenfabriken, die den gesamten Fang verarbeiteten.

Heute werden hier in der Fischauktionshalle pro Jahr über 1600 t Fisch angelandet und unzählige Tonnen Austern und Muscheln vermarktet. Die Fischer betreiben reine Küstenfischerei mit sogenannter „sanfter Fangtechnik". Hummer, Tintenfische, Seelachs, Doraden, Rotbarben, Meeraale, Seeteufel, Seezunge und der nur einzeln per Leine zu fangende Wolfsbarsch – bei dieser Vielfalt achten die Fischer auf Sorgfalt und Qualität, die in den Spitzenrestaurants auf der ganzen Welt gewürdigt wird.

Der hiesige Jachthafen wurde 1973 eingerichtet, seitdem gibt es in L'Herbaudière fast 600 Bootsliegeplätze. Nur 5 Minuten zu Fuß braucht man vom Camping Municipal (23) hierhin, der wie viele gemeindeeigene Plätze in grandioser Lage liegt, um die bunte Hafenatmosphäre genießen zu können. Aber

Eine schöne Tour verläuft durch das Naturschutzgebiet

033wf-if

auch der Stellplatz L'Herbaudière 21 ist nicht weit entfernt.

Die Île de Noirmoutier liegt zum größten Teil unterhalb des Meeresspiegels und aufgrund des mediterranen Klimas ist sie im Winter **Zufluchsstätte für Hunderttausende von See- und Watvögeln.** Im Februar und März verwandelt die **Mimosenblüte** die Insel in ein goldgelbes Urlaubsparadies, das mit insgesamt 2100 Sonnenstunden pro Jahr gesegnet ist. Darüber hinaus nennt die Mimoseninsel 80 km Fahrradwege und 50 km ausgewiesene Wanderwege sowie 40 km Strand ihr Eigen, an denen **Wassersportaktivitäten** aller Art angeboten werden: Segelschulen, Tauchschulen, Paddling, Strandsegeln, Kitesurfen, für gestresste Eltern gibt es sogar Meereskindergärten für die Kleinsten. In den Inselhäfen werden Ausfahrten zum Hochseeangeln und Ausflüge auf wunderschönen Windjammern organisiert – einem abwechslungsreichen Urlaub steht also nichts im Wege. Besonders viel Trubel herrscht während der bedeutenden **Segelregatten** wie der „Lissac Classic Noirmoutier" und der „Regatte Bois de la Chaise", die ihrem Namen dem großen Pinienwald im Norden der Insel verdankt und an der jedes Jahr 100 Jachten teilnehmen.

Vendée-Krieg

Das Département Vendée ist nach dem gleichnamigen Fluss benannt und liegt in der heutigen Region Pays de la Loire. Hier in der alten Provinz Poitou begann im Jahr 1793 der Widerstand gegen die Französische Revolution, dem sich große Teile des Adels anschlossen und mit der „Katholischen und Königlichen Armee" in den Kampf gegen die repulikanischen Machthaber zogen.

Die Landbevölkerung kämpfte gegen die Zwangsrekrutierungen, der Adel um seine Privilegien und der Klerus um seine kirchliche Macht. Die kampferprobten Regierungstruppen siegten 1796 und führten anschließend einen brutalen Rachefeldzug, in dem ganze Dörfer niedergebrannt und deren Bewohner ermordet wurden. Insgesamt forderte der Krieg 300.000 Tote und hinterließ in der gesamten Region Spuren.

Seit 1987 gibt es auf der Insel auch eine **Meeresfarm,** in der unter dem Label „Turbot Rouge" Steinbutt gezüchtet wird, den man wohl selten so frisch genießen kann wie hier.

Ein spannendes Erlebnis für die ganze Familie ist die **Strandfischerei,** die man rund um die Insel betreiben kann. So lassen sich am Plage des Dames zum Beispiel rosafarbene Garnelen, Herzmuscheln, Miesmuscheln und Venusmuscheln finden und am Strand von L'Herbaudière zusätzlich noch Strandschnecken, Austern und Strandkrabben. Ganze Heerscharen von Jägern und Sammlern bevölkern mit Gummistiefeln, Eimern und Rechen ausgerüstet die bei Ebbe freigelegten Strandabschnitte. Zur Zeit des Vollmondes herrscht starkes Niedrigwasser, grandes marées, denn dann zieht sich das Meer besonders weit zurück. Zu diesem Termin kommen begeisterte Strandfischer aus der ganzen Vendée zusammen, um auf dem Abschnitt zwischen Gois und den Austernparks ihrer Leidenschaft nachzugehen.

In diesem Zusammenhang muss man die vorgeschriebene **Mindestgröße** und die **zulässigen Fangmengen** pro Person beachten: Venusmuscheln: 3,5 cm/3 kg, Austern: 5 cm/5 Dutzend (bis max. 5 kg), Herzmuscheln: 2,7 cm/4 kg, Miesmuscheln: 4 cm/5 kg, rosafarbene Garnelen: 5 cm, Graugarnelen: 3 cm, Strandkrabben: 13 cm (Taschenkrebs/tourteau) und 6,5 cm (Samtkrabbe/étrille oder Schwimmkrabbe/balleresse), Strandschnecken: 3 kg. Es ist ausdrücklich verboten, die beim Strandfischen gefundenen Muscheln zu verkaufen.

Information

› **Office de Tourisme,** Rue du Gén Passaga, Noirmoutier-en-Île, Tel. 0033 251398071, www.ile-noirmoutier.com, geöffnet: Mo–So 9.30–12.30 und 14–18 Uhr

Essen und Trinken

- **La Cormaroune,** Rue Marie Lemonnier 2, L'Herbaudière, 85330 Noirmoutier-en-Île, gegenüber dem großen Hafen in der 1. Etage, schöner Blick, Tel. 0033 671740184, geöffnet: ganzjährig ab Mittag, geschl.: in der Hochsaison montags. Vor allem Meeresfrüchte, Thunfisch und Muscheln sowie große Salate werden angeboten.

Einkaufen

Wochenmärkte finden ganzjährig statt:

- **Noirmoutier-en-Île,** Place de la République, freitags
- **L'Épine,** Place du Général de Gaulle, samstags
- **Barbatre,** Place de la Plaine, mittwochs

Wer die Île-de-Noirmoutier nicht besuchen möchte, findet auf dem Festland an der D758 in **Beauvoir-sur-Mer** einen gut ausgebauten Übernachtungsplatz vor, den Stellplatz Beauvoir-sur-Mer 25 mit Ver- und Entsorgung.

21 Stellplatz L'Herbaudière, Île de Noirmoutier

GPS 47.020063, -2.300941

Stellplatz am Inselende, direkt am Strand, zentrumsnah. **Lage/Anfahrt;** an der D5 am Ortsanfang von L'Herbaudière kurz hinter der Kirche; **Platzanzahl:** 20; **Untergrund:** Schotter, eben; **Service:** Trinkwasser, Abwasser, Chemie-WC, Strom teilweise; **Sicherheit:** beleuchtet; **Preise:** 6–10 € je nach Saison, Strom und Wasser kostenpflichtig; **Max. Stand:** 5 Tage; **Geöffnet:** ganzjährig; **Kontakt:** Avenue Mourain 149, Noirmoutier en Île, www.ile-noirmoutier.com.

22 Stellplatz Noirmoutier-en-Île

GPS 47.000546, -2.251124

Stellplatz der Inselhauptstadt Noirmoutier-en-Île, zentrumsnah, Fahrradweg angrenzend. **Lage/Anfahrt:**

23 Camping Municipal La Pointe, Île de Noirmoutier

GPS 47.024303, -2.303397

Naturbelassen, schlichter Campingplatz an der Spitze der Insel direkt am Meer, auf einer Düne gelegen, wenig Schatten, Hafennähe. **Lage/Anfahrt:** auf der Insel der D38 und der D948 bis zum Ende folgen; **Untergrund:** Wiese, Sand; **Service:** Strom, Trinkwasser, Abwasser, Chemie-WC, WLAN; **Sicherheit:** umzäunt, beleuchtet; **Preise:** 16–22 € je nach Saison; **Geöffnet:** Mitte März–Anfang November; **Kontakt:** Rue de la Pointe, Noirmoutier en Île, L'Herbaudière, Tel. 0033 251391670, www.noirmoutier-campings.fr.

164wf-if

auf der Insel der Hauptstraße D38 bis zur Stadt folgen, Womo-Piktogramm; **Platzanzahl:** 200; **Untergrund:** Schotter; **Service:** Strom, Trinkwasser, Abwasser, Chemie-WC, WLAN; **Sicherheit:** beleuchtet; **Preise:** 6–10 € (je nach Saison); **Max. Stand:** fünf Nächte; **Geöffnet:** ganzjährig; **Kontakt:** Avenue de Padron, Noirmoutier-en-Île, www.ile-noirmoutier.com.

㉔ Stellplatz L'Épine, Île de Noirmoutier

GPS 46.981222, -2.263835

Parzellierter Stellplatz im Zentrum von L'Épine, Ortsrand, Geschäfte in der Nähe. **Lage/Anfahrt:** von der D38 kommend nach L'Épine abbiegen, dem Womo-Piktogramm folgen; **Platzanzahl:** 60; **Untergrund:** Asphalt; **Service:** Strom, Trinkwasser, Abwasser, Chemie-WC; **Sicherheit:** beleuchtet; **Preise:** 9 €/Fahrz., inklusive allem, Zahlung per Kreditkarte; **Max. Stand:** unbegrenzt; **Geöffnet:** ganzjährig; **Kontakt:** Place des Ormeaux, L'Épine, www.ile-noirmoutier.com.

㉕ Stellplatz Beauvoir-sur-Mer

GPS 46.916563, -2.046564

Gepflegter Durchreiseplatz, kein Schatten, Ortsrand. **Lage/Anfahrt:** direkt an der D758; **Platzanzahl:** 24; **Untergrund:** Asphalt; **Service:** Strom, Trinkwasser, Abwasser, Chemie-WC, WLAN; **Sicherheit:** beleuchtet; **Preise:** 5 €/Fahrz., tagsüber kostenlos, Wasser und Strom kostenpflichtig; **Max. Stand:** zwei Nächte; **Geöffnet:** ganzjährig; **Kontakt:** Rue de Nantes 7, Beauvoir-sur-Mer.

ROUTE 2

ENTLANG DER CÔTE DE LUMIÈRE BIS ZUR CÔTE DES FLEURS

035wf-as © Philippe Devanne, www.photos-paramoteur.fr

Strecke:
La Barre-de-Monts (s. S. 58) – **Notre-Dame-de-Monts** (6,5 km, s. S. 59) – **Saint-Jean-de-Monts** (8 km, s. S. 61) – **Saint-Hilaire-de-Riez** (13,5 km, s. S. 61) – **Les Sables-d'Olonne** (32 km, s. S. 64) – **Talmont-Saint-Hilaire** (20 km, s. S. 66) – **Jard-sur-Mer** (9 km, s. S. 67) – **Avrillé** (14 km, s. S. 69) – **La Tranche-sur-Mer** (20 km, s. S. 70) – **Pointe de l'Aiguillon-sur-Mer** (25 km, s. S. 71) – **La Rochelle** (58 km, s. S. 73) – **Abstecher in die Marais Poitevin bis nach Coulon** (77 km, s. S. 74) – **La Rochelle** (60 km)

⪡ *Kapitelstartseite: Le Bois de la Mine, Talmont-Saint-Hilaire (s. S. 66)*

Streckenlänge:
ohne Abstecher ca. 206 km,
mit Abstecher ca. 350 km

ROUTENÜBERSICHT

Die Route führt durch das Herz des Départements Vendée, das auf 250 km Küstenlinie, die Île de Noirmoutier mit eingeschlossen, 140 Strandkilometer bietet. Die „Côte de Lumière“ („Küste des Lichts“) zählt mit 2500 Sonnenstunden pro Jahr zu den sonnigsten Regionen der französischen Atlantikküste. In der Hochsaison boomt der Tourismus, in den Nebensaisons ist es eher ruhig und beschaulich. Nette Badeorte begleiten diese abwechslungsreiche Route, als „Stadt“ kann eigentlich nur Les Sables-d'Olonne (s. S. 64) bezeichnet werden, diese ist allein schon wegen ihrer Muschelstraße Île Penotte einen Besuch wert. Charakteristisch für diesen Küstenabschnitt sind die großen Kiefern- und Steineichenwälder, durch die herrliche Wanderwege mit idyllischen Picknickplätzen führen. Auf den vielen Radwegen lässt sich die Gegend bestens erkunden, an Stellplätzen für Wohnmobile mangelt es ebenfalls nicht. Küstenschutz wird hier großgeschrieben, und viele Gemeinden haben sich aus gutem Grund zur sanften Reinigung ihrer Strände verpflichtet. Was viele nicht wissen: Die angeschwemmten Algen sind wichtig für die Stabilisierung der Dünen und deren Artenvielfalt. Natur pur erlebt man auf ganz besondere Art bei einem Ausflug in die Marais Poitevin (s. S. 74). Frankreichs zweitgrößtes Sumpfgebiet beherbergt ein einzigartiges Ökosystem, ein von Menschenhand gemachtes Paradies.

☑ *Muschelbild in der Île Penotte von Les Sables-d'Olonne (s. S. 64)*

LA BARRE-DE-MONTS UND DIE ÎLE D'YEU

Der Badeort liegt hinter der Brücke, die zur Île de Noirmoutier führt (s. S. 48). Der **große, breite Strand,** der zur hiesigen Gemeinde gehört, ist nicht überlaufen und ermöglicht schöne Strandspaziergänge, bei denen man die Brücke immer im Blick hat. Ein Wassersportzentrum befindet sich direkt am Hauptzugang zum Strand, eventuell wird der eine oder andere sich ja zum Strandsegeln verführen lassen.

Einkaufen

Jeden Samstagmorgen wird auf der Place de la Fontaine ein **Wochenmarkt** abgehalten.

Der Hafen von **Formentine** ist nur 1,5 km entfernt, von hier aus kann man einen Inselausflug unternehmen.

Die **Île D'Yeu** liegt 20 Kilometer vor der Küste und misst 23 Quadratkilometer. Haupteinnahmequelle der Insulaner ist der Tourismus, der auf dieser westlichsten Insel Kontinentalfrankreichs mit Massentourismus nicht das Geringste zu tun hat.

Wer ein **Fahrrad** dabei hat, sollte dies mitnehmen, denn so kann man an einem Tag die schöne Insel kreuz und quer erkunden. Besondere Abwechslung bietet in der Saison die Inselerkundung per **Kutschfahrt,** bei der man alle wichtigen Sehenswürdigkeiten und die schönsten Ecken erleben kann.

Heimliche Hauptstadt des Eilands ist **Saint-Sauveur,** wo es rund um die Kirche in der Saison täglich einen Markt mit Kunsthandwerk und Spezialitäten unter dem Label „Les Produits de l'Île D'Yeu"gibt. Sehr schmackhaft ist z. B. der traditionelle Pflaumenkuchen, der unserer Linzer Torte sehr ähnlich ist. Die Insel lebte einst vom Fischfang und mit Glück ergattert man hier ein Stück frischen, roten

26 Camping-Car Park La Grande Côte, La Barre-de-Monts

GPS 46.885523, -2.152063

Pass'Étapes-Stellplatz (s. S. 30) am Ortsrand von La Barre-de-Monts in einem Pinienwald unter Schatten spendenden Bäumen, nur durch die Düne vom Meer getrennt, ruhig. Wanderwege angrenzend. **Lage/Anfahrt:** von der D38 kommend auf die D38D abbiegen und parallel zur Hauptstraße auf der Route de la Grande Côte in Richtung Meer zurückfahren; **Platzanzahl:** 49; **Untergrund:** Schotter; **Service:** Strom, Trinkwasser, Abwasser, Chemie-WC, WLAN; **Sicherheit:** beleuchtet; **Preise:** 9–13 € (je nach Saison), Ver-/Entsorgung inklusive; **Max. Stand:** unbegrenzt; **Geöffnet:** ganzjährig; **Kontakt:** Route de la Grande Côte, La Barre-de-Monts, www.campingcarpark.com.

048wf-if

036wf-lf

Thunfisch, den man, wie ein Steak gebraten, genießen kann – eine Delikatesse!

Unbedingt entdecken sollte man auch den Strand am **Port de la Meule,** der ein kleiner Naturhafen zwischen hohen, verwitterten Felsen ist, und der von der Kapelle Notre-Dame de Bonne Nouvelle bewacht wird.

Information

› **Office de Tourisme Île d'Yeu,** Rue du Marché, Île d'Yeu, Tel. 0033 2515832, www.ile-yeu.fr, geöffnet: Mo–Sa 9–12.30 und 14–17.30 Uhr

Noch eine Attraktion befindet sich ganz in der Nähe von La Barre-de-Monts: das **Écomusée du Daviaud.** Bei einer Führung oder auf eigene Faust lässt sich dieses Museum unter freiem Himmel durchstreifen. In den strohgedeckten Lehmhäuschen wird das Leben und Arbeiten im Sumpfgebiet der Vendée dargestellt und in Multimediashows nachempfunden.

› **Écomusée du Daviaud,** La Barre-de-Monts, der Beschilderung folgen, Tel. 0033 251938484, www.ledaviaud.fr, geöffnet: ganzjährig je nach Saison zu unterschiedlichen Zeiten, der Außenbereich ist nur vom 2. April bis zum 30. September zugänglich, genaue Informationen siehe Website, Eintritt: 5–10 € (je nach Saison, Familientarife erhältlich). Der Rundgang durch das Freilichtmuseum verläuft auf Holzstegen und ist ungefähr 1 km lang. Für den Besuch sollte man mindestens zwei Stunden einplanen.

NOTRE-DAME-DE-MONTS

(6,5 km – km 6,5)

Vorbei am 600 ha großen Wald „Fôret des Pays des Monts" geht es von La Barre-de-Monts nach Notre-Dame-de-Monts, ein Badeort mit 4,5 km feinstem **Sandstrand, weitläufigen Dünen und herrlichem Pinienwald.** Neben den vielen Wasseraktivitäten hat die Gemeinde 60 km Rad-, Reit- und Wanderwege anzubieten. Das Kartenmaterial dazu besorgt man sich am besten vorab in der Tourismusinformation.

Hier kann man auch die oft wechselnden Öffnungszeiten des **Kulmino** erfahren, eines riesigen Wasserturms, der schon von weitem zu sehen ist und abends sehr eindrucksvoll beleuchtet wird.

› **Kulmino,** Route du Moulin de la Croix, Notre-Dame-de-Monts, im Ort auf die D82 abbiegen, der Turm ist schon von Weitem sichtbar, Tel. 0033 251588609, www.kulmino.fr, geöffnet: Anfang April–Anfang November. Ein Fahrstuhl fährt auf die Plattform in 70 m Höhe, hier oben empfängt den Besucher ein tolles 360°-Panorama über Dünen, Strand und Meer auf der einen und auf der anderen Seite über die Marais Poitevin, das grüne Herz der Vendée.

Am grandiosen Strand von La Barre-de-Monts ist man fast allein

Information

› **Office de Tourisme,** Rue de la Barre 6, Notre-Dame-de-Monts, Tel. 0033 251588497, www.notre-dame-de-monts.fr, geöffnet: Mo–Sa 9.30–12.30 und 14–18, So 10–12.30 Uhr

Einkaufen

Jeden Sonntagvormittag findet auf der Place de l'Église ein **Wochenmarkt** statt, auf dem in den Sommermonaten auch viele Non-Food-Produkte angeboten werden.

Entlang der D38 reiht sich beiderseits der Straße ein Campingplatz an den anderen, ein Zeichen dafür, dass es in der Hochsaison hier schon recht lebhaft zugehen dürfte. Aber auch an die außerhalb der Saison anreisenden Wohnmobilisten wurde gedacht, denn schon an der ersten Ausfahrt nach Notre-Dame-de-Monts weist ganzjährig ein Womo-Piktogramm auf die hiesigen Stellplätze hin.

Parken

P 4 **De Gaulle, Notre-Dame-de-Monts,** GPS 46.831374, -2.129574, Rue des Maraichins 7, www.notre-dame-de-monts.fr. Zentral gelegener, gebührenpflichtiger Wohnmobil-Parkplatz, durch eine Hecke von der Straße getrennt, Supermarkt und Fremdenverkehrsbüro in der Nähe.

27 Stellplatz La Clairière, Notre-Dame-de-Monts

GPS 46.834559, -2.142179

Stellplatz in der Nähe des Strandes bei einem Pinienwald in einem Wohngebiet, ruhig, Einkaufsmöglichkeiten, teilweise schattig. **Lage/Anfahrt:** von der D38 kommend im Ort bei der Touristeninformation rechts in Richtung „Jardin du Vent" fahren, Womo-Piktogramm; **Platzanzahl:** 35; **Untergrund:** Schotter; **Service:** Trinkwasser, Abwasser, Chemie-WC; **Sicherheit:** beleuchtet; **Preise:** 6–8 € (je nach Saison), Wasser und Entsorgung kostenlos; **Max. Stand:** unbegrenzt; **Geöffnet:** ganzjährig; **Kontakt:** Rue de la Clairière 1, Notre-Dame-de-Monts, www.notre-dame-de-monts.fr.

28 Camping municipal de L'Orgatte

GPS 46.837319, -2.138949

Gemeindeeigener, schlichter Campingplatz mitten im Pinienwald, direkter Strandzugang, ruhig, Imbiss, keine Mobilheime, 500 m in den Ort; **Lage/Anfahrt:** auf der D38 kommend noch vor Ortsbeginn rechts in die Rue de la Braie einbiegen, dann links in die Zielstraße; **Platzanzahl:** 299; **Untergrund:** Wiese und Sand, befestigt; **Service:** Strom, Trinkwasser, Abwasser, Chemie-WC; **Sicherheit:** beleuchtet; **Preise:** 18–22 €; **Geöffnet:**

037wf-as © Altitude Drone

Anfang April–Ende September; **Kontakt:** Avenue Abbé Thibaud, 85690 Notre-Dame-de-Monts, Tel. 0033 251588431, www.campingmunicipalorgatte.com.

SAINT-JEAN-DE-MONTS

(8 km – km 14,5)

Nach nur kurzer Fahrt auf der D38 ist der nächste Badeort erreicht, Saint-Jean-de-Monts. Vom Ortszentrum kommend, durchquert man einen lichten **Pinienwald,** überwindet eine Düne und gelangt so zum 8 km langen, breiten **Sandstrand.** Seit 1867 kommen Badegäste hierher.

In dieser herrlichen Umgebung liegt auch der schöne, gepflegte **Stellplatz** 29.

Die Gemeinde ist sehr aktiv beim Organisieren von **Festivitäten und Veranstaltungen,** sodass hier immer etwas geboten ist. Für Ruhesuchende ist Saint-Jean-de-Monts in der Hochsaison somit nicht unbedingt geeignet. Die lange Liste der Events kann man im Touristenbüro vor Ort oder unter www.saint-jean-de-monts.com einsehen.

Seit 2003 findet immer Anfang Juli das **Flugdrachen-Festival** statt, das ein ganz besonderes optisches Erlebnis darstellt.

Im Ort gibt es eine täglich geöffnete **Markthalle,** in der man sich mit Lebensmitteln versorgen kann. **Tipp:** Probieren Sie doch mal **Préfou,** ein flaches Brot, das ca. 30 cm lang ist und mit frisch gehacktem Knoblauch und Butter serviert wird. Mit seiner knusprigen Kruste und dem weichen Teig schmeckt es warm besonders gut zum Apéritif. Eine weitere Spezialität der Region ist die **Gâche de Vendée,** ein süßes, festes Hefegebäck in runder Brotform, das Crême fraîche als Zutat enthält. Das traditionelle Gebäck, das hier auf jeden Ostertisch gehört, stammt bereits aus dem Mittelalter und heißt eigentlich „misslungen“ (gâcher). Eine willkommene Abwechslung zum Frühstück!

Blick auf Notre-Dame-de-Monts und den herrlichen Strand

Information

› **Office de Tourisme,** Esplanade de la Mer 67, Saint-Jean-de-Monts, Tel. 0033 272788080, www.saint-jean-de-monts.com, geöffnet: Mo–Mi, Fr/Sa 9.30–12.30 und 14–18, Do 14–18, So 10–12.30 und 14.30–18 Uhr

Einkaufen

Auf der Place Jean Yole werden neben der Markthalle mittwoch- und samstagvormittags ganzjährig Stände mit Bekleidung, Schuhen und Kunsthandwerk aufgebaut.

29 Stellplatz Le Repos des Tortues, Saint-Jean-de-Monts

GPS 46.799053, -2.073395

Campingplatzähnlicher, privater Stellplatz, parzelliert, wenig Schatten, sehr gepflegt, Brotautomat. **Lage/Anfahrt:** direkt an der D38, von der Straße durch Hecken getrennt; **Platzanzahl:** 50; **Untergrund:** Schotter; **Service:** Strom, Trinkwasser, Abwasser, Chemie-WC, WLAN; **Sicherheit:** beleuchtet, bewacht; **Preise:** 10–14 € (je nach Saison), Ver-/Entsorgung inklusive; **Max. Stand:** unbegrenzt; **Geöffnet:** ganzjährig; **Kontakt:** Rue de Notre Dame 38, Saint-Jean-de-Monts, Tel. 0033 620541443, www.lereposdestortues.com

SAINT-HILAIRE-DE-RIEZ

(13,5 km – km 28)

Die lange Strandpromenade entlang der **Corniche Vendéenne** lädt zum Flanieren ein. Sehen und gesehen werden ist hier im Juli und August wohl das Motto: Eisdielen, Crêperien und Restaurants säumen die Küstenstraße.

Saint-Hilaire-de-Riez ist ein typischer Badeort, in dem Gäste hauptsächlich den Strandurlaub suchen, und **Strände** gibt es wahrlich reichlich. Mehr als 12 km zieht sich der Dünengürtel am Meer entlang und mündet in die Steilküste der „Corniche Vendéenne“, die von idyllischen Buchten geprägt ist.

Am Stadtstrand kann man das **Trou du Diable („Teufelsloch“)** besichtigen. Das Naturdenkmal ist ein Felsen mit einem großen Loch, durch das bei stärkerem Wellengang die Gischt diabolisch herausspritzt und schon so manchen Neugierigen nass gemacht hat.

Die Fahrt an der Küstenstraße D6A entlang ist im Hochsommer mit dem Wohnmobil nicht zu empfehlen, besser ist es, vor Ortsbeginn in Richtung **Plage Paré Préneau** zu fahren, um den dortigen Parkplatz Parking Camping-Cars, Saint-Hilaire-de-Riez (s. S. 63) aufzusuchen.

Etwas außerhalb des Orts hat die Gemeinde direkt an einem kleinen See, dem ausgeschilderten **Plan d'Eau de Vallée,** einen weiteren Stellplatz (31) eingerichtet.

Am Ortsrand von Saint-Hilaire-de-Riez überquert die Hauptdurchgangsstraße D38 den Mündungstrichter der Vie. Der Fluss bildet hier den Hafen von **St-Gilles-Croix-de-Vie.** Die ineinander übergehenden Orte bilden einen starken Kontrast. Hier in Saint-Gilles wird gelebt und gearbeitet. Der Hafen zeigt geschäftiges Fischereitreiben, denn das Städtchen ist auf den Fang der berühmten **blauen Makrelen** spezialisiert, aber vor allem auf **Sardinen.** Auf einer Bootswerft wird geklopft und gehämmert, denn der Jachthafen fasst 1200 Liegeplätze und so gibt es immer etwas zu tun.

Es ist äußerst interessant, dem quirligen Treiben zuzusehen, während man auf einer Bank am Hafenbecken sitzend genüsslich ein Eis schleckt.

Tipp: Probieren Sie doch mal zum Apéritif ein Gläschen **Troussepinette** aus den jungen Trieben des Schlehdornbusches. Sie werden im Mai und Juni mit ihren grünorangenen, noch ganz zarten Spitzen geerntet und duften nach Mandeln und Kirschen. Im Gegensatz zur deutschen Schlehenweinherstellung wird in Frankreich der Apéritif nicht durch Gärung, sondern durch Mazeration gewonnen. Hierbei werden die jungen Triebe in Rotwein gegeben und müssen dort einige Tage ziehen. Früher wurde diese Spezialität in Damenkreisen nach dem Essen auch als Digestif angeboten.

Wer ein **Fahrrad** dabei hat, kann das Kontrastprogramm beider Orte, die Corniche Vendéenne und den Hafen von Saint-Gilles, in seiner vollen Länge genießen.

An der französischen Atlantikküste schon fast selbstverständlich bietet auch Saint-Gilles-Croix-de-Vie einen **Stellplatz** (32) an.

Durch das Trou du Diable, das „Teufelsloch", spritzt die Gischt empor

Information

› **Office de Tourisme,** Place Gaston Pateau 21, Saint-Hilaire-de-Riez, Tel. 0033 251543197, www.payssaintgilles-tourisme.fr, geöffnet: Mo–Sa 9–19, So 10–12.30 und 16–18.30 Uhr

Einkaufen

› **Saint-Hilaire-en-Riez,** Place François Mitterrand, Wochenmarkt sonntagvormittags

› **Saint-Gilles Croix de Vie,** Vieux Port, Wochenmarkt dienstags, donnerstags und sonntags

Parken

P 5 **Parking Camping-Cars, Saint-Hilaire-de-Riez,** GPS 46.728483, -1.991371, Allée de la Plage de la Parée Préneau, www.sainthilairederiez.fr. Gebührenpflichtige Wohnmobil-Parkplätze am Plage Paré Préneau direkt hinter der Düne, Pinienwald angrenzend.

Dorsch oder Kabeljau?

Kaum jemand weiß, dass es sich hier um ein und denselben Fisch handelt. Der Dorsch ist der Jungfisch des Kabeljaus, ernährt sich von kleinem Meeresgetier wie Krabben und Muscheln und lebt in der Ostsee.

Der erwachsene Kabeljau ist laich- bzw. geschlechtsreif und lebt im gesamten Nordatlantik. Er ist ein Wanderfisch und Räuber, der sich von anderen Artgenossen ernährt und großen Heringsschwärmen kilometerweit folgt. Der Fisch erreicht eine durchschnittliche Größe von 60 cm und wiegt um die 2,5 kg. Fanggründe sind hauptsächlich die Gewässer um Norwegen, Island, Dänemark, Großbritannien, Russland, Kanada und die USA.

Seiner Beliebtheit wegen wird der Kabeljau in großem Umfang mit Schlepp- und Stellnetzen gefischt, was bereits bedrohliche Auswirkungen auf die Bestände hat.

30 Camping Les Ombrages

GPS 46.764908, -2.032669

Schlichter Campingplatz im Grünen, 800 m zum Strand, beheizter Pool, ruhig, in der Saison Imbiss; **Lage/Anfahrt:** kurz nach Ortsausgang von Saint-Jean-de-Monts rechts auf die D123 abbiegen, dieser bis zur Zielstraße folgen und dort links abbiegen; **Platzanzahl:** 148; **Untergrund:** Wiese und Sand, befestigt; **Service:** Strom, Trinkwasser, Abwasser, Chemie-WC; **Sicherheit:** beleuchtet; **Preise**: 19 €; **Geöffnet:** Anfang April–Ende Oktober; **Kontakt:** Avenue les Becs, 85270 Saint-Hilaire-de Riez, Tel. 0033 251589114, www.camping-les-ombrages.com.

31 Stellplatz Saint-Hilaire-de-Riez

GPS 46.731511, -1.911468

Übernachtungsplatz gegenüber dem Campingplatz Les Vallées, ca. 5 km vom Zentrum entfernt an einem See beim Centre Nautique gelegen. **Lage/Anfahrt:** von der D38B kommend in die Route de Marzelle einbiegen und der Beschilderung „Plan d'Eau de Vallée" folgen; **Platzanzahl:** 10; **Service:** Strom, Trinkwasser, Abwasser, Chemie-WC; **Preise:** 6 €/Fahrzeug, Übernachtung gebührenpflichtig, reines Parken gratis, Ver- und Entsorgung 2,60 €; **Max. Stand:** drei Nächte; **Geöffnet:** ganzjährig; **Kontakt:** Chemin des Vallées 80, Saint-Hilaire-de-Riez.

32 Stellplatz Saint-Gilles-Croix-de-Vie

GPS 46.703317, -1.945973

Gebührenpflichtiger Stellplatz am Ortsrand, kleiner See und Schwimmbad nebenan, Zentrum 500 m entfernt, Einkaufsmöglichkeit 300 m. **Lage/Anfahrt:** von der D38 kommend beim Hafen links auf die Rue de Port Fidèle einbiegen; **Untergrund:** Schotter; **Service:** Trinkwasser, Abwasser, Chemie-WC; **Sicherheit:** beleuchtet; **Preise:** 6 €/Fahrz., Ver-/Entsorgung 2,60 €; **Max. Stand:** zwei Nächte; **Geöffnet:** ganzjährig; **Kontakt:** Rue de la Rabalette, Saint-Gilles-Croix-de-Vie.

Der Fluss Vie durchquert nordwestlich von Saint-Hilaire-de-Riez eine **Sumpflandschaft,** in der sich ausgedehnte **Salzgärten** befinden. Hier sollte man sich einmal einer Führung anschließen, bei der während eines Spaziergangs durch die Salzwiesen interessant und kurzweilig über die Geschichte der Salzgewinnung und die Arbeit der Salzsieder erzählt wird. Ein Tütchen „Fleur de Sel" für die Wohnmobilküche kann man anschließend erwerben.

LES SABLES-D'OLONNE

(32 km – km 60)

Weiter geht es auf der D38 gen Süden, nach 32 km ist der größte Küstenort der Region erreicht. Es ist empfehlenswert, gleich den großen Stellplatz 34 anzufahren, da dieser sehr zentral gelegen ist und sich von dort alle Sehenswürdigkeiten bestens zu Fuß erreichen lassen.

Les Sables-d'Olonne, berühmt durch die **Vendée Globe** (s. S. 65), hat über 40.000 Einwohner und kann auf eine 800-jährige Geschichte zurückblicken. 1218 gegründet, stieg die Ansiedlung am Meer unaufhaltsam zu einem bedeutenden Knotenpunkt des Seehandels auf. Wein, Salz und Getreide wurden verschifft, bis im 17. Jh. mit der Kabeljaufischerei um Neufundland der Höhepunkt der wirtschaftichen Entwicklung erreicht wurde. Bis zu 80 Boote fuhren jedes Jahr in die weite Ferne zum Dorschfang, dementsprechend entwickelten sich Werften und Schiffsbau.

038wf-lf

Durch die Hafenzufahrt vom Badeort getrennt liegt der Stadtteil **„La Chaume"**, der auch heute noch hauptsächlich von Fischern bewohnt wird. Der Bummel durch die kleinen, engen Gassen mit den traditionellen niedrigen Häuschen ist einen Abstecher wert. In den Kneipen herrscht reges Treiben und im Sommer verkaufen Fischer ihre frischen Sardinen direkt am Hafenkai.

An der Hafeneinfahrt steht die kleine Kirche St-Nicolas, die, im 11. Jh. erbaut, kurz vor der Französischen Revolution 1779 zur Festung umgebaut wurde. Von hier bietet sich ein fantastischer Blick auf die Stadt.

Es lohnt sich, Les Sables-d'Olonne im Rahmen einer Führung zu erkunden, da diese teilweise auch den erlebnisreichen Besuch der Fischauktionshalle beinhalten.

Mit dem Anschluss an das französische Eisenbahnnetz im Jahre 1866 wurde Les Sables-d'Olonne endgültig zum gernbesuchten Seebad und ist heute der **zweitgrößte Badeort Frankreichs.** Das touristische Leben findet vor allen Dingen an der 3 km langen Strandpromenade **Le Remblai** statt, die gesäumt ist von Cafés, Restaurants und kleinen Boutiquen.

Für einen Bummel hier sollte man sich unbedingt etwas Zeit nehmen und das Treiben von einem der vielen Straßenbistros aus beobachten.

Im historischen Zentrum ist eine der engsten Gassen der Welt, die **Rue de l'Enfer** („Straße der Hölle"), einen Blick wert, etwas ganz Besonderes ist auch die Muschelstraße **l'Île Penotte.** Die Häuserwände der kleinen Straße sind bestückt mit großen Bildern, die über und über aus unterschiedlichen Muscheln gefertigt sind. Ein wirklich wunderschöner Anblick, der den Betrachter bei je-

Vendée Globe

Les Sables-d'Olonne hat sich international einen Namen gemacht, denn hier findet alle vier Jahre das härteste Segelrennen der Welt statt – die Vendée Globe. Hierbei handelt es sich um eine Nonstop-Regatta für Einhandsegler, die entlang des Südpolarmeeres einmal um den Globus führt, wobei 24.000 Seemeilen zurückgelegt werden müssen. Start und Ziel befinden sich in Les Sables-d'Olonne.

dem Bild erneut in Erstaunen versetzt. Ebenso erstaunlich ist, dass alles frei zugänglich ist und niemand Eintritt verlangt.

Sehenswert ist auch das historische **Château St-Clair,** in dem das Meeresmuseum untergebracht ist. Von dem mit Zinnen bewehrten **Tour d'Arundel** genießt man einen herrlichen Panoramablick über die Stadt, die Bucht von Les Sables-d'Olonne und die umliegenden Sümpfe. Abends wird der Turm wirkungsvoll illuminiert.

› **Meeresmuseum Les Sables-d'Olonne,** Place Maraud, Tour Arundel, Les Sables-d'Olonne, Tel. 0033 677005004, www.lessablesdolonne-tourismus.de, geöffnet: Mitte April–Ende September tägl., 10.30–13, 15–18 Uhr, Eintritt: Erwachsene 3 €, Kinder 1,50 €. Ein Ausstellungsraum ist der Seefahrt gewidmet, ein zweiter der Fischerei.

Diejenigen, die nähere Informationen über weitere historische Gebäude, Kirchen und Museen haben möchten, finden das Touristenbüro am Ende der Strandpromenade, wo ein Kanal in den großen Hafenbereich zum **Port de Pêche** (Fischerhafen) und zum **Port de Plaisance** (Jachthafen) führt.

Ab März finden vor Les Sables-d'Olonne regelmäßig Segelregatten statt, die man besonders gut vom **Phare des Barges** beobachten kann. Ein kleiner Bootsausflug führt zu diesem Leuchtturm aus dem Jahr 1861, der 25 m hoch ist, vor dem Fischerviertel La Chaume mitten im Meer steht und einen schönen Blick auf die Häfen und den Badeort bietet.

040wf-as © lugmayer.com

Information

› **Office de Tourisme,** Promenade du Maréchal Joffre, Les Sables-d'Olonne, Tel. 0033 251968585, www.lessablesdolonne-tourismus.de, geöffnet: tägl. 10–12.30 und 14–18 Uhr

Einkaufen

Neben der Einkaufsmöglichkeit in der **zweistöckigen Markthalle** in der Rue des Halles gibt es in Les Sables-d'Olonne noch ein reges **Marktgeschehen** unter freiem Himmel, z. B. jeden Mittwoch und Samstag von 8 bis 13 Uhr auf der Cours Dupont. Auch der Stadtteil La Chaume hat seine eigene **Markthalle,** um die herum dienstags, donnerstags und sonntags von 8 bis 13 Uhr ein **Jahrmarkt** aufgebaut wird.

Am Leuchtturm von Les Sables-d'Olonne hat man einen schönen Rundumblick

Eines von zahlreichen wunderschönen Muschelbildern in der l'Île Penotte, Les Sables-d'Olonne

33 Stellplatz Olonne-sur-Mer

GPS 46.507706, -1.788815

Aire de Camping Car (s. S. 30) am Port Olona mit ausgewiesenen Wohnmobilflächen, Strand von Paracou 2,5 km entfernt. **Lage/Anfahrt:** am Port Olonna im großen Kreisverkehr in die Rue de Bossi einbiegen; **Platzanzahl:** 38; **Untergrund:** Asphalt; **Service:** Strom, Trinkwasser, Abwasser, Chemie-WC; **Preise:** 8 €/Fahrzeug inklusive Service, Ticketautomat; **Max. Stand:** zwei Nächte; **Geöffnet:** ganzjährig; **Kontakt:** Rue Bossis, Olonne-sur-Mer, www.lessablesdolonne-tourisme.com.

TALMONT-SAINT-HILAIRE

(20 km – km 80)

Einst am Meer gelegen und heute mehrere Kilometer von der Küste entfernt liegt dieser historische Ort. Auf einer damals strategisch wichtigen Anhöhe hat sich das Städtchen Talmont-Saint-Hilaire um das alles überragende **Château de Talmont** gebildet, dessen Beflaggung schon von Weitem grüßt. Die Burg war einst der Stammsitz der Herzöge von Aquitanien und während der Religionskriege eine protestantische Hochburg.

Im 12. Jahrhundert ließ der englische König Richard Löwenherz, der auch Herzog von Aquitanien, Graf von Anjou, Graf von Maine und Herzog der Normandie war, den Ort befestigen. Sein Name begegnet dem Urlauber in dieser Region häufiger. Der letzte Herr von Talmont, Antoine-Philippe de La Trémoille, starb während der Französischen Revolution 1794 unter der Guillotine.

Der Weg hinauf zur noch gut erhaltenen **Burganlage** wird von mittelalterlicher Musik begleitet.

In der Hochsaison werden im Burghof Ritterspiele und Turniere veranstaltet, und der Besucher befindet sich mitten zwischen kampflustigen Rittern und holden Burgfräulein.

› **Château Talmont-Saint-Hilaire,** Rue du Talmont 8, Talmont-Saint-Hilaire, Tel. 251902743, www.talmont-saint-hilaire.fr, geöffnet: Mo–Sa 10.30–12.30, 14–17.30 Uhr

049wf-if

34 Stellplatz Les Sables-d'Olonne

GPS 46.496606, -1.774917

Aire de Camping-Car La Plage (s. S. 30), 400 m vom Strand entfernt hinter dem Heilig-Kreuz-Kloster gelegen, ruhig, zentrale Lage, Fußweg zum Strand oder in die Altstadt ca. 10 Minuten. **Lage/Anfahrt:** Richtung „centre" fahren, am nicht zu übersehenden Musée de l'Abbaye St-Croix links in die schmale Avenue Gabaret abbiegen, dem Womo-Piktogramm folgen; **Platzanzahl:** 120; **Untergrund:** Sand; fest; **Service:** Trinkwasser, Abwasser, Chemie-WC, Strom teilweise; **Sicherheit:** umzäunt, beleuchtet; **Preise:** 17 €/Fahrzeug, Bezahlautomat mit Ticket, auch stundenweises Parken möglich; **Max. Stand:** unbegrenzt; **Geöffnet:** ganzjährig; **Kontakt:** Rue Printanière, Les Sables-d'Olonne, www.lessables dolonne-tourisme.com.

041wf-as © Pascal LEDARD

Die diversen Veranstaltungstermine im Château de Talmont erfährt man einfachsten über das Touristenbüro.

Das kleine **Städtchen Talmont-Saint-Hilaire** ist übrigens ein ganz entzückender Ort, in dem es Freude macht, ein wenig zu bummeln.

Der hiesige **Stellplatz** 35 ist aufgrund der engen Anfahrt durch die kleinen Gässchen nicht für große Wohnmobile geeignet, liegt aber ruhig und sehr idyllisch direkt am Fluss.

Information

› **Office de Tourisme,** Rue de L'Hôtel de ville 6, Talmont-Saint-Hilaire, Tel. 0033 251906510, www.destination-vendeegrandlittoral.com, geöffnet: Mo–Sa 9–13 und 15–18.30, So 9.30–13 Uhr

Einkaufen

Ganzjährig findet donnerstagvormittags auf dem Schlossplatz ein **Markt** statt.

Das Château de Talmont in Talmont-Saint-Hilaire ist ein gern besuchtes Touristenziel

35 Stellplatz Talmont-Saint-Hilaire

GPS 46.467019, -1.616409

Schön gelegener, zentraler Stellplatz unterhalb der Burg, mitten im Ort am Fluss, teilweise schattig. **Lage/Anfahrt:** von der D949 kommend im Zentrum von Talmont-Saint-Hilaire in Richtung Burg orientieren, dem Womo-Piktogramm folgen, sehr enge Zufahrt; **Platzanzahl:** 10; **Untergrund:** Asphalt; **Service:** Strom, Trinkwasser, Abwasser, Chemie-WC; **Sicherheit:** beleuchtet; **Preise:** 6 €/Fahrzeug (nur in der Hochsaison); **Max. Stand:** unbegrenzt; **Geöffnet:** ganzjährig; **Kontakt:** Rue des Gatines, Talmont-Saint-Hilaire, www.ot-talmont-Bourgenay.com.

JARD-SUR-MER

(9 km – km 89)

Auch dieser Ort steht heute noch ganz im Zeichen von Richard Löwenherz (s. S. 68), denn die **Abbaye Notre-Dame de Lieu-Dieu** wurde 1198 vom englischen König gegründet. Wie an so vielen anderen Orten auch waren es die Mönche, die starken Einfluss auf den wirtschaftlichen Aufstieg der Region hatten, indem die Salzgewinnung gefördert und ein Silberbergwerk gegründet wurde.

Richard Löwenherz

Als dritter Sohn von König Heinrich II. und Eleonore von Aquitanien kam der gebürtige Richard Plantagenêt 1157 in England zur Welt. Nach erfolgreicher Rebellion gegen seinen Vater und dem Tod seiner älteren Brüder wurde er 1189 zu König Richard I. gekrönt.

Durch die ausgedehnten französischen Besitzungen seiner Mutter Eleonore wurde Richard damit der mächtigste Herrscher Europas.

Einem Gelübde folgend, begab sich der König von 1189 bis 1192 auf einen Kreuzzug, bei dem Jerusalem aus den Händen des Sultans Saladin befreit werden sollte. Seine kriegerische Kampfeslust und sein Mut brachten Richard den Beinamen „Löwenherz" ein.

Das führungslose Mutterland wurde in der Zeit dieses Kreuzzuges durch Intrigen und Streitigkeiten so geschwächt, dass Richard 1192 einen Waffenstillstand mit Sultan Saladin schloss, gegen den er noch mehrere Siege errungen hatte. Der Sultan sicherte den Christen den ungehinderten Zugang nach Jerusalem zu und Richard kehrte nach Europa zurück.

Von seinem Gefährten Philipp II. von Frankreich verraten, wählte Richard den Weg über die Adria und überstand auf der Rückreise zahlreiche abenteuerliche Hindernisse und eine mehrmonatige Gefangennahme in Niederösterreich.

Nach diversen Zusicherungen und einer Lösegeldzahlung von 100.000 Mark Silber, insgesamt 23 t, wurde Richard in Speyer an Kaiser Heinrich VI. ausgeliefert, der ihn wiederum auf der Burg Trifels in der Pfalz festsetzte. Da Kreuzfahrer unter dem besonderen Schutz der Kirche standen, erreichte der Papst mit der Drohung der Exkommunikation des Kaisers, dass Richard gegen eine erneute Lösegeldzahlung freigelassen wurde. Da dieser zur Finanzierung seines Jerusalemkreuzzuges schon erhebliche Güter verkauft hatte, versuchte nun seine Mutter Eleonore von Aquitanien durch weitere Veräußerungen dieses Geld einzusammeln. Das ist mit der Grund, warum in England aus jener Zeit kaum wertvolle Gegenstände mehr zu bewundern sind. 1194 wurde Richard Löwenherz aus der Gefangenschaft entlassen. Aufgrund der finanziellen Probleme des Königshauses kam es zur massiven Ausbeutung der Bevölkerung, was schließlich zu Unruhen führte. Richard Löwenherz starb 1199 im Alter von 41 Jahren an den Folgen einer Verletzung durch einen Armbrustbolzen, sein Herz fand in der Kathedrale von Rouen seine letzte Ruhestätte.

Während der Religionskriege 1568 wurde die Abtei allerdings geplündert und stark beschädigt. Die katholische Pfarrkirche **Sainte-Radegonde** ist eine romanische Wehrkirche aus dem 11. Jahrhundert und wurde bereits 1947 in die Liste der „monuments historiques", der französischen Baudenkmäler, aufgenommen.

Die strahlend weiße **Windmühle am Hafen** ist das Wahrzeichen des Badeorts, dessen Küstenlinie von Klippen geprägt ist. Jard-sur-Mer bietet eigentlich alles, was einen Ferienort auszeichnet: Meer, feinsandige Stände, Wassersportmöglichkeiten, Hafenatmosphäre, herrliche Küstenpfade und einen Schatten spendenden Pinienwald. Eine schöne kleine **Wanderung bzw. Fahrradtour** führt zum **Pointe du Payre,** einer Landspitze, von der man bis zur Île de Ré blicken kann.

Der Stellplatz 36 des Orts liegt ebenfalls direkt am Meer.

Information

› **Office de Tourisme Jard-sur-Mer,** Place de la Liberté, Jard-sur-Mer, Tel. 0033 251334047, www.destination-vendeegrandlittoral.com, geöffnet: Mo–Sa 9–13 und 14–18.30, So 9.30–13 Uhr

Der Dolmen La Frébouchère in Avrillé ist einer der größten Megalithbauten Frankreichs

36 Stellplatz Aire des Goffineaux, Jard-sur-Mer

GPS 46.410727, -1.593412

Gemeindeeigener Stellplatz, abgetrennter Bereich auf einem gemischten Parkplatz direkt am Meer, einsam außerhalb des Ortes, ca. 20 Min. Fußweg, Straße angrenzend. **Lage/Anfahrt:** auf der D21 kommend den Schildern „Aire de Service" in Richtung Meer folgen; **Platzanzahl:** 10; **Untergrund:** Asphalt; **Service:** Strom, Trinkwasser, Abwasser; **Sicherheit:** beleuchtet; **Preise:** 10,40 €/Fahrzeug, Ver-/Entsorgung kostenpflichtig, Bezahlung mit Karte; **Max. Stand:** zwei Nächte; **Geöffnet:** ganzjährig; **Kontakt:** Route des Goffineaux, Jard-sur-Mer.

AVRILLÉ

(14 km – km 103)

Ein kleiner Abstecher führt von Jard-sur-Mer über St.Hilaire-la-Forêt auf der D19 von der Küste weg nach Avrillé. Hier sind zwei Besonderheiten zu bewundern, die es so hauptsächlich in der Bretagne und an der französischen Atlantikküste gibt: **Megalithen** mit außergewöhnlichen Ausmaßen. Wegen ihrer Vielzahl werden diese Mega-Steine von den Einheimischen gar nicht groß beachtet, aber um diejenigen von Avrillé und dem Nachbarort Le Bernard zu sehen, machen selbst Franzosen einen Umweg.

Der **Menhir Champ de César** wird als „König der Menhire" bezeichnet und ist 8,70 m hoch, davon mehr als 7 m oberirdisch. Er ist der höchste „Hinkelstein" in der Vendée und einer der größten Frankreichs. Mitten in Avrillé, in der Rue George Clémenceau gegenüber der Kirche, steht er im Garten des Rathauses *(mairie)* und ist frei zugänglich.

Parken

P 6 **Avrillé,** GPS 46.468487, -1.495824

Die zweite Attraktion der Region ist der **Dolmen La Frébouchère,** der zu den größten Megalithbauten Frankreichs zählt. Die Kammer ist 3,5 m breit, 7 m lang und 2 m hoch. Bedeckt werden die Tragsteine von einer 80 t schweren Deckenplatte, wobei man sich fragt, wie die Menschen ohne unsere modernen technischen Hilfsmittel solche Kolosse bewegen konnten.

042wf-if

Megalithen

Ein Megalith (aus dem Griechischen: megas – groß, lithos – Stein) ist ein großer, oft unbehauener Stein, der als Baustein für Grabanlagen oder Kultstätten benutzt wurde.

Das Wort Megalith ist der Oberbegriff für steinzeitliche Bauwerke, denen europaweit keine einheitliche Kultur zugrunde liegt.

***Dolmen** sind aus großen Steinblöcken errichtete Megalith-Bauwerke, die meist als Grabstätte dienten. Sie bestehen aus drei oder mehr aufrecht stehenden Tragsteinen, auf denen eine oder mehrere Deckplatten ruhen, was einem Tisch ähnelt.*

***Menhire** sind längliche, aufrecht stehende Steinblöcke, die aus „Asterix und Obelix" auch als Hinkelstein bekannt sind. Aller Wahrscheinlichkeit nach wurden sie als Grenzstein genutzt.*

***Cairn** bezeichnet einen künstlichen, runden Hügel aus Bruchsteinen und Geröll, der eine steinzeitliche Megalithanlage, wahrscheinlich auch eine Grabstätte, umschließt und bedeckt.*

Ein Tumulus ist ein durch Erdaufschüttung entstandenes, rundes Hügelgrab bzw. ein Grabhügel.

***Cromlech** ist der alte bretonische Oberbegriff für größere Megalithbauten, die in der Regel kreisförmig, aber auch oval angeordnet sind und meist als Kultstätten dienten.*

Am einfachsten ist der Weg dorthin von Avrillé über die D949/D91 in Richtung Le Bernard. Der Dolmen ist ausgeschildert und steht mitten in freier Natur. Parkmöglichkeiten gibt es entweder am Seitenstreifen direkt vor der Kultstätte oder auf einem schönen, übernachtungsgeeigneten Picknickplatz ca. 300 Meter entfernt.

Picknickplatz

7 **Dolmen La Frébouchère,** GPS 46.447178, -1.467675

LA TRANCHE-SUR-MER

(20 km – km 123)

Von Avrillé kommend führt die Fahrt über die D949 und D747 wieder ans Wasser, genauer gesagt nach La Tranche-sur-Mer. Der hiesige feine **Sandstrand** übertrifft mit seinen 13 km Länge alle bisher gesehenen Strände. Sand, Sand, Sand soweit das Auge reicht und über das Meer schweift der Blick in der Ferne zur Île de Ré (s. S. 87).

Fantastische Gerüche verströmen die Gewürzstände

Von Sümpfen umgeben, besitzt La Tranche-sur-Mer einen **idyllischen Inselcharakter,** den sich der lange isolierte Ort nach wie vor bewahrt hat. Strahlend weiß getünchte, niedrige Häuschen mit roten Ziegeldächern prägen das Bild, zahllose Gässchen schlängeln sich durch den Ort und treffen im Dorfzentrum am **Grande Place** zusammen. Hier findet rund um die Kirche das Leben statt, am großen Marktplatz befinden sich die Markthalle und das Fremdenverkehrsamt. Die Fußgängerzone mit ihren zahlreichen Geschäften, Eisdielen und Restaurants führt direkt zur „Grande Plage".

La Tranche-sur-Mer liegt an der geschützten Bucht **Anse du Maupas** und ist somit der ideale Ort für den Wassersport. Ein sehr schöner Spaziergang führt entlang der drei Landspitzen Chiquet, Grouin du Cou und Rocher, von jedem Aussichtspunkt hat man einen neuen, herrlichen Blick.

Der Badeort ist aber auch ein Eldorado für Radfahrer, denn hier befinden sich 30 km der **Vélodyssée,** des Radfernwegs der französischen Atlantikküste.

Der hiesige Küstenabschnitt heißt übrigens **Côte des Fleurs,** Küste der Blumen.

Wohnmobilfreundlich ist der Badeort auch, sodass einigen schönen Urlaubstagen nichts im Wege steht (siehe auch Stellplatz 37).

Information

› **Office de Tourisme La Tranche-sur Mer,** Rue Jules Ferry, La Tranche-sur-Mer, Tel. 0033 251303396, www.latranchesurmer-tourisme.fr, geöffnet: Mo–Sa 9.45–19, So 10–13 und 16–19 Uhr

Einkaufen

Märkte gibt es in der Saison Di–Do, Sa und So morgens auf unterschiedlichen Plätzen des Ortes. Es ist immer wieder schön, französische Märkte mit ihren frischen, regionalen Produkten zu besuchen und vielleicht auch mal die eine oder andere Delikatesse zu probieren.

37 Stellplatz La Tranche-sur-Mer

GPS 46.350357, -1.43685

Gemeindeeigener, großer Stellplatz, ausgewiesene Wohnmobilparkflächen am Parking Stade Municipal (Sportgelände), Ortsrand, Bushaltestelle, teilweise Schatten, Supermarkt in der Nähe. **Lage/Anfahrt:** die D747 bis in den Ort hineinfahren, dem Womo-Piktogramm folgen; **Platzanzahl:** 80; **Untergrund:** Asphalt; **Service:** Trinkwasser, Abwasser; **Sicherheit:** beleuchtet; **Preise:** 7,50 €/Fahrzeug, in der Nebensaison 5,50 €, Ver-/Entsorgung 3,50 €, es wird abkassiert; **Geöffnet:** ganzjährig; **Kontakt:** Avenue de General de Gaulle, La Tranche-sur-Mer, www.latranchesurmer-tourisme.fr.

043wf-lf

POINTE DE L'AIGUILLON-SUR-MER

(25 km – km 148)

Dort, wo das Sumpfgebiet der Marais Poitevin auf die französische Atlantikküste stößt, liegt L'Aiguillon-sur-Mer, das über die D46 schnell erreicht ist. Der Mündungstrichter der Lay bildet einen idealen Fischereihafen und in den dortigen Restaurants wird die „Königin von Aiguillon" angeboten, eine besondere Muschelsorte, die speziell im Sommer ihr Aroma voll entfaltet. Die **Moules-de-Bouchot,** eine markengeschützte Miesmuschel, gilt als regionale Spezialität. Die Muschel wird auf einer künstlich angelegten Muschelbank kultiviert und schmeckt sehr zart und etwas nussig.

Für Franzosen ist immer Muschelsaison. In Deutschland sind Muscheln nach wie vor meist nur in den Monaten mit „r", also von September bis März, zu bekommen, was Dank der modernen Kühlketten eigentlich nicht mehr relevant ist. Man kann diese Delikatesse generell also auch in den Sommermonaten problemlos genießen. Wichtig ist nur, dass die gekochte Muschel offen ist, geschlossene Schalentiere sollten auf gar keinen Fall gewaltsam geöffnet werden.

Die unterschiedliche Färbung des Muschelfleischs ist kein Qualitätsmerkmal, sondern geschlechtsspezifisch. Das eher orange gefärbte Fleisch gehört den weiblichen Muscheln, das eher weiß-beige-farbene Fleisch den männlichen Schalentieren.

Nationalfeiertag

Der französische Nationalfeiertag erinnert an den „Sturm auf die Bastille" am 14. Juli 1789. Der Sieg über diese besonders stark befestigte Stadttorburg gilt als Beginn der Französischen Revolution.

Genau ein Jahr später wurde am 14. Juli 1790 das berühmte „Fête de la Fédération" auf dem Marsfeld (Champs de mars) in Paris gefeiert. Bei diesem Föderationsfest legte der König vor den Vertretern aller französischen Provinzen einen Eid auf die Nation ab.

Seit 1880 ist dieser Tag der wichtigste Feiertag der Franzosen. In Paris findet die große Militärparade auf der Avenue des Champs-Élysées statt und jeder noch so kleine Ort hat seine eigene Tradition – ein Feuerwerk gehört allerdings immer dazu.

Besondere Meilensteine dieses Feiertages waren der 14. Juli 1919 mit dem Siegeszug zur Beendigung des Ersten Weltkrieges und der 14. Juli 1945, bei dem Frankreich nach dem Ende des Zweiten Weltkrieges erneut Friede und Freiheit feiern konnte.

Am 14. Juli 1994 nahmen zum Zeichen der Versöhnung zwischen Frankreich und Deutschland erstmals deutsche Soldaten des Eurokorps an der Militärparade in Paris teil.

Die vor der Stadt liegende Bucht **Anse de l'Aiguillon** ist natürlich prädestiniert für die Austernzucht, sodass es hier sogar neben der Königin auch eine Kaiserin gibt, die **Huître Vendée Atlantique.** Die Bedingungen für das Heranwachsen dieser besonders feinen Auster sind ideal. Das Klima ist mild, die Wasserqualität sehr hoch und bei Ebbe werden ausgedehnte Zonen freigelegt und die Flut spült mit frischem Atlantikwasser das wichtige Plankton herbei, das Austern als Nahrung und zur schnellen Vermehrung benötigen.

Der **Pointe de L'Aiguillon** ist eine Landspitze im äußersten Süden der Vendée.

Der Weg dorthin, auch sehr reizvoll mit dem Fahrrad zu befahren, durchquert eine herrliche Gegend. In der nicht enden wollenden Dünenlandschaft haben unzählige **Vögel** ihre Heimat und mit einem Fernglas im Gepäck lassen sich tolle Beobachtungen machen.

Viele Wohnmobile stehen am Rand der 10 km langen Straße zum Pointe de L'Aiguillon, wo das Übernachten zwar nicht offiziell erlaubt, aber anscheinend geduldet wird, denn es ist kein Womo-Verbotsschild zu entdecken.

Informationen zu den vielen Campingplätzen der Region erhält man am ausführlichsten im Fremdenverkehrsbüro.

Information

› **Office de Tourisme L'Aiguillon-sur-Mer,** Avenue Amiral Courbet, L'Aiguillon-sur-Mer, Tel. 0033 251563737, www.sudvendeelittoral.com, geöffnet: Mo–Sa 9.30–13 und 14.30–19, So 10–12.30 und 14–18 Uhr

38 Stellplatz Aire de Camping-car de la Base Nautique, L'Aiguillon-sur-Mer

GPS 46.331726, -1.308372

Stellplatz am Plan d'Eau, einer Freizeitanlage mit Badesee, im Ort unweit des Mündungstrichters des Flusses Lay, Geschäfte in der Nähe. **Lage/Anfahrt:** von der D44 kommend in Richtung „centre" und „Atlantique Wake Park" fahren, dem Womo-Piktogramm folgen; **Platzanzahl:** 60; **Untergrund:** Asphalt, Schotter; **Service:** Trinkwasser, Abwasser, Chemie-WC; **Sicherheit:** beleuchtet; **Preise:** 7,40 €/Fahrzeug; **Max. Stand:** unbegrenzt; **Geöffnet:** ganzjährig; **Kontakt:** Avenue Amiral Courbet, L'Aiguillon-sur-Mer.

39 Stellplatz Camping-Car Park La Faute-sur-Mer

GPS 46.315112, -1.306579

Gebührenpflichtiger Stellplatz von Pass'Étapes (s. S. 30), teilweise Schatten, am Ortsrand, von Grün

umgeben, Austernhütte in der Nähe, schöne Radwege; **Lage/Anfahrt:** auf der Küstenstraße D46 in Richtung Pointe de L'Aiguillon fahren, vom Boulevard de la Forêt in die Rue du Port des Yachts links abbiegen, dann rechts in die Zielstraße; **Platzanzahl:** 30; **Untergrund:** Asphalt; **Service:** Strom, Trinkwasser, Abwasser, Chemie-WC, WLAN; **Sicherheit:** beleuchtet; **Preise:** 11 €; **Geöffnet:** ganzjährig; **Kontakt:** Route de la Pointe d'Arcay, 85460 La Faute-sur-Mer, www.campingcarpark.com.

Einkaufstipp: Dienstag- und freitagvormittags findet auf dem Place de la Mairie ein **Markt** statt.

Am 14. Juli, dem französischen Nationalfeiertag, findet am Hafen von L'Aiguillon-sur-Mer das obligatorische **Feuerwerk** statt, das Mitte August anläßlich des Hafenfestes wiederholt wird – ein wirklich schönes Erlebnis.

LA ROCHELLE

(58 km – km 206)

Wer an der Küste bleiben möchte und direkt nach La Rochelle weiterfährt, folgt der D746 von L'Aiguillon bis nach Triaize. Von hier geht es auf der D25 weiter, bis im Industriegebiet von Puyravault die D10A gen Süden nach La Rochelle führt (Beschreibung s. Route 3, S. 82).

Auf der Fahrt überquert man die Grenze zwischen den Regionen Pays de la Loire und Nouvelle Aquitaine, durch die alle weiteren Routen dieses Buches führen.

Der historische Hafen von La Rochelle ist UNESCO-Weltkulturerbe

ABSTECHER IN DIE MARAIS POITEVIN

STRECKENVERLAUF

Strecke: L'Aiguillon-sur-Mer - Maillezais (59 km) - Coulon (18 km) - La Rochelle (60 km)
Gesamtlänge: 137 km

Die Marais Poitevin sind nach der Camargue das **zweitgrößte Sumpfgebiet Frankreichs** und umfassen über 100.000 ha Gesamtfläche.

Wegen seiner vielen Kanäle und der üppig gedeihenden Natur wird das Feuchtsumpfgebiet liebevoll **Venise Verte** genannt, das grüne Venedig.

Ursprünglich war hier Meer, das sich im Laufe der Zeit nach und nach zurückzog. Übrig blieb eine Sumpflandschaft, die Mönche der umliegenden Klöster ab dem 11. Jahrhundert nutzbar machten. Hierfür wurde dem Sumpf durch Kanäle und Deiche gezielt das Wasser entzogen und in den Fluss Sèvre Niortaise bzw. in den Atlantik umgeleitet. Der so gewonnene Boden konnte erfolgreich landwirtschaftlich genutzt werden und hat den Klöstern zu ansehnlichem Wohlstand verholfen.

70 % der Gesamtfläche wurden so nach und nach trocken gelegt, nur 30 % sind die sogenannte „feuchte Marais“, das grüne Venedig.

Die Marais Poitevin sind also ein von Menschenhand gemachtes Paradies. Eine unglaubliche Artenvielfalt ist in diesem Naturreservat zu finden, das man am schönsten bei einer Bootsfahrt in einem der *plates* (Flachbodenboote) entdeckt. Aber auch auf einer eigenen Kanutour die Kanäle zu durchstreifen oder ein Stück der 800 km langen Fahrradwege entlang zu radeln, sind weitere Möglichkeiten, diese herrliche Gegend zu erkunden.

Stechmücken sind in diesem Sumpfgebiet erstaunlich wenige anzutreffen, denn ihre Larven werden glücklicherweise sofort von Libellen und Fischen gefressen. Zander, Hechte, Krebse und Aale tummeln sich in den geheimnisvollen Gewässern. Auf den Weiden zwischen den Kanälen grasen weiße Rinder und zahlreiche Schafe, die Marais sind aber

☑ *Eine Bootstour gehört bei einem Besuch der Marais Poitevin unbedingt dazu*

045wf-as © LLPhotography

046wf-as © frdric

auch ein Paradies für Zugvögel, Wildenten, Fischotter und Biber.

Die Marais ist also eine verwunschene, stille Welt inmitten einer wundervollen Kanallandschaft, in der die Sonne das Wasser zartgrün schimmern lässt.

MARAIS POITEVIN

Bereits an der Bucht von l'Aiguillon (Anse de l'Aiguillon) beginnt der lohnende Ausflug in die Marais Poitevin. Die Bucht ist einer der größten Nistplätze Frankreichs für Zugvögel, aber für viele andere Vogelarten aufgrund des hier herrschenden milden Klimas ein ideales Winterquartier.

Am schnellsten kommt man sicherlich über die Städte Lucon und Fontenay-le-Comte auf den teils vierspurig ausgebauten D949 und D148 in den wirklich interessanten Teil der Marais. Die Fahrt über die kleinen, in den Landkarten gelb eingezeichneten Straßen, ist zwar langsamer, dafür aber sehr viel eindrucksvoller.

⌂ *Auch die Abbaye Maillezais in der Marais Poitevin mit ihrem wunderschönen Garten ist einen Besuch wert*

MAILLEZAIS

(59 km – km 59)

Der kleine Ort liegt am nordöstlichen Rand der Marais Poitevin. Von L'Aiguillon auf der D25 kommend, biegt man in Maillé auf die D15 und erreicht nach wenigen Kilometern Maillezais. Es lohnt sich, in dem netten Ort einen kleinen Spaziergang zu machen und vielleicht irgendwo einzukehren. Viel besucht ist Maillezais aber vor allem wegen seiner berühmten gleichnamigen **Abtei.** Das ehemalige Benediktinerkloster am nördlichen Rand der Marais Poitevin stand ursprünglich auf einem Kalksockel, denn es war noch im frühen Mittelalter von Meer umspült.

Hier begann die Trockenlegung und Bewirtschaftung der Überflutungsflächen, was dem Kloster Wohlstand und Wachstum bescherte. Im Jahre 1317 erhob Papst Johannes XXII. Maillezais und sein Einflussgebiet zum Bistum und die Abteikirche in den Rang einer Kathedrale. 1648 begann der Abstieg, als Papst Innozenz X. La Rochelle als neues Bistum anerkannte.

Von den Religionskriegen und der Französischen Revolution stark in Mitleidenschaft gezogen, war die **Abbaye Maillezais** irgendwann nur noch eine Ruine, die als Steinbruch diente. Bereits 1927 wurden die spärlichen Über-

Der Benediktinerorden

„Ora et Labora", „Bete und arbeite" lautet der Grundsatz dieses römisch-katholischen Ordens. Vater der Gemeinschaft war Benedikt von Nursia, der um das Jahr 480 ein Kloster in Montecassino (Italien) gründete. Gehorsamkeit, Schweigsamkeit, Beständigkeit und Demut galten als Grundverhaltensregeln für die Mönche. „Das Nichtstun ist der Feind der Seele", war Benedikts Überzeugung, und so beschäftigte man sich neben den religiösen Aufgaben auch mit kulturellen Belangen. Die Lehrtätigkeit der Benediktinermönche hat eine lange Tradition und in manchem Stift ist noch heute ein bekanntes Gymnasium untergebracht. Handwerkliche Arbeit war ursprünglich nur zur Erhaltung des Lebensunterhalts vorgesehen. Böden wurden kultiviert und Weinanbau betrieben, Sümpfe wurden trocken gelegt und zu Weideflächen. Die so geförderte Landwirtschaft und die von Mönchen aufgebauten Salzgärten verhalfen der Region zu Wohlstand und rund um die Klöster entstanden Siedlungen. Eines der bekanntesten deutschen Benediktinerklöster ist Kloster Andechs bei München mit der über die bayrische Grenze hinaus bekannten Brauerei, die nach wie vor von Mönchen geleitet wird.

reste der einst stolzen Kathedrale zum **Monument historique** erklärt und so begannen Konservierungs- und Restaurierungsmaßnahmen. Allein die Ausmaße dieser einstigen Abtei beeindrucken nach wie vor, äußerst interessant ist auch die „Erlebnisarchäologie" im Außenbereich, wo bauliche Techniken des Mittelalters wie der Vertikaltransport schwerer Bauteile mit Holzkränen oder der Horizontaltransport schwerer Lasten mit Schubkarren und vieles mehr gezeigt werden.

Aus der Werkstatt eines heutigen Künstlers lassen sich ganz in der Nähe **Steinmetzarbeiten** in Form von überdimensionalen Körperteilen eines Riesen entdecken.

Die Abbaye Maillezais liegt in einem gepflegten Park und ist umgeben von einem Blumenmeer.

› **Abbaye Maillezais,** Rue de l'Abbaye, Maillezais, Tel. 0033 251536680, www.sitesculturels.vendee.fr, geöffnet: Mo, Mi–So 10–12.30, 14–18 Uhr. Führungen auf Englisch und Französisch.

Wer möchte, kann das Kloster auch bei einer Bootsfahrt auf dem **Canal de la jeune Autise** besuchen oder auf dem angrenzenden Weg per Rad hierhin fahren.

Im Sommer finden in der Ruine zahlreiche Events wie Theateraufführungen statt.

169wf © Camping Îlot du Chail

40 Camping Îlot du Chail

GPS 46.304716, -0.594182

Im Herzen des Parc Naturel régional du Marais Poitevin liegt dieser Naturcampingplatz direkt am Fluss, schöner Baumbestand, viel Schatten, ruhig, Geschäfte und Restaurants in der Nähe; **Lage/Anfahrt:** von Coulon auf der D1 kommend nach 3 km im Ort rechts auf die Zielstraße abbiegen; **Platzanzahl:** 86; **Untergrund:** Wiese; **Service:** Strom, Trinkwasser, Abwasser, Chemie-WC, WLAN; **Sicherheit:** beleuchtet; **Preise:** 19 €; **Geöffnet:** Anfang April–Anfang Oktober; **Kontakt:** Rue des Gravées, 79270 La Garette, Tel. 0033 549350033, www.camping-ilotduchail.fr.

047wf-as © litchi cyril photographe

Auf dem großen Parkplatz der Abbaye Maillezais werden Wohnmobile geduldet, sodass man hier auch ungestört eine Nacht verbringen kann.

Information

› **Office de Tourisme Maillezais,** Rue du Docteur 2, Maillezais, Tel. 0033 251872301, www.maraispoitevin-vendee.com, geöffnet: Mo–Sa 9.30–13 und 14–18.30 Uhr, So 9.30–13 Uhr

Parken

P 8 **Stellplatz Maillezais,** GPS 46.374248, -0.746939. Gebührenfreier Parkplatz an der D68 Rue Agrippa d'Aubigné gegenüber der Abbaye.

Ver-/Entsorgung

› Eine Ver-/Entsorgungs-Station befindet sich im Ort in der Rue du Champ Foire, GPS 46.370595, -0.740523.

Blütenpracht am Kanal von Coulon, dem „grünen Venedig"

COULON

(18 km – km 77)

Die weitere Reise in die Marais Poitevin führt in Richtung Niort, der größten Stadt in der Region. Letztes Ziel dieses Abstechers ist aber Coulon, das besonders malerisch im Département Deux-Sèvres an der Sèvre Niortaise liegt.

Hier befindet sich das Herz des grünen Venedigs und der Ort erhielt bereits die offizielle Auszeichnung eines der „schönsten Dörfer Frankreichs" zu sein. Zahlreiche Kanäle und malerische Brückchen erinnern an Italiens Traumstadt und genau wie dort bummelt man am besten kreuz und quer durch die Gassen und lässt die herrliche Atmosphäre auf sich wirken. Alles ist klein und überschaubar und ohne Probleme zu Fuß vom Stellplatz 41 aus zu erreichen.

Einkaufstipp: Ganzjährige Märkte mit den speziellen Produkten der Region werden freitag- und sonntagvormittags abgehalten.

Tipp: Hier kann man einmal den **Käsekuchen aus dem Poitou probieren,** der histori-

Kleiner Fahrradausflug nach Niort

Vom Stellplatz in Coulon aus gibt es verschiedene, gut ausgeschilderte Radwege durch die malerische, teilweise faszinierende Marais Poitevin. Kleinere Rundtouren aber auch abenteuerliche Wege führen entlang der Kanäle.

Besonders zu empfehlen ist der Ausflug entlang der Sèvre Niortaise bis nach Niort.

Hin und zurück sind dies knapp 20 km, eine gute Distanz also für einen Tagesausflug mit Stadtbesichtigung. Von Coulon aus geht es auf gut ausgebautem Fahrradweg immer den Fluss entlang. Vorbei am Ort Magné, wo der Weg auf das nördliche Ufer wechselt, um dann bei Saint-Liguaire über den Ortsteil La Roussille die Flussbiegung abzukürzen. Es mag verlockend sein, den Fluss weit vor Niort zu verlassen, um in westlicher Richtung in den Ort zu fahren. Schöner und sicherer ist es aber am Fluss zu bleiben, den nördlichen Bogen mitzunehmen, um dann am Quai Cronstadt in die Rue du Pont, Rue du Soleil und Rue du Faisan in Richtung Esplanade de la République abzubiegen. Hier ist man schon mitten in der sehenswerten historischen Altstadt. Der Rückweg erfolgt auf der gleichen Route.

schen Provinz im Südwesten Frankreichs. Der „Tourteau fromager" wird traditionell bei großen Festen serviert und besteht aus Frischkäse aus Ziegen- und Kuhmilch. Der leichte, lockere Kuchen hat eine runde Form und eine schwarze Kruste, die ihm den besonderen Geschmack verleiht.

Einen Besuch wert ist auch das **Maison du Marais Poitevin,** das sich am Kanal neben dem Touristenbüro befindet und in fünf Ausstellungsräumen die Geschichte und die Geheimnisse der Region beschreibt.

Ein absolutes Muss ist jedoch eine **Flachboottour mit Gondoliere** auf den kleinen, idyllischen Wasserwegen, die von überwältigender Vegetation fast zugewachsen sind. Effektvoll wird der Bootsführer irgendwann ein kleines Feuerzeug hervorholen und auf dem Wasser eine Stichflamme entzünden. Die Ursache für das Brennen ist Methangas, das sich durch verfaulende Blätter am Grund der Kanäle gebildet hat.

Bei einem schönen Spaziergang entlang des **Louis Tardy Docks** kann man das Treiben der Fischer und Angler beobachten und anschließend die hiesige Spezialität Aal verspeisen – ein genussvoller Abschluss des Abstechers in die Marais Poitevin.

Nach 60 km Fahrt entlang der N11/E601 ist bei La Rochelle die französische Atlantikküste wieder erreicht, wo die Route 3 dieses Reiseführers beginnt.

41 Parking de l'Autremont
Aire de service camping-car, Coulon

GPS 46.320714, -0.590730

Schön angelegter Stellplatz, teilweise Schatten am Ortsrand in der Nähe eines Parks und des Kanals. **Lage/Anfahrt:** in Coulon im Kreisverkehr auf die D123, dem Womo-Piktogramm folgen; **Platzanzahl:** 30; **Untergrund:** Wiese; **Service:** Strom, Trinkwasser, Abwasser, Chemie-WC, WLAN; **Preise:** 10,50 €/Fahrzeug; **Max. Stand:** unbegrenzt; **Geöffnet:** ganzjährig; **Kontakt:** Rue André Cramois, Coulon.

ROUTE 3

LA ROCHELLE UND DIE ÎLE-DE-RÉ

044wf-as © zzzz17 - stock.adobe.com

« *Kapitelstartseite: La Rochelle ist eine wirklich sehenswerte Stadt*

Strecke:

La Rochelle (s. S. 82) – **Île-de-Ré** (s. S. 87)- **Les Portes-en-Ré** (35 km, s. S. 90) – **Rivedoux-Plage** (35 km, s. S. 93) – **Angoulins** (23 km, s. S. 94) – **Châtelaillon-Plage** (6 km, s. S. 94) – **Fouras** (18 km, s. S. 95)

Streckenlänge:

117 km

055wf-as © Jérôme Rommé

ROUTENÜBERSICHT

Nouvelle Aquitaine heißt der Landstrich, den außerhalb Frankreichs kaum jemand so richtig einzuordnen weiß. Zwölf Départements wurden bei einer Gebietsreform 2016 unter diesem Namen zur größten Region des Landes zusammengefasst. La Rochelle (s. S. 82) befindet sich im Département Charente-Maritime und ist die erste große Stadt der Tour. Es ist aber keine hektische, laute Stadt, sondern ein touristisches Highlight, das man auf keinen Fall verpassen sollte. In den gut erhaltenen, autofreien Altstadtgassen macht das Bummeln Spaß, aber absolut einmalig ist die fantastische historische Hafenanlage, die jahrhundertelang alle Angreifer abwehren konnte. Nur durch eine mautpflichtige Brücke von La Rochelle getrennt liegt die Île de Ré. Herrliche Pinien- und Zypressenwälder, feine Sandstrände und idyllische Buchten prägen die Insel. Am Ende des 30 km Eilands liegt ein großes Naturschutzgebiet mit ausgedehnten Salzgärten, durch die man Wanderungen oder Radtouren unternehmen kann und wo sich ganze Kolonien von Vögeln beobachten lassen. Wer sich von der Insel verabschiedet, um noch ein wenig gen Süden zu reisen, den erwarten auf dem Festland noch viele weitere wohnmobilfreundliche Badeorte und ein UNESCO-Weltkulturerbe vom Feinsten, das Fort de Fouras (s. S. 95).

Badehäuschen sind an Frankreichs Stränden nach wie vor sehr beliebt

LA ROCHELLE

La Rochelle heißt übersetzt „Der kleine Felsen“, so benannt von den ersten Siedlern, die sich hier niederließen. Klein ist La Rochelle nicht mehr, denn diese sehenswerte **Universitätsstadt** hat heute ca. 80.000 Einwohner und ist mit ihren vier Häfen die französische Küstenstadt schlechthin.

Bereits im 12. Jahrhundert verfügte die Stadt über den größten **Atlantikhafen** und war ein Schifffahrts- und Handelszentrum von enormer Bedeutung. Heute spielt die Fischerei die Hauptrolle. Wer hier in einem Restaurant Fisch bestellt, braucht sich über die Qualität des Essens keine Gedanken zu machen, denn frischer geht es wohl kaum. Vor allem rund um die historische Hafenanlage reiht sich ein Café und Restaurant an das andere. Hier ist man mitten drin im Geschehen und wird unweigerlich von einer ganz besonderen Atmosphäre angezogen.

Die drei Befestigungstürme bieten ein einmaliges Panorama, nur noch übertroffen von dem Blick, den man von dort oben hat. Eigentlich ist es ein absolutes Muss, wenigstens einen der trutzigen Türme zu besteigen. Der zinnengekrönte Tour St-Nicolas und der runde Tour de la Chaine (Kette) flankieren die Einfahrt in den alten Hafen (Vieux Port) und bilden das Wahrzeichen von La Rochelle. Zur Blockierung der Hafenzufahrt wurde zwischen beiden Türmen nachts eine schwere Eisenkette gespannt, deren Reste noch heute am Fuß des Tour de la Chaine zu sehen sind.

Während der **Tour St-Nicolas** (42 m hoch) einst als Gefängnis diente, wurde der **Tour de la Chaine** (20 m) als Pulvermagazin genutzt. Von diesem Turm verläuft eine 6 m dicke, begehbare Befestigungsmauer hin zum **Tour de la Laterne** (55 m), der ein Leuchtturm war. Ganz eindeutig hat hier der französische Festungsbaumeister **Vauban** (s. S. 176) seine Hände im Spiel gehabt, der sich im Laufe seines Lebens in ganz Frankreich verewigt hat. Alle Türme sind mit oder ohne Führung zu besichtigen (Kombiticket 9 €).

› **Les Tours de La Rochelle,** Vieux Port, La Rochelle, Tel. 0033 546417413, www.tours-la-rochelle.fr, geöffnet: tägl. 10–12.15, 14.15–16.45 Uhr, Einzelpreis 6 €, Kombiticket 9 €

Wer ein wenig in La Rochelle bleiben möchte, der sollte sein Wohnmobil auf dem gut ausgebauten offiziellen Stellplatz 42 parken oder das Camping du Soleil 43 aufsuchen. Für eine kurze Stadtbesichtigung ist der zentrale, gebührenpflichtige Parkplatz Esplanade (s. S. 87) ideal.

Sinnvoll ist der **City Pass,** den es im Touristenbüro für 24, 36 oder 48 Stunden gibt, und der Bus, Hafen-Shuttle, Fähre oder einen Fahrradverleih beinhaltet sowie mindestens einen ermäßigten Eintritt in ein Museum.

Es lohnt sich übrigens immer, sich in so einer historisch bedeutenden Stadt wie La Rochelle erst einmal einen Überblick in Form einer Stadtführung zu verschaffen, die meist wirklich nett und kurzweilig gehalten ist.

La Rochelle und die tausendjährige Stadtgeschichte

1000: Gründung von La Rochelle durch die Santonen
1137: Durch die Hochzeit von Eleonore von Aquitanien mit Ludwig VII. wird die Stadt französisch.
1152: Durch ihre Vermählung mit König Heinrich Plantagenet gehört die Stadt nun zu England.
1372: Die Stadt wird wieder französisch.
1565: Die Religionskriege wüten.
1570: La Rochelle wird Hochburg des Protestantismus.
1628: Belagerung und Zerstörung durch Richelieu, Minister des Königs Ludwig XIII.
1694: Blütezeit des Seehandels (Sklaven gegen Wein und Salz) mit Übersee
1941: Bis zur bedingungslosen Kapitulation 1945 ist La Rochelle in deutscher Hand.
Seit 2000: Der Fischereihafen hat die viertgrößte Kapazität Frankreichs.

051wf-if

Am Hafen befinden sich einige über die Landesgrenzen hinaus bekannte Museen.

In einem futuristischen Glasbau ist das **Aquarium von La Rochelle** untergebracht. In 78 Becken, die eine artgerechte Haltung erlauben, ist genug Platz für 12.000 Seetiere aus 600 verschiedenen Arten.

› **Aquarium La Rochelle,** Quai Louis Prunier, direkt am historischen Hafen links, Tel. 0033 546340000, www.aquarium-larochelle.com, geöffnet: tägl. 9–23 Uhr, Eintritt: 17,50 €

Direkt hinter dem Aquarium liegt das **Musée Martime,** in dem eine kulturhistorische Flotte von 8 Schiffen ausgestellt ist. Die Meteorologie-Fregatte „France I" und der Fischkutter „l'Angoumois" können besichtigt werden.

› **Musée Maritime La Rochelle,** Place Bernard Moitessier, direkt am historischen Hafen, Tel. 0033 546280300, https://museemaritime.larochelle.fr, geöffnet: April–Sept. 10–19 Uhr, Eintritt: 9 €

Vom historischen Hafen betritt man die Altstadt durch das **Porte de la Grosse Horloge,** einem rechteckigen Uhrenturm, der auf beiden Seiten mit großen Uhrzifferblättern bestückt ist. Zahlreiche Arkaden oder überdachte Passagen machen den Altstadtbummel bei jedem Wetter zu einem Vergnügen und die netten, kleinen Läden bieten statt Masse unbestritten individuelle, ausgefallene Klasse an.

Einen Besuch wert ist auch die historische Markthalle aus dem 19. Jahrhundert, die sich am Ende der Rue de Merciers befindet und immer vormittags geöffnet hat. Mit den hier angebotenen Delikatessen ist diese Institution ein Einkaufsparadies nicht nur für Franzosen.

Im Zentrum der Altstadt, direkt neben der evangelischen Kirche, steht das **Musée Rochelais d'Histoire Protestante,** in dem der religiösen und leider sehr blutigen Geschichte La Rochelles gedacht wird.

› **Musée Rochelais d'Histoire Protestante,** Rue Saint-Michel, Tel. 0033 546508803, www.protestantisme-museelarochelle.fr, geöffnet: Mitte Juni–Mitte Sept. Mo–Sa 14.30–18 Uhr, Eintritt: 5 €. Deutschsprachige Führung auf Anfrage.

La Rochelle hat vier **Häfen:** neben dem **Vieux Port** gibt es noch einen geschäftigen **Fischereihafen,** in dem man die Gelegenheit bekommt, für einen Tag zum Hochseeangeln

⊡ *Auf dem historischen Segelschiff im Hafen von La Rochelle kann man eine Reise bis nach Bremerhaven buchen*

La Rochelle

Rue Colbert
Rue des Brandes
Rue Henri IV
Rue Dr Jamot
Rue Kléber
Rue Philibert Delorme
Rue de Jericho
Rue du Général Sarrail
Rue du Dr Roux
Rue du Dr Calmette
Rue de Bel-air
Rue de Jericho
Rue Robert de Cotte
Rue Jules Cheret
Rue du Prof. André Tournade
Rue Jean-Baptiste Greuze
Rue Jean-Baptiste Perronneau
Av. des Grandes Varennes
Av. de Lisbonne
Allée André Salardaine
Rue Germinal
Cours Dame Hilaire
Cours Dame Hilaire
Rue Ange-Jacques Gabriel
Rue Jean-François Chalgrin
Avenue Pierre de Coubertin
Avenue de Vienne
Rue Surcouf
Rue Jean Bart
Rue Cassard
Rue Primauguet
Rue de Suffren
Avenue de Berne
Av. Robert Schuman
Rue Nicolas Coustou
Avenue de Berlin
Allée de Bruxelles
Cours Forbin
Avenue des Corsaires
Avenue Pierre de Coubertin
Avenue Aristide Briand
Rue Bastion de l'Evangile
Rue Jourdan
Rue Bouguereau
Rue des Quatre Sergents
Rue Claude Masse
Rue Aliénor d'Aquitaine
Rue Eugène Delacroix
Avenue Carnot
Avenue Edmond Grasset
Avenue du Général Leclerc
Avenue Georges Clemenceau
Rue de Quatrefages
Doré
Bois
Rue de la Station
Rue du Mûrier
Avenue Pierre Loti
Rue Jules Siegfried
Rue du Commandant Callot
Rue du Dr Henri Dalmon
Rue Beltremieux
Rue Jules Ferry
Rue Agrippa d'Aubigné
Rue de Rougemont
Rue du Danemark
Rue de Suède
Rue de Missy
Rue de Tunis
Rue Victor Hugo
Rue de la Briquetterie
Rue de Norvège
Avenue Jean Guiton
Rue du Stade
Avenue Jean Guiton
Rue Voltaire
Avenue Coligny
Rue de la Pépinière
Rue du Point du Jour
Rue du Général Dumont
Avenue de Bourgogne
Rue de Bretagne
Rue de Normandie
Avenue du Maréchal Juin
Rue de Missy
Rue Montmirail
Rue Michelet
Avenue Jean Guiton
Villa Mulhouse
Stade Marcel Deflandre
Rue Jeanne d'Albret
Théophraste Renaudot
Rue du Lyonnais
Rue Emile Racaud
Rue Georges Emonin
Rue Boileau
Avenue Coligny
Rue Pasteur
Rue du Roussillon
Rue de Provence
Allée du Maréchal de Lattre de Tassigny
Allée du Maréchal de Lattre de Tassigny
Rue Franck Delmas
Avenue du Fort Louis
Rue Savary
Rue Jean Godefroy
Allée la Quintinie
Parc Animalier
Rue Racine
Avenue Maurice Delmas
Rue Ernest Meyer
Rue Jean Godefroy
Avenue de
Parc Franck Delmas
Allée du Mail
Allée du Mail
Avenue du Maréchal Juin
Rue Louis Blanc
Parc Alcide d'Orbigny
Boulevard Winston Churchill
Rue Philippe Vincent
Baie de Port Neuf
Quai du Bout Blanc
Jachthafen
Quai Maillac
Place du Petit Hunier

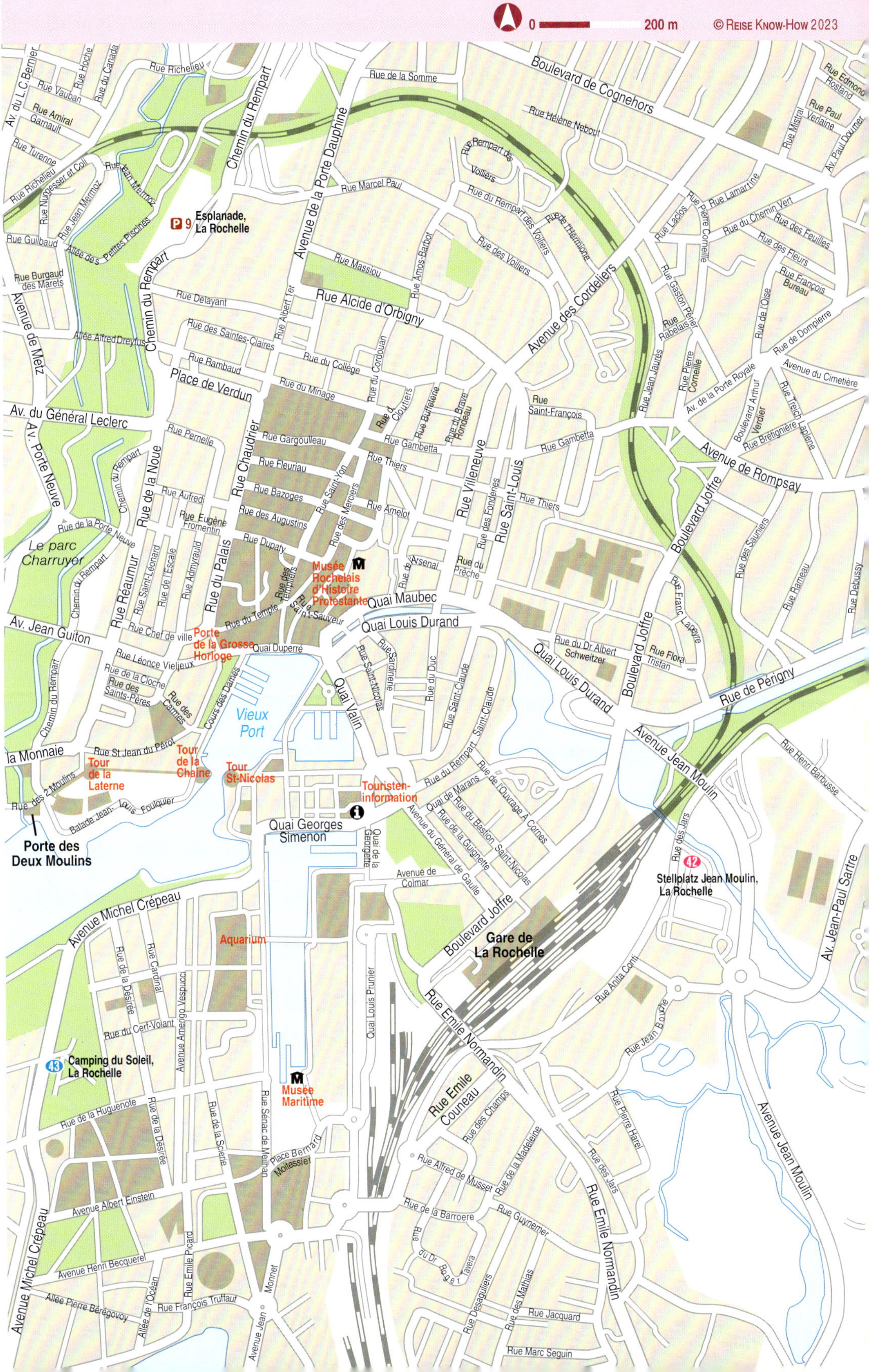

0
200 m
© Reise Know-How 2023
Esplanade, La Rochelle
P 9
Musée Rochelais d'Histoire Protestante
Porte de la Grosse Horloge
Vieux Port
Tour de la Chaîne
Tour de la Laterne
Tour St-Nicolas
Touristen-information
Porte des Deux Moulins
Quai Georges Simenon
Aquarium
Musée Maritime
Gare de La Rochelle
Stellplatz Jean Moulin, La Rochelle
42
Camping du Soleil, La Rochelle
43
Le parc Charruyer
Boulevard de Cognehors
Chemin du Rempart
Avenue de la Porte Dauphine
Rue Alcide d'Orbigny
Avenue des Cordeliers
Place de Verdun
Av. du Général Leclerc
Avenue de Metz
Av. Porte Neuve
Rue de la Noue
Rue Chaudrier
Rue du Palais
Rue Réaumur
Av. Jean Guiton
Quai Maubec
Quai Louis Durand
Quai Duperré
Quai Valin
Rue Villeneuve
Rue Saint-Louis
Avenue de Rompsay
Boulevard Joffre
Rue de Périgny
Avenue Jean Moulin
Av. Jean-Paul Sartre
Avenue Michel Crépeau
Rue Emile Normandin
Rue Emile Couneau
Avenue du Général de Gaulle
Quai Louis Prunier
Rue Sénac de Meilhan
Avenue Albert Einstein
Avenue Henri Becquerel
Allée Pierre Bérégovoy
Rue François Truffaut
Rue Marc Seguin
Rue Jacquard
Rue Gambetta
Rue Thiers
Rue Marcel Paul
Rue Massiou
Rue Delayant
Rue du Minage
Rue Gargoulleau
Rue Fleuriau
Rue Bazoges
Rue des Augustins
Rue Dupaty
Rue Amelot
Rue de la Somme
Rue Hélène Nebout
Rue Lamartine
Rue du Chemin Vert
Rue de Dompierre
Avenue du Cimetière
Av. de la Porte Royale
Rue Henri Barbusse
Rue des Jars
Rue Anita Conti
Rue Jean Bouhier
Rue Pierre Hatet
Rue Alfred de Musset
Rue de la Madeleine
Rue de la Barroere
Rue Guynemer
Rue Desaguliers
Rue des Mathias
Rue du Cerf-Volant
Rue Cardinal
Rue de la Désirée
Rue de la Huguenote
Rue de la Scierie
Avenue Amerigo Vespucci
Rue Emile Picard
Allée de l'Océan
Place Bernard Moitessier
Avenue de Colmar
Quai de la Georgette
Balade Jean-Louis Foulquier
Rue des 2 Moulins
Rue St Jean du Pérot
Cours des Dames
Rue Léonce Vieljeux
Rue Chef de ville
Rue du Temple
Rue Saint-Sauveur
Rue du Duc
Rue Saint-Claude
Rue Saint-Nicolas
Rue Sardinerie
Rue du Rempart Saint-Claude
Quai de Marans
Rue de l'Ouvrage À Cornes
Rue du Bastion Saint-Nicolas
Rue de la Guignette
Rue du Dr Albert Schweitzer
Rue Flora Tristan
Rue des Sauniers
Rue Rameau
Rue Debussy
Rue Edmond Rostand
Rue Paul Verlaine
Rue Mistral
Av. Paul Doumer
Rue Richelieu
Rue Vauban
Rue Hoche
Rue du Canada
Rue Amiral Garnault
Rue Turenne
Rue Guilbaud
Rue Burgaud des Marets
Allée Alfred Dreyfus
Rue des Saintes-Claires
Rue Rambaud
Rue du Collège
Rue du Cordouan
Rue Pernelle
Rue Aufredi
Rue Eugène Fromentin
Rue Saint-Léonard
Rue de l'Escale
Rue Admyrauld
Rue des Voiliers
Rue du Rempart des Voiliers
Rue de l'Hermione
Rue Saint-François
Rue des Fonderies
Rue du Prêche
Rue de l'Arsenal
Rue des Merciers
Rue Saint-Yon

La Rochelle und die Religion

La Rochelle war zur Zeit der Renaissance ein liberales religiöses Zentrum, in dem unterschiedliche Konfessionen gemeinsam die katholischen Kirchen nutzen.

Unter dem streng-katholischen König Franz I. jedoch begann die Verfolgung der Protestanten.

Zwischen den Jahren 1562 und 1598 erlebte Frankreich acht kurz hintereinander stattfindende Religionskriege, auch Hugenottenkriege genannt. 1565 wurden in La Rochelle 30 katholische Priester erdrosselt und vom Tour de la Laterne ins Meer geworfen. Das große Rachemassaker erfolgte in Paris, das als Barthlomäusnacht am 24. August 1572 in die Geschichte eingegangen ist. 3000 Protestanten, die zur Hochzeit von Heinrich von Navarra mit der Tochter von Katharina von Medici nach Paris gekommen waren, wurden ermordet.

Bald darauf war La Rochelle die Hauptstadt des Protestantismus in Frankreich. 1598 beendete Heinrich IV. den langjährigen Krieg mit dem Edikt von Nantes. Hierbei wurden den calvinistischen Protestanten (Hugenotten) im ansonsten katholischen Frankreich religiöse Toleranz und volle Bürgerrechte zugesagt.

Das Leiden der Bürger der Stadt La Rochelle aber ging weiter: 1627 ließ Ludwig XIII. die nach wie vor protestantische Stadt, die sich mittlerweile mit den Engländern verbündet hatte, durch seinen Minister und Kardinal Richelieu belagern und aushungern. Von 28.000 Einwohnern überlebten dabei nur 5000.

2015 wurde La Rochelle der Ehrentitel „Reformationsstadt Europas" verliehen.

hinauszufahren. Der **Jachthafen** von La Rochelle, der Port des Minimes, ist der größte seiner Art an der Atlantikküste und besitzt 3200 Liegeplätze. Hier könnte man einmal den Wohnmobilsitz mit einem Platz auf einem Ausflugsschiff tauschen und eine Ausfahrt auf den weiten Ozean wagen, um z. B. das berühmte **Fort Boyard** zu besuchen. Nicht nur die historische Befestigungsanlage war schon mehrfach Filmkulisse, auch im Industriehafen des La Rocheller Vorortes La Pallice diente der riesige U-Bootbunker, der während des Zweiten Weltkriegs 13 Boote fasste, als Kulisse für den Film „Das Boot" von Wolfgang Petersen. Hier wurde auch der erste Teil der Indiana-Jones Trilogie „Jäger des verlorenen Schatzes" von Steven Spielberg gedreht.

Selbstverständlich bietet La Rochelle noch zahlreiche weitere Sehenswürdigkeiten und unzählige Veranstaltungen, über deren Öffnungszeiten bzw. Termine man sich am besten im Touristenbüro informiert.

Tipp: Nehmen Sie sich als Urlaubslektüre doch einen Krimi mit. Der Schriftsteller Georges Simenon, 1902 in Belgien geboren, hat viele Jahre in der Nähe von La Rochelle gelebt und 19 seiner 75 Kriminalfälle, die der berühmte **Kommissar Maigret** ab 1930 aufklären musste, spielen in dieser Stadt. Eigentlich ist Maigret Kommissar in Paris und seine Markenzeichen sind die Melone, der Mantel, seine unerschütterliche Ruhe und sein Einfühlungsvermögen. Wie auch sein Erfinder Simenon raucht Jules Maigret fast ununterbrochen Pfeife. In unzähligen Filmen und TV-Serien wurden die Kriminalgeschichten mit mehr als 30 Darstellern, u. a. Jean Gabin, weltweit verfilmt.

Das Stadtzentrum von La Rochelle ist über eine Brücke mit der Insel Île de Ré verbunden. Für die 3 km lange Fahrt wird eine Ökomaut von 16 € (gültig für Hin- und Rückfahrt) erhoben, zahlbar am Automaten.

Information

› **Office de tourisme La Rochelle,** Quai Georges Simenon 2, La Rochelle, Tel. 0033 546411468, www.larochelle-tourisme.com, geöffnet: Mo–Sa 10–13 und 14–18, So 10–13 Uhr. Hier ist auch ein kostenloser, sehr ausführlicher Stadtführer in deutscher Sprache erhältlich.

Einkaufen

Neben der täglich geöffneten, historischen **Markthalle** inmitten der Altstadt von La Rochelle wird jeden Sonntagvormittag im Stadtteil La Pallice ein **Straßenmarkt** aufgebaut, auf dem neben allerlei Köstlichkeiten auch Bekleidung, Schuhe, Haushaltswaren und vieles mehr angeboten werden.

42 Stellplatz Jean Moulin Aire Camping-car, La Rochelle

GPS 46.153228, -1.141742
Großer, offizieller Stellplatz am Messegelände, Ortsrand, im Zehnminutentakt kostenloses Shuttle ins Zentrum. **Lage/Anfahrt:** von der N11 kommend Richtung Zentrum fahren, das „P & R Jean Moulin" ist ausgeschildert, Womo-Piktogramm; **Platzanzahl:** 100; **Untergrund:** Schotterrasen; **Service:** Trinkwasser, Abwasser, Chemie-WC; **Preise:** 15 €/Fahrz. inkl. Ver-/Entsorgung und Bustransfer (navette) ins Zentrum; **Max. Stand:** unbegrenzt; **Geöffnet:** ganzjährig; **Kontakt:** Avenue Jean Moulin, La Rochelle, www.larochelle-tourisme.com. Die Schranke ist von 21 bis 6 Uhr morgens geschlossen, der Platz ist dann nur für Fußgänger zugänglich.

43 Camping du Soleil, La Rochelle

GPS 46.150665, -1.158083
Preiswerter Camping Municipal, 15 Min. fußläufig vom Zentrum entfernt, ca. 500 m zum Meer; direkter Strandzugang, einfache sanitäre Anlagen, Bushaltestelle in der Nähe. **Lage/Anfahrt:** von der N137 kommend am Messegelände Av. Jean Moulin vorbei, dem Straßenverlauf bis zur Universität Polytechnique folgen; **Platzanzahl:** 150; **Untergrund:** Wiese; **Service:** Strom, Trinkwasser, Abwasser, Chemie-WC, WLAN; Preis: 21,30 €; **Max. Stand:** unbegrenzt; **Geöffnet:** Mitte Mai–Anfang Oktober; **Kontakt:** Avenue Michel Crépeau, La Rochelle, Tel. 0033 546444253, www.larochelle-tourisme.com.

Parken

P 9 **Esplanade,** La Rochelle, GPS 46.166088, -1.154633. Großer, zentraler Parkplatz in idealer Lage für eine kurze Stadtbesichtigung, P „Esplanade des Parcs" ist ein gemischter Parkplatz, der am Rand einige größere Parkflächen ausweist, ca. 500 m vom Zentrum entfernt.

ÎLE DE RÉ

(Inselrundfahrt, ca. 70 km)

Die Île de Ré liegt zwischen den Meerengen Pertuis Breton und Pertuis d'Antioche. Sie ist 30 km lang, bis zu 5 km breit und verfügt über 100 km Küstenlinie. Mit fast 2600 Sonnenstunden pro Jahr ist die Insel ein wahres Urlaubsparadies.

Feine, weiße Sandstrände liegen hinter ausgedehnten Pinien- und Zypressenwäldern

Viele kleine Gässchen führen in den Hafen von Saint-Martin-de-Ré auf der Île-de-Ré

052wf-rf

Die schönsten Dörfer Frankreichs

„Les Plus Beaux Villages de France" ist eine kulturtouristische Auszeichnung. Die Liste weist heute 158 Dörfer in 14 Regionen und 70 Départements aus. Davon liegen alleine 26 in der Nouvelle-Aquitaine und 10 im Périgord, also im Südwesten des Landes.

Die Geschichte dieser Auszeichnung geht auf die Initiative eines Bürgermeisters zurück, der sich bald 66 weitere Gemeinden anschlossen, sodass der Titel bereits 1982 offiziell wurde. Das kulturelle Erbe der Provinz sollte bewahrt bleiben, denn die Landflucht, die im 20. Jh. weite Teile Frankreichs betraf, machte die Dörfer zusehends zu seelenlosen Museumsorten.

Kriterien für die Vergabe des begehrten Etiketts sind: nicht mehr als 2000 Einwohner, mindestens zwei anerkannte Sehenswürdigkeiten oder denkmalgeschützte Monumente. Infos: www.les-plus-beaux-villages-de-france.org.

und das Meer ist durch den Golfstrom wohltemperiert.

Zum ersten Mal begegnet dem Reisenden an der Atlantikküste ein Weinanbaugebiet: Hier auf der Île de Ré wird ein guter Tropfen gekeltert, der bekanntlich für sein gehaltvolles Aroma ausreichend Sonne benötigt

Die Île de Ré gilt als „Sylt der französischen Atlantikküste" und ist das bevorzugte Urlaubsdomizil der gut betuchten Pariser. Understatement ist hier allerdings das Motto, denn die Insel kommt eher schlicht und bescheiden daher.

Die inseltypischen, strahlend weißen Häuschen mit blauen Fensterläden liegen halb versteckt in idyllischen Gärten, in denen bunte Stockrosen um die Wette blühen.

„La Blanche" – „die Weiße", so wird die Insel auch genannt, zeichnet sich durch eine beeindruckende landschaftliche Vielfalt aus, die man am besten auf einer kleinen Rundfahrt kennenlernt.

Auf der Insel angekommen, führt die D735 bald am gut erhaltenen **Fort de la Prée** (1625) vorbei. Die Anlage kann im Sommer besichtigt werden und ist auch Ort kultureller Veranstaltungen.

Auf der Straße erreicht man nach nur wenigen Kilometern **La Flotte,** das sogar in den illustren Kreis der „Plus Beaux Villages", der schönsten Dörfer Frankreichs, aufgenommen wurde (s. links). Am charmanten Hafen lässt es sich gemütlich flanieren, und zahlreiche Cafés und Restaurants laden zum Verweilen ein. Überreste der **Abbaye des Châteliers** zeugen vom einstigen Reichtum des historischen Dorfes, das mit seiner architektonisch einzigartigen, historischen Markthalle einen weiteren Anziehungspunkt hat. Jeden Morgen zwischen 9 und 13 Uhr verkaufen einheimische Händler auf einem wunderschön gepflasterten Hof unter hölzernen Pultdächern hier ihre regionalen Produkte.

Information

› **Office de Tourisme La Flotte,** Quai de Sénac, La Flotte, Tel. 0033 546090055, geöffnet: Mo–Sa 9.30–13 und 14–18 Uhr, www.iledere.com

Der Hauptort der Insel ist **Saint-Martin-de-Ré,** er ist auf der D735 nach nur 4,5 km erreicht. Hier findet man am Rand des historischen Zentrums neben dem Camping Municipal auch einen offiziellen Stellplatz für Wohnmobile (44).

Saint-Martin-de-Ré ist von einer sternförmig angelegten **Befestigungsmauer** umgeben, die seit 2008 zum **UNESCO-Weltkulturerbe** gehört. Auch hier hat Befestigungsbaumeister Vauban (s. S. 176) seine Hände im Spiel gehabt. Die in Hafennähe gelegene Zitadelle, von der früher Sträflinge nach Französisch-Guayana und Neukaledonien verschifft wurden, ist auch heute noch ein Hochsicherheitsgefängnis.

Der Ort ist unbedingt eine Reise wert, denn den wunderschönen Hafen, die vielen kleinen Gassen und Brunnen sowie die geschichtsträchtige Kirche sollte man während eines Urlaubs auf der Île de Ré gesehen haben. Übrigens finden ganzjährig täglich außer

Culottes

Die Île-de-Ré und die Unterhosen – wie passt das zusammen? Die Antwort ist ganz einfach! Früher trugen die Esel auf der Insel Unterhosen, um sie vor Insekten zu schützen. Heute grasen die zottigen Baudet-du-Poitou-Esel unten ohne und bekommen die bunten Unterhosen nur zu besonderen Veranstaltungen angezogen.

montags auf der Place d'Antioche und der Place des Tileuls Märkte statt.

Information

› **Office de Tourisme Saint-Martin-de-Re,** Avenue Victor Bouthillier, Saint-Martin-de-Re, Tel. 0033 546090055, www.ildere.com, geöffnet: tägl. 9.30–19 Uhr

Essen und Trinken

› **Le Tout du Cru,** Quai Job Foran 16, Saint-Martin-de-Ré, Tel. 0033 9529060000, www.tout-du-cru.fr, geöffnet: tägl. 11–22 Uhr, geschl.: im Winter montags. Kleines, sehr gemütliches Restaurant in Hafennähe, spezialisiert auf Meeresfrüchte. Reservierung empfohlen.

44 Stellplatz Saint-Martin-de-Ré

GPS 46.199349, -1.365577

Stellplatz am Rand der Altstadt neben dem Camping Municipal, in der Saison stark frequentiert. **Lage/ Anfahrt:** von der D735 kommend in Richtung Zentrum fahren, das Camping Municipal ist ausgezeichnet, ca. 10 Minuten Fußweg zum Hafen; **Platzanzahl:** 17; **Untergrund:** Schotter; **Service:** Trinkwasser, Abwasser, Chemie-WC; **Preise:** 12 €, zahlbar per Automat; **Max. Stand:** unbegrenzt, in der Hauptsaison drei Nächte; **Geöffnet:** ganzjährig; **Kontakt:** Rue du Rempart, Saint-Martin-de-Ré, Tel. 0033 5460921, www.saint-martin-de-re.net. Nicht für breite Wohnmobile geeignet. Brötchenservice während der Öffnungszeiten des Campingplatzes.

Das nächste Ziel der Inselrundfahrt ist **Loix.** Am besten erkundet man Ort und Umgebung mit dem Fahrrad, denn das Dorf ist wie eine Insel auf der Insel durch ausgedehnte Salzgärten vom restlichen Eiland getrennt. Das hier ansässige **Écomusée Marais Salants** informiert über die Geschichte der Salzgewinnung und das Leben der Salzwerker.

› **Écomusée Marais Salants,** Route de la Passe, Liox, in den Salzgärten vor dem Orteingang, Tel. 0033 5462906, www.iledere.com, geöffnet: Mitte März bis Anfang November, tägl. 10–12.30 und 14–19 Uhr, Eintritt: 5,50 €, nur im Rahmen einer geführten Besichtigung (auch in deutscher Sprache)

Blick auf den Hafen von Saint-Martin-de-Ré

053wf-as © dudlajzov

Im Hafen steht eine **Gezeitenmühle,** die einst mithilfe von Ebbe und Flut Getreide mahlte und die mit dem Ort mittels einer sehenswerten Fußgängerbrücke verbunden ist. Loix ist für seine vielen kleinen Ateliers bekannt, in denen Kunsthandwerker ihre Werke ausstellen und natürlich auch verkaufen möchten.

Die Hauptroute führt an **Le Martray** vorbei, der mit 100 m schmalsten Stelle der Insel. Nach insgesamt 30 km ist **Les Portes-en-Ré** erreicht, hier am nördlichen Ende der Insel erwarten den Besucher die berühmte **Plage de la Patache** und der herrliche Wald Trousse-Chemise.

45 Camping les Baleines

GPS 46.239956, -1.559838

3-Sterne-Campingplatz an der Spitze der Insel mitten in den Dünen am Strand von La Conche, in der Nähe des Leuchtturms, Brötchenservice, Snacks, 1 km bis nach Saint-Clément-des-Baleines; **Lage/Anfahrt:** auf der Insel der Beschilderung Phare des Baleines folgen, kurz vor dem Leuchtturm links in den Chemin de la Salle einbiegen, dann rechts in die Zielstraße; **Platzanzahl:** 161; **Untergrund:** Wiese und Sand, befestigt; **Service:** Strom, Trinkwasser, Abwasser, Chemie-WC, WLAN; **Sicherheit:** beleuchtet; **Preise:** 20–40 € je nach Saison; **Geöffnet:** Anfang Mai–Ende September; **Kontakt:** Chemin de la Devaude le Gilieux, 17590 Saint-Clément des Baleines, Tel. 0033 546294076, www.camping-lesbaleines.com.

054wf-as © Gregcdno

Der Badeort ist auf der einen Seite vom Atlantik, auf der anderen Seite von der Bucht Fier d'Ars eingegrenzt und kann mehrere kilometerlange Strände sein Eigen nennen. Die **Meerenge Pertuis Breton** ist die perfekte Kinderstube für Austern und Muscheln und zahlreiche Fischer bieten in ihren Häuschen eine „dégustation" der beliebten Meeresfrüchte an. Dazu wird ein Bio-Inseltropfen angeboten, an dessen Weinreben im Inselinnern man schon auf der Hinfahrt vorbeigekommen ist.

Von Ars-en-Ré auf der anderen Küstenseite führt ein gut ausgebauter Fahrradweg durch die Salzgärten und das große Naturschutzgebiet „Réserve Naturelle de Lileau des Niges". Diese Naturlandschaft ist die Heimat von unzähligen Pflanzen und Vögeln und ein Ruheidyll.

Natürlich steht hier auch ein Leuchtturm, der **Phare des Baleines,** der eine der wichtigsten Touristenattraktionen der Insel ist. Er wurde 1854 errichtet und ist 57 m hoch. 257 Stufen sind zu erklimmen, um den grandiosen Ausblick über die Insel und die Meerengen genießen zu können.

› **Phare des Baleines,** Route du Phare 155, Saint-Clément-des-Baleines, die Hauptstraße D735 endet am Leuchtturm, Tel. 0033 5462918, www.iledere.com, geöffnet: ganzjährig, je nach Saison unterschiedlich, Eintritt: 3,40 €

Der Phare des Baleines ist eines der meistbesuchten Touristenziele der Insel

47 Aire de Stationnement Camping Cars, Saint-Clément-des-Baleines

GPS 46.22757, -1.546400

Zentral gelegener Stellplatz, ruhig, hinter einer Düne, 200 m bis zum Strand. **Lage/Anfahrt:** im Zentrum des Ortes durch schmale Straßen dem Womo-Piktogramm folgen; **Platzanzahl:** 45; **Untergrund:** Schotter; **Service:** Strom, Trinkwasser, Abwasser, Chemie-WC; **Sicherheit:** beleuchtet; **Preise:** 17 € (je nach Saison und Aufenthalt) inkl. Ver-/Entsorgung; **Max. Stand:** unbegrenzt; **Geöffnet:** ganzjährig; **Kontakt:** Rue de la Forêt 64, Saint-Clément-des-Baleines.

057wf-if

Die Fischschleusen an der Conche-des-Baleines stehen unter Denkmalsschutz und die **Wanderung über den Schleusenwall** am Leuchtturm bei Ebbe ist ein interessantes Erlebnis. Bei Flut liegt der Rundgang unter Wasser, sodass man unbedingt die Gezeiten beachten muss.

Die hiesige Gemeinde **Saint-Clément-des-Baleines** liegt am längsten und breitesten Strand der Insel, „La Conche", und bietet neben einem lebhaften Marktgeschehen rund um die Dorfkirche auch einen Stellplatz **47**. Das Dorf ohne eigenen Hafen liegt an der Westseite der Insel an der „Côte sauvage", der wilden Küste, und ist gleichzeitig die westlichste Gemeinde des Départements Charente-Maritime.

An einer wunderschönen, mit Pinien bewachsenen Dünenlandschaft vorbei ist bald **Ars-en-Ré** erreicht, das ebenfalls zu den schönsten Dörfern Frankreichs gezählt wird. Das Wahrzeichen ist die **Kirche Saint-Etienne,** deren schwarz-weiß angemalter, spitzer Glockenturm 40 m hoch ist und einst den Seefahrern ein wichtiger Orientierungspunkt war. Rund um den Kirchplatz spaziert man an hübschen Künstlerhäusern vorbei durch mit Blumen geschmückte Gassen, hier findet täglich ein bunter Markt statt. Der renovierte Hafen ist einer der wichtigsten Jachthäfen der Insel und beherbergt zahlreiche Cafés und Restaurants, von denen aus man die schöne Atmosphäre so richtig genießen kann.

Information

- **Office de Tourisme Ars-en-Ré,** Place Carnot 26, Ars-en-Ré, Tel. 0033 546090055, www.ildere.com, geöffnet: tägl. 9.30–13.30 und 14.30–18.30 Uhr

46 Camping La Combe à L'Eau, Ars-en-Ré

GPS 46.211082, -1.536810

Gemeindeeigener, naturbelassener Campingplatz, sehr ruhig und idyllisch, mitten im Pinienwald, direkter Strandzugang, Fahrradweg, 1,5 km in den Ort. **Lage/Anfahrt:** von der D735 kommend am Ort vorbei fahren und links in Richtung Meer einbiegen, ausgeschildert; **Untergrund:** Wiese, Sand, fest; **Service:** Strom, Trinkwasser, Abwasser, Chemie-WC, WLAN; **Sicherheit:** umzäunt, beleuchtet; **Preise:** 22,50 €; **Geöffnet:** Anfang April–Ende September; **Kontakt:** Route de Radia, Ars-en-Ré, Tel. 0033 546294642, www.camping-lacombealeau.com.

Entlang der Küste im Südwesten reiht sich nun ein langer Strandabschnitt an den nächsten. Hier findet man auch die meisten Campingplätze.

Auf der Île-de-Ré gibt es zehn Dörfer, die alle über ein gut ausgebautes, 100 km langes Radwegenetz verbunden sind. Wem Hin-und Rückfahrt zu viel werden, der steigt am besten in einen Bus *(navette)*, der von Anfang April bis Anfang September für 1 € Fahrpreis auf der ganzen Insel herumfährt.

Das nächste Dorf auf dieser Inselrundfahrt ist **La Couarde-sur-Mer** mitten im Herzen der Île-de-Ré. Der Badeort ist eingerahmt von den Salzgärten im Norden, der Austernzucht in den weiten Wattgebieten der Bucht von Fosse-de-Loix, dem Weinanbaugebiet im Süden und 5 km langen, feinen Sandstränden.

Wassersport in allen Variationen wird hier angeboten, aber auch die Kultur kommt nicht zu kurz. Am Fuß der Dorfkirche gibt es einen Musikpavillon, wo im Sommer zahlreiche Konzerte stattfinden. Die Musik und die Atmosphäre in dem Labyrinth blumengeschmückter Gassen genießen zu können, ist ein unvergessliches Erlebnis. Sämtliche Veranstaltungstermine können im hiesigen Touristenbüro erfragt werden.

Information

› **Office de Tourisme,** La Couarde-sur-Mer, Rue Pasteur, Tel. 0033 546090055, www.iledere.com, geöffnet: Mo–Sa 9.30–13 und 14–17 Uhr

Die Landschaft um **Le Bois-Plage-en-Ré** bietet Kontrast pur. Auf der Meerseite boomt der Tourismus, mehrere Campingplätze befinden sich in Strandnähe, aber einen offiziellen Stellplatz (48) gibt es natürlich auch.

(48) Stellplatz Le Bois-Plage-en-Ré

GPS 46.177156, -1.386809

Naturbelassener Stellplatz unter Pinien außerhalb des Orts in Strandnähe. **Lage/Anfahrt:** von der D101 kommend erst Richtung Zentrum und dann Richtung Plage fahren, vor dem Camping Campéole, Womo-Piktogramm; **Platzanzahl:** 35; **Untergrund:** Wiese, Sand, fest; **Preise:** 10–17 € (je nach Saison), zahlbar mit Karte; **Service:** Strom, Trinkwasser, Abwasser, Chemie-WC, WLAN; **Max. Stand:** zwei Nächte; **Geöffnet:** Anfang April–Anfang Nov.; **Kontakt:** Avenue du Passage des Boeufs 68, Le Bois-Plage-en Ré, www.iledere.com.

Schattige Pinienwälder mit zahlreichen Fahrradwegen, weite Dünen und ein 6 km langer Sandstrand, der mit dem Label „Pavillon Bleu" ausgezeichnet wurde – beste Voraussetzungen für einen erholsamen Urlaub. Im Ortskern lässt es sich herrlich flanieren und der täglich stattfindende Markt ist der größte der ganzen Insel. Le Bois-Plage-en-Ré ist das älteste Dorf der Île-de-Ré und besitzt keinen nennenswerten Hafen. Nicht die Fischerei, sondern die Landwirtschaft war die Haupteinnahmequelle der Menschen und ist es wohl noch heute.

Von ursprünglich 15 Mühlen ist nur die **Moulin de Bellère** übriggeblieben, aber der Weinanbau und vor allen Dingen die spezielle Kartoffelsorte Île de Ré sind über die Grenzen der Insel hinaus bekannt. Sie ist die einzige Kartoffelsorte Frankreichs, die das Prädikat A.O.C. tragen darf, und das Gemüse wird frankreichweit unter der Bezeichnung Île-de-Ré vermarktet. Hochinteressant ist auch ein Besuch der Winzergenossenschaft „Coopérative vinicole", wo man die verschiedenen Weinsorten der Insel probieren kann.

Fast schon am Südzipfel der Insel liegt **Sainte-Marie-de-Ré.** Hier empfängt den Besucher ein anderer Küstenabschnitt. Eine zerklüftete Steilküste mit idyllischen Buchten und kleinen Strandabschnitten prägt das Bild. Bei Ebbe lässt sich hier erfolgreich nach diversen Muscheln und Meeresfrüchten suchen, aber wer diese doch lieber kaufen möchte, findet reichlich Auswahl auf den täglichen Märkten an der Place d'Antioche und der Place des Tilleuls. Sainte-Marie-de-Ré hat seinen authentischen Charakter behalten und setzt auf eine etwas andere Art von Tourismus. Es wird ein Dorfrundgang mit Besteigung des Kirchturms organisiert und Nachtwanderungen sowie Ausflüge ins Watt vervollständigen das besondere Angebot. Eine mit Pfeilen gekennzeichnete Themenwanderung der „Fünf Landschaften" wurde eingerichtet, bei der es über 8 km ca. 2 Stunden von der Bucht Port-Notre-Dame auf Entdeckungstour durch verschiedene natürliche Lebensräume geht. Eine entsprechende Wanderkarte gibt es im Fremdenverkehrsbüro.

Der Ort hat sich übrigens auch landesweit im Bereich der Thalassotherapie einen Namen gemacht (s. S. 44), bei der eine unvergleichliche Entspannung durch eine kombinierte Anwendung von Meerwasser und Meeresprodukten versprochen wird.

Für die saisonunabhängigen Camper gibt es in Sainte-Marie-en-Ré den einzigen ganzjährig geöffneten Campingplatz der Insel (49).

Information

› **Office de Tourisme Sainte-Marie-de-Ré,** Place d'Antioche, Sainte-Marie-de-Ré, geöffnet: Mo–Sa 9.30–13 und 14–17.30 Uhr

(49) Camping Les Grenettes, Sainte-Marie de-Ré

GPS 46.160742, -1.352871

Einziger ganzjährig geöffneter Campingplatz auf der Île-de-Ré, 4-Sterne-Platz inmitten eines 7 ha großen Pinienwalds, 300 m vom Meer entfernt, beheizter Pool, Tennisplätze, Restaurant. **Lage/Anfahrt:** von der D101 kommend Richtung Bois-Plage fahren, dem Campingplatzschild folgen; **Untergrund:** Wiese, Sand, fest; **Service:** Strom, Trinkwasser, Abwasser, Chemie-WC, WLAN; **Sicherheit:** umzäunt, beleuchtet, bewacht; **Max. Stand:** unbegrenzt; **Geöffnet:** ganzjährig; **Kontakt:** Rue de l'Ermitage 1, Sainte-Marie-de-Ré, Tel. 0033 564102020, www.campinglesgrenettes.com.

Den Abschluss dieser Inselrundfahrt bildet **Rivedoux-Plage.** Die beeindruckende Brücke zum Festland immer im Blick, wird hier der Spaziergang an der größten Bucht der Île-de-Ré zum Erlebnis. Wunderschön ist auch die Sicht auf La Rochelle (s. S. 82), vor allem auf die nachts beleuchtete Stadt. Für einen abendlichen Bummel ist es ideal, dass vor den Toren eines Campingplatzes auch Stellplätze (50) für Wohnmobile angeboten werden.

Auf der anderen Seite der Brücke befindet sich die Landzunge von Sablanceaux, auf der die – wiederum von Vauban (s. S. 176) – 1674 errichtete **Festung La Redoute** von der strategisch wichtigen Vergangenheit der Insel erzählt. Von hier erstreckt sich der Plage Sud fast bis zum Pointe de Chauveau, wo der gleichnamige, 30 m hohe Leuchtturm noch heute den Seefahrern ein Zeichen gibt. Als einziges Leuchtfeuer im Département Charente-Maritime steht er direkt im Meer.

Rivedoux ist eine **Hochburg der Austernzucht.** Den Züchtern bei der Arbeit zuzusehen ist wirklich hochinteressant. Gleiches gilt auch für die Gezeitenfischerei, die hier praktiziert wird. Wer dieser bei Ebbe gerne selbst nachgehen möchte, der sollte sich im Fremdenverkehrsbüro einen Ratgeber über die richtigen Praktiken und ein kleines Messlineal für Muscheln und Krustentiere besorgen.

Information

› **Office de Tourisme Rivedoux-Plage,** Rue du Comte d'Hastrel 102, Rivedoux-Plage, www.iledere.com, geöffnet: Mo–Sa 9.30–13 und 14–17 Uhr

(50) Aire de Service et Stationnement du Platin, Rivedoux-Plage

GPS 46.159541, -1.266753

Stellplätze vor den Toren des Campingplatzes Le Patin, zentrumsnah, 100 m vom Strand entfernt, Bushaltestelle und Geschäfte in der Nähe. **Lage/Anfahrt:** von der Brücke kommend bei erster Möglichkeit von der D735 abfahren, Campingplatzschild „Le Plati"; **Platzanzahl:** 20; **Untergrund:** Rasengitter; **Service:** Strom, Trinkwasser, Abwasser, Chemie-WC, WLAN; **Sicherheit:** umzäunt, beleuchtet; **Preise:** 14–17 € inkl. Strom, Wasser 3 €/15 Min.; **Max. Stand:** unbegrenzt; **Geöffnet:** ganzjährig; **Kontakt:** Av. Gustave Perreau, Rivedoux-Plage, Tel. 0033 5460984, www.camping-ile-de-re.fr.

ANGOULINS

(23 km – km 93)

Die beeindruckende, 3 km lange Brücke, die die Île-de-Ré mit La Rochelle verbindet, geht auf dem Festland von der N237 nahtlos in die D137 Richtung Süden über. Nach insgesamt 20 km ist Angoulins-sur-Mer mit seiner sehr schönen Badebucht außerhalb des Ortes erreicht. Der Ort ist ein **Idyll für Wohnmobilsten,** da hier alles vorhanden ist, was das Urlauberherz begehrt: das weite Meer, feiner Strand, schöner Wanderweg, markierte Fahrradstrecken, ruhige Lage, Restaurants und sogar Parkmöglichkeiten (kein Übernachtungsverbot) direkt am Meer. Wer dringend Ver- bzw. Entsorgen muss, sollte dies vorab an der Mehrzweckhalle im Chemin des Marais (GPS 46.105897, -1.116755) tun, da dazu an der Bucht keine Möglichkeit besteht.

Parken

P 10 **Angoulins,** GPS 46.106265, -1.135663. Zwei ca. 50 m voneinander entfernte Parkplätze in der Rue du Chay direkt an der Badebucht von Angoulins, tagsüber kostenlos, bei Übernachtung wird morgens 5 € vom Betreiber kassiert. Nr. 1 befindet sich in der Rue de Chay neben dem Campingplatz Les Chirats, Nr. 2 neben einem Restaurant.

Die Bucht endet am **Pointe de Chay** und auf dem Weg dorthin sind diverse Carrelets ins Meer gebaut, von denen Fischer mit ihren viereckigen Netzen das Meeresgetier hinaufziehen – eine sehr effektive Angelmethode, bei der es Spaß macht zuzuschauen. Dem hier in der Bucht außerdem ansässigen Austernzüchter darf man sicherlich auch mal bei der Arbeit zusehen, zur Verköstigung ist eines der beiden Strandrestaurants allerdings sicherlich gemütlicher.

Essen und Trinken

› **Restaurant Le Rochebonne,** Rue du Chay, Angoulins, direkt an der Badebucht von Angoulins, Tel. 0033 546562029, geöffnet: 12–14 und 19–21.30 Uhr, in der Hochsaison tägl. durchgehend 9–22 Uhr. Strandrestaurant, das vor allem Meeresfrüchte und Fisch anbietet, schöne Terrasse.

› **Les Viviers,** Rue du Chay, Angoulins, Tel. 0033 546344156, geöffnet: in der Hauptsaison tägl. 11–23 Uhr. Direkt an der Bucht gelegen.

Kleine Küstenwanderung in Angoulins-sur-Mer

Von den Parkplätzen in Angoulins (s. links) aus führt ein sehr schöner, 4 km langer Rundgang erst einmal am Meer entlang zur Pointe de Chay. Der Küstenwanderweg mit herrlichem Blick auf die Buchten und das weite Meer verläuft komplett um die Halbinsel herum. Auf der Nordseite kommt man zu einer Flutbrücke, von der der Pfad nun linksseitig einem Bach folgt, den man auf der zweiten Brücke nach rechts überquert. Auf einer kaum befahrenen Straße geht es weiter bis zu deren Ende, wo man noch ein kleines Stückchen rechts der Route de la Douane folgt bis rechts ein kleiner Wanderweg beginnt. Der Weg verläuft hinter einem Campingplatz vorbei und endet am Parkplatz des Restaurants „Le Rochebonne“ (s. unten), von wo es noch 150 m bis zum Ausgangspunkt der Wanderung sind.

Tipp: Im Département Vendée kann man auch einmal „Charron“ probieren, ein Muschelgericht aus der gleichnamigen Stadt am Mündungstrichter des Flusses Sèvre Niortaise. Für diese Spezialität werden die gekochten Muscheln mit einer Mouclade übergossen, einer sehr delikaten Curry-Sahne-Soße.

CHÂTELAILLON-PLAGE

(6 km – km 99)

Nach nur 6 km entlang der D137 ist das nächste Seebad erreicht, Châtelaillon-Plage. Wirklich bekannt war der Ort Ende des 19. Jahrhunderts, als sogar eine direkte Zugverbindung nach Paris bestand. Zahlreiche wohlhabende Großstädter haben damals an dem 3 km langen Strand zahlreiche repräsentative Villen gebaut, deren großartiger Belle-Époque-Stil in Teilen noch heute zu bewundern ist.

Die Saison beginnt hier schon zu Ostern, denn dann findet das internationale Festival der Drachen statt. Das Seebad ist überhaupt sehr aktiv beim Organisieren diverser Events. Der Höhepunkt ist das **Châtel-Festival** am letzten Wochenende im Juni, das jedes Jahr unter einem anderen Motto steht.

Darüber hinaus bietet der Badeort noch ein **Spielkasino,** eine **Pferderennbahn** und ein **Thalassozentrum** (s. S. 44). Einem abwechslungsreichen Urlaub steht also nichts im Wege. Am besten informiert man sich vorab im hiesigen Fremdenverkehrsbüro.

Information

› **Office de Tourisme, Châtelaillon-Plage,** Avenue de Strasbourg, Châtelaillon-Plage, Tel. 0033 546562697, www.chatelaillon-plage-tourisme.fr, geöffnet: Mo–Sa 9–12 und 14–18 Uhr

Einkaufen

Die historische **Markthalle** ist täglich vormittags geöffnet, dienstags und freitags wird darüber hinaus auf dem Boulevard de Lattre de Tassigny noch einer der größten **Märkte** der Region aufgebaut, an dem sich bis zu 120 Händler beteiligen.

51 Stellplatz Châtelaillon-Plage

GPS 46.072752, -1.078521

Camping-Car Park von Pass'Étapes (s. S. 30), Ortsrand beim Hippodrom, Strand und Zentrum jeweils 1 km entfernt. **Lage/Anfahrt:** von der D137 kommend den Schildern „Hippodrom" folgen, Womo-Piktogramm; **Platzanzahl:** 50; **Untergrund:** Schotterrasen; **Service:** Strom, Trinkwasser, Abwasser, Chemie-WC, WLAN; **Sicherheit:** beleuchtet; **Preise:** 11,60 € (je nach Saison) inklusive Ver-/Entsorgung; **Max. Stand:** unbegrenzt; **Geöffnet:** ganzjährig; **Kontakt:** Rue des Sulkys, Châtelaillon-Plage, www.châtelaillon-plage-tourisme.fr.

Belle Époque – die schöne Epoche

Die Zeit der Wende vom 19. zum 20. Jh. bezeichnet man auch als Belle Époque; sie ging mit dem Beginn des Ersten Weltkriegs zu Ende. Die für die damalige Zeit ungewöhnlich lange kriegsfreie Phase seit dem Deutsch-Französischen Krieg von 1870/1871 war geprägt von wirtschaftlichem Aufschwung und gelebter Kultur. Eine erfolgreich wirtschaftende Industrie hatte sich aufgrund der Industriellen Revolution entwickelt und bescherte zumindest einem Teil der Bevölkerung der europäischen Kernländer materielle Sicherheit. Vergnügungsreisen waren für das Bürgertum das Maß aller Dinge und unbeschwerte Unterhaltung war erwünscht. Diese Zeit der Leichtigkeit zeigte sich auch in der Architektur. Der Beaux-Arts-Stil war geprägt von nahezu aristokratischer Pracht. Die Häuser wurden verspielt mit kunstvollen Erkern und Türmchen außen und viel Stuck und Pomp im Inneren versehen – Prestigedenken nach dem Motto: „Seht her, ich habe es geschafft!".

FOURAS

(18 km – km 117)

Die Hauptverbindung gen Süden nennt sich nun E602/D137, von der die D937C in Richtung Fouras abzweigt. Hier erwartet den Besucher ein grandioses UNESCO-Weltkulturerbe, das **Fort Fouras.** Wenig überraschend, hat hier Festungsbaumeister Vauban (1633–1709, s. S. 176), der unter König Ludwig XIV. außerdem General und Marschall war, auch dieses Fort ausgebaut und befestigt. Der ursprüngliche Bau begann aber schon lange vor seiner Zeit, damals mussten sich die Franzosen gegen die Wikinger verteidigen.

› **Fort Fouras,** Esplanade de la Légion d'Honneur, www.musee-fouras.fr, GPS 45.985857, -1.096441, tägl. 9–18 Uhr, Innenhof kostenlos, Eintritt 4,50 € Erwachsene, 2,60 € ermäßigt. Es werden auch Führungen angeboten.

Der Mündungstrichter der Charente war für lange Zeit ein strategisch wichtiger Punkt, über den Engländer oder andere Eindringlinge in das Land hätten einfallen können. Das Fort Vauban, wie die Burg auch genannt wird, ist ungewöhnlich gut erhalten und tagsüber kostenlos zu besichtigen. Über eine Zugbrücke geht es in einen mittelalterlichen Innenhof mit einem kleinen Laden. Der 30 m hohe Turm kann leider nicht bestiegen werden, aber der Ausblick ist auch so wunderschön.

Fouras selbst liegt auf einer Landzunge und ist ein charmantes Städtchen, das ganze fünf Strände besitzt. Auch der hiesige Stellplatz (52) liegt an einem Strand, ist aber ca. 1 km vom Fort und dem Zentrum von Fouras entfernt.

Einkaufstipp: Die **Markthalle** des Ortes ist immer vormittags geöffnet. In der Saison gibt es noch zahlreiche offene **Märkte,** auf denen neben den regionalen Produkten u. a. auch Schuhe und Bekleidung angeboten werden.

Jedes Jahr findet im August das **Festival Symphonie d'Eté** statt und im Winter lockt und das **Jazz Festival Fouras,** Open-Air-Veranstaltungen, die Musikfans während ihres Urlaubs nicht verpassen sollten.

Von Fouras aus kann man per Fähre die vorlagerte **Île-d'Aix** erreichen. Ein Spaziergang von 7 km umrundet die Insel, sodass man noch nicht einmal das Fahrrad mitnehmen muss. Obwohl oder gerade weil die Insel autofrei ist, kommen jedes Jahr 120.000 Tagestouristen und erfreuen sich an der herrlichen Ruhe und der guten Meeresluft. Hier auf der Île d'Aix verbrachte **Napoléon** 1815 seine letzten Tage, bevor er in die Verbannung nach St. Helena gehen musste. Der Geschichtsinteressierte hat im **Musée Napoléon** die Gelegenheit, sich etwas näher über den wohl bekanntesten Herrscher Frankreichs zu informieren.

› **Musée Napoléon,** Rue Napoléon, Île d'Aix, Tel. 0033 546846640, www.musees-nationaux-malmaison.fr, geöffnet: ganzjährig 9.30–12, 14–18 Uhr, Di außerhalb der Hochsaison geschlossen, Eintritt: 3 €

Mit dem Badeort Fouras-les-Bains und dem eindrucksvollen UNESCO-Weltkulturerbe Fort Fouras endet Route 3.

056wf-if

Das Fort Fouras gehört zum UNESCO-Weltkulturerbe und bietet eine tolle Fernsicht

(52) Stellplatz Fouras

GPS 45.978187, -1.082585

Stellplatz gegenüber dem Camping Municipal, nur durch den kleinen Campingplatz vom Strand entfernt, ruhig, Ortsrand. **Lage/Anfahrt:** den Ort Fouras auf der D214 umfahren, Plage Sud und Campingplatzschild folgen; **Platzanzahl:** 20; **Untergrund:** Asphalt; **Service:** Trinkwasser, Abwasser, Chemie-WC; **Sicherheit:** beleuchtet; **Preise:** 8,20 €/Fahrz., Wasser 1 €, Entsorgung kostenlos; **Max. Stand:** unbegrenzt; **Geöffnet:** ganzjährig; **Kontakt:** Rue de l'Espérance 2, Fouras, www.fouras.net.

ROUTE 4

ROCHEFORT UND EINE RUNDFAHRT ÜBER DIE ÎLE D'OLÉRON

Strecke:

Rochefort (s. S. 100) – **Port-des-Barques** (16 km, s. S. 102) – **Brouage** (14 km, s. S. 103) – **Inselrundfahrt Île d'Oléron** (90 km, s. S. 104)

⊠ Kapitelstartseite: Viele Austerncabanes auf der Île-d'Oléron (s. S. 104) erstrahlen in bunten Farben

Streckenlänge:

120 km

187wf-lf

ROUTENÜBERSICHT

Ein spannender Mix aus Kultur und grandioser Landschaft prägt diese Route, die in Rochefort beginnt. Es gibt viel zu entdecken, dazu gehört für den Kulturinteressierten der Besuch solch historischer Stätten, denen der ehrenvolle Titel „Monument Historique“ oder „Grand Site de France“ verliehen wurde. „Grand“ ist auch das richtige Stichwort für die Île d'Oléron (s. S. 104), die Insel ist die zweitgrößte Kontinentalfrankreichs. Die naturbelassene Landschaft ist das wichtigste Merkmal der Insel: das riesige Moorgebiet, Le Marais aux Oiseaux (s. S. 104) und der große Salinenhafen, Le Port des Salines (s. S. 110), sind zwei unvergleichliche Ökomuseen. In schattenspendenden Pinienwäldern lässt es sich herrlich wandern und Radfahren. Aber auch kulinarische Genüsse kommen nicht zu kurz: Die Auster von Marennes-Oléron ist die einzige französische Auster, die das „Label rouge“ tragen darf. Das Eiland erzeugt einen exzellenten Inselwein, der hervorragend zu Fisch und Meeresfrüchten passt. Mehrere Badestrände und die Qualität des Badewassers tragen das Gütesiegel der „Blauen Flagge“ und gelten somit als besonders sauber. Das wilde, ungezähmte Gesicht der Côte sauvage zeigt sich besonders deutlich an der Spitze der Île d'Oléron, am Phare de Chassiron (s. S. 109). Beeindruckend donnern hier die Wellen des Atlantiks an die Küste.

Der Phare de Chassiron (s. S. 109) auf der Île d'Oléron kann bestiegen werden

ROCHEFORT

Überaus erfreulich empfängt die Stadt an der Charente den Besucher gleich zu Beginn mit einem Wohnmobilstellplatz (53), von dem alle Sehenswürdigkeiten und das Zentrum im Rahmen eines schönen Spaziergangs bestens zu erreichen sind.

Hier befindet man sich in unmittelbarer Nähe des Hafens und des **Bassin de Plaisance,** des Freizeithafens, was so manchen verwundern wird, da Rochefort bekanntlich 20 km vom Atlantik entfernt liegt.

Strategische Gründe hatten Ludwig XIV. im 17. Jh. dazu bewogen, Rochefort als **Marinestützpunkt** zu wählen. Durch die Charente mit dem Meer verbunden und durch die vorgelagerten Inseln geschützt, erschien ihm die Lage perfekt. Die Stadt wurde schachbrettartig ausgebaut und mit einer Festungsmauer versehen.

Das größte Marinearsenal Frankreichs entstand und im Laufe von 250 Jahren wurden hier 350 Schiffe gebaut und ausgerüstet, umgebaut und repariert. Erst 1927 wurde das Arsenal von Rochefort endgültig geschlossen.

Auf dem Gelände an der Charente ist 1666 die Königliche Seilerei errichtet worden, deren imposante Länge von 374 m kein Foto realitätsnah wiedergeben kann. In dieser **Corderie Royale,** die zum UNESCO-Weltkulturerbe gehört, wurden in der für damalige Zeiten möglichen Maximallänge bis zu 40 cm dicke Taue gedreht und geteert.

Heute befinden sich in den Räumlichkeiten die **Stadtbibliothek** und das **Centre international de la Mer,** ein Museum zur Geschichte der Seefahrt mit wechselnden Ausstellungen.

› **Centre international de la Mer,** Jardin de la Marine, Tel. 0033 5468701, www.corderie-royale.com, geöffnet: ganzjährig je nach Saison unterschiedlich, Eintritt: 10 €.

Ein schöner Spaziergang führt vom Stellplatz (53) kommend links immer an der Charente entlang in 10 Min. zu dieser historischen Sehenswürdigkeit.

Ein kleines Stückchen weiter kommt man zur **Place Amiral Dupont,** an der zwei weitere Zeitzeugen der maritimen Vergangenheit zu bewundern sind. In der **Forme Louis XIV.** befindet sich ein historischer Schiffsnachbau, auf dem sich Unerschrockene hoch oben in den Masten wie Matrosen im Segelklettern üben können. Direkt daneben stößt man auf die **Forme Napoléon III.,** den Heimathafen des Nachbaus der historischen **Fregatte Hermione.** In nur elf Monaten wurde das 65 m lange, 11,5 m breite und 1166 t schwere Schiff hier in Rochefort gebaut.

Mit 26 Kanonen bestückt, segelte der Marquis de Lafayette 1780 damit nach Amerika, um in Boston den Unabhängigkeitskrieg zu unterstützen.

⊡ *Die Corderie Royale in Rochefort ist ein gigantisches Bauwerk*

059wf-if

Auch der Hermione-Nachbau bestand 2015 erfolgreich eine Atlantiküberquerung und ist regelmäßig auf Regatten unterwegs. Wer das Glück hat, das Schiff im Hafen liegend vorzufinden, kann sich auf eine interessante Besichtigung freuen.

Der Spaziergang durch Rochefort lässt sich wunderbar durch den **Jardin de la Marine** fortsetzen, der oberhalb des Marinearsenals liegt und einen herrlichen Blick über die Charente und das gegenüberliegende Ufer ermöglicht.

An königlichen Gebäuden und der **Église St-Louis** vorbei führt die Rue Audry de Puyravault zum nächsten Park, dem **Cours Roy Bry** mit dem Theater und Fremdenverkehrsbüro. Von hier aus ist die schöne Altstadt dann nicht mehr fern.

Ein etwas ausgiebigerer Spaziergang entlang der Charente führt zur nächsten Sehenswürdigkeit der Stadt, dem **Pont Transbordeur** in der Avenue Jacques Demy.

Dabei handelt es sich um eine **Schwebefähre** aus dem Jahr 1900, die mittlerweile zum „Monument historique" erklärt wurde. Der 175 m lange Brückenträger wird von zwei 68 m hohen Stahlpylonen an den Ufern der Charente gehalten. Heute befördert die Fähre nur noch Fußgänger und Radfahrer und dient hauptsächlich dem Tourismus.

Wer mit dem Wohnmobil hierher an das andere Ende der Stadt fahren möchte, findet ausreichend Parkplätze und außerdem einige große Supermärkte vor, um seine Vorräte aufzustocken.

Die Salzwiesen und Sümpfe in Port-des-Barques sind ein Eldorado für Vögel

Information

› **Office de Tourisme,** Avenue Marie-Francois Sadi Carnot, Rochefort, Tel. 0033 546990860, www.rochefort-ocean.com, geöffnet: tägl. 10–18.30 Uhr

Parken

P 11 **Aire Marcel Dassault,** GPS 45.958, -0.960160. Ideal für die Besichtigung der Altstadt (kein Übernachtungsverbot).

53 Stellplatz Rochefort

GPS 45.944455, -0.955549
Das Aire de Camping Cars befindet sich hinter der Capitanerie in unmittelbarer Nähe der Charente, ruhig, schattenlos, Ortsrand. **Lage/Anfahrt:** ein schöner Fußweg entlang des Flusses führt zu den Sehenswürdigkeiten der Stadt, Zentrum ca. 15 Minuten entfernt; von der D137 kommend auf die D5 wechseln und im Kreisverkehr rechts auf die D911 fahren, vor der ersten Brücke links abbiegen und der Beschilderung folgen; **Platzanzahl:** 30; **Untergrund:** Asphalt; **Service:** Trinkwasser, Abwasser, Chemie-WC; **Sicherheit:** beleuchtet; **Preise:** 6 €/Fahrzeug inklusive Ver- und Entsorgung; **Geöffnet:** ganzjährig; **Kontakt:** Chemin de la Vieille Forme, Rochefort, www.ville-rochefort.fr.

54 Camping Le Rayonnement

GPS 45.930223, -0.958042
Dieser zentral gelegene Camping Municipal ist 800 m von der Charente und 1,6 km vom Meer entfernt, teilweise Schatten, schöner Baumbestand, Fahrradverleih; **Lage/Anfahrt:** von der D911 aus Norden kommend in Rochefort der D911 folgen bis zum großen Kreisverkehr, dort die vierte Ausfahrt in die Rue Michel Bégon nehmen, dem Straßenverlauf folgen bis zum Ende, dort rechts, zweite links über den Kreisverkehr, zweite Ausfahrt scharf links in die Av. de la Fosse aux Mais einbiegen. Platz ist ab da ausgeschildert; **Platzanzahl:** 117; **Untergrund:** Wiese; **Service:** Strom, Trinkwasser, Abwasser, Chemie-WC, WLAN; **Sicherheit:** beleuchtet; **Preise:** 19 €; **Geöffnet:** Anfang März–Ende November; **Kontakt:** 3 Avenue de la Fosse aux Mats, 17300 Rochefort, Tel. 0033 546826770, www.camping-le-rayonnement.fr.

Außergewöhnliche, original erhaltene Kirchenfenster sind in der Kirche von Brouage zu bewundern

PORT-DES-BARQUES

(16 km – km 16)

Mit Überquerung des Flusses Charente befindet sich der Reisende nun im Département Charente-Maritime. Von der Hauptverbindungsstraße D733 gen Süden zweigt kurz nach Verlassen von Rochefort die D125 rechts in Richtung Meer ab.

Dort, wo die Charente in den Atlantik mündet, liegt Port-des-Barques. Der Badeort nennt zwei schöne Strände sein eigen und bietet auch einen strandnahen Stellplatz 55. Von hier aus lassen sich einige reizvolle Ausflüge unternehmen, die man idealerweise mit dem Fahrrad unternimmt.

Die historische Stadt Rochefort (s. S. 100) ist nicht weit und der Besuch der **Île Madame** ist ohnehin ein Muss.

Über die 1 km lange **Passe aux Boeufs** kann die Insel bei Ebbe zu Fuß, per Rad, Bus oder mit dem Wohnmobil besucht werden. Diese Kleinste der vier Charente-Inseln umfasst gerade einmal 80 ha und ist komplett als Naturschutzgebiet ausgewiesen.

Einzig einige Austernzüchter und Fischer bewohnen das Eiland. Um das **Fort de l'Île Madame** zu besichtigen, muss man sich vorab im Austernmuseum von Port-des-Barques oder im Fremdenverkehrsbüro von Rochefort (s. S. 101) nach den Führungen erkundigen.

Mit einem herrlichen, 3 km langen Spaziergang ist die Insel bald umrundet, dabei kann man wunderschöne Panoramablicke auf die Mündung der Charente, Fort Fouras, Fort Boyard und die Île d'Oléron genießen.

Man sollte in diesem Zusammenhang niemals vergessen, sich vorab nach den regionalen Tidezeiten zu erkundigen. Diese erfährt man über das Internet und die Fremdenverkehrsbüros, aber auch viele Campingplätze halten einen Jahreskalender für ihre Gäste bereit. Noch einfacher ist es, vor Beginn der Reise die entsprechende App (Gezeiten in der Nähe, kostenlos für iOS und Android) auf dem Smartphone zu installieren. Wenn man dieser zudem erlaubt, auf den Standort des

Grands Sîtes de France

Seit dem Jahr 2000 gibt es diesen eingetragenen Verein, dem inzwischen 41 Gemeinden angehören. Zu den „Grands Sîtes de France" zählen die schönsten und berühmtesten Landschaften von Frankreich. Hier wird also kein kulturelles Denkmal geadelt, sondern die in jedem Fall einzigartige Natur. So gehören zum Beispiel die Marais Poitevin und die Camargue zu dem illustren Kreis. Ziel des Netzwerkes ist der Erfahrungsaustausch der Gebietsverwalter, um zu gewährleisten, dass die notwendige Infrastruktur für 32 Millionen Besucher pro Jahr geschaffen wird, ohne dem Naturdenkmal zu schaden.

Gerätes zugreifen zu können, erhält man so immer die von Region zu Region unterschiedlichen Zeiten von Ebbe und Flut.

55 Stellplatz Port-des Barques

GPS 45.947122, -1.090361

Das Aire de Camping Cars liegt am Ortsrand in der Nähe eines Campingplatzes, des Stadions und eines kleinen Sees, Strand 250 m. **Lage/Anfahrt:** von der D125 kommend auf die D125E3 wechseln, der Stellplatz liegt am Ende der Straße; **Platzanzahl:** 25; **Untergrund:** Schotter; **Service:** Strom, Trinkwasser, Abwasser, Chemie-WC; **Sicherheit:** beleuchtet; **Preise:** 8 €/Fahrzeug, **Service:** 2 € (frei zugänglich); **Geöffnet:** ganzjährig; **Kontakt:** Avenue des Sports 45, Port-des-Barques, www.ville-portdesbarques.fr.

BROUAGE

(14 km – km 30)

Das landschaftlich reizvolle Sumpfgebiet entlang der D3 Richtung Marennes ist von unzähligen kleinen Kanälen durchzogen und inmitten von 3000 ha Marschland liegt ein mittelalterliches Kleinod, an dem man auf gar keinen Fall vorbeifahren sollte.

Das historische Dörfchen Brouage ist das nächste „Monument historique" auf dieser Route und gilt gleichzeitig als **„Grand Sîte de France"** (s. links).

Hiers-Brouage, wie es offiziell heißt, lag einst direkt am Meer und war die bedeutendste Hafenstadt Europas für den Salzhandel. Auch als militärische Festungsstadt war der Ort von großer Bedeutung, nachdem Kardinal Richelieu den Auftrag erteilt hatte, eine uneinnehmbare Festung zu bauen. Im typischen sternförmigen Vauban-Stil entstand später ein Fort, das durch die Versandung des Meeres im Lauf der Zeit in der Bedeutungslosigkeit versank.

Erst 1980 wurde die historische Stätte saniert. Heute ist sie eine überaus reizvolle und viel besuchte Touristenattraktion. Die gesamte Festungsanlage ist zu besichtigen, von der 2 km langen Wehrmauer hat man einen schönen Blick auf das weite Umland.

061wf-lf

Die mittelalterlich gepflasterte Straße durch das historische Zentrum ist leider ein Teil der D3, sodass vor allen Dingen in den Sommermonaten mit Durchgangsverkehr gerechnet werden muss.

Zahlreiche Restaurants säumen den Weg durch die Festungsstadt, die man durch das bemerkenswerte Stadttor **Porte Royale** betritt.

In den **ehemaligen königlichen Ställen** unterhalb der Festungsmauer befinden sich heute Souvenirläden, neben der nahezu unveränderten Kirche ist das Touristenbüro in den ehemaligen Forges Royales (königliche Schmieden) untergebracht. Hier erhält man weitere ausführliche Informationen über diesen historischen Ort, in dem auch regelmäßig Mittelalterfeste veranstaltet werden.

› **Office de Tourisme Brouage,** Rue de l'Hospital 2, Hiers Brouage, Tel. 546851916, www.brouage-tourisme.fr, geöffnet: April–Sept. tägl. ab 10 Uhr durchgehend geöffnet, sonst Mo–Fr 10–12.30, 14–17 Uhr

Parken

P 12 Port de Mer, GPS 45.868740, -1.068737. Ideal für die Besichtigung des Ortes.

Die Côte sauvage, die wilde Küste, ist ein ganz besonderer Küstenabschnitt

062wf-if

Wer die folgende Rundreise über die Île d'Oléron nicht machen möchte, dem sei der lohnende Zwischenstopp in Marennes (s. S. 116) ans Herz gelegt.

ÎLE D'OLÉRON

(90 km – km 120)

Seit 1966 kann man die nach Korsika zweitgrößte Insel Frankreichs über das imposante, fast 3 km lange **Viaduc d'Oléron** mautfrei erreichen. Die Inselhauptstraße ist die D734, auf der nach insgesamt 34 km die Inselspitze am Phare de Chassiron erreicht ist. Die Île d'Oléron misst an ihrer breitesten Stelle 12 km und wird von einem gut ausgebauten Straßennetz durchzogen.

Auf dem 175 km² großen Eiland beginnt die Saison schon im April, denn der Golfstrom ermöglicht ein ausgesprochen mildes Klima. Hier wachsen die eigentlich tropischen Mimosen und 140 weitere Pflanzen- und Blumenarten. Zusammen mit den zahlreichen verschiedenartigen Vögeln machen sie die Insel zu einem wahren **Naturparadies.**

Das **Sumpfgebiet Marais aux Oiseaux** ist ein Eldorado für Wanderer und Vogelfreunde; Radfahrer kommen auf dem gut beschilderten, 130 km langen Radwegenetz voll auf ihre Kosten. In den Fremdenverkehrsbüros der Insel gibt es eine spezielle Radwegekarte, in der verschiedene Touren vorgestellt werden.

80 Campingplätze zählt die Insel, von denen aber leider keiner das ganze Jahr über geöffnet ist. Drei Campingplätze werden aufgrund ihrer herrlichen Lage beschrieben, zwei Winzerstellplätze mit Weinprobe werden empfohlen, aber auch vier offizielle Stellplätze sollen hier vorgestellt werden. Unter www.campingfrance.com/de/unsere-themen/touristenstaetten/insel-oleron sind alle Campingplätze aufgelistet. So müsste sich eigentlich für jedes Wohnmobil ein Plätzchen zum Verweilen finden.

Die Rundfahrt über die Île d'Oléron beginnt auf der Südostseite entgegen dem Uhrzeigersinn: Die strategisch wichtige Lage des Ortes **Le Château d'Oléron** hatte man schon im 11. Jh. erkannt und die Altstadt entsprechend geschützt. Die lokale Zitadelle, auf den Überresten eines mittelalterlichen Schlosses entstanden, wurde vom königlichen Baumeister Vauban (s. S. 176) endgültig zur Festung ausgebaut. Das Areal betritt man am besten standesgemäß durch die **Porte Royale,** das „Königliche Tor". Das mächtige Anwesen verfügt über einen frei zugänglichen, wunderschönen Innenhof, die historischen Gebäude beherbergen wechselnde Ausstellungen.

Die **Zitadelle** thront hoch über dem Ort und von der Festungsmauer hat man einen grandiosen Rundumblick.

Nun geht es in den kleinen, alten Hafen von Le Château d'Oléron hinunter, der ein wahres Schmuckstück ist. Bunte Boote schaukeln im Wasser und einige Café-Terrassen laden zum Verweilen ein. Das Hafenviertel ist zum Künstlerviertel geworden, denn in den ehemaligen Austernhütten, den **„cabanes ostréicoles",** sind Ateliers untergebracht. In den buntbemalten Hütten wird Kunsthandwerk aller Art angeboten, es gibt unglaublich viel zu entdecken.

In der belebten Innenstadt von Le Château d'Oléron finden sich die historischen Markthallen von 1771 und 1891, hier am Marktplatz steht auch das Fremdenverkehrsbüro.

Die Île d'Oléron und ihre Geschichte

Spuren beweisen, dass die Insel schon während der Steinzeit bevölkert war. Bereits zu Zeiten der römischen Herrschaft über die Region war das Eiland unter dem Namen Ularius als Erholungsort bekannt.

Im 11. Jahrhundert begann die Blütezeit der Insel durch die von Mönchen geförderte Salzgewinnung. Im Hundertjährigen Krieg (s. S. 156) war die Île d'Oléron dann lange Zeit Streitpunkt zwischen England und Frankreich. Hier wurde der Seerechtskodex Rôles d'Oléron niedergeschrieben, der auch heute noch die Grundprinzipien und Rechte der Seefahrt bestimmt.

Eleonore von Aquitanien lebte 16 Jahre als Gefangene auf der Insel, da sie die Rebellion ihrer Söhne gegen ihren Mann Heinrich II. unterstützt hatte. Während der Religionskriege wurde die von Hugenotten bevölkerte Insel unter den Befehl Ludwigs II. gezwungen. Kardinal Richelieu ließ die Zitadelle bauen, die Vauban (s. S. 176) Ende des 17. Jahrhunderts befestigte.

Im Zweiten Weltkrieg war die Insel Teil des Atlantikwalls (s. S. 186) und bis Kriegsende von den Deutschen besetzt. Fort Boyard (s. S. 107) galt in dieser Zeit als beliebte Zielscheibe für Schießübungen aus der Luft.

Information

› **Office de Tourisme Le Château d'Oléron,** Place de la République, Le Château-d'Oléron, www.ile-oleron-marennes.com, geöffnet: Mo–Fr 10–12.30 und 14.30–17.30 Uhr, Sa/So geschlossen

Die schönste Möglichkeit zur Weiterfahrt Richtung Inselspitze bietet die wenig befahrene Küstenstraße, an der auch der Stellplatz (57) des Ortes liegt.

Der Meeresabschnitt zwischen Île de Rè und Île d'Oléron nennt sich **Pertuis D'Antioche.** Diese, vor den Atlantikwellen geschützte Seite der Insel ist geprägt von Austernparks und Salzgärten.

063wf-lf

Ungefähr in der Mitte der Île d'Oléron, an ihrer schmalsten Stelle, liegt **Dolus-d'Oléron.** Der Ort ist umgeben von Obst- und Gemüsefeldern, einem Weinanbaugebiet auf der einen und Austernparks auf der anderen Seite sowie dem **Marais aux Oiseaux.** Der *Parc ornithologique* ist ein Naturparadies, in dem sich zahlreiche Vogelarten beobachten lassen. Auf unzähligen Wegen kann man das Sumpfgebiet durchstreifen und diese ungewöhnliche Landschaft genießen – Fernglas nicht vergessen!

Der Stellplatz (58) von Dolus-d'Oléron liegt nahe dem Aquapark **Ileo Parc aquatique,** in einem der größten Supermärkte der Insel lässt sich hier auch der Wohnmobilkühlschrank auffüllen.

Mitten durch die Marais führt eine auch für Wohnmobile befahrbare Straße nach **Boyardville,** das neben einem kleinen Hafen mit Ausflugslokal einen langen, einladenden Strand bietet, an den aus ungeklärten Gründen immer wieder zahlreiche Seesterne angeschwemmt werden.

Über einen direkten Strandzugang verfügt auch das hiesige Camping Municipal (59), das in schönster Lage angesiedelt ist. Nur wenige Schritte entfernt findet man ein Strandlokal mit herrlichem Blick auf das Meer, eine willkommene Gelegenheit, sich nach einem ausgiebigen Strandspaziergang zu stärken oder abends gemütlich schlemmend den Sonnenuntergang zu genießen.

Essen und Trinken

- **Le Café de la Plage,** Plage de Boyardville, Saint-Georges-d'Oléron, Tel. 0033 546472445, geöffnet: März–Okt., in der Hauptsaison durchgehend 12–22 Uhr geöffnet. Spezialität sind Fisch und Meeresfrüchte.

Eine kleine Wanderung oder Fahrradtour führt durch den großen Pinienwald **Fôret des Saumonards.** Von der **Pointe des Saumonards** hat man den besten Blick auf das berühmte **Fort Boyard** (s. rechts), das schon häufiger als düstere Filmkulisse diente.

Die „Hauptstadt" der Insel heißt **Saint-Pierre d'Oléron** und ist Verwaltungs- und Wirtschaftszentrum in einem. Das Städtchen bietet nette Plätze, idyllische Gassen und viele Boutiquen, und so macht ein Bummel in dem lebendigen Ort viel Spaß. Dabei sollte man sich auch die Totenlaterne **„Laterne des**

In den Kunstateliers in den ehemaligen Austernhütten in Le Château d'Oléron lässt sich viel Schönes entdecken

morts" auf der Place Camille-Mémain ansehen, die die älteste ihrer Art in Frankreich ist. Vom gewaltigen Glockenturm der **Église Saint-Pierre,** der einst auch als Navigationsseezeichen diente, hat man einen fantastischen Blick über die Salinengärten und das Inselinnere.

Für nähere Informationen über die Insel steht das hiesige Fremdenverkehrsbüro zur Verfügung.

Information

› **Office de Tourisme Saint Pierre d'Oléron,** Place Gambetta, Tel. 0033 546856523, www.ile-oleron-marennes.com, geöffnet: Mo–Sa 10–12.30 und 14.30–17.30 Uhr

Einkaufen

Ganzjährige Märkte finden im 7000 Einwohner zählenden Saint-Pierre d'Oléron mehrmals pro Woche in der Rue Frank Massé statt.

Weiter geht die Fahrt auf der D273 nach **Saint-Georges d'Oléron,** wo vor allem in den Monaten Mai bis September der kulinarische Blick in die prächtigen Markthallen von 1864 Genuss verspricht. Hier bietet sich die Gelegenheit, einmal unverbindlich die berühmte Auster mit dem „Label rouge" zu probieren und dazu ein Gläschen Wein von einem der auf der Insel ansässigen Weingüter zu genießen.

Fort Boyard

Das 61 m lange und 31 m breite Fort hat eine ovale Form und ist eine Inselfestung zwischen der Île de Ré und der Île d'Oléron. Fort Boyard sollte das Marinearsenal von Rochefort (s. S. 100) schützen, denn die Reichweite der auf den Inseln stationierten Geschütze reichte dazu nicht aus.

Da das im Jahr 1801 auf einer Sandbank begonnene Fundament immer wieder absackte und wegen der starken Strömung nur bei Ebbe gebaut werden konnte, gelang es erst 1857, die Festung fertigzustellen. Zu diesem Zeitpunkt allerdings war Fort Boyard nicht mehr von militärischer Bedeutung, und so diente es vorwiegend als Gefängnis. Seit 1950 steht die Inselfestung auf der Liste der „Monuments historiques" und ist per Ausflugsschiff von Boyardville oder Saint-Denis d'Oléron aus zu besichtigen.

⊡ Fort Boyard dient heute als Drehort für französische Fernsehproduktionen

065wf-as © Valery Rokhin

066wf-as © www.airstockphotos.fr, Philippe Devanne

Die **Èglise Saint-Georges-d'Oléron,** die während der französischen Revolution als Stall benutzt wurde, ist heute nach aufwendiger Restauration eines der bemerkenswertesten Baudenkmäler der Insel.

La Brée-les-Bains, die kleinste eigenständige Gemeinde der Île d'Oléron, ist ein wichtiges Zentrum der Austernzucht und nennt einen kleinen Hafen ihr Eigen. Das Wahrzeichen von La Brée-les-Bains ist die **Mühle „La Fontaine"** aus dem 15. Jh., die allerdings nicht besichtigt werden kann.

Sonstiger Stellplatz

S 13 **Vineyard Maxime Pinard,** GPS 46.002598, -1.360395, www.maxime-pinard.fr. Hier kann der Wohnmobilist sorgenfrei das Weingut besichtigen und eine Weinprobe mitmachen, denn das Weingut bietet mitten in den Weinbergen einen kostenlosen Übernachtungsplatz (Einkehr obligatorisch) an.

Saint-Denis-d'Oléron ist das wichtigste touristische Zentrum hier im Norden der Insel. Der Ortskern besticht mit großem Charme durch seine aufs Schönste restaurierten Fischerhäuser und die engen Gassen. Am kleinen Marktplatz steht die sehenswerte **Église Saint Denis,** hier findet man auch die täglich geöffnete Markthalle vor.

Im großen Jachthafen treffen sich tagsüber viele Segler, spätestens abends wird er zum Anziehungspunkt für Nachschwärmer. Einige Bars und Hafenrestaurants werben mit großzügigen Terrassen um Gäste, auf denen neben dem kulinarischen Angebot auch meist ein traumhafter Sonnenuntergang garantiert ist.

Essen und Trinken

› **Quai 17, Restaurant de Fruits de Mer,** Rue Pierre Metayer 10, Port de Plaisance, St Denis d'Oléron, Tel. 0033 680720639, in der Hauptsaison täglich durchgehend von 11 bis 23 Uhr geöffnet. Das Restaurant ist auf Muscheln spezialisiert, die man in allen nur erdenklichen Variationen bestellen kann.

Auf der schönen Promenade lässt es sich herrlich flanieren und der Anblick der im Wind

Vom Phare de Chassiron am äußersten Zipfel der Île d'Oléron hat man einen fantastischen Blick über die Insel und den weiten Ozean

schaukelnden Segelboote vermittelt Urlaubsfeeling pur. Dazu sind auch die beiden Strände bestens geeignet, die sich rechts und links des Freizeithafens weithin erstrecken.

Wie in vielen Orten an der französischen Atlantikküste stehen auch hier in Saint-Denis d'Oléron einige Bunker, Reste des Atlantikwalls aus dem Zweiten Weltkrieg (s. S. 186).

Ganz in der Nähe des Hafens liegen auch der naturbelassene Camping Municipal 60 und der große Stellplatz 61 des Ortes.

Die schönste Art den **Phare de Chassiron** zu besuchen, ist die per Rad. Auf der kleinen Rundtour sollte man unbedingt auch die Strecke entlang der gegenüberliegenden Seeseite miteinbeziehen. Hier erwartet den Inselbesucher ein ganz besonderer Abschnitt der „Côte sauvage", der wilden Küste. Der Blick von der Steilküste auf den tosenden Atlantik ist wirklich beeindruckend. Dann ist der 46 m hohe Leuchtturm erreicht, der 1836 eingeweiht wurde und somit eines der ältesten noch aktiven Leuchtfeuer Frankreichs ist. Seit 2012 steht der Phare de Chassiron auf der Liste der Monuments historiques, ganz modern allerdings wirft der Leuchtturm ferngesteuert seine Lichtstrahlen 52 km weit auf den offenen Ozean. Um den grandiosen Rundumblick von der Aussichtsterrasse erleben zu können, muss man jedoch erst einmal über eine recht enge Wendeltreppe 224 Stufen hinaufsteigen. Die Mühe lohnt sich auf alle Fälle.

Von hier oben ist auch der berühmte **Rocher d'Antioche** gut zu sehen, der Felsen mitten im Meer, dem in der Vergangenheit so manches Schiff zum Opfer fiel. Erst 1925 hat man auf dem Felsen einen Turm gebaut, der mittels akustischer und optischer Warnsignale die Gefahr mindern sollte.

Rund um den Leuchtturm ist ein schöner Park angelegt worden, der neben einem Rosengarten, weiteren speziellen Ziergärten und Teichen zahlreiche interessante Informationen (auch in deutscher Sprache) bietet.

› **Phare de Chassiron,** die D734 endet an der Inselspitze direkt am Leuchtturm, Tel. 0033 546751862, www.chassiron.jimdo.com, geöffnet: Mo–So 10–12.30 und 14–17 Uhr, Eintritt: 3 €. Im Eingangsbereich wurde ein kleines Museum eingerichtet.

Nach erfolgreicher Leuchtturmbesteigung hat sicherlich nahezu jeder Besucher das Bedürfnis, sich in einem der Ausflugslokale zu stärken.

Tipp: Jeder Frankreichreisende sollte wenigstens einmal eine **Galette** probiert haben, einen herzhaften Pfannkuchen mit unterschiedlichen Belägen. Die süße Art dieses dünnen Pfannkuchens ist der **Crêpe,** der hier oft mit einer großen Kugel Eis, einer riesigen Portion Schlagsahne und einem leckeren Früchtecocktail serviert wird. Guten Appetit!

Die Rundfahrt über die Île d'Oléron verläuft nun entlang der „côte sauvage" wieder Richtung Südwesten mit Ziel Viaduc d'Oléron (s. S. 104).

Ein endlos langer, breiter Sandstrand schließt an den nächsten an. In dieser Ge-

064wf-lf

Eine Galette, die herzhafte Variante des Crêpe, ist ein Genuss

gend liegen auch die meisten Campingplätze, repräsentativ für alle sei hier „Les Gros Joncs“ beschrieben.

56 Camping Les Gros Joncs

GPS 45.953596, -1.379213
4-Sterne-Campingplatz in der Mitte der Insel, großzügiger öffentlicher Bade- und Wellnessbereich, beheiztes Hallenbad, Blumenbeete schmücken den Platz. **Lage/ Anfahrt:** großzügiger Campingplatz direkt hinter den Dünen und dem breiten Sandstrand, von der D734 kommend auf die D274 Richtung La Cotinière abbiegen und von dort die Küstenstraße Route des Grands Coutas ein Stück nach Norden fahren, der Campingplatz ist ausgeschildert; **Platzanzahl:** 253; **Untergrund:** Wiese; **Service:** Strom, Trinkwasser, Abwasser, Chemie-WC, WLAN, **Preise:** 22–48 € je nach Saison; **Max. Stand:** unbegrenzt; **Geöffnet:** Anfang April–Ende September; **Kontakt:** Route de Ponthézières 850, Saint-Georges-d'Oléron, Tel. 0033 546765229, www.camping-les-gros-joncs.com.

Ungefähr in der Mitte des Eilandes ist **La Cotinière** erreicht, das zur Gemeinde Saint-Pierre d'Oléron gehört. Hier befindet sich der wichtigste Fischerhafen des Départements Charente-Martime. Das **Spektakel der Heimkehr der Fischer** zu beobachten, ist ein Erlebnis für sich. Seezungen, Seebarsche, Langusten, Schollen und vieles mehr müssen entladen werden, was normalerweise ausgesprochen turbulent vonstatten geht. Fangfrisch werden die Meeresbewohner täglich auf der Place Victorine angeboten. In den diversen Fischrestaurants des Ortes werden sie dann kulinarisch aufbereitet. Die Fischerhäuser in den kleinen Gassen sind weiß getüncht und weisen traditionelle grüne oder blaue Fensterläden auf. Nicht nur in der Hochsaison herrscht eine Menge Leben in La Cotinière.

Den Höhepunkt des Treibens erlebt das Fischerdorf in den Sommermonaten, wenn rund um die Docks Händler ihre Stände aufbauen, Straßenkünstler ihre Fähigkeiten zur Schau stellen und Konzerte stattfinden.

Sonstiger Stellplatz

S 14 Weingut Vignoble Vincent, GPS 45.933260, -1.327787, www.vignoble-vincent.com. In idyllischer Umgebung bietet das Weingut mitten in den Weinbergen einige Wohnmobil-Übernachtungsplätze an. Dass man nach der kostenlosen Verkostung natürlich auch ein paar Fläschchen Wein, Cognac oder Likör kauft, sollte selbstverständlich sein.

Der Badeort **Le Grand Village** zeichnet sich durch den breitesten und längsten Strand, **La Grande Plage,** und den größten Pinienwald der Insel aus. Unter schattenspendenden Bäumen finden sich mehrere Campingplätze und der etwas enge und unebene Stellplatz 62. Rad- und Wanderwege sowie diverse Sportpfade durchkreuzen den Wald und enden an einigen sehr schönen Aussichtspunkten.

Die bemerkenswerteste Sehenswürdigkeit hier ist der **Port des Salines.** Der Salinenhafen ist ein Ökomuseum, das der Besucher frei zugänglich, zum Beispiel mit einem geliehenen Kahn, durchstreifen darf. Man kann dem Salzsieder bei seiner Arbeit zusehen und später im kleinen Laden auch ein Tütchen als Urlaubserinnerung mitnehmen. Aber auch der Austernzucht ist ein Teil dieses écomusée gewidmet, während einer der regelmäßig angebotenen Führungen erfährt der Interessierte alles über diese beiden jahrhundertealten Traditionen.

Ganz in der Nähe wurde ein altes Bauernhaus zum Museum umgebaut, in dem das Leben und Arbeiten in vergangenen Zeiten sehr aufschlussreich dargestellt ist.

Parken

P 15 Boulevard de la Plage, GPS 45.841075, -1.205287. Kostenlose Park-und Übernachtungsmöglichkeit für Wohnmobile.

Durch den großen Pinienwald von Le Grand Village fährt in den Sommermonaten ein kleiner Touristenzug, **Le Petit Train.** Die Schmalspurbahn hält auch an den südlichsten Enden der Île d'Oléron, dem **Pointe de**

57 Stellplatz Château d'Oléron

GPS 45.896442, -1.202214

Das Aire de Camping Cars befindet sich auf einem ehemaligen Campingplatzgelände nördlich des Ortes, ruhig, großzügig, etwas Schatten, WC, Dusche. In der Hochsaison verkehrt ein Shuttlebus in das Zentrum von Château d'Oléron. **Lage/Anfahrt:** der Strand ist über die wenig befahrene Küstenstraße zu erreichen, das Zentrum ist ca. 15 Minuten entfernt; nach der Brücke die erste Ausfahrt rechts auf die D734 abbiegen, der Straße bis zum Ortsende folgen, dann noch 750 m weiterfahren; **Platzanzahl:** 120; **Untergrund:** Schotter, Schotterrasen; **Service:** Strom, Trinkwasser, Abwasser, Chemie-WC, WLAN; **Preise:** 13,50 €/Fahrzeug inklusive Ver- und Entsorgung; **Max. Stand:** unbegrenzt; **Geöffnet:** ganzjährig; **Kontakt:** Boulevard Philippe Dastre 55, Le Château d'Oléron, www.ot-chateau-oleron.fr.

161wf-if

Gatseau und der Gemeinde **Saint-Trojan-les-Bains.** Die Mimose ist das Wahrzeichen des Ortes. 1892 wurde sie von einer Reise an die Riviera mitgebracht. Sie hat sich hier so heimisch gefühlt und ausgebreitet, dass die Île d'Oléron heute auch **„Mimoseninsel"** genannt wird. Jedes Jahr Anfang Februar findet in Saint-Trojan-les-Bains das große Mimosenfest statt. Der Umzug mit zahlreichen mit Blumen geschmückten Wagen führt auch an den schönen Villen des 19. Jh. vorbei. Schon damals war der Badeort wegen seines milden Klimas sehr beliebt.

Damit ist die Inselrundfahrt beendet, über die eindrucksvolle Brücke, den Viaduc d'Oléron, geht es nun wieder auf das Festland.

Nun gibt es **mehrere Weiterfahrtsoptionen,** die alle das gemeinsame Ziel Bordeaux haben.

Route 5 verläuft weiterhin an der Küste entlang bis nach Royan, um von dort dem Fluss Gironde bis zur berühmten Weinmetropole zu folgen.

Mit der **Route 6** beginnt ein lohnenswerter Ausflug durch die Charente bis ins Périgord, von dessen Hauptstadt Périgueux aus ist Bordeaux nach 137 km auf der A89 schnell erreicht.

Route 7 erkundet das Herz des Périgord mit all seinen kulturhistorischen Sehenswürdigkeiten und folgt der landschaftlich reizvollen Region entlang der Dordogne, die sich bei Bordeaux mit der Garonne zur Gironde vereint.

58 Stellplatz Dolus-d'Oléron

GPS 45.913438, -1.252955

Großzügiger Stellplatz in der Mitte der Insel, Strand 3 km entfernt, Zentrum 500 m. **Lage/Anfahrt:** der Ort befindet sich an der schmalsten Stelle der Insel, Parc ornithologique in der Nähe, von der D734 kommend am Kreisverkehr auf die D126 abbiegen, der Beschilderung „Aquacentre" folgen, der Stellplatz ist ausgeschildert; **Platzanzahl:** 50; **Untergrund:** Asphalt, Schotterrasen; **Service:** Strom, Trinkwasser, Abwasser, Chemie-WC; **Sicherheit:** beleuchtet; **Preise:** 6 €/Fahrzeug, Versorgung 4 €; **Max. Stand:** unbegrenzt; **Geöffnet:** ganzjährig; **Kontakt:** Route du Stade 13, Dolus-d'Oléron, www.ot-chateau-oleron.fr.

59 Camping Municipal „Les Saumonards"

GPS 45.978212, -1.241105

Naturbelassener, großer Campingplatz mit direktem Strandzugang, schattig, im Pinienwald. **Lage/Anfahrt:** von Saint-Pierre d'Oléron kommend auf der D126 nach Boyardville hineinfahren, am Kreisverkehr in Richtung „Port" und „Plage", dann der Beschilderung „Camping Municipal" folgen; **Untergrund:** Wiese, Sand, fest; **Service:** Strom, Trinkwasser, Abwasser, Chemie-WC, WLAN; **Sicherheit:** umzäunt, beleuchtet; **Preise:** 29,20 €/Fahrzeug; **Geöffnet:** April–Mitte Okt.; **Kontakt:** Route des Saumonards, Saint-Georges-d'Oléron, Boyardville, www.entreprisefrery.com/camping-les-saumonards.

60 Camping Municipal Saint-Denis-d'Oléron

GPS 46.038608, -1.374305

Naturbelassener Campingplatz auf einem Dünengelände, direkter Meerzugang, sehr schöne, ruhige Lage. **Lage/Anfahrt:** von der D734 kommend auf die D273 Richtung Saint-Denis-Oleron abbiegen, hier rechts in die Avenue des Pins einbiegen, der Campingplatz liegt links vom Hafen; **Untergrund:** Wiese, Sand, nicht immer fest; **Service:** Strom, Trinkwasser, Abwasser, Chemie-WC, WLAN; **Sicherheit:** umzäunt, beleuchtet; **Preise:** 15–20 € (je nach Saison); **Geöffnet:** Anfang April–Anfang November; **Kontakt:** Boulevard Antioche 10, Saint-Denis-Oléron, Tel. 0033 546478562, www.st-denis-oleron.com/le-camping-municipal.

61 Stellplatz Saint-Denis-d'Oléron, Aire Le Moulin

GPS 46.027636, -1.383149

Der Wohnwagenpark ist ein großzügiger ehemaliger Campingplatz im Norden der Insel. Kostenpflichtige Duschen, Waschmaschinen und Trockner vorhanden. **Lage/Anfahrt:** Strand ca. 1 km entfernt, Zentrum 600 m, südlich des Ortes gelegen, von der D734 kommend gleich zu Ortsbeginn auf die Route des Huttes links abbiegen, der Beschilderung folgen; **Platzanzahl:** 150; **Untergrund:** fest; **Service:** Strom, Trinkwasser, Abwasser, Chemie-WC; **Preise:** 12 €/Fahrzeug, Ver-/Entsorgung und Strom inklusive; **Max. Stand:** vier Nächte; **Geöffnet:** ganzjährig; **Kontakt:** Route des Huttes 374, Saint-Denis-d'Oléron, www.ile-oleron-marennes.com.

62 Stellplatz Le Grand Village-Plage

GPS 45.862067, -1.240309

Aire de Camping Cars inmitten eines Pinienwaldes, Campingplatz Les Pins nebenan, ruhig, uneben. **Lage/Anfahrt:** Strand 1,5 km entfernt, kleiner Supermarkt gegenüber in der Saison geöffnet, von der D126 kommend rechts in den Boulevard de la Plage abbiegen, beim Supermarkt nach rechts fahren; **Platzanzahl:** 30; **Untergrund:** Asphalt; **Service:** Strom, Trinkwasser, Abwasser; **Sicherheit:** beleuchtet; **Preise:** 8 €/Fahrzeug, Ver- und Entsorgung 4 €; **Geöffnet:** ganzjährig; **Max. Stand:** April–Sept. nur eine Nacht; **Kontakt:** Allée des Pins, Le Grand-Village-Plage, www.ile-oleron-marennes.com.

ROUTE 5

LE CÔTE SAUVAGE, LE CÔTE DE BEAUTÉ UND LA GIRONDE

067wf-as © Jérôme Rommé · stock.adobe.com

1 cm = 6 km
© REISE KNOW-HOW 2023
Rochefort
Tonnay-Boutonne
A10
Dolus-d'Oléron
le Château-d'Oléron
Tonnay-Charente
Ton.-Ch.
Boutonne
Bourcefranc-le-Chapus
Brouage
A837
Charente
E602
St-Savinien
St-Jean-d'Angély
St-Trojan-les-Bains
St-Agnant
D150
Pertuis de Maumusson
Marennes
la Roche-Courbon
la Tremblade
St-Jean-d'Angle
St-Porchaire
St-Hilaire-de-Villefranche
Arvert
Cadeuil
D137
Saintes
Pnte. de la Coubre
Arnoult
D733
Saintes
le Grande-Côte
St-Palais-sur-Mer
Saujon
N150
Pisany
Chaniers
N141
E603
Royan
Seudre
Rétaud
A10
Seugne
Châteaubernard
St-Georges-de-Didonne
Pnte. de Grave
D730
Cozes
le Verdon-s-Mer
Meschers-s-Gironde
Pons
Soulac-s-Mer
Talmont
Gémozac
Pons
E05
Gironde
Mortagne-s-Gironde
D137
Talais
St-Genis-de-Saintonge
D730
St-Vivien-de-Médoc
St-Fort-s-Gironde
Montalivet-les-Bains
Jonzac
Vendays-Montalivet
D1215
Médoc
St-Christoly-Médoc
Mirambeau
Mirambeau
Ste-Radegonde
Villexavier
Lesparre-Médoc
St-Ciers-s-Gironde
Hourtin-Plage
Artiguillon
St-Estèphe
D137
Saintonge
Montendre
E
Lac-d'Hourtin-Carcans
Hourtin
Etauliers
Blaye-Montendre
D730
St-Laurent-Médoc
Pauillac
le Pontet
Carcans-Plage
Blaye
St-Savin
Maubuisson
Carcans
Lamarque
Pugnac
A10
Cavignac
Lacanau Océan
Castelnau-de-Médoc
E05
E606
Bourg
N10
Lac de Lacanau
Lacanau
Margaux
Guîtres
la Garosse
St-André-de-Cubzac
Ste-Hélène
D1
St-André-de-Cubzac
Libourne Nord
Ambarès-et-Lagrave
Saumos
Blanquefort
St-Médard-en-Jalles
Carbon-Blanc
Fronsac
St-Loubès
le Temple
Arveyres
Mérignac
N89
E70
Blagon
D106
Port de la Lune
Cenon
Pessac
N230
Bordeaux
Branne
Villenave-d'Ornon
Pierroton
Gradignan
Créon
D1250
Audenge
Quinsac
Arcachon
d'Arcachon
Saint-Nazaire
Nantes
La Barre-de-Monts
Marennes
Rochefort
Le Verdon-sur-Mer
Limoges
Bordeaux
Arcachon
Périgueux
Montignac
Hendaye
Toulouse
Lourdes

188wf-if

ROUTENÜBERSICHT

Die „Côte sauvage" zeichnet sich durch kilometerlange, feinste Sandstrände aus, hinter denen sich ein breiter Dünengürtel erstreckt. Unzählige Seekiefern wurden hier im 19. Jh. gepflanzt, um die Wanderung der Dünen zu stoppen – mit Erfolg! So findet der Urlauber heute ein großes Wanderparadies vor, das man auf unzähligen Pfaden durchstreifen kann. Bei La Palmyre (s. S. 118) beginnt der nur 30 km lange Küstenabschnitt, der sich „Côte de Beauté" nennt. Die „Küste der Schönheit" zeigt ein völlig anderes Bild. Die abwechslungsreiche Landschaft reicht von flachen Sandstränden über felsige Abschnitte mit kleinen, idyllischen Badebuchten bis hin zu etwa 30 m hohen Steilküsten. Der Panoramablick über das weite Meer ist überwältigend. Diesen Blick kann der Besucher in Meschers-sur-Gironde (s. S. 121) aus einer Höhlenwohnung wagen, während er die Grotten durchstreift. Dann ist der gewaltige Mündungstrichter der Gironde erreicht, die immer schmaler wird bis beim Besuch der Vauban-Festung in Blaye (s. S. 125) sogar das gegenüberliegende Ufer zu sehen ist. Das Weinanbaugebiet der Bordeaux-Weine beginnt hier. Die Rebgärten der großen Güter fallen sanft zum Fluss hin ab, über ihnen thronen die Châteaux, von denen einige zur Degustation einladen und Stellplätze anbieten.

Strecke:

Marennes (s. S. 116) – **La Tremblade** (12 km, s. S. 117) – **La Palmyre** (23 km, s. S. 118) – **Royan** (14 km, s. S. 120) – **Meschers-sur-Gironde** (15 km, s. S. 121) – **Talmont-sur-Gironde** (6 km, s. S. 122) – **Mortagne-sur-Gironde** (15 km, s. S. 123) – **Blaye** (53 km, s. S. 125) – **Bordeaux** (55 km)

Streckenlänge:

193 km

⌃ *Auf dem Seemansfriedhof in Talmont-sur-Gironde (s. S. 123)*

« *Kapitelstartseite: Viele Kanäle durchziehen das große Austernzuchtgebiet von Marennes (s. S. 116)*

MARENNES

Marennes ist eines der bedeutendsten Austernzuchtgebiete der Welt. Anbauflächen und Verfeinerungsbecken *(claires)* umfassen hier ca. 6000 ha. Jährlich werden bis zu 60.000 Tonnen Austern geerntet, was ungefähr der Hälfte der französischen Gesamtproduktion entspricht. Von den Flüssen Seudre und Charente ständig mit frischem Süßwasser versorgt, findet in den riesigen **Parcs à Huîtres** ein permanenter Austausch mit dem Salzwasser des Atlantiks statt. So bietet das Becken der Seudre die perfekten Bedingungen für das Wachstum der von den Franzosen so geliebten Schalentiere.

Über die Austernstadt Marennes selbst gibt es nichts Besonderes zu berichten. Einzig der Supermarkt Leclerc ist erwähnenswert, da man hier den Kühlschrank auffüllen kann und auf dessen Parkplatz auch kostenlose Wohnmobil-Stellflächen vorhanden sind.

Parken

P 16 Supermarkt Leclerc, GPS 45.823665, -1.103185, Rue Robert Etchebarne, Ver- und Entsorgungsmöglichkeit

Sehenswert ist die **Cité de l'Huître** am Kanal **La Cayenne.** Mit etwas Glück findet man am Canal des Marennes ein Plätzchen für das Wohnmobil. Ansonsten empfiehlt es sich, mit der kostenlosen Navette (Bus) oder dem Fahrrad hierhinzufahren.

Während eines gemütlichen Spaziergangs lassen sich hier und dort die ein oder andere Auster probieren und ein Gläschen Wein dazu genießen. Frischer geht nimmer und preiswerter wohl auch kaum.

Wer zur Abwechslung **Miesmuscheln** essen möchte, sollte unbedingt die **Èclade de Moules** probieren.

Essen und Trinken

› **L'Éclade, Dégustation et vente d'huîtres et fruits de mer,** Route des Martyres-La Cayenne, Marennes, Tel. 0033 623616732, geöffnet: tägl. ab 9 Uhr.

Éclade de Moules

Diese Art der Zubereitung von Muscheln wurde von Fischern erfunden, die sich zur Mittagspause am Strand aufhielten und kein Kochgeschirr dabei und kein Süßwasser zur Verfügung hatten. Not macht erfinderisch, und so wurden die Muscheln auf einem als Strandgut gefundenen, mit Nägeln bestückten Holzbrett horizontal aneinandergestellt. Aus getrocknetem Seegras entfachte man schnell ein Feuerchen, in das das muschelbestückte Brett gestellt wurde. Innerhalb von fünf Minuten sind die so gerösteten, köstlich schmeckenden Muscheln fertig.

Einfache Austernzüchterhütte, auf deren Terrasse man der Zubereitung des Muschelgerichtes Éclade zuschauen und diese probieren kann.

Parken

P 17 Canal des Marennes, GPS 45.813222, -1.112307, Rue des Martyrs

Wer eine Übernachtung am Meer bevorzugt, dem sei **Marennes-Plage** empfohlen, wo es mit Blick auf die Île d'Oléron und das imposante Viadukt einen zugegeben etwas einsam gelegenen Parkplatz gibt.

069wf-if

Parken

P 18 **Marennes-Plage,** GPS 45.826152, -1.142973. Der Badeplatz (kein Übernachtungsverbot) in der Route de la Plage gehört zur Gemeinde Bourcefranc-le-Chapus. Schöner Blick auf die Île d'Oléron.

LA TREMBLADE

(12 km - km 12)

Das **Viaduc de la Seudre** (D728E) überquert die Parcs à Huîtres, auf der anderen Seite liegt La Tremblade. In der Nähe des Austernzuchtgebietes befindet sich ein schön angelegter Stellplatz 63 mit Picknicktischen. Von hier aus erreicht man nach einem kleinen Spaziergang schnell das Hafengebiet. Entlang des Kanals kann man den Fischern und Austernzüchtern wunderbar bei ihrer Heimkehr und Arbeit zusehen. In der ein oder anderen cabanas (Austernhütte) wird für den kleinen Hunger zwischendurch zur Verköstigung eingeladen, ein Stück Baguette und einen Becher Wein gibt es auch dazu.

Im Zentrum von La Tremblade bestechen die imposante, rippengewölbte **Église Sacré-Coeur** und die **Markthalle** von 1864.

Ein ausgedehntes Wander- und Radwegenetz zeichnet die Gegend aus, sodass es ratsam ist, sich vorab im Fremdenverkehrsbüro über die vielen Tourenmöglichkeiten zu erkundigen.

Information

› **Office de Tourisme Tremblade,** Boulevard Pasteur 1, La Tremblade, Tel. 0033 546081752, www.royanatlantique.fr, geöffnet: Mo–Fr 9–12.30 und 14–17.30 Uhr, Sa/So geschlossen

Die Düne an der Bucht von Marennes-Plage grenzt direkt an den Parkplatz

Die Auster

Die Auster zählt zur Familie der Muscheln und existiert schon seit 250 Millionen Jahren. Für die Küstengewässer hat diese Meeresfrucht mit ihrer extrem harten Schale eine wichtige ökologische Funktion. Sie filtert pro Tag rund 240 l Wasser durch ihren Körper und ernährt sich von Plankton. Nur wenige Austernarten sind für Menschen gut genießbar, die meisten dienen eher als Nahrungsmittel anderer Meeresbewohner.

Eine besondere Art, die Perlauster, lebt im Fernen Osten und besitzt die Fähigkeit, Perlen zu produzieren.

Die Pazifische Auster, die in erster Linie in Frankreichs Zuchtgebieten vorkommt, laicht am liebsten in den vom Golfstrom gewärmten Gewässern und vermehrt sich dort sehr zuverlässig. Die Zuchtauster wird im Laufe ihres mindestens dreijährigen Lebens mehrere Male umgesiedelt. Bei der in Frankreich üblichen sogenannten Tischkultivierung werden Austern eines Jahrganges in der Tidenzone in grobmaschigen Säcken auf ca. 50 cm hohe Eisentische gelegt, wo sie bei Ebbe regelmäßig geschüttelt und gewendet werden müssen. So werden Algenbewuchs und Schlammgeschmack vermieden und die Austernschale behält ihre gewünschte Form. Dies ist eine sehr teure und arbeitsintensive Art der Züchtung und erklärt den hohen Preis der Delikatesse.

068wf-if

63 Stellplatz La Tremblade

GPS 45.782728, -1.152249

Mit Picknickplätzen versehenes und schön angelegtes Aire de Camping-Cars, wenig Schatten. **Lage/Anfahrt:** in der Nähe der Austernparks, Zentrum 3 km, Meer 2 km entfernt, von der D728E kommend am ersten Kreisverkehr links Richtung Port in die Zielstraße einbiegen; **Platzanzahl:** 50; **Untergrund:** Schotter; **Service:** Strom, Trinkwasser, Abwasser, Chemie-WC, WLAN; **Sicherheit:** beleuchtet; **Preise:** 15 €/Fahrzeug inklusive Ver- und Entsorgung und Strom; **Max. Stand:** drei Nächte; **Kontakt:** Rue Marcel Gaillardon 85, La Tremblade, www.royanatlantique.fr. Am Platz hängt ein Stadtplan aus.

Der hiesige Küstenabschnitt nennt sich **Côte sauvage.** Vom Phare de Chassiron an der Inselspitze der Île d'Oléron zieht sich die „Wilde Küste", nur von der engen Durchfahrt Pertius de Maumusson unterbrochen, nun die Küste entlang bis nach La Palmyre. Ob mit oder ohne Badesachen (hier ist man fast allein) kann man den herrlich breiten Strand geniessen, sich ins kühle Nass stürzen oder dem faszinierenden Naturschauspiel der Atlantikwellen zusehen. Wenn die Brandung einsetzt, dann lässt das dumpfe Grollen der sich brechenden Wellen erahnen, wie wild es hier am Atlantik zugehen kann.

80 % des Gemeindegebietes von La Tremblade bestehen aus Wald und ab **Ronce-les Bains** führt die D25 durch den schönen **Forêt de la Coubre.** Parkplätze gibt es hier einige. Von ihnen hat man auf geheimnisvollen Wegen über den bewachsenen Dünengürtel auch bald den einsamen, langgestreckten Strand und das Meer erreicht. Immer wieder wird der Wanderer auf Menhire (s. S. 70) aufmerksam gemacht, die am Wegesrand versteckt liegen.

070wf-as © didier salou

LA PALMYRE

(23 km – km 35)

Von La Tremblade bis nach La Palmyre sind es auf der D25 insgesamt 23 km. Diese Strecke parallel zum Meer und durch den Forêt de la Coubre ist landschaftlich sehr reizvoll. Nach etwa 20 km ist die **Pointe de la Coubre** mit dem gleichnamigen **Leuchtturm** erreicht. 300 Stufen führen auf die Aussichtsplattform des 1905 erbauten, 64 m hohen Phare hinauf, und das 360°-Panorama hier oben entschädigt in jeder Hinsicht für den mühseligen Aufstieg (Eintritt 4 €, geschlossen Mitte Nov. – Ende Jan., GPS 45.696553, -1.230947).

Der Badeort La Palmyre bietet so viele Freizeitmöglichkeiten, dass diese hier kaum alle erwähnt werden können.

Die durch eine Halbinsel geschützte Bucht ist **ideal für Wassersportaktivitäten aller Art.** Im Jachthafen können Segelboote, Kajaks und Surfausrüstung gemietet werden, Surf- und Segelschulen gibt es selbstverständlich auch.

Entlang der schönen **Promenade** mit ihren zahlreichen Cafés und Restaurants lässt es sich vortrefflich flanieren, im umtriebigen Zentrum macht der Bummel durch die vielen

Der Leuchtturm am Pointe de la Coubre kann bestiegen werden

Blick auf Royan und den großen Stadtstrand

Boutiquen – zumindest den Damen – so richtig Spaß.

Dem begeisterten **Radfahrer** stehen 40 km Radwege zur Verfügung und selbst der passionierte **Golfspieler** kommt auf seine Kosten.

Nahezu mitten im Ort befindet sich auch eine **Pferderennbahn,** aber die eigentliche Attraktion ist der **Zoo von La Palmyre.** In dem 14 ha großen Tierpark sind 1600 Tiere in sehr schönen, artgerechten Gehegen untergebracht. Mit 800.000 Besuchern pro Jahr ist der Zoo der meistbesuchte in ganz Frankreich. Hier können viele, auch vom Aussterben bedrohte, Tiere wie das Breitmaulnashorn bestaunt werden und seit seiner Eröffnung 1966 hat dieser Zoo schon zahlreiche Preise und Auszeichnungen erhalten.

› **Zoo La Palmyre,** Avenue de Royan, Les Mathes/La Palmyre, Tel. 0033 546224606, www.zoo-palmyre.fr, geöffnet: tägl. 9–17.30 Uhr Eintritt: 19 €, Kinder bis 13 Jahre 15 €

Einkaufen

Von April bis Ende September wird jeden Mittwoch und Sonntag am Vormittag ein großer **Wochenmarkt** aufgebaut. In der Hauptsaison gibt es noch diverse Nachtmärkte mit allerlei Kunsthandwerk.

64 Stellplatz La Palmyre

GPS 45.691876, -1.188912

Offizieller Stellplatz am Ortsbeginn und Waldrand, großzügig angelegt, teilweise Schatten. **Lage/Anfahrt:** unweit des „Plage de Bonne Anse“, Restaurants und Hafen in der Nähe, Zentrum 20 Min. entfernt, von der D25 kommend noch vor Ortsbeginn rechts Richtung Meer abbiegen, dem Camping-Car-Schild folgen; **Platzanzahl:** 80; **Untergrund:** Asphalt; **Service:** Strom, Trinkwasser, Abwasser, Chemie-WC, **Preise:** 12 €/Fahrzeug inklusive Ver- und Entsorgung; **Geöffnet:** ganzjährig; **Kontakt:** Avenue de l'Atlantique, 17570 Les Mathes/La Palmyre, www.royanatlantique.fr.

65 Camping Beausoleil

GPS 45.692756, -1.182466

400 m vom Meer entfernt liegt dieser 3-Sterne-Platz idyllisch in einem Pinienwald, teilweise Schatten, Pool, 200 m zum Zentrum, im August keine Haustiere erlaubt; **Lage/Anfahrt:** vom Phare de la Coubre auf der D25 kommend liegt der Platz noch vor Ortsbeginn auf der linken Seite; **Platzanzahl:** 120; **Untergrund:** Wiese; **Service:** Strom, Trinkwasser, Abwasser, Chemie-WC, WLAN; **Sicherheit:** beleuchtet; **Preise:** 19–33 € je nach Saison; **Geöffnet:** April–Oktober; **Kontakt:** 20 Avenue de la Coubre, 17570 La Palmyre/Les Mathes, Tel. 0033 546223003, www.campingbeausoleil.com.

Parken

P 19 La Palmyre, GPS 45.68335, -1.18031. Gebührenpflichtige Parkbuchten für Wohnmobile am Boulevard de la Plage.

La Palmyre liegt bereits an der **Côte de Beauté,** dem Küstenabschnitt mit dem schönen Namen, der sich 30 km bis in den Mündungsbereich der Gironde erstreckt.

ROYAN

(14 km – km 49)

Wer es nicht eilig hat, sollte die Küstenstraße entlangfahren, die am Ende des herrlichen Strandabschnitts von La Palmyre mit dem Aussichtspunkt **La Grande Côte** beginnt. Vorbei geht es am Spielkasino von Royan in Richtung Hafen. Hier nun muss man sich wohl oder übel entscheiden, ob die Weiterfahrt entlang der Atlantikküste über Bordeaux (s. S. 168) führen soll oder ob man die Abkürzung per **Fähre nach Verdon-sur-Mer** (s. S. 179) wählt.

Siebenmal pro Tag verlässt ein Schiff den Hafen, die Überfahrt über den 15 km breiten Mündungstrichter der Gironde dauert 20 Minuten und kostet für ein Wohnmobil zwischen 36 und 46 € – je nach Saison.

Royan selbst kann keine nennenswerten Sehenswürdigkeiten sein Eigen nennen. In den letzten Monaten des Zweiten Weltkriegs wurde die von Deutschen besetzte Hafenstadt bei alliierten Luftangriffen fast vollständig zerstört. Als unzerstörbares Mahnmal wurde 1955 aus Stahlbeton die imposante **Église Notre-Dame** errichtet, die sich mit ihrem 60 m hohen Glockenturm über die Stadt erhebt.

Die 19.000 Einwohner leben heute in erster Linie vom Tourismus. In der Nähe des großen Hafens erstreckt sich ein ausgedehnter Innenstadtbereich mit einer **großen Auswahl an Geschäften,** die kaum einen Wunsch offenlassen. Rund um die Markthalle, die täglich außer Montag am Vormittag geöffnet ist, werden mittwochs und sonntags noch Stände mit Textilien und Handwerkskunst aufgebaut.

Die Architektur der Stadt wechselt von Häusern der 1950er-Jahre zu wunderschönen Villen der Belle Époque. Dieses gelungenen Kontrasts wegen wurde Royan im Jahre 2010 als „Stadt der Kunst und Geschichte" ausgezeichnet. Mehr Informationen zu diesem und weiteren Themen erhält man im Fremdenverkehrsbüro.

Der ansprechende Stellplatz 66 der Stadt bietet Picknicktische und Grünflächen und liegt neben dem Zoo „Planet Exotica".

Der 3,5 km lange **Stadtstrand** von Royan nennt sich **La Grande Conche.** An dessen Strandpromenade befinden sich zahlreiche Restaurants und Cafés.

Information

› **Office de Tourisme Royan,** Boulevard de la Grandière 1, Royan, Tel. 0033 546081750, www.royanatlantique.fr, geöffnet: Mo–Sa 9–12.30 und 14–18 Uhr, in der Hauptsaison tägl. durchgehend, So geschlossen

66 Stellplatz Royan

GPS 45.628272, -1.011933

Camping-Car Park mit Pass'Étapes (s. S. 30), schön angelegter Platz mit Picknicktischen und Grünflächen, etwas Schatten, neben dem Zoo Planet Exotica gelegen. **Lage/Anfahrt:** Zentrum 1,5 km, Strand 1 km entfernt, von der D25 kommend in Richtung Port abbiegen, an der nächsten Kreuzung rechts fahren und dem Camping-Car Schild folgen; **Untergrund:** Schotter; **Service:** Strom, Trinkwasser, Abwasser, Chemie-WC, WLAN; **Sicherheit:** beleuchtet, bewacht; **Preise:** 12,80 € inklusive Ver- und Entsorgung; **Geöffnet:** ganzjährig; **Kontakt:** Rue Bel Air 18, Royan, www.campingcarpark.com.

Nahtlos geht die Bebauung in den Nachbarort **Saint-Georges-de-Didonne** über. Der nette Badeort verfügt über einen kleinen Hafen in einer schönen Bucht. Hier kann man noch einmal schöne Stunden am Strand verbringen und vor allen Dingen baden, denn das Wasser der Gironde ist im weiteren Verlauf nicht mehr sehr einladend.

Parken

P 20 Saint-Georges-de-Didonne, GPS 45.60012, -1.006956. Für Wohnmobile reserviertes, gebührenpflichtiges Parkareal in der Rue du Port, Badebucht und Zentrum in der Nähe.

MESCHERS-SUR-GIRONDE

(15 km – km 64)

Auf der Fahrt entlang der Küste zeigt sich die „Côte de Beauté" von ihrer schönsten Seite. Kleine, idyllische Badebuchten verstecken sich zwischen schroffen Felsen, auf der anderen Seite der Küstenstraße D25E liegt der Forêt de Susac.

Bei Meschers-sur-Gironde, das sagt schon der Namenszusatz „Gironde", ist man nun endgültig im Flussbereich eingetroffen, hier endet auch offiziell die „Küste der Schönheit".

Ein großer **Hafen,** um den sich das touristische Leben dreht, prägt den Ort. Direkt neben der Capitanerie befindet sich auch der Stellplatz 67, von hier aus ist man sofort mitten im Geschehen. Auf der gegenüberliegenden Hafenseite ist ein kleiner Park angelegt worden und verschiedene Cafés und Restaurants laden zur Einkehr ein.

Zu Fuß kann man in 20 Minuten zu den beiden nebeneinanderliegenden Grotten spazieren, die den Ort berühmt gemacht haben. Die von Menschenhand in die Steilküste hineingetriebenen Höhlen dienten einst als Fischerhütten, Getreidespeicher oder Schmugglerverstecke und während der Religionskriege waren sie Zufluchtsstätte für Protestanten.

Die **Grottes de Matata** sind heute ein Écomusée-Hotel und Restaurant, in dem für 5 € Eintritt aber auch einige historisch eingerichtete Höhlenwohnungen besichtigt werden können. Von der Terrasse der angeschlossenen Crêperie hat man hoch über dem Meer sitzend einen traumhaften Blick.

Die Höhlenwohnungen von Meschers-sur-Gironde sind etwas ganz Besonderes und können besichtigt werden

072wf-if

177wf-lf

67 Stellplatz Meschers-sur-Gironde

GPS 45.555837, -0.945113

Aire de Camping-Cars Port de Plaisance, erstreckt sich links der Capitanerie auf dem Hafengelände. **Lage/Anfahrt:** zentrale Lage mit schönem Blick, Strand anschließend, von der D25 kommend durch den Ort fahren und Richtung Port abbiegen; **Platzanzahl:** 30; **Untergrund:** Asphalt, Schotterrasen; **Service:** Strom, Trinkwasser, Abwasser, Chemie-WC, WLAN; **Sicherheit:** beleuchtet; **Preise:** 10 €/Fahrzeug, Wasser 2 €; **Max. Stand:** zwei Nächte; **Geöffnet:** ganzjährig; **Kontakt:** Route des Salines 1, Meschers-sur-Gironde, www.royanatlantique.fr.

Les Grottes Régulus, seit 1986 für den Publikumsverkehr freigegeben, können nur während einer 45-minütigen Führung besichtigt werden. Dabei geht es recht eng treppauf und treppab durch die unterschiedlich eingerichteten Höhlenwohnungen.

Der Gang über die Wege entlang der Klippe ist sicherlich nicht jedermanns Sache, der Ausblick allerdings ist atemberaubend. Der Name Régulus stammt von einem zu Napoléons Zeiten hier vor Meschers-sur Gironde versenkten Schiff.

› **Les Grottes de Régulus,** Boulevard de la Falaise 81, Meschers-sur-Gironde, Tel. 0033 546025536, www.meschers.com, geöffnet: Anfang April–Mitte Nov. tägl. 10.30–17.30 Uhr, in der Nachsaison nur nachmittags, Eintritt: 5 €. Die Grotten sind nur im Rahmen einer Führung zu besichtigen.

TALMONT-SUR-GIRONDE

(6 km – km 70)

Nach kurzer Fahrt auf der D145 ist schon die nächste Sehenswürdigkeit erreicht, ein romanisches Kleinod, das unbedingt einen Besuch wert ist. Talmont-sur-Gironde gehört zum illustren Kreis der **„Plus Beaux Villages“,** der schönsten Dörfer Frankreichs (s. S. 88).

Das Dorf, das auf einer kleinen Halbinsel gelegen in die Gironde hineinreicht, kann auf eine lange Vergangenheit zurückblicken. Historiker vermuten, dass der einst römische Ort schon im Mittelalter eine militärische Anlage war und im 13. Jahrhundert zur Bastion ausgebaut wurde. Talmont wurde dabei komplett mit einer Wehrmauer umgeben und die Straßen wurden rechtwinklig angeordnet.

100 Einwohner zählt Talmont-sur-Gironde, das einem **wahren Schmuckstück** gleicht. Auf mittelalterlichem Pflaster durchstreift man die engen Gassen, in denen bunte Stockrosen aus dem Gemäuer wachsen. Vorbei geht es an weißgetünchten Häusern, in denen **kleine Boutiquen** mit allerlei Kunsthandwerk untergebracht sind. So gibt es u. a. einen Laden mit französischer Seife, an der nächsten Ecke wird selbstgefertigter Schmuck angeboten, dann wieder entdeckt man das Atelier eines Malers. An kleine Einkehrmöglichkeiten ist natürlich auch gedacht, und so macht der Bummel durch das historische Dorf viel Spaß.

In den kleinen Gässchen von Talmont-sur-Gironde lässt es sich herrlich bummeln

Ziel des Spaziergangs ist die romanische **Église Sainte-Radegonde,** die am Ende des Ortes auf einem Felsvorsprung über der Gironde steht. Die schlichte Kirche war einst Station für Pilger auf dem Weg nach Santiago de Compostela, die hier an das andere Ufer des Flusses übersetzen wollten.

Der **Seemannsfriedhof** *(Cimetière marin)* vor der Kirche beherbergt einige Scheingräber für diejenigen Seeleute, die nicht mehr heimgekehrt sind.

Vom angrenzenden Park aus hat man einen wunderschönen Blick auf die riesige Flussmündung der Gironde, dann geht es zurück zum großen Platz vor der Altstadt, wo von April bis September sonntags ein traditioneller Markt stattfindet.

Talmont-sur-Gironde ist autofrei, es gibt aber einen großen Parkplatz (GPS 45.536821, -0.903705, Tagesticket 2 €) mit separatem Teil für Wohnmobile, auf dem man für 8 € pro Nacht auch übernachten darf.

MORTAGNE-SUR-GIRONDE

(15 km – km 85)

Die D145 verläuft durch eine reizvolle Landschaft, entlang der Strecke stehen immer wieder kleine Verkaufsstände, an denen Einheimische ihre bäuerlichen Produkte anbieten.

Dann geht es den Berg hinauf, denn Mortagne-sur-Gironde thront hoch oben auf einem Felsen. Im Zentrum des Ortes steht vor der **Eglise Saint-Étienne** ein Kriegerdenkmal, von hier aus hat man einen grandiosen Blick hinunter über den Hafen zum großen Fluss. Unten am langgestreckten Hafenbecken liegt auch der Stellplatz 68 des Ortes, der jedem Wohnmobilisten einen schönen Blick auf das Hafengeschehen ermöglicht.

Südlich des Ortes befindet sich an der D245 die größte Sehenswürdigkeit von Mortagne-sur-Gironde, **L'Ermitage-Monolithe Saint-Martial.** Die vollständig in den Kalk-

073wf-tf

074wf-if

steinfelsen gehauene Einsiedlerkirche ist von außen kaum zu sehen. Der Eingang in die Felsenkirche ist in einer Felsspalte versteckt und einzig der aus Bruchsteinen bestehende Glockenturm ist auszumachen. Die Ermitage ist in Privatbesitz und kann – außer im Januar – mittwoch- bis sonntagnachmittags kostenlos besichtigt werden. Die Führung dauert etwa 1 Stunde, Erklärungen erfolgen auf Englisch und Französisch, über eine Spende ist man dankbar.

Da die kommende Strecke bis zur Festungsstadt Blaye keine nennenswerten Sehenswürdigkeiten bietet, geht die Weiterfahrt auf der D730 recht schnell voran. Nach 23 km ist der Ort Mirambeau erreicht, von hier geht es auf der D255 durch ein Sumpfgebiet bis nach Blaye.

076wf-if

68 Stellplatz Mortagne-sur-Gironde

GPS 45.475237, -0.796868

Der Stellplatz liegt auf der linken Seite des Hafens. Von jedem Platz hat man einen schönen Blick. Komplette Versorgungssäule jeweils für zwei Fahrzeuge, unter Bäumen, ruhig. **Lage/Anfahrt:** Naturschutzgebiet angrenzend, von der D145 kommend gleich zu Ortsbeginn recht steil Richtung Port hinunterfahren; **Platzanzahl:** 80; **Untergrund:** Schotter; **Service:** Strom, Trinkwasser, Abwasser, Chemie-WC, WLAN; **Sicherheit:** beleuchtet; **Preise:** 9,90 €/Fahrzeug inklusive Ver- und Entsorgung; **Max. Stand:** unbegrenzt; **Geöffnet:** ganzjährig; **Kontakt:** Quai de Pêcheurs, Mortagne-sur-Gironde, www.ot-mortagne.com.

BLAYE

(53 km – km 138)

Die **Citadelle de Blaye** aus dem 17. Jh. bildet zusammen mit dem **Fort Paté** auf der gleichnamigen Gironde-Insel und dem **Fort Médoc** am gegenüberliegenden Ufer einen Verteidigungsgürtel, der – wie könnte es anders sein – vom Festungsbaumeister Vauban (s. S. 176) konzipiert wurde. Die historische Wehranlage gehört zum UNESCO-Weltkulturerbe und thront 45 m über dem Fluss auf einer felsigen Anhöhe.

Die große Festung kann durch die **Porte Dauphine** oder die **Porte Royale** betreten werden und ist frei zugänglich. Im Innern der imposanten Zitadelle kann man während eines Rundganges eine richtige Festungsstadt mit Kasernen, Gefängnis und Pulvermagazin entdecken. Auf historischen Wegen wandelnd, geht es vorbei an einigen Souvenirläden, Ateliers für Kunsthandwerk, Cafés und Restaurants.

Nahtlos verschmilzt das große Areal mit den Ruinen des Burgvorläufers aus dem Mittelalter, dem **Château des Rudel.**

Von den Festungsmauern ist das Panorama mit dem größten Mündungstrichter Westeuropas grandios, aber wegen der gewaltigen Ausmaße dieser Zitadelle beeindruckt auch der Blick hinunter in den Festungsgraben.

Die 40 ha große Festungsstadt bietet Übernachtungsmöglichkeiten im Hôtel La Citadelle und besitzt auch einen Stellplatz.

Im Fremdenverkehrsbüro werden spannende Führungen angeboten, während denen man zum Beispiel die unterirdischen Gänge erkunden kann und dabei sehr interessante Hintergrundinformationen erhält.

◁ Der Blick vom Stellplatz auf den Hafen von Mortagne-sur-Gironde ist wunderschön

▽ Die Festung von Blaye gleicht einer ganzen Stadt

075wf-as © antoine

Parken

P 21 Parking Autocaravanas Blaye,
GPS 45.125901, -0.665122

Information

› **Office de Tourisme Blaye,** Rue des Minimes, La Citadelle, Blaye, Tel. 0033 557421209, www.tourisme-blaye.com, tägl. 10–12.30, 14–17 Uhr

69 Stellplatz Blaye

GPS 45.135814, -0.664340

Der neu angelegte Aire de Camping-Car ist perfekt ausgestattet und etwa 1 km von der Zitadelle entfernt. Die Stellflächen sind parzelliert, der Platz liegt in ruhiger Umgebung und hat noch jungen Baumbestand. **Lage/Anfahrt:** von der D937 kommend in südwestlicher Richtung in Blaye am Kreisverkehr rechts abbiegen auf die D255, der Aire de Camping-Car ist hier bereits ausgeschildert. Am nächsten Kreisverkehr geradeaus und an der nächsten Kreuzung links; **Untergrund:** Schotter; **Service:** Strom, Trinkwasser, Abwasser, Chemie-WC; **Preise:** 6,60 €/24 h inklusive Ver- und Entsorgung und Strom; **Max. Stand:** 3 Tage; **Geöffnet:** ganzjährig; **Kontakt:** 1 Chemin du Rampeau, 33390 Blaye.

Die Touristinformation hält auch eine Liste der Weingüter bereit, die ihre Tore für Besucher zur Degustation und zum Weinverkauf öffnen sowie Stellplätze für die Nacht anbieten.

Wer zur Weiterfahrt die schöne Strecke auf der D669 Richtung **Saint-Seurin-de-Bourg** wählt, fährt mitten durch das Weinanbaugebiet. Kurz hinter dem kleinen Dorf **La Reuille** lohnt sich ein kurzer Halt, denn genau hier vereinigen sich die Flüsse Dordogne und Garonne zur Gironde.

Parken

P 22 Panorama du Bec d'Ambès,
GPS 45.049869, -0.604806

Gerade mal 15 km sind es noch bis Bordeaux. Die Stadt ist eine bedeutende Etappe dieses Reiseführers und wird auf Route 8 ausführlich vorgestellt (s. S. 168). Dort treffen diejenigen ein, die mit der Route 6 die Rundreise durch die Charente gemacht haben, an diesem Ort kommen auch die Urlauber an, die der Route 7 durch das Périgord gefolgt sind, und hier haben die Wohnmobilisten, die nur den südlichen Teil der französischen Atlantikküste bereisen wollen, ihren Startpunkt erreicht.

ROUTE 6

AUSFLUG DURCH DIE CHARENTE UND INS PÉRIGORD

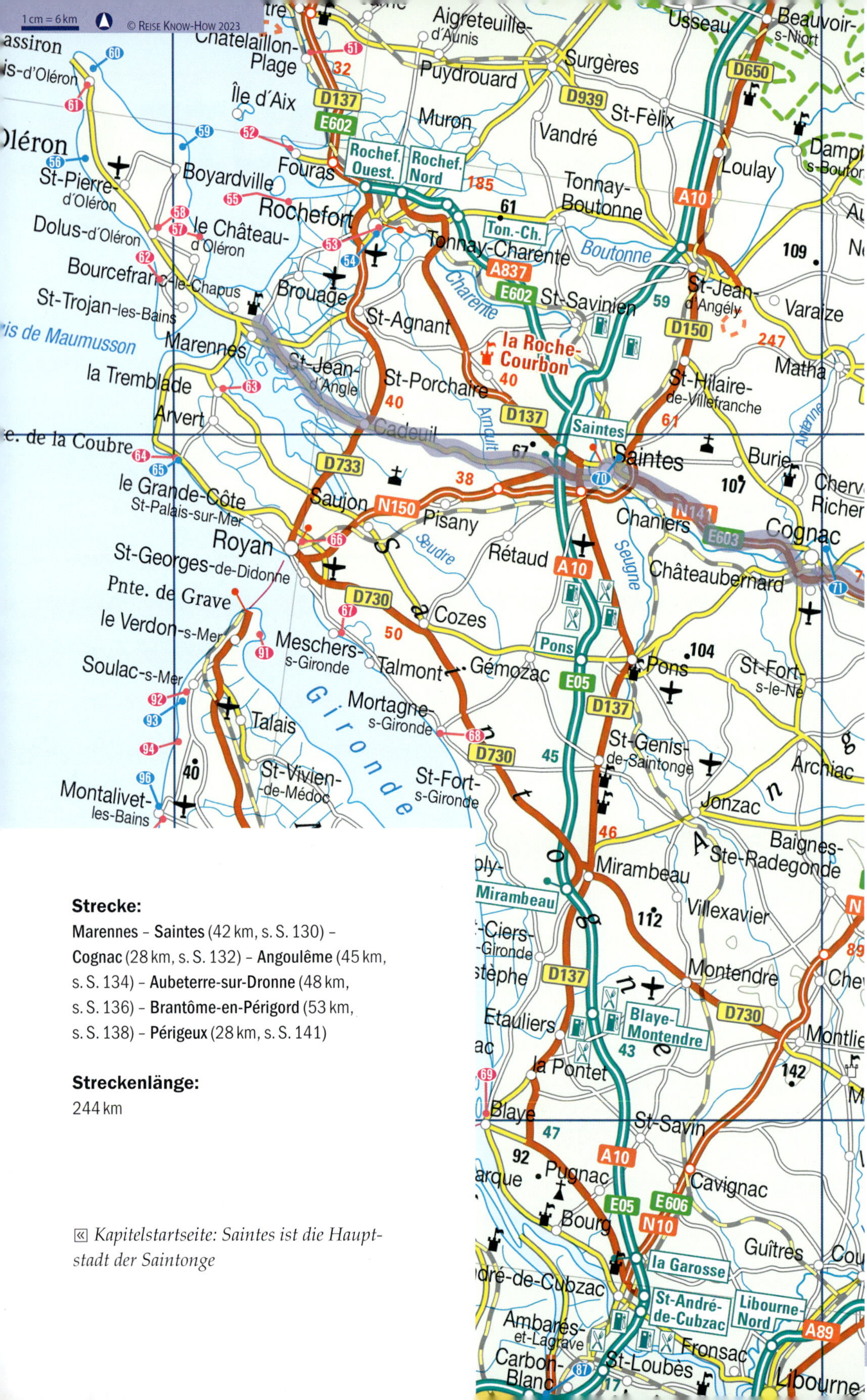

Strecke:
Marennes – **Saintes** (42 km, s. S. 130) – **Cognac** (28 km, s. S. 132) – **Angoulême** (45 km, s. S. 134) – **Aubeterre-sur-Dronne** (48 km, s. S. 136) – **Brantôme-en-Périgord** (53 km, s. S. 138) – **Périgeux** (28 km, s. S. 141)

Streckenlänge:
244 km

⊠ *Kapitelstartseite: Saintes ist die Hauptstadt der Saintonge*

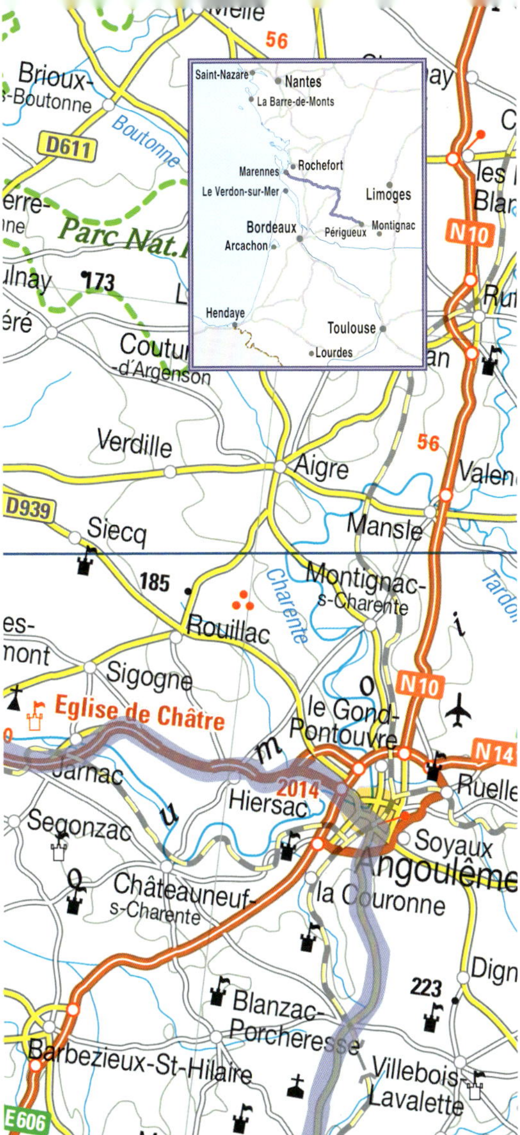

ROUTENÜBERSICHT

Auf geschichtsträchtigen Spuren führt die Fahrt in die Kulturlandschaft der Saintonge mit ihrer Hauptstadt Saintes (s. S. 130), wo einige Zeugen der römischen Vergangenheit zu bewundern sind. Immer der Charente folgend ist Cognac (s. S. 132) erreicht, die Stadt, die dem bekannten Weinbrand ihren Namen gab. Nicht nur für den Liebhaber dürften die Besichtigung einer Brennerei und die Degustation der edlen Tropfen interessant sein. Im weiteren Verlauf trifft der Reisende auf einen faszinierenden Mix aus Historie und Moderne, denn Angoulême (s. S. 134) trägt nicht nur den Titel „Stadt der Kunst und Geschichte“, sondern ist auch Hauptstadt des Comics. Das Gefühl weit zurück in der fernen Vergangenheit zu sein, vermittelt die größte Felsenkirche Europas in Aubeterre-sur-Dronne (s. S. 136), der Besuch dürfte für viele unvergesslich sein. Mit dem bezaubernden Städtchen Brantôme-en-Périgord (s. S. 138) ist ein neuer Landstrich erreicht – das „Périgord vert“. Das waldreiche „Grüne Périgord“ hat ein reiches historisches Erbe, ist aber auch für seine exzellente Küche bekannt. Geradezu malerisch liegt Périgueux (s. S. 141), das Herz des Périgord, auf einem Kalksteinplateau am Fluss Isle. Die gesamte Altstadt gehört zum UNESCO-Weltkulturerbe, die Atmosphäre in dieser historischen Stätte ist jedoch überaus jung und lebendig.

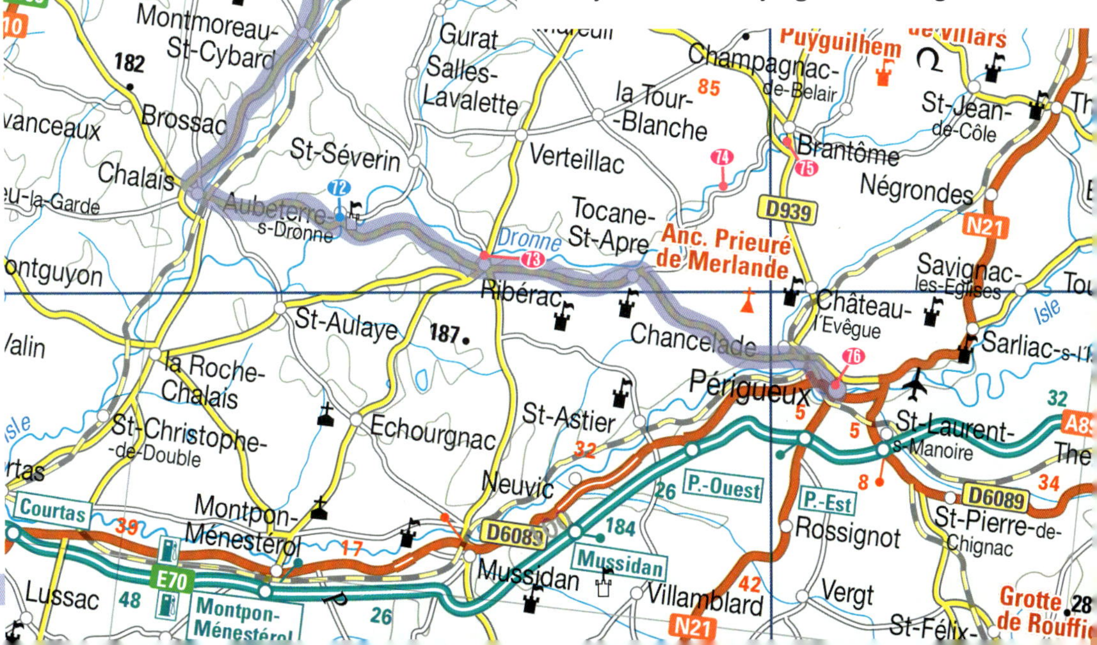

SAINTES

(42 km – km 42)

Entlang der Parcs à Huîtres führt die D728 weg vom Meer ins Landesinnere des Départements Charente-Maritime.

Bei der Besichtigung von Saintes wandelt der Besucher in der geschichtsträchtigen Hauptstadt der alten Provinz **Saintonge,** in der der keltische Stamm der Santonen beheimatet war. Schon während der Herrschaft der Römer hatte die Stadt, als Mediolanum Santonum gegründet, beidseitig des Flusses Charente 15.000 Einwohner und lag an einer der ältesten Römerstraßen Galliens. Aus dieser gallo-romanischen Zeit stammt auch das **Amphitheater,** das zu den besterhaltenen Frankreichs zählt und einst 15.000 Zuschauer fasste. Während des Rundganges durch das antike Freilichttheater kann man sich gut in die Zeit zurückdenken, in der hier blutige Gladiatoren- und Tierkämpfe stattfanden, getreu dem Motto „Brot und Spiele" für das Volk. Das Amphitheater ist problemlos fußläufig von der Altstadt aus zu erreichen.

› **Amphitheater Saintes,** Rue Lacurie 20, Saintes, Tel. 0033 546977385, www.saintes-tourisme.fr, geöffnet: Mo–Sa 10–12.30 und 13.30–17, So 14–17.30 Uhr, Eintritt: Erw. 4 €, bis 18 Jahre frei. Führungen nur in den Monaten Juli und August.

Von der einstigen Bedeutung der Stadt zeugt auch der monumentale **Torbogen des Germanicus** (18–19 n. Chr.). Für Kaiser Tiberius und seinen Adoptivsohn Germanicus von den Einwohnern der Stadt gestiftet, hat der Triumphbogen einen repräsentativen Platz am Ufer der Charente.

Hier am monumentalen Eingangstor zur Stadt ist auch das **Archäologische Museum** zu finden, nebenan hält das Fremdenverkehrsbüro einen kleinen, kostenlosen Stadtplan mit deutschsprachigen Informationen bereit. Von Mai bis September startet hier ein kleiner **Touristenzug** zu einer Stadtrundfahrt. Im Mittelalter führte die Via Turonensis, einer der französischen Jakobswege, die Pilger in Saintes zur bedeutenden **Église Saint-Eutrope,** die heute zum **UNESCO-Weltkulturerbe** zählt. Die Pilgerkirche in der gleichnamigen Straße, im 11. Jahrhundert durch den Papst geweiht, gilt als Juwel der Romanik und ihre **Krypta** ist eine der größten Europas (freier Zugang). Zwischen imposanten Säulen und

078wf-as © hcast

079wf-as © dominique szatrowski

verzierten Kapitellen steht der Sarg des heiligen Eutropius, des Namensgebers dieser Kirche.

Aus dem Mittelalter stammt die auf römischen Fundamenten gebaute **Cathédrale Saint-Pierre,** die mitten in der Altstadt mit ihrem massiven, weithin sichtbaren Glockenturm beeindruckt. Wie viele andere Gotteshäuser wurde auch diese Kathedrale während der Religionskriege zerstört und im 17. Jahrhundert wieder aufgebaut.

In der Nähe der Kathedrale, auf der Place du 11 Novembre, findet zweimal pro Woche der Marché St-Pierre statt, auf dem hauptsächlich regionale Produkte angeboten werden. Hier ist man schon mitten im Geschehen und kann in aller Ruhe durch die autofreie Altstadt von Saintes spazieren. In einem der zahlreichen Cafés und Restaurants lassen sich bestens neue Kräfte für die Besichtigung der kulturell bedeutenden Sehenswürdigkeiten sammeln, denn es gibt noch einige mehr zu sehen. Insgesamt 16 Bauten gelten als „Monuments historiques", und so haben Kulturinteressierte noch einiges vor.

Vom 13. bis ins 15. Jahrhundert wurde um die Stadt erbittert gekämpft. Zeitweise unterstanden die Bewohner des westlichen Ufers der Charente der englischen Krone, die auf der östlichen Seite des Flusses Frankreich.

Auf der rechten Seite der Charente liegt der **Jardin Public** und von hier hat man einen herrlichen Blick auf die Altstadt am gegenüberliegenden Ufer. An der blumenge-

Schöne Fahrradtour mit ungewöhnlichem Ziel

Durch Saintes verläuft der bekannte Flow Vélo, ein Fernradweg von rund 290 km Länge. Eigentlicher Beginn dieses Radweges ist die Île d'Aix am Atlantik, das Wasser ist auch im weiteren Verlauf das prägende Element dieses Fernradweges, denn rund 50 % der Strecke verlaufen am Ufer der Charente. Ziel ist der Nationalpark Périgord-Limousin und auf der Fahrt dorthin passiert man bedeutende historische und kulturelle Zentren des Südwestens. Natürlich kann die Strecke auch umgekehrt befahren werden. Der hier empfohlene Streckenabschnitt startet in Saintes entlang der Charente in nord-westliche Richtung. Nach einem schönen Flussabschnitt von 15 km ist Port d'Envaux erreicht, wo man unbedingt „Les Lapidiales" erkunden sollte, einen stillgelegten Steinbruch, in dem jedes Jahr Bildhauer in den riesigen Wänden aus weißem Kalkstein Kunstwerke schaffen – ein echtes Museum unter freiem Himmel, in dem es unglaublich viel zu entdecken gibt. Der Steinbruch ist ganzjährig geöffnet, der Eintritt frei.

Das Amphitheater von Saintes ist eines der besterhaltenen Frankreichs

Der Triumphbogen des Germanicus in Saintes ist ein beeindruckendes römisches Bauwerk

080wf-if

schmückten Fußgängerbrücke befindet sich auch die Anlegestelle einiger **Gabares,** der typischen Flussschiffe, mit denen man die Stadt aus einer weiteren schönen Perspektive erleben und betrachten kann.

Information

› **Office de Tourisme** Saintes, Place de l'Abbaye 11, Saintes, Tel. 0033 546921701, www.saintes-tourisme.fr, geöffnet: Mo–Sa 10–12.30 und 13.30–18 Uhr

70 Camping au Fil de l'Eau

GPS 45.755255, -0.626947

Zentral gelegener, gemeindeeigener Campingplatz direkt an der Charente, schöner Baumbestand, behindertengerechte Sanitärräume, Waschmaschine/Trockner; **Lage/Anfahrt:** von der D 137 kommend, zweiter Kreisverkehr links auf die D128 einbiegen, dritter Kreisverkehr zweite rechts auf die Rue de l'Abattoir bis zum nächsten Kreisverkehr, dann vierte Ausfahrt auf die Rue de Courbiac, Platz liegt dann auf der rechten Seite; **Platzanzahl:** 153; **Untergrund:** Wiese; **Service:** Strom, Trinkwasser, Abwasser, Chemie-WC, WLAN; **Sicherheit:** beleuchtet; **Preise:** 18,80 € inklusive Strom; **Geöffnet:** Anfang Mai–Ende September; **Kontakt:** 8 Rue Courbiac, 17100 Saintes, Tel. 0033 546930800, www.campingaufildeleau.com.

COGNAC

(28 km – km 70)

Immer der Charente folgend, verläuft die D24 durch das Herz der Saintonge bis in die Region Cognac. Auf den von Kalksteinkieseln aufgelockerten Böden wird schon seit der Antike Wein angebaut, den man hier allerdings zu etwas Hochprozentigerem destilliert. In und um Cognac geben sich so berühmte Produzenten wie Hennessy, Rémy Martin, Martell oder Courvoisier die Ehre, darüber hinaus

In der schönen Altstadt von Cognac lässt sich außer Weinbrand noch viel mehr entdecken

Cognac

Die drei großen C sind wohl die weltweit bekanntesten Genussmittel Frankreichs: Champagner, Camembert und Cognac, der seinen Namen vom Ort an der Charente hat.

Dieser Branntwein, so die einschlägige EU-Verordnung, wird nach anderen Regeln auch Weinbrand genannt, da er vollständig aus Weindestillat gewonnen wird.

Grundlage des international geschätzten Getränks mit seiner geschützten Ursprungsbezeichnung sind die Weißweine aus den Départements Charente und Charente-Maritime.

Der Branntwein wird in speziellen Destilliergefäßen, den „alambic", durch zweistufiges Brennen gewonnen. Grund für das Brennen war zunächst der Wunsch, Wein für den Export nach England, später dann auch nach Nordamerika, haltbar zu machen. Lange Zeit verdünnte man den Brand im Zielland wieder mit Wasser.

Qualität und Aromen erhält das Destillat aus dem Grundwein und aus dem Holz der Fässer, aus diesen stammt auch seine Farbe. Hierfür wird Eiche aus der Region Limousin bevorzugt.

Je älter der Branntwein ist, desto teurer wird er. Der einfachste Cognac mit der Bezeichnung V.S. muss mindestens zwei Jahre im Holzfass reifen, V.S.O.P. wurde mindestens vier Jahre gelagert, der Napoléon oder X.O. („extra old") ist mindestens zehn Jahre alt. Es ist kaum vorstellbar, was ein Liebhaber für einen 100 Jahre alten Cognac bezahlen darf.

gibt es aber noch zahlreiche weitere Cognac-Brennereien und -Handelshäuser.

Die in einer Flussschleife liegende Stadt verdankt ihre wirtschaftliche Bedeutung seit Langem dem berühmten Eau-de-Vie. Am Charente-Kai mit den Türmen des **Porte Saint Jacques** (15. Jh.) luden einst flache Kähne die flüssige Kostbarkeit zur Verschiffung in die weite Welt und noch heute ist ein Großteil der knapp 20.000 Einwohner in der Produktion und dem Vertrieb des Branntweins beschäftigt.

Neben einer innerstädtischen Cognac-Fabrik liegt der kleine Wohnmobil-Parkplatz mit Blick auf die Charente und ihren Uferweg, an dem man herrliche Spaziergänge machen kann.

In nur wenigen Minuten ist die Brücke erreicht, an der die schöne Altstadt von Cognac beginnt. Gleich hier vor den Toren der Stadt befindet sich am Fuß des **Château Cognac** ein Restaurant, das mit seiner ausgefallenen Einrichtung und dem Blick auf den Fluss besticht.

081wf-lf

Das außergewöhnliche Ambiente im Lokal La Scala (s. S. 134) in Cognac ist eine Augenweide

Pineau des Charentes

Weniger bekannt ist der Pineau, ein Apéritiv aus Cognac mit Traubensaft. Der Legende nach entstand er 1589, zur Zeit Heinrichs IV., durch das Versehen eines Winzers, der Most in ein Fass mit Eau-de-Vie-de-Cognac gekippt hatte und dies erst Jahre später entdeckte.

Der Pineau lagert ebenfalls fünf bis zehn Jahre in Eichenfässern, je nach Rebsorte gibt es ihn in Weiß, Rosé und Rot. Die meisten Brennereien erzeugen ihren Pineau nur für den Eigenbedarf, außerhalb des Départements ist er selbst in Frankreich kaum zu erwerben.

In der Altstadt von Cognac fallen in das mittelalterliche Pflaster eingelassene Metalldreiecke auf, die den Weg des **Parcours du Roi** anzeigen. Wer diesen Zeichen folgt, wird zu den wichtigsten Sehenswürdigkeiten geführt.

So ist bald das **Maison de la Lieutenance** aus dem 16. Jahrhundert erreicht, das älteste und mit wunderschönen Schnitzereien verzierte Fachwerkhaus der Stadt.

Die **Grande Rue** entlang geht die Stadtbesichtigung weiter bis zur schlichten romanischen **Église Saint-Martin** mit ihrem weithin sichtbaren Glockenturm.

Das Zentrum der Stadt ist natürlich vom Cognac geprägt. So gibt es selbstverständlich auch ein Cognac-Museum, in dem man alles über das edle Getränk erfahren kann.

› **Musée du Cognac,** Place de la Salle Verte, Cognac, Tel. 0033 545362110, www.musees-cognac.fr, Di–So 14–18 Uhr, Mo geschlossen

Die Fußgängerzone endet an der **Place Francois I.** mit dem großen Reiterstandbild dieses Sohnes der Stadt, der 1515 in der Kathedrale von Reims zum König von Frankreich gekrönt wurde.

▷ *Schöne, riesige Malereien verzieren so manche Hausfassade in Angoulême*

Touristeninformation

› **Office de Tourisme Cognac,** Rue du 14 Juillet 16, Cognac, Tel. 0033 545821071, www.tourism-cognac.com, geöffnet: Mo–Sa 10–17 Uhr

Essen und Trinken

› **La Scala Ristorante Trattoria,** Rampe du Château 7, Cognac, Tel. 0033 545365911, tägl. 12–14 und 19–22 Uhr, www.lascalacognac.fr. Es ist empfehlenswert, einen Tisch zu reservieren.

Parken

P 23 **Cognac,** GPS 45.698683, -0.332904, Place de la Levade 20, www.tourism-cognac.com. Gebührenfreier, kleiner Stellplatz, zentrumsnah, schattig, an der Charente gegenüber der Altstadt.

71 Camping de Cognac

GPS 45.709134, -0.312773

Naturbelassener, gemeindeeigener Campingplatz direkt an der Charente, Zentrum fußläufig erreichbar, schöner Baumbestand, Pool, Kanu-Verleih; **Lage/Anfahrt:** von der N141 kommend im Kreisverkehr auf die D731 abbiegen, im nächsten Kreisverkehr auf die D48 abbiegen und dem Straßenverlauf im nördlichen Halbbogen folgen. Am zweiten Kreisverkehr scharf rechts auf die D24 einbiegen, dem Straßenverlauf folgen. Platz liegt dann auf der linken Seite; **Platzanzahl:** 146; **Untergrund:** Wiese; **Service:** Strom, Trinkwasser, Abwasser, Chemie-WC, WLAN; **Sicherheit:** beleuchtet; **Preise:** 19–22 € je nach Saison; **Geöffnet:** Anfang Mai–Ende Sept.; **Kontakt:** Bd. De Châtenay, 16100 Cognac, Tel. 0033 545321332, www.campingdecognac.fr.

ANGOULÊME

(45 km – km 115)

Nun geht es immer weiter ins Landesinnere hinein. Mit Angoulême ist die Hauptstadt des Départements Charente erreicht.

Wer es eilig hat, nimmt die vierspurig ausgebaute N141, wer die Strecke hierher genießen möchte, ist sicherlich auf den kleinen Straßen D22 und D84 entlang des Flusses

Charente besser aufgehoben. Angoulême ist eine **Comic-Metropole**. Seit 2009 ist das **Comicmuseum** in der Unterstadt in einem historischen Gebäude untergebracht, in dem sich einst ein großer Weinkeller befand. Ein faszinierender Rundgang zeigt die Geschichte der Comics von ihren Anfängen bis heute.

In der modern gestalteten Ausstellung sind 8000 Originalzeichnungen zu bewundern, die alle vier Monate ausgewechselt werden, um die Sammlung vor schädigenden Lichteinflüssen zu schützen.

› **Musée de la Bande Dessinée,** Quai de la Charente, Angoulême, Tel. 0033 545386565, www.citebd.org, geöffnet: Di–Fr 10–18, So 14–18 Uhr

Seit 1974 findet in Angoulême jedes Jahr Ende Januar das berühmte Comicfestival statt. Während des viertägigen „Festival International de la Bande Dessinée d'Angoulême", des bedeutendsten seiner Art in Europa, empfängt die Stadt ca. 200.000 Besucher.

Das Comicmuseum ist über eine Fußgängerbrücke mit der Stadt verbunden, am anderen Ufer der Charente liegt auch gleich das nächste Museum, das **Papiermuseum „Le Nil".** Vom Holz- und Wasserreichtum an der Charente begünstigt, wurde die Stadt ab dem 14. Jahrhundert auch Zentrum der Papierproduktion, deren Blütezeit erst in den 1960er-Jahren zu Ende ging.

› **Musée du Papier – Le Nil,** Rue de Bordeaux 134, Angoulême, Tel. 0033 545927343, www.musee-du-papier.fr, geöffnet: Di–So 14–18 Uhr, Mo geschlossen

Die **Innenstadt** liegt auf einem Kalkstein-Plateau 100 m über einer Schleife der Charente. Lange war die Stadt Kreuzungspunkt wichtiger Handelswege, vor allen Dingen für den Transport von Wein nach England und in die Niederlande.

Da die Stadt keinen offiziellen Stellplatz hat, ist der Parkplatz des Comicmuseums (Parking Abras) auch der ideale Ausgangspunkt für die Besichtigung des Zentrums. Die Altstadt auf dem Felsplateau ist mit dem Wohnmobil etwas schwierig anzufahren und in den engen Gassen gibt es kaum eine Parkmöglichkeit.

082wf-lf

Die kleine Bergwanderung lohnt sich allemal, denn Angoulême trägt auch den ehrenvollen Titel „Ville d'art et d'histoire".

Dort oben ist das imposante **Rathaus (Hôtel de Ville)** nicht zu übersehen: Es wurde auf dem höchsten Punkt und dem Hauptplatz der Stadt errichtet. Vor dem ehemaligen Schloss kann man ein großes Standbild von **Marguerite d'Angoulême** bewundern, die 1492 hier geboren wurde.

Weiter geht die Stadtbesichtigung zur **Cathédrale Saint-Pierre** aus dem 12. Jahrhundert, deren Portal mit unzähligen Skulpturen geschmückt ist. Der Blick auf die fünfgeschossige Fassade zeigt die für Aquitanien so typische Kuppel, der Blick hinunter streift über die Charente und das weite Umland.

Während des Rundgangs durch die Altstadt kann man an einigen Häuserfassaden riesige Wandbilder mit Comicmotiven entdecken, die dem historischen Umfeld eine außergewöhnliche Atmosphäre verleihen. Es lohnt sich, diese ideenreichen Malereien genauer zu betrachten und das bunte Kontrastprogramm von Angoulême ausgiebig zu genießen.

083wf-if

Information

› **Office de Tourisme Angoulême,** Rue du Chat 7, Angoulême, Tel. 0033 545951684, www.angouleme-tourisme.com, geöffnet: Mo–Sa 9–12.30 und 13.30–18 Uhr, So geschlossen

Essen und Trinken

› **Le St. André,** 6 Rue Saint-André, Angoulême, Tel. 0033 545922585, www.le-st-andre.fr. Gehobenes Bistro mit schöner Terrasse im Herzen der Altstadt.

Einkaufen

Die **historische Markthalle** auf der **Place Victor Hugo** ist dienstag- bis sonntagvormittags geöffnet und der Besuch dieser in Frankreich so geliebten Institution ist ein optisches und kulinarisches Erlebnis.

Parken

P 24 Parking Abras, GPS 45.655695, 0.152395

Man verlässt Angoulême auf der D674, nach 32 km ist die D10 erreicht, die durch eine landschaftlich reizvolle Strecke zum nächsten sehenswerten Ort führt.

AUBETERRE-SUR-DRONNE

(48 km – km 163)

Die Ortsbezeichnungen in Frankreich sagen den Reisenden meist ganz genau, an welchem Fluss oder in welcher Region sie sich befinden. Dieser kleine Ort namens **Aubeterre** liegt demnach am Fluss Dronne.

Von der D10 kommend, gibt es gleich zu Ortsbeginn einen Parkplatz, auf dem auch einige Parkflächen für Wohnmobile ausgewiesen sind. Das 400-Seelen-Dorf ist nahezu autofrei und so durchstreift man den kleinen Ort per pedes.

72 Camping Paradis Aubeterre-sur-Dronne

GPS 45.268189, 0.174948

Naturbelassener Campingplatz direkt an der Dronne, Strand, Ortsrand, schöner Baumbestand, Brötchenservice, Snacks, Kajak-Verleih; **Lage/Anfahrt:** Der Campingplatz liegt in der Nähe des Ortes, auf der Route de Ribérac D2 den Fluss überqueren und der Beschilderung folgen; **Platzanzahl:** 70; **Untergrund:** Wiese; **Service:** Strom, Trinkwasser, Abwasser, Chemie-WC, WLAN; **Sicherheit:** beleuchtet; **Preise:** 12–22 € (je nach Saison); **Geöffnet:** Mitte Mai–Ende September; **Kontakt:** Route de Ribérac D2, 16390 Ribérac, Tel. 0033 545987543, www.camping-aubeterre-sur-dronne.fr.

Parken

P 25 Aubeterre-sur-Dronne, GPS 45.271913, 0.169227

Auf mittelalterlichem Pflaster geht es zur **Place Ludovic Trarieux,** auf der man unter Schatten spendenden Bäumen gemütlich eine Stärkung zu sich nehmen kann.

Das eigentliche Ziel des Besuchs von Aubeterre-sur Dronne ist aber die **Église Souterraine Saint-Jean.** Die unterirdische Felsenkirche ist die größte Höhlenkirche Europas. Das mystische Licht in dem im 7. Jahrhundert geschaffenen Nachbau des Felsengrabs von Jerusalem erzeugt eine einzigartige Atmosphäre. Die in den Fels gehauene Monolithkirche wurde im 12. Jahrhundert von Benediktinermönchen erweitert und erst 1958 wieder entdeckt. Der Blick von einer Empore auf den 20 m hohen, 27 m langen und 16 m breiten Raum ist atemberaubend. Ein mystisches Licht erhellt den Schrein, in dem einst aus dem Heiligen Land mitgebrachte Reliquien aufbewahrt wurden.

In zahlreichen Nischen sind Hunderte Gräber eingelassen, auch in der Krypta, die erst 1961 durch einen Einsturz freigelegt wurde, befindet sich eine große Grabanlage.

› **Église Souterraine Saint-Jean,** Rue Saint-Jean, Aubeterre-sur-Dronne, Tel. 0033 545986506, www.aubeterresurdronne.com, geöffnet: Mo–So 9.30–12.30 und 14–18 Uhr, Eintritt 4 €. Im Sommer finden hier regelmäßig Konzerte statt.

◁ Der Reliquienschrein in der Felsenkirche von Aubeterre-sur-Dronne

Aubeterre-sur-Dronne gehört sicherlich zu Recht zu den „Plus Beaux Villages de France" (s. S. 88), das Dorf ist wirklich malerisch. Wunderschöne Häuser mit ihren typischen Holzbalkonen prägen ein idyllisches Bild, und über allem thront die Burg in 90 m Höhe.

BRANTÔME-EN-PÉRIGORD

(53 km – km 216)

Auf der D20 ist nach 16 km **Ribérac** erreicht, am Ortsrand liegt ein offizieller Stellplatz 73, der zwar nicht gerade zum längeren Verweilen einlädt, aber zum Übernachten und Ver- und Entsorgen ausreicht.

Ribérac ist der Hauptort des **„Périgord Vert“,** insbesondere freitagvormittags lohnt sich ein Bummel durch den Ort an der Dronne. Dann findet hier **einer der größten Märkte der Region** statt, auf dem bis zu 200 Straßenhändler ihre Stände aufbauen. Zusätzlich gibt es von April bis Oktober dienstagmorgens lokale Bauernmärkte und ein großer Supermarkt, in dem der Wohnmobilkühlschrank aufgefüllt werden kann, existiert hier auch. Jedes Jahr finden zwischen Dezember und Februar auch in kleineren Orten im Périgord Trüffelmärkte statt, auf denen ein erdiger und würziger Geruch die klare Luft durchzieht

73 Stellplatz Ribérac

GPS 45.256987, 0.342343

Der Stellplatz liegt vor dem „Camping Municipal de la Dronne“ am Ortsrand, ins Zentrum 1 km, neben dem Kanuverleih direkt am Fluss. **Lage/Anfahrt:** von D728 kommend am Ortsende links in die Aux Deux Ponts Quest abbiegen; **Platzanzahl:** 25; **Untergrund:** Schotter; **Service:** Trinkwasser, Abwasser, Chemie-WC; **Sicherheit:** beleuchtet; **Preise:** gebührenfrei, Wasser 2 €; **Max. Stand:** unbegrenzt; **Geöffnet:** ganzjährig; **Kontakt:** Route d'Angoulême, Ribérac, Tel. 0033 553900310, www.riberac-tourisme.com.

Die Weiterfahrt verläuft auf der D710/D78 immer parallel zur Dronne und ist landschaftlich recht reizvoll. Nach weiteren 28 km ist der Ort **Bourdeilles** erreicht, hier wurde ein großzügiger Stellplatz 74 für Wohnmobile eingerichtet. Das Dorf mit seinen 800 Einwohnern verfügt über ein reiches architekto-

Das Périgord

Diese historische Provinz entspricht dem heutigen Département Dordogne und ist ein Teil der Region Nouvelle-Aquitaine. Das Périgord wird aus touristischen und historischen Gründen in vier Gegenden untergeteilt:

*Das **Périgord Vert,** das grüne Périgord, liegt im hügeligen, waldreichen Norden und grenzt an das Limousin. Eine reiche Flora und Fauna gab der Gegend ihren Namen, die auch von zahlreichen Wasserläufen durchzogen wird. Brantôme, das „Venedig des Périgord“, ist zu Recht ein „Plus Beaux Village“ (s. S. 88).*

*Das **Périgord Blanc,** das weiße Périgord, erhielt seinen Namen wegen der zahlreichen hellen Getreidefelder und des ausgedehnten Kalksteinplateaus, das sich beiderseits des Flusses Isle gebildet hat. In diesem Streifen liegt auch die Hauptstadt Périgueux (s. S. 141).*

*Das **Périgord Noir,** das schwarze Périgord, befindet sich im Südosten des Départements, die Hauptstadt ist Sarlat-la-Canéda. Die Gegend zeichnet sich durch fruchtbare Landschaften, dunkle Eichenwälder, lichte Flusstäler der Dordogne und Vézère und schroffe Klippen aus. Zahlreiche historische Monumente zeigen von einer reichen Vergangenheit.*

*Das **Périgord Poupre,** das rote Périgord, befindet sich im Südwesten um die Stadt Bergerac. Der Name bezieht sich auf den Wein, der in dieser Gegend angebaut wird. Durch das milde Klima begünstigt, gedeihen hier auch Walnüsse, Tabak und Sonnenblumen.*

Aufgrund der außergewöhnlichen Güte der landwirtschaftlichen Produkte ist das Périgord schon seit Langem für seine schmackhafte Küche bekannt. Canard und Oie, Foie Gras und Confit sowie Trüffel (s. S. 143), „das schwarze Gold“, sind in aller Munde.

Das Périgord ist eine der waldreichsten Gegenden Frankreichs und somit auch sehr wildreich. Reh, Wildschwein, Hirsch, Rebhuhn und Fasan stehen genauso auf der kulinarischen Menükarte wie Steinpilz, Pfifferling und Morchel.

084wf-if

nisches Erbe, insbesondere das alles überragende Schloss, das **Château de Bourdeilles,** ist einen Besuch wert.

› **Château Bourdeilles,** Le Bourg, Bourdeilles, Tel. 0033 553037336, www.chateau-bourdeilles.fr, tägl. 10–13, 14–18 Uhr, geschlossen: montags (außer in den Schulferien), Eintritt: Erw. 8,80 €, Kinder 5–12 Jahre 5,80 €. Die Besichtigung per Audioguide ist auch in deutscher Sprache möglich.

74 Stellplatz Bourdeilles

GPS 45.323144, 0.583398

Aire municipale Camping-Cars direkt an der Dronne, am Ortsrand, 500 m ins Zentrum. **Lage/Anfahrt:** Sportplatz und Schwimmbad nebenan, von der D78 kommend im Ort links über die Brücke auf die D106 fahren, Beschilderung „Stade municipal“ folgen; **Platzanzahl:** 50; **Untergrund:** Wiese; **Service:** Trinkwasser, Abwasser, Chemie-WC; **Sicherheit:** beleuchtet; **Preise:** 4 €/Fahrzeug, die Gebühr wird abends abkassiert; **Max. Stand:** unbegrenzt; **Geöffnet:** ganzjährig; **Kontakt:** Plaine des Loisirs, Bourdeilles, www.bourdeilles.com.

Noch 9 km sind es bis **Brantôme-en-Périgord,** das mit einem sehr schönen, großen und zentrumsnahen Stellplatz 75 punktet. Durch den **Parc Public** mit seinen uralten Mammutbäumen erreicht man nach wenigen Minuten eines der zahlreichen Brückchen, die in das mittelalterliche Stadtzentrum führen.

Diese Altstadt liegt auf einer von Menschenhand geschaffenen Insel in der Dronne. Mönche hatten im 9. Jahrhundert zur natürlichen Flussschleife eine gegenläufige gegraben, sodass eine nahezu runde Insel entstand.

Das Stadtbild ist so intakt und idyllisch, dass sich Brantôme zu einem Touristenmagnet entwickelt hat. Auffällig sind die vielen englischen Urlauber, die sich ganz besonders für das Périgord zu interessieren scheinen. Vielleicht spüren sie der Vergangenheit nach, in der England große Teile Frankreichs beherrschte.

Brantôme nennt sich das „Venedig des Périgord“, ein wunderschönes Städtchen

Das „Venedig des Périgord" kann auf ein reiches kulturelles Erbe zurückblicken, hier muss zuallererst die **Abtei Saint-Pierre** erwähnt werden. Die von Benediktinermönchen im 7. Jahrhundert in den Uferfelsen gehauenen **Grottes de l'Abbaye** am Boulevard Charlemagne können für 5 € besichtigt werden. Die Abteikirche nebenan ist frei zugänglich und besitzt den ältesten Turm (11. Jahrhundert) des Périgord.

› **Grottes d'Abbaye de Brantôme,** Boulevard Charlemagne 14, Brantôme, Tel. 0033 553058063, www.ville-brantome.fr, geöffnet: Mitte Feb.-Ende Dez, Eintritt: kostenlos. Geführte Besichtigungen in Verbindung mit dem Glockenturm 7,50 € pro Person, bis 12 Jahren kostenlos.

Die wunderschöne, breite Promenade führt zu einer Ellbogenbrücke, der **Pont Coudé** aus dem 16. Jahrhundert, die rechtwinklig geknickt die Dronne überquert. Schmiedeeiserne Skulpturen schmücken den Weg am Fluss, an dem in einer ehemaligen Mühle heute ein reizvoll begrüntes Restaurant mit idyllischer Terrasse untergebracht ist:

› **Le Moulin de l'Abbaye,** Route de Bourdeilles 1, Brantôme, Tel. 0033 553058022, www.moulinabbaye.com, geöffnet: Anfang April-Ende Oktober mittags und abends. Das hochwertige Restaurant gehört zum gleichnamigen 4-Sterne-Hotel und ist im Guide Michelin erwähnt.

Bei einem Spaziergang durch die Altstadt sind rund um die **Place de la Liberté** einige interessante Häuser zu sehen, deren Besonderheiten auf Tafeln beschrieben werden. Während des Bummels durch Brantôme kann man so manchen Euro loswerden – denn allzu verlockend sind die süßen Auslagen in den Pâtisserien. Die bunten **Macarons**

75 Stellplatz Brantôme-en-Périgord

GPS 45.360484, 0.648377

Offizieller, großer Stellplatz der Gemeinde, sehr schön angelegt, teils parzelliert, etwas Schatten. **Lage/Anfahrt:** am Fluss, Park angrenzend, 300 m ins Zentrum, Restaurants und Supermarkt in der Nähe, von der D78 kommend am Ortsbeginn die erste Möglichkeit nutzen, um die Dronne zu überqueren, der Beschilderung „Aire de Camping-Cars" folgen; **Untergrund:** Schotter; **Service:** Strom, Trinkwasser, Abwasser, Chemie-WC; **Sicherheit:** umzäunt, beleuchtet; **Preise:** 8,10 €/Fahrzeug, Ver-/Entsorgung (außerhalb der Einzäunung) 2 €; **Max. Stand:** zwei Nächte; **Geöffnet:** ganzjährig; **Kontakt:** Chemin du Vert Galant, Brantôme, Tel. 0033 553058063, www.ville-brantome.fr.

089wf-if

085wf-if

werden in unzähligen Geschmacksrichtungen angeboten und ihr Genuss gehört zu einem Frankreichurlaub einfach dazu.

Die Dronne bietet sich zu einer **Kanufahrt** an, das entsprechende Gefährt nebst Paddel und Schwimmweste kann an der Pont Notre-Dame ausgeliehen werden.

Brantôme ist das Tor in die Region **Limousin,** deren Eichen das bevorzugte Holz für die Cognac-Fässer liefern.

Wer sich für den Besuch und für Wanderungen in diesem Naturpark interessiert, erhält dazu im Fremdenverkehrsbüro ausführliches Informationsmaterial.

Information

› **Office de Tourisme Brantôme,** Rue Puyjoli de Meyjounissas 2, Brantôme-en-Périgord, Tel. 0033 553058063, www.perigord-dronne-belle.fr, geöffnet: tägl. 10–18 Uhr, außerhalb der Hochsaison geänderte Öffnungszeiten. Informationen auch in deutscher Sprache erhältlich.

Die Grottes de l'Abbaye in Brantôme sind wirklich sehenswert

PÉRIGUEUX

(28 km – km 244)

Über die gut ausgebaute D939 ist die Hauptstadt des Périgord schnell erreicht, die den mobilen Reisenden mit einem ideal gelegenen Stellplatz 76 empfängt. Nur 200 m vom **Fluss Isle** entfernt ist man in wenigen Minuten auf der Brücke am Boulevard Georges Saumande, von hier hat man einen wunderschönen Blick auf die Kathedrale, drei elegante Kaihäuser und die alte Mühle, die später als Wachturm diente.

Vorbei an einigen prächtigen Bürgerhäusern geht es dann auf mittelalterlichem Pflaster und durch enge Gassen hinauf zur **Place de la Clautre.** Hier steht die imposante, 1669 geweihte **Cathédrale Saint-Front** mit ihrem sehr ungewöhnlichen Grundriss. In byzantinischem Stil ist sie einem griechischen Kreuz nachempfunden und mit zahlreichen Kuppeln versehen, auch der 62 m hohe Glockenturm ist der einzige weltweit, so heißt es, der romanisch-byzantinisch geprägt ist.

Im Innern der Kathedrale ist der Kronleuchter zu bewundern, der bei der Hochzeit von

086wf-if

Périgueux, die Hauptstadt des Périgord und ihre Geschichte

Périgueux kann auf lange Geschichte zurückblicken. Nach der Eroberung Galliens (52 v. Chr.) durch die Römer entstand der Ort Vesunna, der rasch zu einer bedeutenden Provinzstadt wurde.

Die römische Stadt bekam eine schützende Stadtmauer, die später in Häuser integriert wurde und nur noch in Teilen sichtbar ist. Vom Amphitheater, das 10.000 Zuschauer fasste, sind noch einige Reste im Jardin des Arènes Romaines erhalten. Zu Zeiten der Römer soll hier der Heilige Fronto als Bischof und Missionar gewirkt haben, ihm zu Ehren wurde auf der rechten Seite der Isle eine Kirche errichtet.

Puy-Saint-Front wurde die neu entstandene Ansiedlung genannt, die immer rascher wuchs, da sie an einer der Hauptpilgerrouten nach Santiago de Compostela lag. Im 11. Jh. wurde die Kirche abgerissen und die wesentlich größere Église Saint-Front wurde gebaut, die für damalige Verhältnisse geradezu gewaltig war.

Anfang des 13. Jh. vereinigten sich die beiden Orte Vesunna, genannt „La Cité", und Puy-Saint-Front, „Le Bourg", zur Stadt Périgueux, die die Hauptstadt der Grafschaft Périgord wurde.

Die wirtschaftliche Lebensader der Stadt war die Isle, auf der in erster Linie Wein in alle Welt verschifft wurde. Die Epidemie der alles vernichtenden Reblaus setze diesem für die Region so wichtigen Wirtschaftszweig im 19. Jh. ein Ende. Große Teile der Bevölkerung wanderten ab, erst Mitte des vergangenen Jahrhunderts begann ein erneuter Aufschwung.

Trüffel

In 5 bis 50 cm Bodentiefe geht der Edelpilz eine Symbiose mit anderen Pflanzen ein und bildet sich in deren Wurzelsystem. Speziell Bäume, die lockere Kalkböden bevorzugen, wie Steineiche, Hasel- oder Kirschbäume, sind die idealen Trüffellieferanten. Der Umkreis der Wirtschaftspflanze fällt als nahezu vegetationsfrei ins Auge, da die Duftstoffe des Pilzes für manche Pflanze oxidative Auswirkungen haben.

Verbreitet werden die Trüffelsporen durch den Kot von Wildschweinen und die Larven der Trüffelfliege, die sich von dem Pilz ernähren.

Der schwarze Trüffel wird oft auch als Périgord-Trüffel bezeichnet. Der Edelpilz kostet bis zu 2000 Euro das Kilo und besitzt eine schwarzbraune Haut. Das Fleisch ist zunächst weiß und wird mit zunehmendem Alter dunkler. Der französische schwarze Trüffel zeichnet sich durch eine unregelmäßige Struktur aus und hat einen starken erdigen Geruch. Sein Geschmack, der sich erst durch Erhitzen voll entfaltet, ist leicht pfeffrig und bitter.

Der teure europäische Trüffel weist einige Unterschiede zum preiswerteren chinesischen Trüffel auf. Dieser darf zwar auch als „Schwarzer Trüffel" bezeichnet werden, seine Farbe ist aber eher dunkelrot und seine Schale meist glatt.

Erntezeit der Wintertrüffel aus dem Périgord oder aus der Region Dordogne sind die Monate November bis März, dann finden je nach Ernteerfolg in nahezu jedem Ort auch Trüffeltage und -märkte statt.

087wf-lf

Der Sommertrüffel ist hauptsächlich im Piemont in Italien beheimatet. Das Fruchtfleisch ist weiß und besitzt ein unverwechselbares, kräftiges Aroma. Der sogenannte Alba- oder Herrentrüffel bekommt seine Farbe vom hellen Gehölz der Pappeln und Weiden, er erreicht oft die Größe eines kleinen Apfels und gehört zu den teuersten Lebensmitteln der Welt.

Da Schweine bekanntlich den Boden durchwühlen, ist ihr Einsatz bei der Ernte mittlerweile unerwünscht. Heutzutage werden nur noch speziell ausgebildete Hunde zur Trüffelernte eingesetzt, die aufgrund ihres Geruchssinnes die exakte Stelle und den Reifegrad des Pilzes erkennen können. Die Trüffelernte ist heute nicht mehr nur dem Zufall überlassen, denn der Anbau findet mittlerweile gezielt in Trüffelplantagen statt. So werden die Wurzeln der Plantagenbäume mit Trüffelsporen infiziert, allerdings dauert der Wachstumsprozess anschließend noch vier bis zehn Jahre und der Ernteertrag ist stark von den Wetterbedingungen abhängig.

Napoléon III. mit Eugénie de Montijo in der Kathedrale Notre-Dame in Paris hing.

Um sich vorab einen Überblick zu verschaffen, sollte man erst einmal das Fremdenverkehrsbüro an der nicht weit entfernten **Place du Coderc** aufsuchen.

☒ *Blick auf die Cathédrale Saint-Front in Périgueux, der Hauptstadt des Périgord*

Hier gibt es eine kostenlose, deutschsprachige Broschüre, in der auch ein bebilderter Rundgang durch die historische Altstadt eingezeichnet ist.

Der Platz ist der ehemalige Hinrichtungsplatz, auf dem heute mittwochs und samstags am Vormittag ein farbenfroher Markt stattfindet. In den 1970er-Jahren wurde die gesamte Altstadt in den Rang eines **UNESCO-Weltkulturerbes** erhoben, mit dieser Aufwertung setzte auch der Tourismus ein.

Im Lauf der Jahre wurden alle Häuser nach historischem Vorbild renoviert und so zeigt Périgueux heute eines der schönsten Stadtbilder Frankreichs.

Die 30.000 Einwohner zählende Stadt mit ihren über 30 Monuments historiques ist sehr lebendig. 36 % der Bevölkerung sind unter 30 Jahre alt, wozu rund 3000 Studierende der Universität beitragen.

Rund um die idyllischen Plätze der Stadt haben sich Cafés und Restaurants angesiedelt, in den Straßen der Altstadt bezaubern im Sommer Nachtmärkte und Konzerte die Besucher.

Während der Wintermonate gibt es auf der **Place Saint-Louis,** abhängig von der Ernte, samstags den **Marché aux truffes.** An gleicher Stelle findet von November bis März jeden Mittwoch und Samstag auch der **Marché aux gras** statt, auf dem Erzeuger aus der Region ihre Produkte rund um Gans und Ente präsentieren.

088wf-if

Information

› **Office de Tourisme Périgueux,** Place du Coderc 9, Périgueux, Tel. 0033 553531063, www.tourisme-perigueux.fr, geöffnet: Mo–Sa 9–12.30 und 14–18 Uhr, So geschlossen

76 Stellplatz Périgueux

GPS 45.187749, 0.730828

Offizieller Stellplatz der Stadt, in einem Wohngebiet in der Nähe der Isle, ruhig, zentrumsnah. Ein Stadtplan ist angebracht. **Lage/Anfahrt:** von der D939 kommend den Fluss Isle überqueren, am nächsten Kreisverkehr die vierte Ausfahrt nehmen und noch 200 m am Fluss entlangfahren; **Platzanzahl:** 40; **Service:** Trinkwasser, Abwasser, Chemie-WC; **Preise:** 7,80 €/Fahrzeug inklusive Ver- und Entsorgung; **Max. Stand:** zwei Nächte; **Geöffnet:** ganzjährig; **Kontakt:** Rue des Prés 37, Périgueux, www.tourisme-perigueux.fr.

Damit endet dieser Ausflug durch die Charente bis ins Périgord.

Wer noch mehr von dieser wunderschönen Region kennenlernen möchte, folgt am besten Route 7, die von Périgueux aus nach 47 km auf der D6089/D67 in Montignac beginnt.

Wer nun wieder Richtung Atlantik möchte, der erreicht von Périgueux aus auf der A89 nach 137 km Bordeaux, wo die Route 8 startet. Wer wieder gen Heimat muss, der hat auf der A89/A36 von Périgueux aus 733 km bis zur deutschen Grenze vor sich – Gute Fahrt!

Dieser Kronleuchter in der Cathédrale Saint-Front in Périgueux hing einst in der Cathédrale Notre-Dame in Paris

ROUTE 7

KULTURROUTE DURCH DAS PÉRIGORD

090wf-as © Boris Stroujko - stock.adobe.com

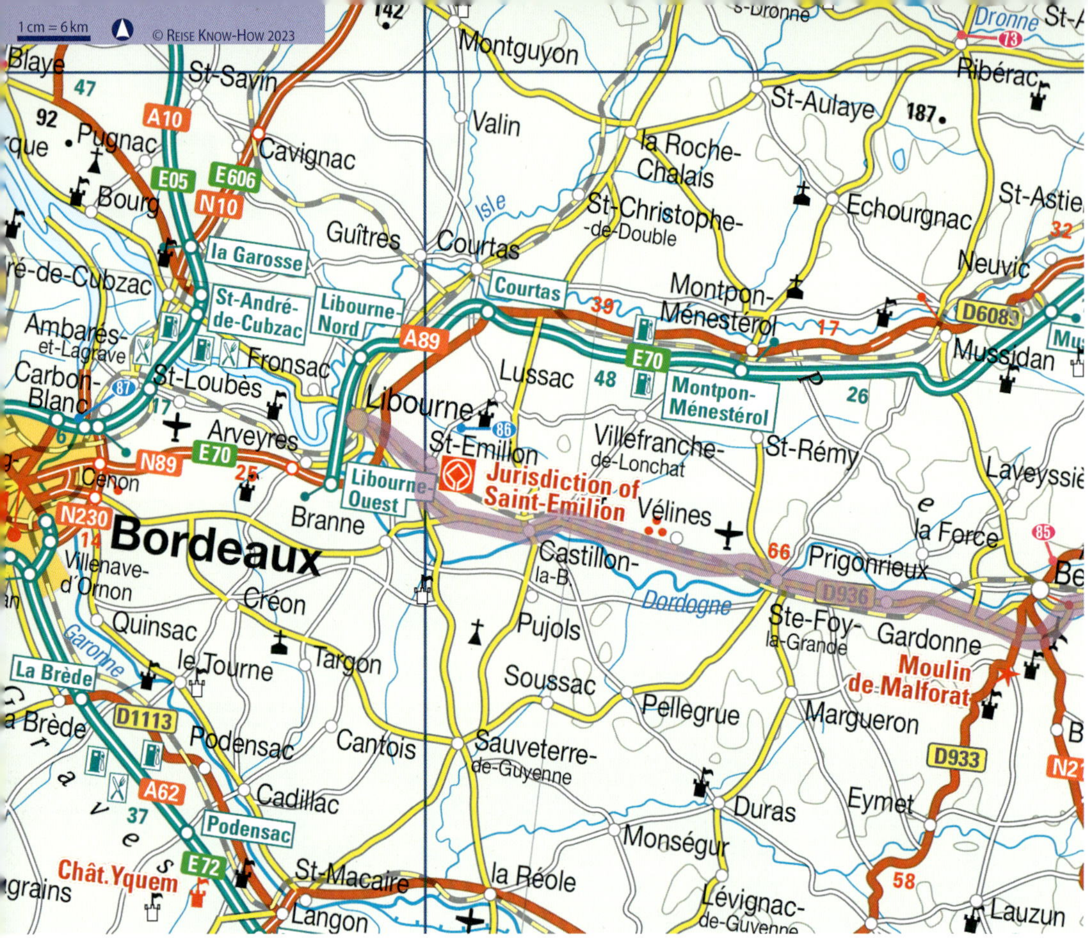

ROUTENÜBERSICHT

Strecke:
Montignac (s. S. 148) – **Sarlat-la-Canéda** (26 km, s. S. 151) – **Domme** (12 km, s. S. 152) – **La Roque-Gageac** (5 km, s. S. 155) – **Beynac-et-Cazenac** (5 km, s. S. 157) – **Castelnaud-la-Chapelle** (6 km, s. S. 157) – **Limeuil** (28 km, s. S. 159) – **Bergerac** (43 km, s. S. 161) – **Saint-Émilion** (58 km, s. S. 162)

Streckenlänge:
83 km

⊠ Kapitelstartseite: La Roque-Gageac (s. S. 155) ist ein sehr schönes Felsendorf am Ufer der Dordogne

Den Anfang dieser landschaftlich reizvollen Route macht das wunderschöne Tal der Vézère, dessen Flussabschnitt hier über eine Länge von 50 km zum Weltkulturerbe erklärt wurde. 15 prähistorische Fundstätten stehen auf der Liste der UNESCO. Mit der Grotte von Lascaux (s. S. 148) wird der Besucher von einem Highlight empfangen. Überhaupt findet der Höhlenfan in der näheren Umgebung zahlreiche sehenswerte Stätten, in denen das Leben des steinzeitlichen Cro-Magnon nachempfunden werden kann. Die Reise führt vorbei an sehenswerten Schlössern und Burgen, die majestätisch über dem Tal der Dordogne thronen. In den Fels gehauene Dörfer entführen den Gast in eine nahezu verwunschene Welt, in der man das Gefühl hat, dass die Zeit

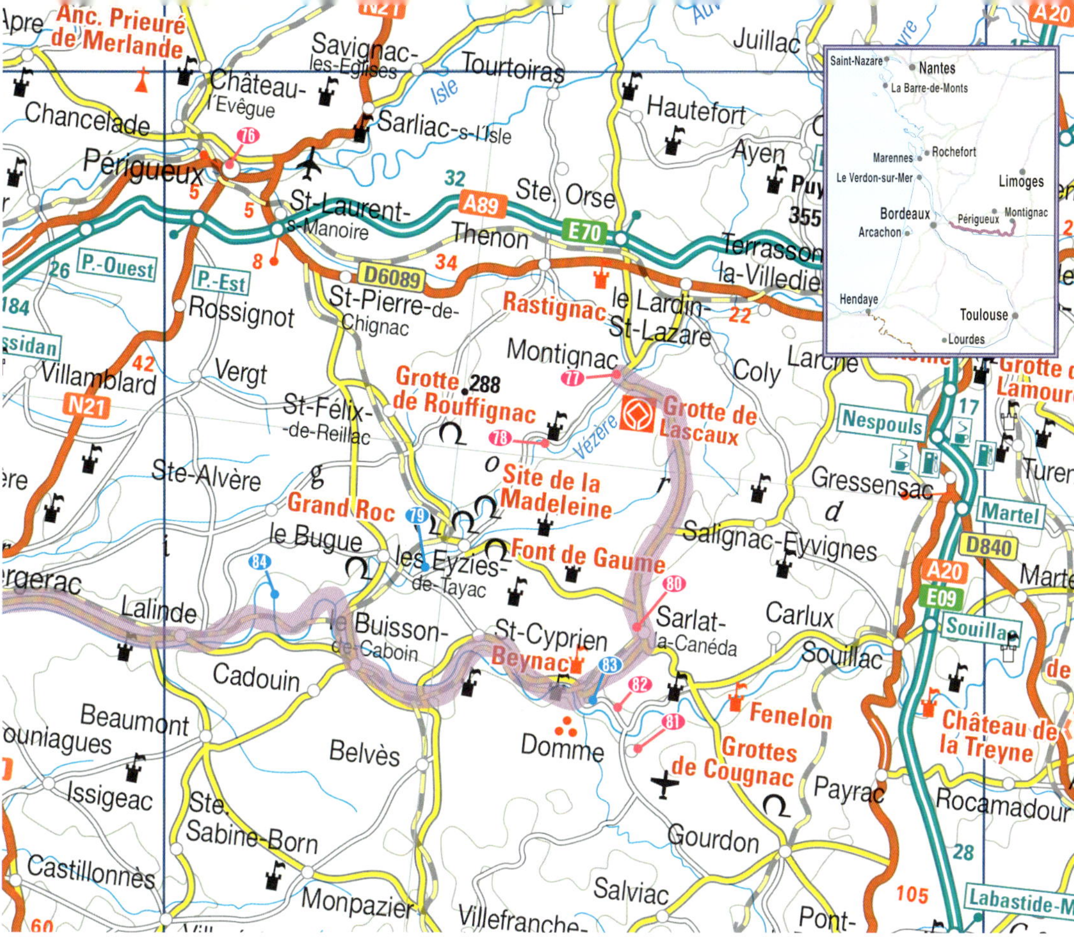

stehengeblieben ist. Das Périgord Noir, das schwarze Périgord (s. S. 138), hat seinen Namen wegen der charakteristischen, dichten Eichenwälder erhalten. Aber kalt und dunkel ist die Region mitnichten – die Sommer sind lang und angenehm temperiert. Walnussplantagen prägen das Landschaftsbild, und so sind natürlich diverse Spezialitäten durch diese Nuss inspiriert. Dann folgt das berühmte Weinanbaugebiet von Saint-Émilion. Hier befindet sich die größte unterirdische Felsenkirche Europas, die unbedingt einen Besuch wert ist (s. S. 163).

189wf-if

⊡ *Weinreben rund um den Donjon du Roi in Saint-Émilion*

MONTIGNAC

Wer von Périgueux kommt, nimmt am besten die D6089/D67, um nach Montignac zu gelangen. Wer die mautpflichtige A89 wählt, verlässt diese an der Autobahnausfahrt Nr. 17. Schon nach 12 km ist Montignac erreicht, hier befindet man sich bereits mitten im **Tal der Vézère.** Die Region gehört zum Département Dordogne und ist seit der Gebietsreform auch ein Teil Aquitaniens.

Das reizende Städtchen Montignac liegt direkt am Fluss, an dem es sich sehr idyllisch spazierengehen lässt. Die **Brücke** aus dem 14. Jh. ist mit Blumenkübeln geschmückt, alles macht einen sehr gepflegten, einladenden Eindruck. Von mehreren **Restaurants und Cafés** aus hat man einen herrlichen Blick auf das Gewässer und die Speisekarten werden natürlich von der Spezialität der Region dominiert – Canard und Foie Gras (s. S. 153).

Auch die diversen **Souvenirgeschäfte** bieten die Entendelikatessen in Dosen aller Größenordnungen an, und daneben ist noch der harte Walnusskuchen bzw. -keks eine süße Herausforderung.

Bereits zu Beginn des Mittelalters gab es in Montignac eine **Burg,** Sitz des Grafen von Périgord. Sie thront über einem kleinen Labyrinth mittelalterlicher Gässchen mit schön restaurierten Häusern aus dem 14. bis 16. Jahrhundert. Wer Montignac also nur auf den Besuch der Grotte von Lascaux reduziert, wird etwas verpassen, denn die kleine Altstadt ist allemal einen Rundgang wert.

Der Ort hat sich auf den Besucheransturm eingestellt und bietet einen großen Stellplatz 77 für Wohnmobilisten an, denn das Übernachten auf dem Wohnmobil-Parkplatz P2 an der Grotte ist nicht gestattet.

Vom offiziellen Stellplatz in Montignac aus sind es 20 Min. Fußweg bis zur Grotte, sodass man das Fahrzeug getrost dort stehen lassen kann.

Die Besichtigung der **Grotte mit ihren weltberühmten Höhlenmalereien** ist ein absolutes Muss. Die 1½ Std. dauernde Führung ist in mehreren Sprachen möglich und sehr interessant und kurzweilig gehalten. Auch wenn man sich in der absolut detailgetreuen Nachbildung der Höhle aufhält, ist die Besichtigung doch faszinierend und beeindruckend.

Montignac an der Vézère ist ein zauberhaftes Städtchen mit einem guten Stellplatz 77

091wf-lf

092wf-if

Die 1940 von spielenden Kindern entdeckte Grotte wurde bereits 1963 wieder geschlossen, da man feststellen musste, dass die Feuchtigkeit, die durch den hohen Besucherandrang in die Höhle getragen wurde, die einzigartigen Wandmalereien zu zerstören begann. Man entschloss sich, 200 m weiter eine originalgetreue Reproduktion der Grotte zu schaffen. Lascaux II wurde 1983 eröffnet und empfängt seitdem jährlich fast 300.000 Interessierte.

Im Jahre 2016 wurde das hochmoderne **Besucherzentrum Lascaux IV** eingeweiht, in dem sämtliche Höhlenmalereien in multimedialer Aufbereitung und mit Erklärungen ausgestellt sind. Die einstündige Führung endet in einem Ausstellungsraum, in dem den Besuchern nochmals die Geschichte der Entdeckung von Lascaux, beeindruckende Nachbildungen von diversen Höhlenmalereien und Erklärungen dazu gezeigt werden. Hier kann man ungestört fotografieren. Im internationalen Zentrum für Höhlenmalerei sind neben dem Ticketschalter noch ein Café und eine Boutique untergebracht.

› **Lascaux Centre International de L'Art Pariétal,** Lascaux Centre International, Montignac, Tel. 0033 553509910, www.lascaux.fr, geöffnet: ganzjährig tägl. 9–10 Uhr. In der Hauptsaison ist eine Reservierung empfehlenswert. Eintritt: 22 €, Kinder 14,50 €. Die Grotte selbst ist nur mit Führer zu besichtigen.

Informationen

› **Office du Tourisme Montignac,** Place Bertrande-Born, Montignac, Tel. 0033 553518260, www.lascaux-dordogne.com, geöffnet: 9.30–12.30 und 14–18 Uhr, in der Hauptsaison durchgehend, in der Nebensaison sonntagnachmittags geschlossen

Essen und Trinken

› **Les Pilotis Restaurant-Pizzeria,** Rue Laffite 6, Montignac, Tel. 0033 553508815, geöffnet: tägl. Kleines, gemütliches Restaurant mit Terrasse und Blick auf den Fluss.

Einkaufen

Mittwochs und samstags findet am Vormittag der **Wochenmarkt** statt. Zusätzlich gibt es in den Sommermonaten montagabends noch einen **Nachtmarkt,** den *marché nocturne.*

Parken

P 26 **Wohnmobil-Parkplatz P2,** GPS 45.058944, 1.168420, an der Grotte, Übernachtungsverbot

Eine von vielen beeindruckenden Höhlenmalereien in Lascaux

77 Stellplatz Montignac

GPS 45.067816, 1.164857

Neu angelegter, sehr gepflegter Stellplatz direkt am Ortseingang. **Lage/Anfahrt:** historisches Zentrum, Fluss und Restaurants in unmittelbarer Nähe, von der A89 kommend auf der D67 bis nach Montignac fahren, die D704 führt in den Ort hinein, erste Straße links dem Womo-Piktogramm folgen; **Platzanzahl:** 30; **Untergrund:** Schotter; **Service:** Strom, Trinkwasser, Abwasser, Chemie-WC; **Sicherheit:** beleuchtet; **Preise:** 7 €/Fahrzeug inklusive Ver- und Entsorgung; **Max. Stand:** unbegrenzt; **Geöffnet:** ganzjährig; **Kontakt:** Rue des Sagnes, Montignac, www.lascaux-dordogne.com.

147wf-if

Für Reisende, die ausreichend Zeit mitbringen, ist die Weiterfahrt entlang der Vézère landschaftlich wie kulturell unbedingt empfehlenswert. Auf einigen wenigen Kilometern häufen sich die prähistorischen Fundstätten, sodass man problemlos einen ganzen Urlaub hier verbringen kann. Für diese Routenwahl bietet sich ein Besuch inkl. Stellplatz 78 im kleinen, idyllischen **Saint-Léon-sur-Vézère** an.

78 Stellplatz St-Léon-sur-Vézère

GPS 45.01224, 1.08946

Offizieller Stellplatz vor dem Camping Municipal Saint-Léon-sur-Vézère. **Lage/Anfahrt:** Flussnähe, Zentrum fußläufig erreichbar, Restaurant in der Nähe, von der D706 kommend auf die D66 Richtung Zentrum fahren, kurz vor dem Fluss rechts Richtung Campingplatz abbiegen, Beschilderung „Aire de Camping-Cars“; **Platzanzahl:** 20; **Untergrund:** Rasengitter; **Service:** Trinkwasser, Abwasser, Chemie-WC; **Preise:** 6 €/Fahrzeug inkl. Entsorgung, Wasser kostenpflichtig; **Max. Stand:** unbegrenzt; **Geöffnet:** ganzjährig; **Kontakt:** Le Bourg, St-Léon-sur-Vézère, www.saint-leon-sur-vezere.fr.

Wer die idyllische Landschaft hier im **Périgord Noir** noch etwas länger genießen möchte, dem sei folgender Campingplatz empfohlen:

Sarlat bei Nacht ist ein unvergessliches Erlebnis

79 Camping Val de la Marquise Dordogne

GPS 44.906622, 0.974575

4-Sterne-Campingplatz mit beheiztem Pool, schöner Baumbestand, Bar, Restaurant, Lebensmittelladen, 500 m vom Fluss Vézère entfernt, Kajak-Verleih; **Lage/Anfahrt:** von der D706 kommend in Château de Campagne auf die D35 abbiegen, Straßenverlauf folgen, Platz liegt auf der rechten Seite, Platz ist im Ort ausgeschildert; **Platzanzahl:** 69; **Untergrund:** Wiese; **Service:** Strom, Trinkwasser, Abwasser, Chemie-WC, WLAN; **Sicherheit:** beleuchtet; **Preise:** 14–22 € je nach Saison; **Geöffnet:** Mitte April–Anfang Oktober; **Kontakt:** 544 Route de Saint-Cyprien le Petit Moulin, 24260 Campagne, Tel. 0033 553547410, www.camping-dordogne-marquise.com.

SARLAT-LA-CANÉDA

(26 km – km 26)

Die schnellste Möglichkeit, nach Sarlat-la-Canéda zu kommen, bietet die D704. Die Stadt verfügt über einen grandios erhaltenen mittelalterlichen Stadtkern. Rund um den weitläufigen **Marktplatz** haben sich diverse Lokalitäten angesiedelt.

Einkaufstipp: Der hier mittwochs und samstags stattfindende **Markt** ist eine echte Institution. Von regionalen Produkten, den Spezialtäten des Périgord Noir, bis hin zu Bekleidung wird dann alles angeboten. In ungewöhnlicher Umgebung befindet sich die **Markthalle** von Sarlat, denn hierfür wurde die alte Kirche Sainte Marie am Place de la Liberté umgebaut.

Sarlat ist ein echter Besuchermagnet, und auch wenn der hiesige Stellplatz 80 nicht gerade zum Übernachten einlädt, sollte man auf das Erlebnis **„Sarlat bei Nacht“** auf keinen Fall verzichten. In den abends beleuchteten mittelalterlichen Gassen herrscht dann eine unvergessliche Atmosphäre. Gaslaternen erzeugen rund um die Kathedrale, das Rathaus und die vielen historischen Patrizierhäuser ein mystisches Licht. Im Sommer verstärken zahlreiche Gaukler, Straßenmusikanten und Zauberer noch das Gefühl, in der fernen Vergangenheit angekommen zu sein.

Zwischen dicken mittelalterlichen Gemäuern haben erstaunlich **preiswerte Restaurants** Stühle und Tische in die Gassen gestellt und wetteifern um Gäste. Wo, wenn nicht in Sarlat, bietet sich eine bessere Gelegenheit, um eine der vielen **Canard-Variationen** zu probieren. Eine hübsche Bronzeskulptur zu Ehren der Enten steht übrigens mitten in der Altstadt.

In Sarlat finden rund ums Jahr diverse **Feste** statt, u. a. das Trüffelfest im Januar, La Fête d'Oie („Gänsefest“) im März, das Jazzfestival im Juni oder das Filmfestival im November. Egal zu welcher Jahreszeit – in Sarlat ist immer etwas los.

Informationen

› **Office de Tourisme Sarlat-la-Canéda,** Rue Tourny, Sarlat-la-Canéda, Tel. 0033 553314545, www.sarlat-tourisme.com, geöffnet: Mo–Sa 9–19.30, So 10–13 u. 14–18 Uhr. April–Oktober werden geführte Stadtrundgänge angeboten. Hier erhält man auch einen kleinen Stadtplan und Infos zu vielen Themen.

093wf-lf

162wf-lf

80 Stellplatz Sarlat-la-Canéda

GPS 44.89585, 1.212674

Offizieller Stellplatz am Ortsrand, historische Altstadt 10 Min. entfernt. Wenig ansprechend direkt an der D704. Bäckerei direkt neben den Stellplatz. **Lage/ Anfahrt:** neben dem Friedhof, die D704 führt direkt am Stellplatz vorbei, Womo-Piktogramm; **Platzanzahl:** 20; **Untergrund:** Asphalt; **Service:** Strom, Trinkwasser, Abwasser, Chemie-WC; **Preise:** 7 €/Fahrzeug; **Max. Stand:** zwei Nächte; **Geöffnet:** ganzjährig; **Kontakt:** Avenue de Général de Gaulle, Sarlat-la-Canéda, www.ot-sarlat-perigord.fr.

Essen und Trinken

› **Auberge le Mirandol,** Rue des Consuls 7, Sarlat-la-Canéda, Tel. 0033 554295389, www.restaurant-auberge-mirandol-sarlat.fr, täglich bis ca. 21 Uhr geöffnet, eine Reservierung oder ein Eintreffen bis 19 Uhr ist empfehlenswert, da sonst alle Tische besetzt sind. Das Restaurant bietet mehrere gute und preiswerte Menüs rund um die Ente an. **Tipp:** Probieren Sie doch mal „Pommes sarladaies". Als Beilage zu Fleischgerichten, vor allen Dingen zur allgegenwärtigen Ente, sind diese Bratkartoffeln ein Genuss. Die in Scheiben geschnittenen rohen Kartoffeln werden in Gänsefett angebraten, später kommen dann noch Steinpilze, Knoblauch und Petersilie dazu.

Parken

P 27 **Rue Paul Verlaine,** GPS 44.882785, 1.212643. Keine Versorgung, aber ideal für die Stadtbesichtigung.

DOMME

(12 km – km 38)

Nach kurzer Fahrt auf der D46 ist die nächste Sehenswürdigkeit erreicht. Domme trägt zu Recht den Titel eines „Plus Beaux Villages de France" (s. S. 88). Ein wenig Anstrengung ist schon vonnöten, um zum alten Stadttor, der Porte des Tours, hinaufzusteigen und hier die Stadt zu betreten. Einfacher geht dies natürlich mit dem kleinen **Touristenzug,** der für 5 € vom Parkplatz zu einer Sightseeingtour durch das mittelalterliche Städtchen einlädt. Sicherlich ist Domme sehr touristisch geprägt, aber ohne Frage eine Reise wert.

Domme ist als Wehrdorf *(bastide)* trapezförmig angelegt und verengt sich zum Ortsende, wo ursprünglich die Burgfeste angesiedelt war. Hier befinden sich der **Marktplatz** und die **Marktkirche.** Die bergan führende Grande Rue ist von zahlreichen Souvenirgeschäften gesäumt, in denen die regionalen Produkte des Périgord Noir angeboten werden: Walnusskuchen, Walnusskekse, Confit de canard in Dosen und natürlich Foie Gras, der in dieser Region allgegenwärtigen Spezialität.

Unbedingt sollte man bis zur **Aussichtsterrasse La Barre** weitergehen, denn der Blick von hier ist einmalig. Das mittelalterliche Domme thront hoch über der Dordogne auf einem 150 m hohen Felsen. Weit unten frönen Kanufahrer ihrem Hobby und auf der anderen Seite des Dordogne-Tals erblickt man das in den Felsen gebaute **La Roque-Gageac** (s. S. 155) und die trutzige Burg Beynac-et-Cazenac (s. S. 157).

Canard und Foie Gras

Frankreich gilt als Heimatland dieser kulinarischen Spezialität, was nicht ganz stimmt, denn schon im alten Ägypten schätzte man die Fettleber von Vögeln. Tatsache ist weiterhin, dass auch die Produktion durch Überfütterung der Tiere schon in vorchristlicher Zeit üblich war. Und auch wenn Foie Gras von vielen Franzosen abgelehnt und als Tierquälerei angesehen wird, so sprechen die Zahlen dieses bedeutenden Wirtschaftszweiges für sich: Etwa 75 % der weltweiten Produktion, davon 96 % Entenleber und 4 % Gänseleber, entstehen in Frankreich. Dies garantiert einer Vielzahl von Menschen im Südwesten des Landes Arbeit. Hier werden über 20.000 Tonnen Stopfleber produziert, mit weitem Abstand folgen Ungarn und Bulgarien. In vielen Ländern weltweit sind sowohl Produktion wie auch Import verboten, Deutschland allerdings steht als einer der Hauptabnehmer an fünfter Stelle. Diese Tatsache erstaunt umso mehr, wenn man bedenkt, welchen Stellenwert der Tierschutz und das Tierwohl in der Bundesrepublik haben. Gesetzliche Bestimmungen dieser Art gibt es in Frankreich natürlich auch, Foie Gras bildet allerdings eine Ausnahme, da diese Spezialität zum „nationalen und gastronomischen Kulturerbe" erklärt wurde. Trotzdem verzichten immer mehr Restaurants auf ihrer Speisekarte auf die von vielen Franzosen so geliebte Delikatesse.

Im Alter von ca. einem Monat beginnt die Mast, bei der den Vögeln bis zu viermal pro Tag ein Brei aus Mais und Schweineschmalz im wahrsten Sinne des Wortes eingetrichtert wird. Schon nach kurzer Zeit ist das Tier so schwer, dass es nicht mehr in der Lage ist zu fliegen. Die Leber eines natürlich aufgewachsenen Vogels hat bei der Schlachtung ein Gewicht von ca. 300 g, bei den gemästeten Tieren sind es 1 bis 2 kg.

Es gibt fünf verschiedene Qualitätsstufen oder Variationen: Foie Gras entier, reine Geflügelleber am Stück, Foie Gras ist aus mehreren Leberstücken zusammengesetzt, Mousse de Foie Gras ist eine Emulsion aus Geflügelleber und anderen pflanzlichen oder tierischen Fetten, Pâte de Foie Gras ist eine Geflügelleberpastete und enthält mindestens 50 % Entenleber. Außerdem gibt es Parfait de Foie Gras mit mindestens 75 % Geflügelleber.

Selbstverständlich wird die komplette Ente kulinarisch aufbereitet und verzehrt. Neben den auch in Deutschland bekannten Zubereitungsarten, zum Beispiel die knusprige gegrillte Ente oder Entenbrust in Orangensoße, gibt es in Frankreich noch das Confit de Canard.

Hier wird bereits gekochtes Entenklein in einer dicken Fettschicht in Gläsern oder Dosen haltbar aufbewahrt, das Gericht muss dementsprechend nur noch aufgewärmt werden.

Was kann man mit Foie Gras noch machen? Die Leber wird normalerweise für die Langzeitkonservierung sterilisiert. Sie kann aber als „mi-cuit" gekauft werden. Hierbei wurde die Garzeit verkürzt und die Leber vakuumverpackt. Bei einer Kühlung von +3 °C aufbewahrt, muss die von Franzosen so geschätzte Delikatesse allerdings kurz nach dem Kauf gegessen werden. Die frische Leber wird leicht angebraten, wobei die Pfannensäfte entweder mit Himbeeressig oder Walnuss-Aperitif (Vin de Noix) glasiert und mit Salz bestreut werden.

Foie Gras wird i. d. R. kalt serviert und mit einem in heißes Wasser eingelegten Messer geschnitten. In der Dordogne werden dazu oft ein Glas Monbazillac oder ein milder Bergerac-Wein serviert.

152wf-if

Bronzeskulptur „Hommage an die Ente" in Sarlat

Dem Steilfelsen folgend, führt die „promenade des falaises“ zum Garten **Jardin Public.** Das je nach Tages- und Jahreszeit wechselnde Licht macht das Panorama zu etwas ganz Besonderem.

Weit schweift der Blick in das Tal der Dordogne von Domme aus

Unterhalb des Gartens liegt der Eingang zu einer weiteren Sehenswürdigkeit, einer **Tropfsteinhöhle,** die den Einwohnern von Domme im Hundertjährigen Krieg (s. S. 156) und während der Religionskriege als Zufluchtsstätte diente. Die mittelalterliche Stadtmauer ist noch vollständig erhalten, denn der Ort war gut zu verteidigen und galt als uneinnehmbar. Niemals hätten die Bewohner damals vermutet, dass jemals ein Angriff über den Steilhang geführt werden könnte, doch genau dieser erfolgte auf den streng katholischen Ort während der Religionskriege im 16. Jh. durch den protestantischen Geoffroy

81 Stellplatz Domme

GPS 44.800894, 1.221814

Offizieller Stellplatz außerhalb der historischen Stadt, sehr gepflegt. Ein Stadtplan hängt aus. **Lage/Anfahrt:** für Wohnmobile reservierter Bereich des Parkplatzes von Le Pradal, sehr schöner Blick auf Domme, ca. 10 Minuten Fußweg bis zur Stadtmauer, von der D46E3 kommend unbedingt den Schildern „Bus/Campingcars“ folgen; **Platzanzahl:** 25; **Untergrund:** Asphalt; **Service:** Strom, Trinkwasser, Abwasser, Chemie-WC, WC, Waschbecken; **Sicherheit:** beleuchtet; **Preise:** 10 €/Fahrzeug; 3 Std. 2 €, 5 Std. 3 €, Wasser 2 €, der Automat akzeptiert Karte und Barzahlung; **Geöffnet:** ganzjährig; **Kontakt:** Le Pradal, Domme, www.domme.fr.

de Vivans. Am Ende der vier Jahre seiner Herrschaft war in Domme vieles zerstört. Der Wiederaufbau Anfang des 17. Jh. ist aufs Schönste gelungen und erfreut heute eine große Anzahl von Périgord-Reisenden.

Einkaufen

Auf dem Wochenmarkt mit viel frischem Obst und Gemüse werden donnerstagvormittags natürlich auch die Spezialitäten des Périgord angeboten.

Information

› **Office de Tourisme** Domme, Place de Halle, Domme, www.perigordnoir-valleedordogne.com, Tel. 0033 553317100, geöffnet: tägl. 9.30–19 Uhr

Von dem sehr schön gelegenen Stellplatz 81 oberhalb des Pkw-Parkplatzes hat man einen herrlichen Blick auf das historische Dorf.

LA ROQUE-GAGEAC

(5 km – km 43)

Das Örtchen zählt ebenfalls zu den „schönsten Dörfern Frankreichs“ und ist von Domme aus auf der D703 nach nur 5 km erreicht. Es gibt nur diese eine Straße entlang der schönen **Flusspromenade** auf der einen und den wie Schwalbennester am Felsen klebenden Häusern auf der anderen Seite.

In sonniger Südlage sind mit einer für damalige Zeiten architektonischen Meisterleistung aus ehemaligen Höhlenwohnungen **nette, einladende Häuser** entstanden. Die kleinen Gassen winden sich steil nach oben und alles ist selbstverständlich nur zu Fuß erreichbar. Ganz versteckt gibt es einige kleine **Souvenirgeschäfte** und **Restaurants** zu entdecken.

Das Felsgestein speichert die Wärme, daher herrscht hier ein fast mediterranes Klima. Neben der kleinen, schlichten **Kirche** aus dem 12. Jahrhundert erstreckt sich ein ausgedehnter **Bambusgarten,** der frei zugänglich ist. Zahlreiche tropische Pflanzen wie Palmen, Kakteen, Bananen, Zitronen und

Etwas ganz Besonderes ist das Felsendorf La Roque-Gageac

natürlich Bambus in allen Variationen wachsen und gedeihen aufs Üppigste.

Noch ein Stückchen weiter bergauf befindet sich das Herrenhaus **Manoir de Tarde,** von hier aus hat man einen herrlichen Blick über das Dordogne-Tal bis hin zur geschichtsträchtigen Burg Castelnaud (s. S. 157).

Direkt hinter dem Stellplatz werden an sportlich ambitionierte Urlauber **Kanus** verliehen, aber derjenige, der es gerne etwas gemütlicher angehen lässt, kann auf einem kleinen **Ausflugsdampfer** die schöne Gegend genießen. Die heutigen Schiffe sind sehr viel bequemer als die früher gängigen **Gabarres,** die traditionellen Boote der Schiffer (Gabariers). Vom Mittelalter bis ins 20. Jahrhundert war La Roque-Gageac ein wichtiger Handelsplatz für Güter, die mit diesen flachen Lastkähnen flussabwärts geschafft wurden. Am Ziel angekommen, demontierte man die Gabarres und verkaufte sie als Brennholz.

Der Stellplatz 82 direkt am Fluss lädt zum Übernachten ein, denn La Roque-Gageac bei Sonnenuntergang ist ein unvergesslicher Anblick.

Der Hundertjährige Krieg

Der „Guerre de Cents Ans" begann 1337 und endete erst 1453. Grund für die kriegerischen Auseinandersetzungen waren Besitzansprüche der englischen Könige, die auch gleichzeitig Herzöge von Aquitanien waren und den französischen Thron beanspruchten.

Eigentlich begann die Auseinandersetzung bereits 1066, als der normannische Herzog Wilhelm I. England eroberte. Aus lehensrechtlichen Streitereien, mit der Zeit völlig undurchsichtigen Erbfolgeansprüchen oder durch Vermählungen wähnte jede Seite sich im Recht, Frankreich zu besitzen. Je nach kriegerischen Erfolgen lag die Grenze zwischen Frankreich und England beispielsweise mal bei Saintes oder hier an der Dordogne.

Die wohl bekannteste Person im Zusammenhang mit dem Hundertjährigen Krieg ist sicherlich Johanna von Orléans, die durch ihr mutiges Eingreifen ins Kriegsgeschehen England eine bittere Niederlage bescherte. Durch diesen Sieg wurde Karl VII. zum König von Frankreich, die Jungfrau von Orléans aber wurde denunziert, an die Engländer ausgeliefert und am 30. Mai 1431 im Alter von 19 Jahren auf dem Schafott verbrannt.

82 Stellplatz La Roque-Gageac

GPS 44.824458, 1.185282

Offizieller Wohnmobil-Stellplatz hinter einem Parkplatz. Kanuverleih am Platz, Bademöglichkeit. **Lage/Anfahrt:** sehr schöne Lage direkt an der Dordogne, Blick auf den Ort, zentral gelegen, ruhig, die D703 führt am Ortsbeginn direkt am Stellplatz vorbei; **Platzanzahl:** 20; **Untergrund:** Schotter; **Service:** Strom, Trinkwasser, Abwasser, Chemie-WC; **Sicherheit:** beleuchtet; **Preise:** 8 €/Fahrzeug, Versorgung je 2 € pro Relais-Station; **Max. Stand:** unbegrenzt; **Geöffnet:** ganzjährig; **Kontakt:** D703, La Roque-Gageac, www.laroquegageac.fr.

In diesem Abschnitt des Flusses Dordogne reiht sich ein Campingplatz an den nächsten. Ein weiterer empfehlenswerter Platz ist:

83 Camping la Plage

GPS 44.824055, 1.170757

Naturbelassener 3-Sterne-Campingplatz direkt an der Dordogne mit Kiesstrand, Pool, Snackbar, Shop, Kajak-Verleih, Verzac ist 1 km entfernt; **Lage/Anfahrt:** Platz liegt direkt an der D703 und ist ausgeschildert; **Platzanzahl:** 83; **Untergrund:** Wiese; **Service:** Strom, Trinkwasser, Abwasser, Chemie-WC, WLAN; **Sicherheit:** beleuchtet; **Preise:** 14,80–22,80 € je nach Saison; **Geöffnet:** Mitte März–Mitte Oktober; **Kontakt:** Lieu dit, 24220 Vezac, Tel. 0033 553295083, www.camping-laplage.fr.

BEYNAC-ET-CAZENAC

(5 km – km 48)

Nicht ganz so spektakulär in die Felswand gebaut ist der Nachbarort Beynac-et-Cazenac. Dafür thront weit sichtbar 150 m über der Dordogne ein imposantes Anwesen. Château **Beynac** aus dem 12. Jh. ist eine der besterhaltenen Burgen der Region und beherbergt eine **spannende Ausstellung über die Geschichte des Hundertjährigen Krieges.** Zu dieser Zeit lag die Grenze zwischen Frankreich und England hier an der Dordogne und so war die Burg immer wieder Ziel kriegerischer Auseinandersetzungen, wobei Beynac unter französischer Herrschaft stand. Auf den Spuren so herausragender Persönlichkeiten wie Richard Löwenherz und Simon de Montfort taucht der Besucher in eine äußerst spannende, mittelalterliche Welt ein.

Auch Beynac-et-Cazenac gehört zum illustren Kreis der schönsten Dörfer Frankreichs. Es ist wirklich ein Genuss, durch die alten Gässchen mit den gelben Kalksteinhäusern zu spazieren oder am mittelalterlichen Hafen einzukehren. Hier hat der Besucher die Möglichkeit, auf einer Schute die Dordogne zu erkunden.

› **Schloss Beynac,** Château de Beynac, Beynac-et-Cazenac, Tel. 0033 553295040 www.chateau-beynac.com geöffnet: ganzjährig tägl. 10–18.30 Uhr. Von April bis Oktober sind im Eintrittspreis Führungen enthalten, die ca. 1 Std. dauern. In der Nebensaison kann die Burg anhand eines Tour-Buches selbstständig besichtigt werden. Eintritt: 9,50 € pro Person, Kinder 7 €.

CASTELNAUD-LA-CHAPELLE

(6 km – km 54)

Auf der anderen Seite der Dordogne liegt Castelnaud-la-Chapelle, das während des Hundertjährigen Krieges (siehe links) fest in englischer Hand war.

Da es nicht allzu viele Brücken über die Dordogne gibt, führt der Weg auf der D703 erst einmal Richtung La Roque-Gageac (s. S. 155) und Domme (s. S. 152) zurück, um auf der D50/D57 nach Castelnaud-la-Chapelle zu gelangen.

Auch hier beherrscht die Silhouette der **Burg Castelnaud** den kleinen, nicht einmal 500 Einwohner zählenden Ort, der ebenfalls zu den schönsten Dörfern des Landes zählt. Die Burg aus dem 13. Jh. wurde während der Französischen Revolution geplündert und so stark beschädigt, dass sie Anfang des 19. Jh. nur noch als Steinbruch genutzt wurde. In den 1960er-Jahren erfolgte dann eine aufwendige Restaurierung der historischen Gemäuer und so gilt sie heute als meistbesuchte Burg in ganz Südfrankreich.

Eine umfangreiche Ausstellung über die Kriege des Mittelalters mit zahlreichen Waffen, Rüstungen und Kriegsmaschinen ist zu sehen. Darüber hinaus werden immer wieder Mittelalter-Events veranstaltet, auch für Kinder ist die Entdeckung der Burg hochinteressant.

› **Château Castelnaud,** Castelnaud-la-Chapelle, Tel. 0033 553313000, www.castelnaud.com, GPS 44.815589, 1.143680, geöffnet: je nach Jahreszeit tägl. 10–18 Uhr, für 1½ Std. ist die Besichtigung kostenlos, Führungen und Events sind kostenpflichtig

Im 15. Jh. gehörte die strenge Trutzburg der Familie Caumont, die bald das ganz in der Nähe gelegene, sehr besuchenswerte **Renaissanceschloss Les Milandes** erbauen ließ. Hier ließ es sich sehr viel angenehmer leben, allerdings wurde das Schloss in der Französischen Revolution enteignet und dem langsamen Verfall preisgegeben.

1870 kaufte dann der Industrielle Charles Claverie das Anwesen und ließ Schloss und Garten völlig neu gestalten. 1947 ging Les Milandes in den Besitz der berühmten Sängerin **Josephine Baker** über (s. S. 158), die das Schloss und das Dorf Milandes in ihrem Sinne prägte und mit großem finanziellem Aufwand modernisierte. So sorgte sie z. B. für einen Strom- und Wasseranschluss im

096wf-if

Schloss und im Dorf, das damit die erste Ortschaft im Périgord mit diesem Luxus war.

Das Leben der Josephine Baker ist in einer großen Ausstellung dargestellt. Das komplette Schloss mit seinen 15 Zimmern ist nach wie vor mit ihren Möbeln bestückt und ihre fantastische Bühnengarderobe ist zu bewundern. Aber vor allem der Lebenslauf der Sängerin, Tänzerin und Schauspielerin beeindruckt so sehr, dass so mancher Besucher das Schloss berührt und nachdenklich verlässt.

Der wunderschön angelegte **Garten** mit seinen Springbrunnen, herrlichen Blumenarrangements und teils uralten Bäumen

Josephine Baker

1906 in St. Louis (USA) geboren, wuchs die gebürtige Freda Josephine McDonald in sehr ärmlichen Verhältnissen auf. Bereits im Alter von 13 Jahren wurde die spätere Ausnahmekünstlerin mit einem viel älteren Mann verheiratet und mit 15 Jahren lebte sie schon in zweiter Ehe. Ein Jahr später begann ihre Bühnenlaufbahn, 1925 gelang ihr als Tänzerin der große Durchbruch in Paris. 1937 erhielt Josephine Baker durch ihre vierte Ehe mit einem Industriellen die französische Staatsbürgerschaft.

Ihr Engagement im Zweiten Weltkrieg für die Résistance und den Geheimdienst war beispiellos. Sie machte den Pilotenschein, wurde Leutnant und nach Kriegsende Mitglied der Ehrenlegion.

1947 kaufte Josephine Baker das Château Les Milandes und adoptierte im Laufe der kommenden Jahre zwölf Waisenkinder unterschiedlicher Hautfarben und Nationalitäten. Dies war ihr Protest gegen den Rassismus auf der Welt.

Durch ihre überaus große Wohltätigkeit und den luxuriösen Lebensstil geriet die erfolgreiche Sängerin in finanzielle Schwierigkeiten, 1969 wurde Schloss Les Milandes versteigert. 1975 starb Josephine Baker verarmt und vereinsamt an einer Gehirnblutung in Paris.

beherbergt auch ein Greifvogelgehege und mehrmals täglich stellen die verschiedenen Vogelarten hinter dem Schloss ihre unglaublichen Flugtechniken zur Schau.

› **Château Les Milandes,** Les Milandes, Castelnaud-la-Chapelle, Tel. 0033 553593121, www.lesmilandes.com, geöffnet: tägl. 10–18 Uhr, Eintritt: 12,50 €, Kinder 8 €. Im Eintrittspreis ist ein Audioguide enthalten. Mehrmals täglich finden hinter dem Schloss Greifvogelshows statt. Außerdem gibt es ein kleines Restaurant.

Parken

P 28 **Château Les Milandes,** GPS 44.822201, 1.114355. Das Übernachten auf dem Schlossparkplatz ist nicht erlaubt.

Am Zusammenfluss von Vézère und Dordogne bei Limeuil

Les Milandes ist das Schloss von Josephine Baker. Hier befindet sich eine großartige Ausstellung über das Leben der Ausnahmekünstlerin.

LIMEUIL

(28 km – km 82)

Auf der D53/D25 geht die Route weiter gen Westen und bei Le Buisson-de Cadouin führt endlich wieder eine Brücke über die Dordogne.

Ziel ist das **mittelalterliche Dorf** Limeuil, wo die Vézère sich mit dem großen Fluss vereint. In zahlreichen Schleifen bahnen sich die Flüsse von West nach Ost ihren Weg zum Atlantik und vom hügeligen Umland bieten sich auch weiterhin herrliche Ausblicke ins weite Tal. An der kleinen Flusspromenade von Limeuil kann man sich nochmals mit der schönen Aussicht stärken, bevor der steile Aufstieg ins Dorf in Angriff genommen wird. Handwerkerateliers von Goldschmieden, Glasbläsern und Töpfern begleiten den Weg nach oben, an dessen Ende sich die kleine **Kirche Saint-Martin** befindet.

Einen herrlichen Blick auf die Dordogne-Schleife weit unten hat man vom **Jardin panomarique** aus, einem Englischen Garten,

84 Camping Les Berges de la Dordogne

GPS 44.879049, 0.824854

3-Sterne-Campingplatz direkt an der Dordogne, naturbelassen, schöner Baumbestand, beheizter Pool, Fahrrad- und Kajak-Verleih, Brötchenservice, Zentrum fußläufig erreichbar; **Lage/Anfahrt:** von Limeuil auf der D31 kommend im Ort rechts auf die D30E abbiegen, der Beschilderung Stade folgen; **Platzanzahl:** 93; **Untergrund:** Wiese; **Service:** Strom, Trinkwasser, Abwasser, Chemie-WC, WLAN; **Sicherheit:** beleuchtet; **Preise:** 26–35 € je nach Saison und Standort; **Geöffnet:** Anfang April–Anfang Oktober; **Kontakt:** Le Moulin d'Aval, 24510 Trémolat, Tel. 0033 553228118, www.camping-tremolat.com.

171wf-if © Camping Les Berges de la Dordogne

der sicherlich dazu beiträgt, dass Limeuil zu den schönsten Dörfern Frankreichs zählt. Verschiedene Themengärten gruppieren sich um das ehemalige Schloss, und der Blick auf die alte Doppelbrücke über Vézère und Dordogne ist wohl der schönste von ganz Limeuil.

Hier oben finden in der Hauptsaison auch verschiedene Events wie Konzerte oder Ausstellungen mit traditioneller Handwerkskunst statt.

Der offizielle Parkplatz für Wohnmobile liegt ganz in der Nähe des Flusses, in dem es sich auch herrlich baden oder Kanu fahren lässt.

Die D31 nach **Trémolat** führt hier vorbei und dort lässt sich oberhalb einer weiteren Flussschleife (Cingle de Trémolat) ein letzter schöner Blick über das Dordogne-Tal genießen. Trémolat bietet erfreulicherweise einen offiziellen Parkplatz mit Ver- und Entsorgung an, es gibt auch einen Bäcker und einige Restaurants.

Parken

P 29 **Limeuil,** GPS 44.884786, 0.887989. Camping-Car Parkplatz P4, kostenloser Parkplatz für Wohnmobile ca. 100 m vom Fluss entfernt, www.limeuil-en-perigord.com.

P 30 **Trémolat,** GPS 44.873826, 0.830235, Rue Aube de Braquemont, Trémolat, www.tremolat.fr. Parkplatz mit kostenpflichtiger Ver-und Entsorgungsmöglichkeit in zentraler Lage.

Bruno – chef de police

Bruno ist die sympathische Hauptfigur der Kriminalgeschichten von Martin Walker. Der britische Autor beschreibt mit großer Zuneigung zum Périgord Land und Leute rund um den fiktiven Ort St-Dénis. In der Realität ist dies Le Bugue, ein kleines Städtchen nördlich von Limeuil, das sehr reizvoll an einer großen Schleife der Vézère liegt. In den millionenfach international aufgelegten Kriminalromanen müssen natürlich Morde aufgeklärt werden, ebenso wichtig sind allerdings Brunos Vorliebe für gutes Essen und die dazu gehörenden delikaten Weine der Region. Dem Leser werden in den spannenden Geschichten das Périgord und seine kulinarischen Genüsse so schmackhaft gemacht, dass der Tourismus hier in der Provinz um Le Bugue stark zugenommen hat.

BERGERAC

(43 km – km 125)

Wieder unten in den Flussniederungen ist man auf der gut ausgebauten D660 recht zügig in der Bergerac, das bereits im Périgord Pourpre liegt. Hier im westlichen Dordognetal überwiegt der Obst- und Weinanbau, der der Region den Namen gegeben hat. In der Nähe des alten Hafens liegt auch das „Maison des Vins“, in dem man viel über das große Weinanbaugebiet des Bergerac erfährt und verschiedene Weine verkosten kann. Insgesamt rund 900 Winzer bearbeiten 12.300 ha Land und erzeugen 530.000 hl Wein – eine nicht unbedeutende Menge –, der zwar unter ähnlichen klimatischen Bedingungen wie die Bordeaux-Weine wächst, allerdings viel günstiger ist.

› **Maison des Vins,** Rue des Récollets 1, Bergerac, Ecke Quai Salvette, am alten Hafen, Tel. 0033 553635755, www.vins-bergeracduras.fr, geöffnet: Di–Sa 10–13 und 14–19 Uhr, Eintritt frei

098wf-as © Nadiyka

In den Gässchen der Altstadt von Bergerac lässt es sich herrlich bummeln

Schnell ist man zu Fuß in der schön restaurierten Altstadt, in der es sich zwischen prachtvollen Patrizierhäusern aus der Renaissancezeit vortrefflich bummeln, einkaufen und einkehren lässt.

Einkaufstipp: Mittwochs und samstags findet am Vormittag im historischen Zentrum um die Markthalle an der Place Gambetta ein **traditioneller Markt mit regionalen Produkten** statt. Ein spezieller Biomarkt wird dienstags an der Église Notre Dame abgehalten, die noch heute eine Pilgerstation auf dem Weg nach Santiago de Compostela ist.

Beim Altstadtspaziergang wird man auf der Place Pélissière unweigerlich auf die Statue von **Cyrano de Bergerac** stoßen, dem Dichter mit der großen Nase, der zwar nie einen Fuß in die Stadt gesetzt hat, aber sehr erfolgreich den Ort repräsentiert. Der gleichnamige Film von 1990 mit Gérard Depardieu in der Hauptrolle hat Bergerac über die Grenzen Frankreichs hinweg bekannt gemacht.

Neben dem Wein ist der Tabakanbau nach wie vor für die Landwirtschaft um Bergerac von Bedeutung, auch wenn der Tabakkonsum der Franzosen stark zurückgegangen ist. Im hiesigen **Tabakmuseum,** einzigartig in Europa, ist eine große Ausstellung zu 3000

Jahren Geschichte, Kultur und Produktion des Tabaks zu sehen, die sicherlich auch für Nichtraucher sehr informativ sein dürfte. Das Museum befindet sich im Maison Peyrarère, einem schönen Haus aus dem 17. Jh.

› **Musée du Tabac,** Place du Feu, Bergerac, www.pays-bergerac-tourisme.com, geöffnet: Di–Fr 10–12 und 14–18, Sa 10–12 Uhr, Eintritt: 4 €

Bergerac ist mit 27.000 Einwohnern nach Périgeux die zweitgrößte Stadt im Département Dordogne und liegt beidseits des Flusses.

Am Hafen beginnt ein **Spaziergang auf dem alten Leinpfad** mit äußerst reizvollen Blicken auf die Stadt. Hier kann man auch einen kleinen Ausflug mit einer traditionellen Gabarre (s. S. 156) machen oder eine Fahrradtour von 16 km entlang der Dordogne bis zum Freizeitpark von Pombonne starten, wo sich auch der gepflegte Stellplatz 85 befindet.

099wf-if

Information

› **Office de Tourisme Bergerac,** Rue Neuve d'Argenson 97, Bergerac, Tel. 0033 5535703, www.bergerac-tourisme.com, geöffnet: tägl. 9.30–12.30 und 14–18.30 Uhr. Es werden auch Stadtführungen angeboten.

Parken

P 31 **Parking du Foirail,** GPS 44.849965, -0.487450. Ideal für die Stadtbesichtigung.

85 Stellplatz Bergerac

GPS 44.871094, 0.503537

Aires de Camping-Cars de Pombonne, großzügiger, gepflegter Platz am Ortsrand in der Nähe des Freizeitsparks von Pombonne. **Lage/Anfahrt:** nordöstlich des Stadtzentrums, kleiner See und schöner Weg durch den abgrenzenden Park bis in die Stadt ca. 3 km; von der D660 kommend in Richtung Zentrum fahren, dann auf der D936E rechts Richtung Lembras; **Platzanzahl:** 15; **Untergrund:** Schotter; **Service:** Trinkwasser, Abwasser, Chemie-WC; **Preise:** 5 €/Fahrzeug (in der Hauptsaison), Ver-/Entsorgung je 2 €, zahlbar mit Kreditkarte; **Max. Stand:** drei Nächte; **Kontakt:** Rue du Coulobre 45, Parc de Pombonne, Bergerac, Tel. 0033 553570311, www.bergerac-tourisme.com.

Die Reise durch das Périgord neigt sich nun ihrem Ende zu – ein neues Département mit einem anderen Landschaftsbild, besonderen Spezialitäten und vielen neuen Eindrücken erwartet den Reisenden.

SAINT-ÉMILION

(58 km – km 183)

Saint-Émilion liegt bereits im Département Gironde im Norden der Region Nouvelle-Aquitaine. Die Fahrt auf der gut ausgebauten D936 ist recht eintönig und schnell geschafft.

Saint-Émilion ist das ganze Jahr über ein **touristischer Hotspot.** Der Ort selbst sowie das umliegenden Weinanbaugebiet sind seit 1999 UNESCO-Weltkulturerbe.

Namensgeber des Ortes war ein Bretone namens Émilion, der auf seiner Wanderschaft im 7. Jh. hier unter dem Felsplateau eine Grotte fand, die er zur Ermitage ausbaute und die noch heute zu besichtigen ist. Die wundersamen Heilkräfte des Benediktinermönches sprachen sich schnell herum und so zogen bald viele Pilger zu seiner Einsiedelei und ließen sich in der Nähe nieder. Die **Église monolithe** wurde im späten 11. Jh. aus einem Kalksteinfelsen gehauen und ist beeindruckende 38 m lang und 11 m hoch. Der Glockenturm mit seinen 196 Stufen entstand ein Jahrhundert später. Von hier oben hat man einen fantastischen Blick auf die Stadt und das Umland. Die Kirche ist eine Sehenswürdigkeit der besonderen Art, denn sie ist die **größte Felsenkirche Europas.** Eine Besichtigung ist unbedingt zu empfehlen, allerdings ist das nur im Rahmen einer Führung möglich. Tickets gibt es im Touristenbüro im oberen Ortsteil genau gegenüber dem Glockenturm.

Der Blick vom Glockenturm aus schweift weit über Saint-Émilion hinaus ins Weinanbaugebiet

Die beeindruckende Felsenkirche von Saint-Émilion sollte man unbedingt bei einer geführten Tour besichtigen

› **Office de Tourisme Saint-Èmilion,** Place de Créneaux, Saint-Emilion, Tel. 0033 557552828, www.saint-emilion-tourisme.com, geöffnet: tägl. 9.30–12.30, 13.30–18.30 Uhr

Parken

P 32 **St-Émilion,** GPS 44.896414, -0.157101. Reservierter Bereich eines öffentlichen Parkplatzes, sehr eng, kein Übernachtungsplatz. 5 Min. Fußweg ins historische Zentrum. Da Saint-Émilion nicht durchfahren werden kann, sollte man den Ort von Norden her anfahren (über die D243 oder D243E1), www.saint-emilion-tourisme.com.

Sonstiger Stellplatz

S 33 **Winzerstellplatz Château Arnaud de Jacquemeau,** GPS 44.899257, -0.180773, 3 km von Saint-Émilion entfernt, Tel. 0033 680349438, www.arnaud-de-jacquemeau.com, Übernachtungsmöglichkeit mit Weinprobe (Weinkauf obligatorisch)

Hier befindet sich auch eine Aussichtsterrasse, von der man das schöne Stadtpanorama so richtig genießen kann. Direkt darunter sieht man den Place du Marché mit mehreren Restaurants und dem Eingang zur Felsenkirche, der gleichzeitig Treffpunkt für die Führung ist. Die mittelalterlich gepflasterten Gassen führen steil nach unten und die Steine sind im Lauf der Jahrhunderte so glatt geworden, dass ein fester Schuh mit gröberer Sohle sehr empfehlenswert ist.

Saint-Émilion ist ein **international bekannter Weinort** und es finden sich hier zahlreiche Weinkeller *(caves)*, die teilweise sehr edle Tropfen anbieten. So kostet zum Beispiel ein 2005er Château Pétrus über 4000 € pro Flasche. Ein „Schnäppchen" aus demselben Jahrgang ist der Mouton Rothschild für unter 900 €. Da gönnt sich der normale Tourist doch lieber eine Packung **Macarons,** eines traditionellen Kekses auf Marzipanbasis mit unterschiedlichen Geschmacksvariationen.

Ganz St-Émilion und das umliegende Weinanbaugebiet sind Teil des UNESCO-Weltkulturerbes. Auf engstem Raum finden sich auch noch andere bedeutende Bauwerke. Das ehemalige **Franziskanerkloster Cloître des Cordeliers** aus dem 13. Jh. nennt einen wunderschönen Kreuzgang und einen herrlichen Garten mit entsprechender Aussicht sein Eigen. Allerdings werden die heiligen Hallen mittlerweile als Weinkeller genutzt, in dem man diverse Tropfen aus der Region lustwandelnd probieren kann.

Zu den **Monuments historiques** gehören u. a. die Dreifaltigkeitskapelle (Chapelle de la Trinité) aus dem 13. Jh., die Magdalenkapelle (Chapelle de la Madeleine), ebenfalls aus dem 13. Jh., und der Wehrturm (donjon) des Château du Roi, auf den man vom Parkplatz aus als Erstes trifft, sowie einige weitere Sehenswürdigkeiten.

Im Touristenbüro am Glockenturm ist ausführliches Informationsmaterial erhältlich.

86 Camping Yelloh Village Saint-Émilion

GPS 44.916946, -0.141367

4-Sterne-Campingplatz mitten in den Weinbergen an einem Angelsee, schöner Baumbestand, kostenloser Shuttlebus nach Saint-Émilion, 15 Min. mit dem Fahrrad, Wasserpark, Weinlokal, Shop, Brötchenservice, Kinder-Animation, Organisation von Chateau-Besichtigungen mit Weinverkostung; **Lage/Anfahrt:** von Saint-Émilion kommend in nördlicher Richtung 3 km auf der D122 fahren, die Zufahrt zum Platz auf der rechten Seite ist ausgeschildert; **Platzanzahl:** 105; **Untergrund:** Wiese; **Service:** Strom, Trinkwasser, Abwasser, Chemie-WC, WLAN; **Sicherheit:** beleuchtet; **Preise:** 44–58 € je nach Saison; **Geöffnet:** Mitte Mai–Mitte Sept.; **Kontakt:** Lieu dit Les Combes, 3330 Saint-Émilion, Tel. 0033 557247580, www.camping-saint-emilion.com.

172wf © Camping Yelloh Village Saint-Émilion

ROUTE 8

DIE GIRONDE, BORDEAUX UND DER WEIN

102wf-if

1 cm = 6 km
© Reise Know-How 2023
Royan
Saujon
N150
Pisany
Seudre
Rétaud
A10
Chaniers
N141
E603
Seugne
Châteaubernard
St-Georges-de-Didonne
Pnte. de Grave
le Verdon-s-Mer
Meschers-s-Gironde
D730
Cozes
Talmont
Gémozac
Pons
E05
D137
Soulac-s-Mer
Talais
Gironde
Mortagne-s-Gironde
St-Genis-de-Saintonge
St-Vivien-de-Médoc
St-Fort-s-Gironde
Jonzac
Montalivet-les-Bains
Vendays-Montalivet
D1215
St-Christoly-Médoc
Mirambeau
Ste-Radegonde
Villexavier
Médoc
Saintonge
Lesparre-Médoc
St-Ciers-s-Gironde
St-Estèphe
Montendre
E
Hourtin-Plage
Artiguillon
Etauliers
Blaye-Montendre
Lac-d'Hourtin-Carcans
Hourtin
St-Laurent-Médoc
Pauillac
la Pontet
Carcans-Plage
Blaye
St-Savin
Maubuisson
Carcans
Lamarque
Pugnac
Cavignac
Lacanau Océan
Castelnau-de-Médoc
Bourg
N10
E606
Lac de Lacanau
Lacanau
Margaux
la Garosse
Ste-Hèlène
St-André-de-Cubzac
Libourne Nord
D1
Saumos
Blanquefort
Ambarès-et-Lagrave
St-Médard-en-Jalles
Carbon-Blanc
St-Loubès
Fronsac
le Temple
Lège-Cap-Ferret
Mérignac
Blagon
Port de la Lune
Pessac
D106
N230
Grand Piquey
Arès
Andernos-les-Bains
Bassin d'Arcachon
Pierroton
Gradignan
Arcachon
Gujan-Mestras
Audenge
D1250
Leognan
Ferret
Biganos
Marcheprime
La Brède
Garonne
la Teste
Facture
A660
Dune du Pilat
D1113
Saint-Nazaire
Nantes
La Barre-de-Monts
Marennes
Rochefort
Le Verdon-sur-Mer
Limoges
Bordeaux
Arcachon
Périgueux
Montignac
Hendaye
Toulouse
Lourdes

190wf©robertdering . stock.adobe.com

ROUTENÜBERSICHT

Bordeaux ist eine Stadt, die sich seit geraumer Zeit neu erfindet, und momentan das größte Stadtentwicklungsprojekt Europas verwirklicht. Die Stadt ist progressiv, jung und modern, hat aber auch ein reiches kulturhistorisches Erbe. So wurde die Altstadt 2007 zum UNESCO-Weltkulturerbe erklärt. Bordeaux gilt als Welthauptstadt des Weins und das Weinanbaugebiet rund um die Gironde wird Bordelais genannt. Médoc heißt das Weinparadies westlich des Flusses, und auf den wenigen Kilometern bis zum Atlantik wachsen Rebsäfte von Weltruf. Die Route du Vin oder Route des Châteaux verläuft durch ein erstaunlich flaches Weinanbaugebiet, das sich nördlich von Bordeaux 80 km zwischen der Mündung der Gironde und dem Atlantischen Ozean erstreckt. Hier wachsen die berühmtesten Weine der Welt. Der nahe Atlantik sorgt für ein ganzjährig mildes Klima mit frostfreien Wintern, ausreichend Regen im Frühling und viel Sonne in den Sommermonaten. Jede Sekunde werden weltweit 23 Flaschen Bordeaux-Weine verkauft, deren Preise sich seit 2009 verdoppelt haben, nachdem China die Welt der Spitzenweine entdeckt hat. Eine Degustation ist eine ideale Möglichkeit, sich mit den Weinen des Médoc vertraut zu machen, und ein Vergnügen ist so eine Weinprobe in jedem Fall.

Strecke:

Bordeaux (s. S. 168) – **Macau** (24 km, s. S. 174) – **Margaux** (7 km, s. S. 174) – **Fort Médoc** (12 km, s. S. 175) – **Pauillac** (24 km, s. S. 177) – **Saint-Estèphe** (9 km, s. S. 178) – **Saint-Yzans-de-Médoc** (10 km, s. S. 178) – **Le Verdon-sur-Mer** (48 km, s. S. 179)

Streckenlänge:

134 km

⌃ *Château Margaux (s. S. 174) ist eines der berühmtesten Weingüter des Médoc*

« *Kapitelstartseite: Der berühmte Miroir d'Eau am Place de la Bourse - eines der Wahrzeichen von Bordeaux*

BORDEAUX

Bordeaux ist unbestritten der wichtigste Anlaufpunkt für alle Reisenden, die den südlichen Teil der französischen Atlantikküste besuchen wollen. Die einen haben die Route 5 über Blaye an der Garonne entlang gewählt, die anderen kommen aus dem Périgord (Route 7) oder direkt von Zuhause. Unbestritten ist, dass man sehr viel versäumt, wenn man sich in dieser sehenswerten Stadt nicht wenigstens einen kurzen Aufenthalt gönnt.

Bordeaux ist eine überschaubare Großstadt mit einem hervorragenden öffentlichen Straßenbahnnetz, sodass man das Wohnmobil problemlos auch außerhalb der Innenstadt parken kann. Denjenigen, die die Stadtbesichtigung in Ruhe angehen möchten, sei der Campingplatz **Le Village du Lac** 87 empfohlen. Er ist über die Stadtautobahn gut zu erreichen und an den öffentlichen Nahverkehr angebunden.

Im historischen Zentrum angekommen, lassen sich **alle Sehenswürdigkeiten problemlos zu Fuß** erreichen. Einen hervorragenden Überblick und die ersten Informationen erhält man bei der Fahrt mit einem Sightseeingbus. Die 70-minütige **Visitour** kostet 12,50 €, die Kommentare sind über Kopfhörer in zehn Sprachen wählbar. Der Ticketschalter für die roten Doppeldeckerbusse befindet sich gegenüber dem Fremdenverkehrsamt (s. S. 174), das neben vielen individuellen Informationen auch einen kleinen, kostenlosen Stadtplan und eine Stadtbroschüre in deutscher Sprache bereithält.

Die **Straßenbahnlinien B und C** halten an der Station Quinconces. Für einen längeren und intensiveren Stadtbesuch lohnt sich auf alle Fälle der Bordeaux City-Pass, den es für 29 € (24 Std.), 39 € (48 Std.) 43 € (72 Std.) gibt (kostenloser ÖPNV, Stadtführung und kostenloser Eintritt zu zahlreichen Attraktionen).

Seit 2007 gehört die Altstadt von Bordeaux mit über 300 historischen Bauwerken zum **UNESCO-Weltkulturerbe.**

Eine der wichtigsten Sehenswürdigkeiten der Stadt steht gleich hier auf der Esplanade des Quinconces, das **Monument aux Girondins.** Das 43 m hohe Denkmal erinnert an die im Jahre 1792 hingerichteten Girondisten, die sich während der französischen Revolution gegen die Zentralregierung auflehnten. Die Brunnen rundum sind üppig mit ausdrucksstarken Bronzefiguren versehen und erzählen alle eine Geschichte. Es lohnt sich, genauer hinzusehen. Der Anblick des bei Sonnenschein in bunten Regenbogenfarben schimmernden Wassers ist wunderschön. Auf der anderen Seite des weitläufigen Platzes, der einer der größten Europas ist, stehen die Standbilder zweier historisch bedeutender Herren, Montesquieu (Schriftsteller und Philosoph) und Montaigne (Jurist und Humanist), die auf die Garonne blicken.

Die **Flusspromenade** war noch vor nicht allzu langer Zeit mit einer Vielzahl von Lagerhäusern bestückt. Als im letzten Jahrzehnt die Erneuerung von Bordeaux in Angriff genommen wurde, verschwanden diese, seitdem lädt das Garonne-Ufer zu herrlichen Spaziergängen ein.

Hält man sich rechts, so ist bald der berühmte **Miroir d'Eau** erreicht, in dessen Wasserspiegel sich der **Place de la Bourse** (Börsenplatz) mit seinem **Brunnen der drei Grazien** reflektiert. Die 3450 m² große Wasserfläche ist einer der Höhepunkte von Bordeaux und außer im Winter täglich von 10 bis 22 Uhr in Betrieb.

Über die königliche **Porte Cailhau,** ein Stadttor aus dem 15. Jh., gelangt man standesgemäß ein kleines Stückchen weiter in die historische Altstadt. Die Turmbesteigung kostet 5 € und ermöglicht einen schönen Ausblick auf den Fluss.

⊡ Jacques Chaban-Delmas war langjähriger Bürgermeister von Bordeaux und hat viel für die Stadtentwicklung getan

Mit dem Rad durch das Entre-Deux-Mers

Am Bahnhof von Bordeaux beginnt eine schöne Fahrradtour, die entlang einer stillgelegten Bahntrasse nach Sauveterre-de-Guyenne führt. Die 55 km für die einfache Tour sind eine recht weite Distanz, die so manchen Radler abschrecken wird, aber die Route ist landschaftlich wirklich empfehlenswert und ein Umkehren ist jederzeit möglich. Die Tour verläuft auf einer perfekt ausgebauten Asphaltpiste, die nur von Fahrradfahrern, Inlineskatern und Fußgängern benutzt werden darf. Nach der Pont St-Jean in Bordeaux führen die ersten 4 km entlang des Ufers der Garonne flussaufwärts. Schöne Villen und auf Stelzen gebaute Fischerhütten treten optisch in den Vordergrund. Die Piste unterquert die D113, dann geht es ab Latresne weiter Richtung Osten. Man kommt nun in das Herz des Entre-Deux-Mers. Den Namen „zwischen zwei Meeren“ verdankt die Gegend den Flüssen Garonne und Dordogne.

Bis Créon geht es durch das leicht ansteigende Pimpine-Tal. Das Dorf ist das erste von mehreren Bastiden (Wehrdörfern) entlang der Strecke und wurde im Mittelalter nach einem einheitlichen Schema angelegt. Erwähnenswert ist der Mittwochsmarkt, der ein Anziehungspunkt für das gesamte Entre-Deux-Mers ist.

Von Créon aus geht es in östlicher Richtung durch einen 400 Meter langen Tunnel, danach durch Weinberge, Wälder und Felder zur Abbaye de La Sauve-Majeure.

Die Kirche liegt ungefähr einen Kilometer von der Strecke entfernt auf einem Hügel. Im Jahr 1079 als Benediktinerabtei gegründet, ist sie heute eine Ruine und überrascht mit Schlangenwesen und Sirenen an ihren Säulen. Ebenfalls beachtenswert sind die in Stein gehauenen Weintrauben im Chor hoch über den Köpfen der Betrachter.

Der ehemalige Bahnhof von Espiet wird von Radlergruppen gerne als Raststätte genutzt. Man ist hier auf die Bedürfnisse der Radfahrer eingerichtet. In sanftem Auf und Ab geht es weiter nach St-Brice. Von dort aus lohnt sich ein fast 3,5 km langer Abstecher nach Castelviel. Eine romantische Dorfkirche besticht durch ein herrliches Portal und kostbare Kapitellen.

Der weitere Weg nach Sauveterre-de-Guyenne, dem Ziel dieser Radtour, führt zum größten Teil durch Weinberge. Sauveterre-de-Guyenne wurde 1281 als Bastide gegründet und ist mit den vier Haupttoren und einem von Arkaden gesäumten Hauptplatz original erhalten. Am Dienstag, dem Tag des Wochenmarkes, geht es hier sehr turbulent zu.

Die Rückfahrt nach Bordeaux verläuft auf demselben Weg, der Blick in die andere Himmelsrichtung vermittelt aber völlig neue Eindrücke.

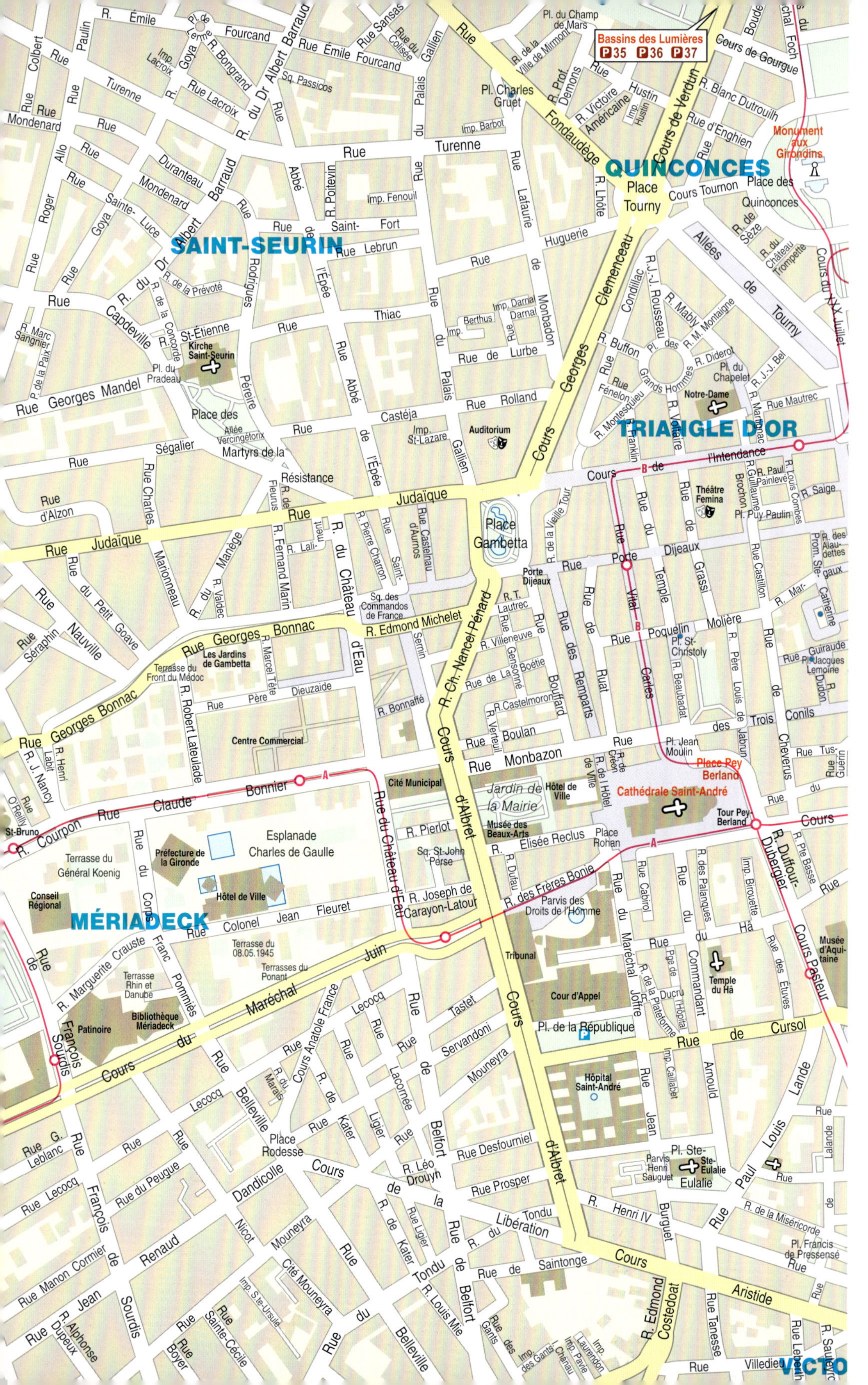

Bassins des Lumières
P35 P36 P37
QUINCONCES
Place Tourny
Place des Quinconces
Monument aux Girondins
Cours de Verdun
Cours Tournon
Allées de Tourny
Cours du XXX Juillet
SAINT-SEURIN
Kirche Saint-Seurin
Place des Martyrs de la Résistance
Pl. Charles Gruet
Rue Fondaudège
Cours Georges Clemenceau
TRIANGLE D'OR
Notre-Dame
Auditorium
Théâtre Femina
Cours de l'Intendance
Place Gambetta
Rue Judaïque
Porte Dijeaux
Rue Porte Dijeaux
Cours Ch. Nancel Pénard
Les Jardins de Gambetta
Cours Georges Bonnac
Centre Commercial
Cité Municipal
Jardin de la Mairie
Hôtel de Ville
Musée des Beaux-Arts
Cathédrale Saint-André
Tour Pey-Berland
Place Pey Berland
Place Rohan
Rue Vital Carles
Rue Monbazon
Cours d'Albert
Esplanade Charles de Gaulle
Préfecture de la Gironde
MÉRIADECK
Conseil Régional
Terrasse du Général Koenig
Patinoire
Bibliothèque Mériadeck
Cours du Maréchal Juin
Parvis des Droits de l'Homme
Tribunal
Cour d'Appel
Pl. de la République
Rue de Cursol
Hôpital Saint-André
Temple du Hâ
Musée d'Aquitaine
Cours Pasteur
Pl. Ste-Eulalie
Ste-Eulalie
Cours de la Libération
Cours Aristide
Place Rodesse
Rue de Belfort
Cours Anatole France
Rue François de Sourdis
Rue Dandicolle
Rue de Saintonge
R. Edmond Costedoat

0 200 m
© Reise Know-How 2023
Parken
34 Allées de Bristol
35 Avenue Emile Counord
36 Cours Louis Fargue
37 Cours Henri Brunet
Allées de Chartres
Allées de Bristol
Esplanade des Quinconces
Allées de Munich
Allées d'Orléans
Office de Tourisme Bordeaux
Grand Théâtre
Pl. de la Comédie
Pl. Jean Jaurès
Place Gabriel
Cours du Chapeau Rouge
Place de la Bourse und Miroir d'Eau
Miroir d'Eau
Quai Louis XVIII
Quai du Maréchal Lyautey
Q. de la Douane
Quai Richelieu
Musée National des Douanes
Saint-Pierre
Pl. du Parlement
Porte Cailhau
Pl. des Basques
Place du Palais
Ponton d'Honneur
Garonne
Pont de Pierre
Place Bir-Hakeim
Porte de Bourgogne
Q. des Salinières
Quai de la Grave
Q. de la Monnaie
Quai Sainte-Croix
Cours d'Alsace et Lorraine
Cours Victor Hugo
Rue Sainte-Catherine
St-Paul
Palais des Sports
Théâtre des Salinières
Porte de la Grosse Cloche
St-Eloi
Place Meynard
Kirche Saint-Michel und La Flèche
Clocher
Place Duburg
Place Canteloup
SAINT-MICHEL
Grande Synagogue
St-Cœur-de-Marie
Université de Bordeaux
Place de la Victoire
Cours Pasteur
Marché des Capucins
Pl. des Capucins
Halle des Douves
Jardin des Remparts
Jardin des Cedrès
TnBA
Conservatoire de Bordeaux Jacques Thibaud
Kirche Sainte-Croix
BASTIDE
Jardin Botanique
Quai des Queyries
Place de Stalingrad
Rue Raymond Lavigne
Allée Jean Giono
Rue Nuyens

Der im Stadtplan aus der Touristeninformation entsprechend markierte Altstadtrundgang **„Circuit UNESCO“** führt den Besucher zu allen wichtigen Sehenswürdigkeiten, und so erreicht man bald die **Grosse Cloche,** ein Tor aus dem 13. Jh., auf dessen Spitze ein goldener Löwe thront, das Symbol der englischen Könige.

Unbedingt besuchen sollte man auch die **Cathédrale Saint-André,** in der im Jahre 1137 die Hochzeit von König Ludwig VII. und Eleonore von Aquitanien stattfand (Mittagspause 13–15 Uhr).

Hier auf der **Place Pey Berland** steht der gleichnamige, 50 m hohe, separate Glockenturm der Kathedrale, der für 6 € über eine Wendeltreppe mit 233 Stufen bestiegen werden kann. Für die atemraubende Mühe wird man oben mit einer grandiosen Aussicht belohnt.

Oft begegnet dem Bordeaux-Touristen der Name **Jacques Chaban-Delmas,** dessen Statue sich auch auf der Place Pey Berland befindet. 48 Jahre lang, von 1947 bis 1995, war Chaban-Delmas Bürgermeister von Bordeaux und prägte die Stadt maßgeblich. Darüber hinaus bekleidete er auch auf nationaler Ebene wichtige politische Ämter.

In der Altstadt von Bordeaux lassen sich immer wieder idyllische Plätze entdecken, an denen **Straßencafés** zum Verweilen einladen, **Restaurants** gibt es unzählige.

Die Haupteinkaufsstraße ist die **Saint-Cathérine,** die sich einmal quer vom **Place de la Comédie** durch das historische Quartier zieht.

Tipp: Man sollte die Spezialität von Bordeaux probieren, die „Cannelés“. In der Größe von Pralinen, und einem kleinen Gu-

Das Weinbaugebiet Bordeaux

Hier eine kleine Einführung in die Welt der Weine aus dem Médoc: Die renommiertesten Grands Crus de Bordeaux sind meist schon verkauft, bevor die Reben überhaupt reif sind, sie gehören zu der Klassifikation Premiers Crus. Danach folgen Deuxièmes, Troisièmes, Quatrièmes und Cinquièmes Crus. Die zweithöchste Kategorie sind Premier Cru Supérieur, Premier Cru Classée und Deuxièmes Cru Classée. Wer es von den Winzern nicht in die Topliga geschafft hat, dessen Weine gehören zum Cru Bourgeois.

Das Weinanbaugebiet wird auch Bordelais genannt und umfasst auf 120.000 ha alle geeigneten Lagen im Département Gironde, also die links- und rechtsseitig des Mündungstrichters von Dordogne und Garonne, aber auch solche nördlich und südlich beider Flüsse, die sich bei der Stadt Bordeaux vereinen. Hier gehen der Weinbau und sein wirtschaftlicher Erfolg auf die frühen Jahre der römischen Besatzung im 1. Jh. n. Chr. zurück, als aus der Hafenstadt Bordeaux Wein für die römischen Truppen nach England exportiert wurde. Dies verstärkte sich unter der englischen Herrschaft und in späteren Jahrhunderten.

Grundlage der Weinqualität ist zunächst das atlantische, ganzjährig milde Klima mit ausreichend Regen und Sonne. Hinzu kommen die Böden mit Kalkstein in unterschiedlicher Tiefe, überlagert von Sand und Kies, die durch die beiden Flüsse angeschwemmt wurden. Grob einteilen lässt sich das Bordeaux in das Médoc nördlich der Stadt Bordeaux am linken Ufer der Gironde, südlich der Stadt am linken Ufer der Garonne schließen sich die Graves an. Zwischen beiden Flüssen liegt das Entre-Deux-Mers, bekannt für seine Weißweine, nördlich davon das Libournais rund um die Stadt Libourne rechtsseitig der Dordogne mit den berühmten Lagen von Pomerol und Saint-Émilion. Nordwestlich davon und rechtsseitig der Gironde findet man schließlich Blaye und Bourg.

Bordeaux-Weine sind typischerweise Cuvées, also aus getrennt vinifizierten Lagen und Rebsorten gemischt. Es liegt an den Kellermeistern, ihrem Château damit einen spezifischen Charakter und Ruf zu verschaffen. Die wichtigsten roten Rebsorten sind Cabernet Sauvignon, Cabernet Franc und Merlot, bei den weißen dominiert Sauvignon Blanc.

gelhupf ähnlich, werden dem Teig dieser Miniküchlein Vanille und ein Schuss Rum beigefügt. Diese werden dann erstaunlich lange gebacken. Der perfekte Cannelé ist also recht dunkel, hat eine dicke, karamelisierte Kruste, ist aber innen weich.

An der Place de la Comédie steht auch das **Grand Théâtre,** ein majestätischer Prachtbau aus der Zeit Ludwigs XVI. Eine beeindruckende Säulenhalle mit zwölf Steinstatuen bildet den Eingang dieses imposanten Bauwerks. Für 6 € kann man dienstag- und samstagnachmittags an einer Führung durch das Theater teilnehmen. Der Platz ist auch ein beliebter Treffpunkt und befindet sich ganz in der Nähe des Touristenbüros (s. S. 174) und der Esplanade des Quinconces, sodass sich hier der Kreis des Altstadtrundgangs schließt.

Am anderen Ufer der Garonne liegt der Stadtteil **Bastide,** der sich mittlerweile zu einem angesagten Künstlerviertel entwickelt hat. Vom Zentrum aus führt die **Pont de Pierre** hinüber, die nicht für den allgemeinen Verkehr freigegeben ist und somit einen ruhigen Spaziergang ermöglicht.

Die spektakuläre, 2013 eingeweihte Hubbrücke **Pont Jacques Chaban-Delmas** überquert die Garonne in der Nähe der **Cité du Vin.** Das 2016 eröffnete Designergebäude ist eine weltweit einzigartige Einrichtung rund um den Wein. In der Dauerausstellung in der zweiten Etage erlebt der Besucher neunzehn Themenbereiche, die mit modernster Technik inszeniert werden. Mit diesem architektonisch außergewöhnlichen Komplex, der eine Gesamtfläche von 13.350 m² hat, ist Bordeaux endgültig zur Welthauptstadt des Weins geworden.

Die Kostprobe eines Bordelais, im Eintrittspreis inklusive, genießt man zum Abschluss des Besuches in der achten Etage auf der Aussichtsterrasse mit einem fantastischen Panorama auf die Stadt und ihren Fluss.

Direkt hinter der Cité du Vin befindet sich ein **Schiffsanleger,** von wo Ausflugsdampfer ablegen und dem Fahrgast einen weiteren wunderschönen Blick auf die Kulisse des erlebenswerten Bordeaux ermöglichen.

› **La Cité du Vin,** Quai de Bacalan 134, Bordeaux, www.laciteduvin.com, geöffnet: tägl. 9.30–19 Uhr, Eintritt: 20 €. Ein Audioguide (auch in deutscher Sprache) begleitet die Besichtigung.

Die neuste Attraktion von Bordeaux ist das 2020 eröffnete **Kunstmuseum „Bassins des Lumières“.** Hierbei handelt es sich um einen ehemaligen U-Boot-Bunker aus dem Zweiten

☒ Durch die eindrucksvolle Porte Cailhau betritt man die Altstadt von Bordeaux

Weltkrieg, der in ein gigantisches Zentrum für digitale Kunst mit wechselnden Ausstellungen verwandelt wurde – ein faszinierendes Erlebnis!

› **Bassins des Lumières,** Stadtteil Bassins à Flots in der Nähe der Cité du Vin, Eintritt 14,50 € (im City Pass inklusive), www.bassins-lumieres.com

Informationen

› **Office de Tourisme Bordeaux,** 12 cours du XXX Juillet, Tel. 0033 556006600, www.bordeaux-tourisme.com, geöffnet: tägl. 9–18.30 Uhr. Hier sind ein kleiner Stadtführer in deutscher Sprache und ein Stadtplan erhältlich. Weiterhin bekommt man eine Liste der Weingüter rund um Bordeaux, bei denen ein Spontanbesuch möglich ist.

Parken

P 34 **Allées de Bristol,** GPS 44.846501, -0.572147. Zentralste Parkmöglichkeit am Place des Quinconces (nur für Kastenwagen), keine Übernachtung erlaubt.

P 35 **Avenue Emile Counord,** GPS 44.856155, -0.574677. Gebührenpflichtiger Parkplatz von 9 bis 19 Uhr, nachts kostenlos, kein Übernachtungsverbot

P 36 **Cours Louis Fargue,** GPS 44.866717, -0.56451. In der Nähe des Port de Plaisance, etwa 3 km zum Zentrum, Bushaltestelle in der Nähe.

P 37 **Cours Henri Brunet,** GPS 44.872490, -0.559470. Hinter dem Bassins des Lumières, Übernachtung möglich, teilweise Wasser und Strom.

87 Camping Le Village du Lac

GPS 44.897787, -0.582656

4-Sterne-Campingplatz mit Sommerpool, Restaurant, Minishop, teilweise sehr sandiger Untergrund. Bushaltestelle direkt am Platz, Bustickets gibt es an der Rezeption (tägl. 8.30–19.30 Uhr). **Lage/Anfahrt:** der Campingplatz liegt am nördlichen Stadtrand von Bordeaux hinter dem Messegelände; aus dem Süden kommend Bordeaux auf der Stadtautobahn A630/E5 umfahren, im Ortsteil Buges der Beschilderung „Parc des expositions“ folgen, der Campingplatz ist ausgeschildert; **Platzanzahl:** 391; **Untergrund:** Wiese, Sand; **Service:** Strom, Trinkwasser, Abwasser, Chemie-WC, WLAN; **Preise:** 21–45 € (je nach Saison); **Geöffnet:** ganzjährig; **Kontakt:** Boulevard Jacques Chaban-Delmas, Bordeaux-Bruges, Tel. 0033 557877060, www.camping-bordeaux.com.

MACAU

(24 km – km 24)

Die Route du Vin, wie die D2 auch genannt wird, ist vom Campingplatz „Le Village du Lac“ 87 über den Stadtteil Bordeaux-Blanquefort schnell erreicht.

Macau liegt bereits im Weinanbaugebiet der Region Haut-Médoc und hat neben einem **Weingut** sogar **mehrere historische Gebäude** (Monuments historiques) zu bieten. Am kleinen **Hafen** schweift der letzte Blick auf die Garonne, bevor diese sich auf Höhe der Île Macau mit der Dordogne zur Gironde vereint.

Der kostenlose Parkplatz ist günstig gelegen, es gibt einen Bäcker im Ort und einige Restaurants.

Parken

P 38 **Macau,** GPS 45.007025, -0.613125, Chemin du Mahoura, www.ville-macau.fr. Kostenloser Parkplatz mit Ver- und Entsogungsmöglichkeit.

MARGAUX

(7 km – km 31)

Im weiteren Verlauf der Route folgt ein Weingut dem nächsten. Manche geben sich eher bescheiden und sind schmucke Herrenhäuser, andere aber gleichen richtigen Schlössern. „Château“ jedoch nennen sie sich alle.

Eines der bekanntesten Güter der Region ist Château Margaux, dessen Weine seit 1855 mit als beste der Welt gelten. „Premier Grand Cru“ ist hierfür der Titel, mit dem sich nur sehr wenige Weingüter schmücken dürfen.

Château Margaux blickt auf eine jahrhundertelange Vergangenheit zurück und ging im

Lauf seiner Geschichte an zahlreiche unterschiedliche Besitzer über.

Dadurch hat die Qualität des Weines jedoch keinen Schaden genommen, denn der Boden, auf dem die Reben wachsen, gilt als einer der besten des Médoc: mit leichtem Humus, aufgelockert durch feine Kiesel und recht kalkhaltig, neigen sich die Weinberge in Richtung Gironde. So kann, vereinfacht ausgedrückt, das Wasser ablaufen und es entsteht keine Staunässe.

Château Margaux gilt auch als eine der teuersten Grundbesitzungen Frankreichs.

Zu besichtigen ist das Weingut nur mit Voranmeldung, der normale Tourist wird sich also auf einen Blick auf das edle Anwesen im Vorbeifahren beschränken müssen.

FORT MÉDOC

(12 km – km 43)

Das nächste Ziel dieser Route hat ausnahmsweise nichts mit Wein zu tun. Fort Médoc gehört zu einem Verteidigungsgürtel, der über das Fort Pâté auf einer kleinen Insel in der Gironde hinüber zur Festung von Blaye führt.

Dieser Sperrriegel, auch **Vauban-Riegel** genannt, gehört zum **UNESCO-Weltkulturerbe.** 1689 von Ludwig XIV. in Auftrag gegeben, ist hier eine weitläufige Befestigungsanlage entstanden, die man durch das königliche Tor betritt. Die hölzerne Tür ist oben im Giebeldreieck mit einer Sonne verziert, dem Emblem des Sonnenkönigs.

Im Innern der nie in Kämpfe verwickelten Garnison ist u. a. noch das Pulvermagazin zu besichtigen. In den Räumlichkeiten des Kommandanten gibt es eine interessante Ausstellung zu den vielen Vauban-Forts, die über ganz Frankreich verstreut liegen. Das ehemalige Gebäude der Wachmannschaften

Das Fort Médoc gehört zum UNESCO-Weltkulturerbe und steht auf einem großen Areal direkt an der Gironde

105wf-lf

Sébastien le Prestre de Vauban

Es ist an der Zeit, ein wenig mehr über den Mann zu erfahren, dessen Bauwerke Frankreichreisenden im ganzen Land immer wieder begegnen.

Vauban (1633–1707) war französischer General, Marschall von Frankreich und Festungsbaumeister König Ludwigs XIV.

Aus einfachem Landadel stammend, gab es für junge Männer der damaligen Zeit eigentlich nur zwei berufliche Alternativen: Kirche oder Armee. Vauban wählte das Militär und bereits mit 22 Jahren wurde der mathematisch hochbegabte junge Mann zum „Ingénieur ordinaire du roi" ernannt.

Nach zahlreichen Erfolgen in der Armee wurde Vauban mit dem Ausbau der Festung von Lille betraut, die zu seinem ersten Meisterwerk wurde. Im Laufe seiner 56 Dienstjahre baute er 33 neue Festungen, darunter so bekannte wie Saint-Malo, Belfort, Neuf-Brisach, Metz und Saint-Martin-de-Ré. Außerdem wurden viele schon bestehende Wehranlagen von Vauban modernisiert und umgebaut.

Zwölf seiner Festungsanlagen werden seit 2008 zum UNESCO-Weltkulturerbe gezählt.

und Schützen unten am Fluss, teilweise aber auch das ganze Fort, werden heute für unterschiedliche Veranstaltungen, etwa Konzerte, genutzt.

Nach der endgültigen Aufgabe als Garnison 1916 begann ein schleichender Verfall. Seit dem Jahr 1960 kümmern sich Ehrenamtliche aus der Gemeinde Cussac um die wirklich gelungene Restaurierung, daher zahlt sicherlich jeder Besucher gerne den kleinen Obolus von 4 €.

Mit Blick auf die Gironde lässt es sich hier im Fort Médoc außerdem noch herrlich picknicken, spazieren gehen oder in der Hauptsaison vom Bootsanleger aus zur vorgelagerten Insel mit dem Fort Pâté hinüberfahren.

› **Fort Médoc,** Avenue du Fort Médoc, Cissac-Fort-Médoc, von der D2 kommend ist das Fort bereits ausgeschildert, ein ausgebauter Feldweg führt zur ehemaligen Garnison, Tel. 0033 556589840, www.cussac-fort-medoc.fr, geöffnet: je nach Saison zu unterschiedlichen Zeiten, Dezember/Januar geschlossen.

Parken

P 39 Fort Médoc,
GPS 45.110147, -0.704382

Der etwas abseits der Gironde gelegene Ort **Saint-Laurent-Médoc** befindet sich an der vielbefahrenen D1215 und wird hier hauptsächlich wegen seines Supermarktes erwähnt. Die gesamte Region des Haut-Médoc ist versorgungstechnisch nicht gut ausgestattet. Da der eine oder andere Wohnmobilist aber doch zwischendurch neue Vorräte einkaufen muss, ist dieser kleine Umweg sehr zu empfehlen.

Saint-Laurent-Médoc liegt auf dem Jakobsweg nach Santiago de Compostela und wird auch heute noch in eine Pilgerreise mit einbezogen. Das außerhalb des Ortes gelegene ehemalige Pilgerhospiz **Nôtre-Dame de Benon** ist seit 1972 ein offiziell anerkanntes „Monument historique". Erfreulicherweise bietet Saint-Laurent-Médoc einen Stellplatz 88 an.

88 Stellplatz Saint-Laurent-Médoc

GPS 45.149185, -0.821087

Offizieller Übernachtungsplatz der Gemeinde, zentral gelegen, wenig einladend. **Lage/Anfahrt:** von der D1215 kommend auf die D1E8 abbiegen und direkt bis zum Platz durchfahren; **Platzanzahl:** 6; **Untergrund:** Asphalt; **Service:** Strom, Trinkwasser (mit kostenlosen Jetons, die es im Office de Tourisme oder im Tabakladen gibt), Abwasser, Chemie-WC, WLAN; **Sicherheit:** beleuchtet; **Preise:** kostenlos; **Max. Stand:** unbegrenzt; **Geöffnet:** ganzjährig; **Kontakt:** Place du 8 mai, Saint-Laurent-Médoc, www.saint-laurent-medoc.fr.

PAULLAC

(24 km – km 67)

Ohne den Einkaufsumweg ist Pauillac wesentlich schöner und schneller über die Route du Vin D2 anzufahren.

Ein direkt an der Gironde gelegener großer Parkplatz, das Quai Antoine Ferchaud, ist auch für Wohnmobile bestens geeignet und sicherlich hat niemand etwas dagegen, wenn man über Nacht dort stehenbleibt.

Parken

P 40 **Quai Antoine Ferchaud,** GPS 45.200098, -0.745871

Ein kleiner Spaziergang führt zum **Hafen** von Pauillac, von wo aus Ausflugsdampfer zu einer schönen Fahrt auf der Gironde einladen. Hier an der Flusspromenade findet samstagvormittags der **Wochenmarkt** statt.

Ein Stückchen weiter liegt das Office de Tourisme, in dem auch das **Maison du Vin** untergebracht ist. Hier kann man Besuche in Weinschlössern reservieren, Weine probieren und kaufen sowie einen kleinen Film über das Médoc anschauen. Pauillac ist das Zentrum der großen Bordelais-Weine, denn nördlich des Orts findet man die berühmtesten Weingüter der Welt. Namen wie **Mouton-Rothschild, Lafite-Rothschild** und **Latour** lassen den Liebhaber der Bordeaux-Weine ehrfurchtsvoll werden. Neben den drei berühmten Produzenten des „Premiers crus", gibt es in der Region noch die **Châteaux Pichon-Longueville,** deren Weine der Kategorie „Deuxièmes Grands Crus Classés" zugeordnet werden, und zahlreiche weniger bekannte Weingüter, bei denen der Besucher jederzeit herzlich willkommen ist.

Nebenbei sei hier erwähnt, dass in Frankreich nach dem Besuch eines Weinguts mit Weinprobe auch ein Kauf erwartet wird.

Zu bemerken ist weiterhin, dass in den meisten Weingütern während der Zeit der Weinlese Ende September bis Ende Oktober keine Besichtigungen möglich sind, da jede verfügbare Arbeitskraft für das Einbringen der Trauben benötigt wird.

Jedes Jahr im September dreht sich in Pauillac alles um den **Médoc-Marathon,** der auch Marathon des Châteaux genannt wird. Die 42,2 Marathonkilometer verlaufen durch die Weinberge bis nach Saint-Estèphe und streifen unterwegs 50 Schlösser, darunter auch die berühmten Weingüter. Überall

89 Camping Municipal Les Gabarreys

GPS 45.184853, -0.741352

Gemeindeeigener, kleiner Campingplatz vor Paulliac (etwa 1 km entfernt), direkt an der Gironde, Whirlpool, Sauna, Minigolf, Brötchenservice; **Lage/Anfahrt:** im Ort Daubos von der D2 auf die Route de la Rivière D2E6 rechts abbiegen, Straße führt direkt zum Campingplatz; **Platzanzahl:** 51; **Untergrund:** Wiese; **Service:** Strom, Trinkwasser, Abwasser, Chemie-WC, WLAN; **Sicherheit:** beleuchtet; **Preise:** 18,50 €; **Geöffnet:** Anfang April–Mitte Oktober (zur Zeit der Weinlese unbedingt reservieren, da meist von Erntehelfern belegt); **Kontakt:** Route de la Rivière, 33250 Paulliac, Tel. 0033 556591003, www.campinglesgabarreys.com.

178wf © Camping Municipal Les Gabarreys

warten Weinverkostungen, sodass der Wettkampf zu einem großen Fest wird. Die Veranstaltung ist überaus beliebt und so laufen mittlerweile fast 10.000 Sportbegeisterte und leidenschaftliche Weintrinker in zum Teil sehr ausgefallenen Kostümierungen mit. Ein Prost auf diejenigen, die trotz der stark erhöhten Promillezahl den Lauf in den erforderlichen 6½ Stunden schaffen!

Information

› **Office de Tourisme Pauillac,** La Verrerie, Pauillac, Tel. 0033 556590308, www.pauillac-medoc.com, geöffnet: tägl. 9.30–19 Uhr, außerhalb der Hochsaison Mittagspause bis 14 Uhr. Das Touristenbüro hält eine Broschüre in deutscher Sprache bereit sowie eine Liste der kleineren Weingüter, bei denen ein Spontanbesuch sowie eine eventuelle Übernachtung möglich sind.

SAINT-ESTÈPHE

(9 km – km 76)

Auf den wenigen Kilometern nach Saint-Estèphe streift die Route du Vin weitere berühmte Châteaux, die sich allerdings dezent in ihren Weinbergen verstecken. Das **Château Cos d'Estournel** jedoch liegt direkt an der D2 und ist ein sehr beliebtes Fotomotiv, denn das Schloss erinnert mit seinen aufwendigen Schnitzarbeiten, zierlichen Türmchen und steinernen Elefanten eher an einen indischen Palast. Der Gründer des Weingutes, Louis-Gaspard Estournel, hatte neben dem Wein auch eine Leidenschaft für Araberpferde, woraus sich ein blühender Austausch und Handel mit Indien entwickelte. Doch so manche Passion wird zum Fanatismus und führt in den finanziellen Ruin. So auch bei Monsieur Estournel, der sein Weingut 1852 verkaufen musste und ein Jahr später verarmt und vereinsamt starb.

Die Weine des Châteaus gehören der Klassifikation „Deuxième Grand Cru Classé" an, sind also Weine von Weltruf, allerdings ist auch hier ein Spontanbesuch nicht möglich.

Das Örtchen Saint-Estèphe liegt direkt an der Gironde, genau hier befindet sich auch die offizielle Parkmöglichkeit mit Ver-/und Entsorgungsstation 90 sowie das **Maison du Vin de Saint-Estèphe,** wo der Interessierte das ein oder andere gute Fläschchen Bordelais kaufen kann.

Sonstiger Stellplatz

S 41 **Winzerstellplatz Château Ferré,** GPS 45.262456, -0.828046, http://chateau-ferre.com

Ganz in der Nähe von Saint-Estèphe liegt der Winzerort **Vertheuil,** wo man nach dem Genuss von Weinproben gerne auch übernachten darf (Château Ferré, 9 Rue des Aubépines, Vertheuil, Tel. 0033 556419639).

90 Parkplatz Saint-Estèphe

GPS 45.26545, -0.758248

Parkmöglichkeit an der Flusspromenade gegenüber dem Restaurant Le Peyrat, sehr schön gelegen. **Lage/Anfahrt:** direkt an der Gironde, von der D2 kommend bis zum Fluss fahren; **Platzanzahl:** 20; **Untergrund:** Wiese; **Service:** Trinkwasser, Abwasser, Chemie-WC, 1-€-Jetons gibt es im Restaurant; **Max. Stand:** eine Nacht; **Geöffnet:** ganzjährig; **Kontakt:** Rue du Littotal, Saint-Esthèphe, www.mairie-saint-estephe.fr.

SAINT-YZANS-DE-MÉDOC

(10 km – km 86)

Immer weiter geht es entlang der Gironde, an deren Ufer viele Fischerhütten auf Stelzen zu sehen sind, die sogenannten „Carrelets".

Das nächste Ziel befindet sich bereits in der Region Nord-Médoc, auch hier bestimmt der Weinbau das Leben der Menschen. Pro Jahr werden in mehr als 3000 Weingütern mit einer Rebfläche von 16.000 ha durchschnittlich 700.000 hl Wein erzeugt.

Noch im 17. Jh. war hier zum großen Teil Sumpfland, das Boot war ein unverzichtbares Fortbewegungsmittel. Mithilfe von Entwäs-

106wf-ff

serungsexperten aus den Niederlanden gelang es, nach und nach das Gebiet trockenzulegen.

Die überwiegend flachen Lagen mit ihren leichten Kiesböden in Verbindung mit dem ausgeglichenen Klima stellten sich bald als das **perfekte Weinanbaugebiet** heraus.

Diese ideale Lage mit dem leicht zur Gironde abfallenden Terrain besitzt auch das **Château Loudenne.** Das ehemalige Kartäuserkloster gehörte von 1875 bis 2000 einer britischen Familie und so ist es nicht verwunderlich, dass es auf dem Anwesen einen wunderschönen englischen Garten gibt.

Seit 2013 gehört das Château Loudenne einem chinesischen Investor, der für das Traditionsunternehmen 20 Mio. Euro bezahlte. China ist der weltgrößte Absatzmarkt für Bordeaux-Weine.

Château Loudenne bietet auch Weinproben in deutscher Sprache an, bekannt ist das Weingut vor allen Dingen für seinen „Cru Bourgeois Supérieur“.

Weiterhin ist im viktorianisch angehauchten Keller ein kleines **Weinbaumuseum** eingerichtet und der idyllische Spaziergang zum châteaueigenen Anlegesteg an der Gironde rundet den Besuch auf schöne Art und Weise ab.

› Saint-Yzans-de-Médoc, Tel. 0033 5567317, www.chateau-loudenne.com, April–Okt. Di–Sa 11–14.30 und 16–17.30 Uhr, GPS 45.319663, -0.793051. Das Weingut liegt noch vor dem Ort Saint-Yzans-de-Médoc etwas abseits der D2 auf einem Weinberg, ist aber ausgeschildert.

⌃ Das Château Loudenne ein bekanntes Weingut im Médoc, bietet auch Führungen in deutscher Sprache an

LE VERDON-SUR-MER

(48 km – km 134)

Der nun folgende Streckenabschnitt der D2 ist landschaftlich sehr reizvoll und verläuft zum Teil ebenfalls direkt entlang der Gironde.

Nach 20 km ist **Port-de-Richard** erreicht, wo sich ein Ausflug zum **Phare de Richard** lohnt, von dessen Plattform in 18 m Höhe sich ein schöner Blick über den Fluss und die

Umgebung bietet. Viele **Carrelets** zieren hier das Ufer, die Netze werden langsam bis zum Boden der Gironde abgesenkt, um sie nach kurzer Zeit zügig wieder aus dem Wasser zu heben. Mit etwas Glück haben dann einige Fische nicht mehr rechtzeitig den Weg in die Freiheit gefunden.

› **Phare de Richard,** Passe de Richard, Route D2, Jau-Dignac et Loirac, Tel. 0033 556095239, Juli-Okt. nachmittags geöffnet, ansonsten nach Voranmeldung, Eintritt: 2 €, GPS 45.439573, -0.932558. Im Leuchtturm ist auch ein kleines Museum untergebracht.

Die Gironde hat mittlerweile gigantische Ausmaße erreicht und ist hier 15 km breit. Aufgrund der enormen Breite gibt es **keine Brücken,** sondern nur **zwei Autofähren,** mit denen sich die Reise vom nördlichen Teil der Atlantikküste kommend erheblich abkürzen lässt. Die erste Fährverbindung besteht in Blaye (s. S. 125), die zweite hier im Mündungsbereich in Le Verdon-sur-Mer.

Siebenmal pro Tag verlässt ein Boot den Hafen von Royan, die Überfahrt kostet für ein Wohnmobil inklusive zwei Personen 46 €.

Am **Pointe de Grave** auf der anderen Seite der Gironde liegt der Hafen von Verdon-sur-Mer, hier am Grave kann ein 28 m hoher **Leuchtturm** mit kleinem Museum besichtigt werden.

Ein sehr gepflegter Stellplatz 91 am Strand von **La Chambrette** empfängt Wohnmobilisten. Zur Erkundung der Gegend hat man schöne **Wander- und Fahrradwege** angelegt, allerdings kann man sich auch mit dem kleinen **Touristenzug** auf Entdeckungstour begeben.

Sieben Kilometer vor der Gironde-Mündung steht der **Phare Cordouan** im Atlantischen Ozean. Er ist der **älteste Leuchtturm Frankreichs** und als „Monument historique“ eingestuft. Um den Blick aus 67 m Höhe genießen zu können, muss man erst einmal 311 Stufen hinaufsteigen. Je nach Wetterverhältnissen fährt von April bis Anfang November in 45 Min. ein Boot hinüber zum prunkvollen „Versailles des Meeres“, in dem sich sogar königliche Räume bewundern lassen.

Der **Plage Saint-Nicolas** lässt erahnen, welch herrliche Strände hier an der südlichen Atlantikküste auf den erholungssuchenden Touristen warten – mehr dazu in Route 9.

91 Stellplatz Le Verdon-sur-Mer

GPS 45.546906, -1.055712

Sehr gepflegter, zweigeteilter Stellplatz, mit Blumenkübeln geschmückt, parzelliert; **Lage/Anfahrt:** am Ortsrand von Verdon-sur-Mer hinter einer Düne; von der D 1215 kommend in Verdon-sur-Mer der Beschilderung Plage de la Chambrette folgen, der Stellplatz ist mit einem Womo-Piktogramm ausgeschildert.; **Platzanzahl:** 30; **Untergrund:** Schotter; **Service:** Strom, Trinkwasser, Abwasser, Chemie-WC; **Sicherheit:** beleuchtet; **Preise:** 10 €/Fahrzeug inklusive allem; **Max. Stand:** unbegrenzt; **Geöffnet:** ganzjährig; **Kontakt:** Rue du Levant 8, Le Verdon-sur-Mer, Tel. 0033 556096178, www.ville-verdon.org.

ROUTE 9

ENTLANG DER CÔTE D'ARGENT

107wf-as © ALF photo - stock.adobe.com

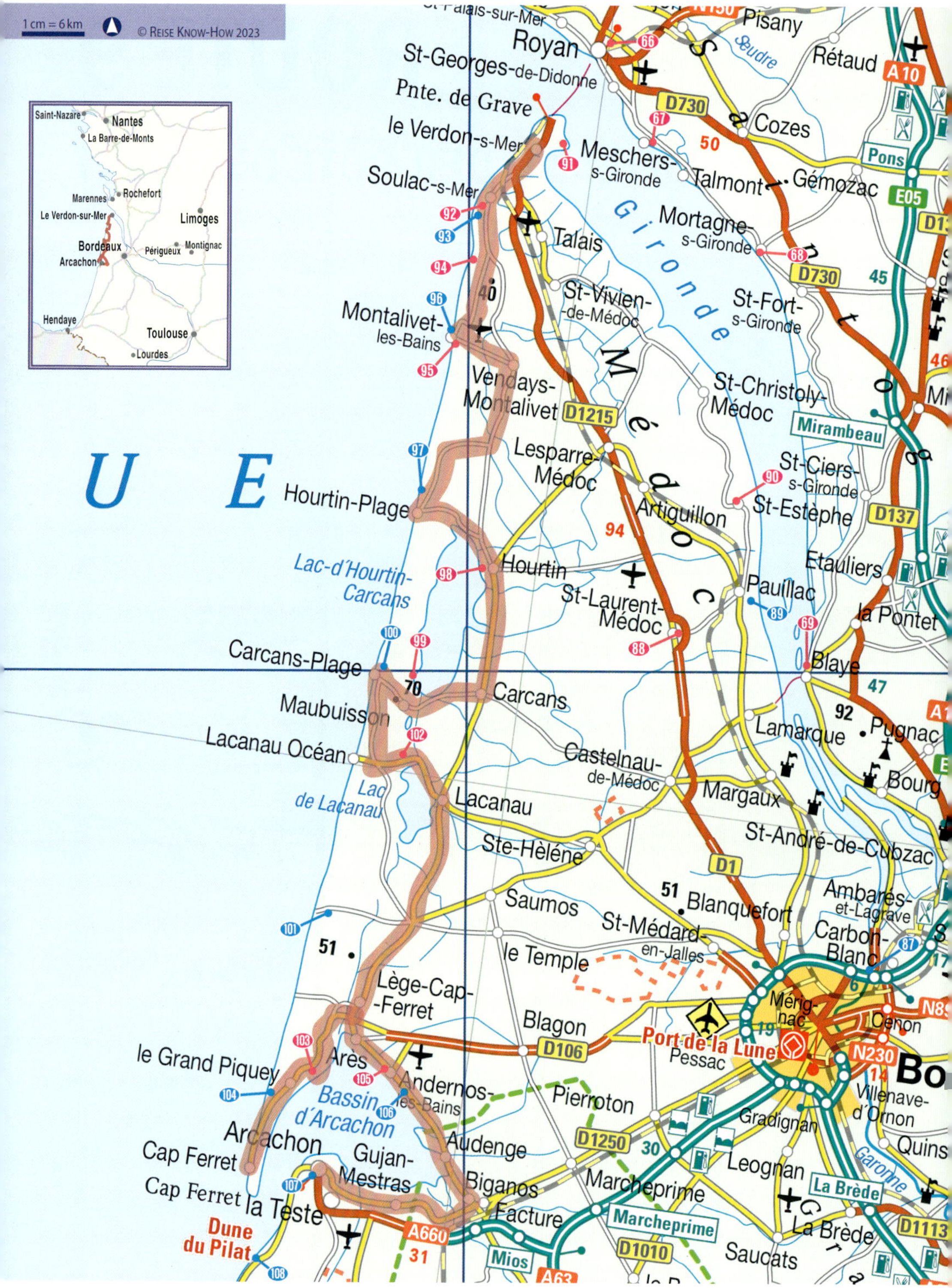
1 cm = 6 km
© Reise Know-How 2023
Saint-Nazaire
Nantes
La Barre-de-Monts
Marennes
Rochefort
Le Verdon-sur-Mer
Limoges
Bordeaux
Arcachon
Périgueux
Montignac
Hendaye
Toulouse
Lourdes
Royan
Pisany
Seudre
Rétaud
A 10
St-Georges-de-Didonne
Pnte. de Grave
D730
le Verdon-s-Mer
Cozes
Meschers-s-Gironde
Pons
Soulac-s-Mer
Talmont
Gémozac
E05
Talais
Mortagne-s-Gironde
Gironde
St-Vivien-de-Médoc
St-Fort-s-Gironde
Montalivet-les-Bains
Médoc
St-Christoly-Médoc
Vendays-Montalivet
D1215
Mirambeau
Lesparre-Médoc
St-Ciers-s-Gironde
U
E
Hourtin-Plage
Artiguillon
St-Estèphe
D137
Lac-d'Hourtin-Carcans
Hourtin
Etauliers
St-Laurent-Médoc
Pauillac
la Pontet
Carcans-Plage
Blaye
Carcans
Maubuisson
Lamarque
Pugnac
Lacanau Océan
Castelnau-de-Médoc
Bourg
Lac de Lacanau
Lacanau
Margaux
St-André-de-Cubzac
Ste-Hèlène
D1
Saumos
Blanquefort
Ambarès-et-Lagrave
St-Médard-en-Jalles
Carbon-Blanc
le Temple
Lège-Cap-Ferret
Blagon
Mérignac
Cenon
Port de la Lune
Pessac
D106
N230
Bo
le Grand Piquey
Arès
Andernos-les-Bains
Pierroton
Villenave-d'Ornon
Bassin d'Arcachon
Gradignan
Arcachon
Audenge
D1250
Quins
Cap Ferret
Gujan-Mestras
Leognan
La Brède
Garonne
Cap Ferret
Biganos
Marcheprime
la Teste
Facture
Marcheprime
La Brède
D1113
Dune du Pilat
A660
Mios
D1010
Saucats
A63

195wf©Daniel, adobe.stock.com

ROUTENÜBERSICHT

Die Côte d'Argent, die Silberküste, beginnt am Mündungstrichter der Gironde und erstreckt sich über 200 km von Soulac-sur-Mer bis nach Bayonne. Ein bekannter Badeort löst den nächsten ab und alle teilen sich den schönen, 100 km langen Sandstrand, an dem Platz für jeden Sonnenhungrigen ist. Winzige Muschelteilchen haben sich im Lauf der Jahrhunderte mit dem Sand vermischt und so glitzert der Strand in der Abenddämmerung wie von einer Silberschicht überzogen. Mit der Flut kommt das Wasser und da am Atlantik eine kräftige Brise weht, kommen auch die Wellen. Surfer, Windsurfer und Kitesurfer strömen an den Strand und stürzen sich ins kühle Nass. Große Seen wie der Lac d'Hourtin-Carcans oder der Lac de Lacanau befinden sich in der Nähe jenseits der Dünen und des großen Pinienwalds – ein Paradies im Paradies. Meer, Seen und Badeorte sind nicht weit voneinander entfernt und so lässt sich alles bei einem Fahrradausflug wunderbar erkunden. Am Cap Ferret (s. S. 193) öffnet sich das große Bassin d'Arcachon. Rundherum finden sich zahlreiche geschäftige Häfen mit ihren Austernbars, in denen die von Franzosen so geliebten Spezialität absolut kein Luxus ist. Dann ist Arcachon (s. S. 197) erreicht: „Die elegante Stadt" hat ganz eindeutig Flair und ist zu jeder Jahreszeit einen Besuch wert, denn hier ist immer etwas los.

Strecke:
Soulac-sur-Mer (s. S. 184) – **Montalivet-les-Bains** (23 km, s. S. 187) – **Hourtin-Plage** (20 km, s. S. 189) – **Hourtin-Port** (13 km, s. S. 189) – **Carcans-Plage** (27 km, s. S. 190) – **Lacanau-Océan** (12 km, s. S. 191) – **Cap Ferret** (53 km, s. S. 193) – **Andernos-les-Bains** (26 km, s. S. 194) – **Arcachon** (40 km, s. S. 197)

Streckenlänge:
214 km

⊡ *Blick auf die berühmte Dune du Pilat bei Arcachon*

« *Kapitelstartseite: Cap Ferret zeigt ein abwechslungsreiches Bild*

SOULAC-SUR-MER

Ob über die Route du Vin von Bordeaux gekommen oder per Fähre von Royan aus übergesetzt (s. S. 120), am **Pointe de Grave** sieht man die Gironde in den atlantischen Ozean münden, hier beginnt der Urlaub am südlichen Teil der französischen Atlantikküste.

Soulac-sur-Mer ist der erste Badeort an der Côte d'Argent. Das sympathische Städtchen ist im Gegensatz zu anderen Badeorten historisch gewachsen. Die **Basilika Notre-Dame-de-la-Fin-des-Terres,** die „Kirche am Ende der Welt", ist eine Benediktinerklosterkirche aus dem 12. Jh. und gehört als Teil des französischen Jakobswegs nach Santiago de Compostela zum UNESCO-Weltkulturerbe. Schon bald nach der Fertigstellung musste man feststellen, dass die Kirche Gefahr lief, in den Dünen zu versanden. Alle Versuche, das Gotteshaus zu retten, scheiterten, und so musste die Kirche 1741 aufgegeben werden. Mitte des 19. Jh. war die Düne soweit weiter gezogen, dass das historische Gebäude wieder ausgegraben und restauriert werden konnte. Das dazugehörige Kloster allerdings ist nie wieder aufgetaucht. Noch heute ist der Höhenunterschied zum Rest des Ortes nicht zu übersehen, denn die Basilika liegt in einer Sandkuhle.

In Soulac gibt es eine **hübsche Einkaufsstraße,** in der sich auch die historische **Markthalle** befindet. Eine nette, blumengeschmückte Strandpromenade führt entlang einiger Villen aus der Zeit der Belle Époque und trotz der zahlreichen Touristen bleibt es selbst im Sommer eher ruhig und beschaulich.

Soulac-sur-Mer hat einen 7 km langen Strand, von dem man den **Phare Cordouan** sehen kann, dessen Licht eine Reichweite von 45 km hat. Dieser einzigartige königliche Leuchtturm mitten im Meer kann per Ausflugsboot von Verdon-sur-Mer aus besucht werden (s. S. 179).

› **Office de Tourisme Soulac-sur-Mer,** Rue de la Plage 68, Soulac-sur-Mer, Tel. 0033 556098661, www.medoc-atlantique.com, geöffnet: tägl. 9–19 Uhr

Mit Soulac beginnt auch der lange **Sandstrand,** der sich ohne Unterbrechung 100 km bis nach Cap Ferret erstreckt. Eine ebenso lange, bewaldete Dünenlandschaft liegt wie ein breiter Gürtel zwischen Meer und dem kaum besiedelten Hinterland.

Das Rathaus von Soulac-sur-Mer ist äußerst repräsentativ

108wf-lf

Küstenschutz an der französischen Atlantikküste

Der Küstenabschnitt zwischen Soulac-sur-Mer und dem Becken von Arcachon zieht mit seinen herrlich breiten und feinen Sandstränden Millionen von Besuchern an. Die Strandidylle wird aber Jahr für Jahr durch heftige Stürme im Winter stark bedroht. Das Meer erobert sich dann regelmäßig rund zweieinhalb Meter Land zurück und so mancher Orkan hat schon bis zu 20 m Küste fortgerissen. Strandpromenaden werden zerstört, angrenzende Häuser sind bedroht und der durch die Erderwärmung verursachte Meeresanstieg verstärkt die Gefahr noch um ein Vielfaches.

Hier ein bedrohliches Beispiel aus Soulac-sur-Mer: das große Appartementhaus „Le Signal", gebaut 1965, lag damals 200 m vom Meer entfernt, 2018 waren es sage und schreibe nur noch 10 m bis der Dünengrat beginnt!

Der Mensch ist machtlos gegen Stürme und die Gewalt der Atlantikwellen, die einzige Möglichkeit, die Erosion zumindest etwas zu verzögern, ist der Dünenschutz. Strandhafer wird gepflanzt und gepflegt, denn das ausgedehnte Wurzelwerk hält den Sand fest und vermindert das Abtragen durch den Wind. Der Dünenbereich wird eingezäunt und jedes Jahr werden neue offizielle Strandzugänge angelegt, um zu verhindern, dass die Touristen die Bepflanzung zertrampeln. Dies geschieht auf dem kompletten 200 km langen Küstenabschnitt bis fast zur spanischen Grenze.

Besonders gefährdet sind auch die Surferparadiese Lacanau und Cap Ferret, wo zusätzlich mit Steinblöcken ganz Wälle geschaffen worden sind, was zwar nicht gerade schön, aber effektiv ist.

92 Stellplatz Soulac-sur-Mer/ L'Amélie-sur-Mer

GPS 45.499444, -1.1375

Stellplatz in schöner Lage direkt am Meer, kein Schatten, neben dem Campingplatz Les Sables d'Argent. **Lage/Anfahrt:** 1,5 km von Soulac Centre entfernt von Soulac kommend die Küstenstraße D101E entlangfahren, Stellplatz liegt auf der Meerseite, Womo-Piktogramm; **Platzanzahl:** 45; **Untergrund:** Schotter; **Service:** Trinkwasser, Abwasser, Chemie-WC; **Preise:** je nach Saison zwischen 4,80 € und 8,80 €, Strom und Wasser je 3,70 € (zahlbar mit Kreditkarte); **Sicherheit:** umzäunt, beleuchtet; **Max. Stand:** drei Nächte; **Geöffnet:** ganzjährig; **Kontakt:** Boulvard de l'Amélie 31, Soulac-sur-Mer, www.soulac.com.

163wf-if

109wf-if

Atlantikwall

Auf Befehl Hitlers wurden ab 1943 die Küstenregionen der besetzen Länder Norwegen, Dänemark, der britischen Kanalinseln, Belgiens und Frankreichs zu einem Verteidigungsgürtel befestigt. Die über 2500 Küstenkilometer umfassende Anlage entlang der Nordsee, des Ärmelkanals und der französischen Atlantikküste sollte die Gebiete vor alliierten Überfällen schützen. Die größte Befestigungsanlage der Geschichte wurde installiert, in der 12.000 Bunker und Geschützstände mit 17,3 Mio. Tonnen Beton und 1,2 Mio. Tonnen Stahl errichtet wurden. Mit zur Zwangsarbeit verurteilten fast 300.000 Gefangenen entstand so der Atlantikwall, der allein in Frankreich über 8000 Bunker und unzählige Betonhindernisse besaß. Die erfolgreiche Invasion konnte trotzdem nicht verhindert werden. Der sogenannte D-Day am 6. Juni 1944 war der Tag, von dem an sich das Kriegsgeschehen dramatisch ändern sollte. Nachdem die geringe Verteidigungstiefe, die nur aus den Strandbunkern bestand, überwunden war, konnten die Alliierten schnell ins Landesinnere Richtung Paris und Berlin vorrücken. Wichtige Küstenstädte wie Brest, Saint-Nazaire oder La Rochelle wurden von den Deutschen bis zur endgültigen Kapitulation verteidigt, was der Bevölkerung noch zusätzliche neun Monate Belagerung, Entbehrung und Unterdrückung bescherte.

Durch diesen herrlichen Pinienwald verläuft ein Teilabschnitt der **Vélodyssée.** Der französische Radwanderweg hat insgesamt eine Länge von 1200 km und verläuft von der Bretagne bis an die spanische Grenze.

Die D101E führt von Soulac Centre in den Vorort L'Amélie-sur-Mer, wo sich neben diversen Campingplätzen auch ein direkt am Meer gelegener Stellplatz 92 befindet.

Hier kann man ab September, wenn die Hauptsaison vorbei ist, den verzweifelten Versuch der Gemeinde beobachten, die Erosion an der Küste aufzuhalten. Unermütlich fahren Lkw Sand heran und schütten den Strand auf, der von Wind und Wellen abgetragen wurde.

Auf der Weiterfahrt nach Süden führt nahezu jede nach rechts abzweigende Straße Richtung Meer und zu einem Badeparkplatz, in dessen Nähe sich auch Campingplätze und Stellplätze befinden. Exemplarisch hierfür sei der Stellplatz von **Le Gurp** 94 erwähnt, das 13 km von Soulac entfernt liegt.

Da die Stellplätze in Meeresnähe sich bereits im Dünengürtel befinden, ist bei der Parkplatzsuche Vorsicht geboten: Der Untergrund ist sandig und teilweise sehr weich. Tief eingeschnittene Reifenspuren zeugen von einigen Wohnmobilen, die wahrscheinlich nur mit fremder Hilfe mühselig wieder befreit werden konnten.

93 Camping Les Sables d'Argent

GPS 45.499040, -1.138958

3-Sterne-Dünencampingplatz im Pinienwald, direkter Strandzugang, Brötchenservice, beheizter Pool, Snackbar und Restaurant, Fahrrad-Verleih; **Lage/Anfahrt:** auf der D101E1 vom Zentrum kommend, führt der Bd. de l'Amélie direkt zum Campingplatz; **Platzanzahl:** 163; **Untergrund:** Wiese und Sand, befestigt; **Service:** Strom, Trinkwasser, Abwasser, Chemie-WC, WLAN; **Sicherheit:** beleuchtet; **Preise:** 18–39 € je nach Saison; **Geöffnet:** Anfang April–Ende September; **Kontakt:** 39 Bd. de l'Amélie, 33780 Soulac-sur-Mer, Tel. 0033 556098287, www.sables-d-argent.com.

94 Stellplatz Le Gurp

GPS 45.433516, -1.145301

Stellplätze vor dem Campingplatz Municipal du Gurp inmitten des pinienbewachsenen Dünenbereichs, ruhig, schattig. **Lage/Anfahrt:** beiderseits der Zufahrtsstraße zum Strand; von Soulac kommend rechts auf die D102E abbiegen und bis zum Meer durchfahren, der Campingplatz ist ausgeschildert; **Platzanzahl:** 10; **Untergrund:** Sand (Vorsicht!); **Service:** Strom, Trinkwasser, Abwasser, Chemie-WC, WLAN, Euro-Relais-Station; **Preise:** kostenlos, Ver- und Entsorgung kostenpflichtig; **Max. Stand:** drei Nächte; **Geöffnet:** ganzjährig; **Kontakt:** Route de l'Océan, Grayan-et-L'Hôpital, Le Gurp Plage gehört zur Gemeinde Grayan. Der weitläufige Camping Municipal Le Gurp ist von Mitte Mai bis Anfang Oktober geöffnet. Tel. 0033 556094453, www.campinglegurp.com.

MONTALIVET-LES-BAINS

(23 km – km 23)

Durch einen herrlichen Strandkiefernwald führt die D102E direkt ins 10 km entfernte Montalivet-les-Bains. Parallel zur Straße verläuft der Fahrradweg, der dem kompletten Küstenabschnitt bis nach Cap Ferret folgt. Der hiesige große Wald nennt sich **Forêt de Vendays,** in ihm wurden von der Gemeinde insgesamt 40 km Wander- und 30 km Radwege angelegt.

Wer also im Urlaub ein wenig aktiv sein will, ist hier bestens aufgehoben. Im **Surfklub** am Strand werden Kurse und Ausrüstung auch für Anfänger angeboten und die offiziellen Strandabschnitte des Ortes sind in der Saison überwacht.

Montalivet-les-Bains liegt an einem 12 km langen Strand und ist ein **typischer Badeort,** in dem außerhalb der Hochsaison nichts geboten wird. Von Juni bis September aber werden hier mehr als 30.000 Gäste gezählt und dementsprechend groß sind die Campingplätze und zahlreich die Ferienwohnungen und Hotels. Zahlreiche Events sorgen dann für Abwechslung.

Das Centre Hélio-Marin ist der große **FKK-Bereich,** für den Montalivet-les-Bains berühmt ist. Seit 1949 besteht hier das größte Naturistenzentrum Europas.

Der große Stellplatz 95 des Badeortes liegt hinter einer Düne und bietet direkten Meerzugang.

Verwaltungstechnisch gehört der Ort zu Vendays-Montalivet, das nahe den **Marais de la Perge** erbaut wurde, eines der wenigen kleinen Sumpfgebiete der Region, das nicht trockengelegt wurde und noch heute die für

95 Stellplatz Vendays-Montalivet

GPS 45.376331, -1.156689

Großzügig angelegter Camping-Car Park von Pass'Étapes (s. S. 30) direkt hinter der Düne. **Lage/Anfahrt:** Süden des Ortes, schattenlos, D102E führt direkt am Meer entlang und durchquert den Ort; **Platzanzahl:** 100; **Untergrund:** Sand, befestigt; **Service:** Trinkwasser, Abwasser, Chemie-WC, WLAN; **Sicherheit:** beleuchtet; **Preise:** 8,40–10,80 € (je nach Saison) inklusive Ver-/Entsorgung; **Max. Stand:** unbegrenzt; **Geöffnet:** ganzjährig; **Kontakt:** Boulevard de Lattre de Tassigny, Montalivet-les-Bains, www.campingcarpark.com.

179wf-if

◁ *Die Bunker am Strand der französischen Atlantikküste sind Zeitzeugen des Atlantikwalls*

Feuchtgebiete typische Fauna und Flora aufweist. Informationen über Wander- und Fahrradwege, zu Führungen durch den Sumpf und vieles mehr erhält man im Touristenbüro.

Information

› **Office de Tourisme Vendays-Montalivet,** Avenue de l'Océan, Vendays-Montalivet, Tel. 0033 556093012, www.medoc-atlantique.com, geöffnet: in der Saison tägl. 9–19 Uhr

Einkaufen

In den Hauptmonaten findet täglich ein **Markt** statt, der mit 200 Ständen einer der größten der Region ist. Von Austern über Médoc-Weine bis hin zu Kunsthandwerk wird alles angeboten.

96 Camping Municipal de l'Océan

GPS 45.388882, -1.153487

Gemeindeeigener 2-Sterne-Campingplatz mitten im Pinienwald, Brötchenservice, Fahrradweg angrenzend, Ortsrand, Zentrum fußläufig erreichbar; **Lage/Anfahrt:** auf der D101 von Soulac-sur-Mer kommend noch vor Ortsbeginn auf die Route de Depee D101E6 rechts Richtung Meer abbiegen, am Ende der Straße links und dieser Straße bis zum Campingplatz folgen; **Platzanzahl:** 138; **Untergrund:** Sand, befestigt; **Service:** Strom, Trinkwasser, Abwasser, Chemie-WC, WLAN; **Sicherheit:** beleuchtet; **Preise:** 17,20 €; **Geöffnet:** Anfang April–Ende Oktober; **Kontakt:** 33 Av.de Joinville le Pont, 33930 Vendays-Montalivet, Tel. 0033 625531765, www.camping-municipal-ocean.com.

Zwischen Vendays-Montalivet und Hourtin führt ein Abzweig nach **Le Pin-Sec** zu einem nahezu einsamen Strandabschnitt, an dem sich diverse Zeitzeugen aus dem Zweiten Weltkrieg befinden – Bunker des Atlantikwalls. Außer einem großen Parkplatz, auf dem das Übernachten leider verboten ist, einigen Imbissbuden und einer Surfschule gibt es hier außer Sonne, Sand und Meer noch den schlichten Camping Municipal Pin Sec 97, der aber nur in der Hauptsaison geöffnet ist.

97 Camping Municipal Pin Sec

GPS 45.268363, -1.160558

Der große, schlichte Campingplatz ist nur durch eine Düne vom feinen Sandstrand und dem Meer getrennt, er gilt als Surfer-Hotspot. Der Platz ist naturbelassen und hat einen schönen Pinienbaum-Bestand. WLAN ist kostenlos, Waschmaschine und Trockner sind vorhanden. In der Nähe sind mehrere Restaurants, ein Imbiss, eine Strandbar und diverse Geschäfte. **Lage/Anfahrt:** von Vendays-Montalivet auf der D101 kommend rechts in Richtung ausgeschildertem Plage du Pin Sec abbiegen; **Untergrund:** Sand, fest; **Service:** Strom, Trinkwasser, Abwasser, Chemie-WC, WLAN; **Preise:** 22 € plus einmaliger Stromanschluss; **Geöffnet:** Mitte Juni bis Mitte September; **Kontakt:** 60 Route du Pin Sec, 33990 Naujac-sur-Mer, Tel. 0033 556730066, www.pin-sec.com.

180wf © Camping Municipal Pin Sec

HOURTIN-PLAGE UND HOURTIN-PORT

(20 km + 13 km – km 56)

Hourtin-Plage ist ein reines Feriendomizil, das 13 km vom eigentlichen Ort entfernt direkt am Meer liegt. Das touristische Leben beschränkt sich auf die Monate Juni bis September, sodass man sich fragt, wovon die Eigentümer und Angestellten der zahlreichen Hotels und Gastronomiebetriebe das restliche Jahr über leben.

Das Städtchen Hourtin selbst befindet sich am nördlichen Ufer des gleichnamigen **Lac d'Hourtin-Carcans.** Dieser ist der **größte Süßwassersee Frankreichs** und definitiv einen Besuch wert. Rund um den 5700 ha großen See erlebt man Natur pur: Strände und Sanddünen, unberührte Sümpfe und der große Kiefernwald **Forêt d'Hourtin** befinden sich hier. **Wassersport** wird natürlich ganz groß geschrieben, es gibt mehrere Segel- und Surfschulen. Aber auch Kanufahrern und Anglern bietet sich hier ein ideales Revier, ganz zu schweigen von den herrlichen Wander- und Fahrradtouren, die man auf markierten Wegen rund um den 18 km langen und 4 km breiten See machen kann.

Hourtin-Port nennt sich ein relativ neuer Sportboothafen, zu dem auch die entsprechende touristische Infrastruktur mit Restaurants und Cafés gehört. In der Nähe der sehr gepflegten Anlage befinden sich auch ein schöner Strandabschnitt und eine Kinderinsel für die Kleinen. Nur wenige Schritte sind es von dem empfehlenswerten Stellplatz 98 zum See, wo sich allabendlich ein traumhafter Sonnenuntergang genießen lässt.

Das **Touristenbüro** Médoc Atlantique mit Hauptsitz in Lacanau hat in der Rue de Lacanau 1 in Hourtin eine Außenstelle, die aller-

98 **Stellplatz Hourtin-Port**

GPS 45.181287, -1.081087

Großzügiger Stellplatz, sehr gepflegt, ruhig, einige Bäume. **Lage/Anfahrt:** 50 m vom See entfernt, Restaurants in der Nähe, Supermarkt im Ort selbst; von der D101 kommend in den Ort hineinfahren und der Beschilderung Hourtin-Port folgen, Womo-Piktogramm; **Platzanzahl:** 70; **Untergrund:** Schotter; **Service:** Strom, Trinkwasser, Abwasser, Chemie-WC; **Sicherheit:** umzäunt, beleuchtet; **Preise:** 12 €/Fahrzeug inklusive Ver- und Entsorgung, zahlbar mit Kreditkarte; **Max. Stand:** unbegrenzt; **Geöffnet:** ganzjährig; **Kontakt:** Avenue du Lac 108, Hourtin, www.medoc-atlantique.com.

023wf-if

dings nur in den Monaten April bis September geöffnet ist.

Die Region ist ein sehr beliebtes Urlaubsziel und so gibt es sowohl in Strandnähe wie auch rund um den Lac d'Hourtin diverse Campingplätze in allen Preiskategorien.

CARCANS-PLAGE

(27 km – km 83)

Der südliche Teil des Lac d'Hourtin gehört zur Gemeinde Carcans. Der Ort selbst bietet nicht viel und ist auf der D3 nach 15 km erreicht. Zum berühmten Strand Carcans-Plage sind es dann noch weitere 12 km.

Auf der Fahrt dorthin durchquert man das Feriendorf **Maubuisson,** das am See gelegen alle Freizeitangebote bereithält, die ein Urlauber sich so wünscht: Segeln, Surfen, Kitesurfen, Kanufahren, Wasserski, Gleitschirmfliegen und, und, und – für alles gibt es einen Verleih und eine Schule. Über die zahlreichen Wander- und Fahrradrouten (insgesamt 120 km) erkundigt man sich am besten im Touristenbüro in der Avenue de Maubuisson 127, das wie das in Hourtin nur von April bis September geöffnet ist. Ganzjährig geöffnet ist die Hauptstelle in Lacanau (einheitliche Telefonnummer 0033 556032101, www.medoc-atlantique.com).

Etwas außerhalb von Maubuisson in Richtung Bombannes liegt sehr idyllisch mitten im Strandkiefernwald ein kleiner Stellplatz 99.

Von hier aus führt ein schöner Fahrrad- und Wanderweg entlang des Lac d'Hourtin-Carcans nach Norden oder durch den Forêt de Lacanau nach Süden zum gleichnamigen See. Auf der Fahrt dorthin durchquert der Weg ein Naturreservat mit dem Sumpfgebiet **Marais de Talaris** und dem **Étang de Cousseau.**

Zum Baden lädt dann Carcans-Plage ein, das nach wenigen Minuten erreicht ist.

Parken

P 42 **Carcans-Plage,** GPS 45.082416, -1.186089. Auf dem großen Parkplatz herrscht, wie auf allen Badeplätzen, von Anfang Mai bis Ende September ein Übernachtungsverbot für Wohnmobile.

Der Badeort selbst ist einer der typischen Feriendomizile an der französischen Atlantikküste, in dem nur in den Sommermonaten das Leben pulsiert. Den fantastischen Atlantikstrand kann man nach Überquerung der

110wf-as © Thomas Launois

(100) Camping de L'Océan Carcans

GPS 45.084691, -1.185433

Naturbelassener Campingplatz mitten im Pinienwald, Brötchenservice, zentrumsnah, Fahrrad-Verleih; **Lage/Anfahrt:** auf der D207 Richtung Carcans-Plage fahren, noch vor Ortsbeginn rechts in die Rue des Acacias einbiegen, Campingplatz ist ausgeschildert; **Platzanzahl:** 357; **Untergrund:** Sand, befestigt; **Service:** Strom, Trinkwasser, Abwasser, Chemie-WC, WLAN; **Sicherheit:** beleuchtet; **Preise:** 18–32 € je nach Saison; **Geöffnet:** Anfang April–Anfang Oktober; **Kontakt:** Rue du Camping, 33121 Carcans, Tel. 0033 556034144, www.camping-carcans-ocean.com.

176wf ©Camping de L'Océan Carcans

Düne allerdings auch außerhalb der Saison genießen. Dann ist man mit den wenigen anderen Urlaubern und einigen Surfern nahezu allein.

In diesem Zusammenhang sei erwähnt, dass man außerhalb der Hauptsaison unbedingt jede Gelegenheit nutzen sollte, um den Wohnmobilkühlschrank zu füllen. Es gibt nur **wenige Supermärkte** in der Region und ein frisches Baguette zum Frühstück ist nicht garantiert. Auch die **Restaurants** haben meist nur tagsüber geöffnet, sodass das abendliche Mahl wohl generell im Wohnmobil eingenommen werden muss.

(99) Stellplatz Maubuisson

GPS 45.085109, -1.147992

Naturbelassener, offizieller Stellplatz der Gemeinde, ruhig, idyllisch. **Lage/Anfahrt:** außerorts im Pinienwald gelegen, sandiger Waldboden, von der D207 kommend am Ortsende von Maubuisson rechts Richtung Bombannes abbiegen und noch ca. 1,5 km weiterfahren; **Platzanzahl:** 15; **Untergrund:** Sand; **Service:** Trinkwasser, Abwasser, Chemie-WC, Euro-Relais-Station; **Preise:** 6,40 €/Fahrzeug, nur in der Hauptsaison kostenpflichtig; **Max. Stand:** eine Nacht.

LACANAU-OCÉAN

(12 km – km 95)

Mitten durch den wunderschönen **Forêt de Lacanau** verläuft parallel zum Küstenfahrradweg die D6E nach Lacanau-Océan.

Das Surferparadies bietet eine der wenigen Möglichkeiten am Atlantik, ohne anstrengende Überquerung der Dünen direkt ans Meer zu kommen. Wer also ein Surfbrett dabei hat, wird diese Gelegenheit natürlich sofort wahrnehmen und ist mit Sicherheit nicht allein. Hier in Lacanau finden jährlich im August die Lacanau Pro Wettbewerbe statt, eine wichtige Etappe für die Qualifizierung zu der Weltmeisterschaft im Profisurfen, und dass der Ort in der Community bekannt ist, lässt sich nicht leugnen. Eine ausgesprochen hippe, junge und sportliche Gemeinschaft findet hier zusammen und wartet geduldig auf die ultimative Welle.

◁ 100 Kilometer verläuft der herrliche Strand nahtlos entlang der südlichen Atlantikküste

Entlang der schönen Strandpromenade, dem Boulevard de la Plage, befinden sich zahlreiche **Cafés und Bistros** und eine sehr alternative **Strandbar** lädt zum Relaxen ein. Auch in der Fußgängerzone glänzt Lacanau mit Eisdielen, Restaurants und Boutiquen, die noch weit in den Herbst hinein geöffnet sind. Selbiges gilt auch für die Sportartikelgeschäfte, denn dank Neoprenanzug gibt es für den passionierten Surfer außer Windstille kein schlechtes Wetter.

14 km Strände gehören zum Ferienort, die sich in Plage Nord, Plage Central und Plage Sud aufteilen. An allen Stränden befinden sich Badeparkplätze, auf denen in der Saison Übernachtungsverbot herrscht, soweit sie nicht sowieso mit einer Höhenbeschränkung versehen sind. Aber es gibt ja den großen **Stellplatz** (102) im Vorort Le Huga, der 1,5 km vom touristischen Hotspot entfernt ist.

Auf einem von der Straße getrennten Fahrradweg ist Lacanau-Océan schnell erreicht und von hier lässt sich auch auf dem 100 km langen Radwegenetz die schöne Umgebung bestens erkunden. Nähere Informationen dazu und zu den vielen Veranstaltungen in der Saison erhält man im Fremdenverkehrsamt.

Information

› **Office de Tourisme Lacanau,** Avenue de l'Europe, Lacanau, Tel. 0033 556032101, www.medoc-atlantique.com, geöffnet: in der Saison tägl. 9–19 Uhr. Das Fremdenverkehrsbüro Lacanau ist auch für die Nachbargemeinden zuständig.

(101) Camping Municipal La Grigne

GPS 44.893577, -1.203384

Naturbelassener Campingplatz mitten im Pinienwald, direkter Strandzugang, Shop, Brötchenservice, Snackbar, Fahrrad-Verleih, vielfältige Sportmöglichkeiten, Le Porge-Ville 8 km entfernt, Hunde nur bis max. 10 Kilogramm erlaubt; **Lage/Anfahrt:** von Lacanau auf der Av. du Porge kommend rechts in die Zielstraße Richtung Meer einbiegen; **Platzanzahl:** 700; **Untergrund:** Sand, befestigt; **Service:** Strom, Trinkwasser, Abwasser, Chemie-WC, WLAN; **Sicherheit:** beleuchtet; **Preise:** 18–32 € je nach Saison; **Geöffnet:** Anfang April–Ende Oktober; **Kontakt:** Av. de l'Océan, 33680 Le Porge, Tel. 0033 556265488, www.camping-leporge.fr.

Der Weg gen Süden führt durch **Lacanau,** das einen kleinen Hafen mit schöner Aussicht auf den gleichnamigen See bietet.

181wf-if

(102) Stellplatz Lacanau/Le Huga

GPS 45.005833, -1.165278

Offizieller Stellplatz im Vorort Le Huga, der Fahrradweg führt nach Lacanau-Océan. **Lage/Anfahrt:** an der D6 gelegener, zweigeteilter Stellplatz ca. 1,5 km vom Strand entfernt, teilweise Schatten; von Carcans kommend links auf die D6 abbiegen, der Stellplatz befindet sich am Ortsrand von Le Huga; **Platzanzahl:** 125; **Untergrund:** Schotter; **Service:** Strom, Trinkwasser, Abwasser, Chemie-WC; **Sicherheit:** beleuchtet; **Preise:** 13,80 €/Fahrzeug inklusive allem (zahlbar mit Kreditkarte); **Max. Stand:** unbegrenzt; **Geöffnet:** ganzjährig; **Kontakt:** Allée des Sauveils, Lacanau, Tel. 0033 556038303, www.mairie-lacanau.fr.

Die D3 verläuft nun durch **Le Porge,** das hier nur wegen seines Supermarktes mit angeschlossener Ver- und Entsorgungsstation erwähnt wird. Natürlich gibt es auch den Badeort Le Porge-Océan sowie einige Kilometer weiter Grand Crohot Océan, die beide zu den typischen Ferienorten gehören, die außerhalb der Saison zu Geisterstädten werden.

CAP FERRET

(53 km - km 148)

In Lège-Cap-Ferret stößt die D3 auf die D106, eine der Hauptrouten von Bordeaux zum Becken von Arcachon oder den Atlantikstränden. Gerade mal 60 km beträgt die Entfernung und so können viele Großstädter ihr Feriendomizil hier schnell erreichen.

Lége-Cap-Ferret ist ein Gemeindezusammenschluss, der sich 30 km die Halbinsel hinunter bis zum eigentlichen Kap erstreckt.

Cap Ferret ist eines der bevorzugten Urlaubsziele der Reichen und Schönen. Dementsprechend niveauvoll ist das Angebot an Villen und Hotels, Restaurants und Boutiquen. Auf der Meerseite lockt der traumhafte Strand mit dem Forêt de Lège, die andere Seite der schmalen Halbinsel besticht durch nette Ortschaften und den herrlichen Blick auf das Becken von Arcachon.

Ob jedoch die Fahrt zum Kap mit dem Wohnmobil ein Vergnügen ist, sei jedem Fahrer selbst überlassen. Eine nicht enden wollende Fahrzeugkolonne quält sich über die teilweise recht schmale Straße, und Parkplätze gibt es mit viel Glück eher für kleine Pkw. Die einzige offizielle Möglichkeit, das Wohnmobil auf der Halbinsel abzustellen, befindet sich hinter dem Austerndorf **L'Herbe,** das allerdings wirklich einen Besuch wert ist. Hier wird gelebt und gearbeitet, Austernbars gibt es reichlich. Der Parkplatz liegt direkt an der D106 recht versteckt auf der linken Seite der Straße und ist mit Womo-Piktogramm versehen, aber ohne Ver- und Entsorgung (s. S. 194).

Eine kleine Fahrradtour auf der Halbinsel Cap Ferret

Eine schöne Rundroute von ca. 16 km Länge startet am Wohnmobilparkplatz (s. S. 194) an der D106 in L'Herbe beim Friedhof. Von hier geht es in östliche Richtung direkt an das Becken von Arcachon und dort immer am Wasser entlang in nördliche Richtung. Auf einem kleinen Zwischenstück muss das Fahrrad am Strand entlang entweder geschoben werden oder man wählt die Weiterfahrt durch den Ort. Vorbei an einigen Austernzüchtern und ihren Austernbars geht die Fahrt auf der Rue du Cap Ferret weiter nach Norden bis zum Réservois de Piraillan, dort biegt man nach Westen Richtung Atlantik ab. Beim Campingplatz Truc Vert wendet man sich nach Süden und fährt parallel zur Straße auf einem separaten Fahrradweg wieder zurück zum Ausgangspunkt. Unterwegs lädt der überaus feine, breite und saubere Atlantikstrand immer wieder zum Baden und Entspannen ein.

Da die Parkmöglichkeiten für Wohnmobile auf der Halbinsel rar sind, ist es empfehlenswert, zur Erkundung der Gegend die Drahtesel zu satteln.

Der unter Denkmalsschutz stehende **Leuchtturm** (phare) an der nahezu unberührten Landzunge von Cap Ferret ist ebenfalls einen Besuch wert. 258 Stufen geht es hinauf auf die Aussichtsplattform, von der das grandiose Panorama mit Arcachon und der Düne von Pilat so richtig zur Geltung kommt.

Seit geraumer Zeit kann die äußerste Spitze von Cap Ferret, die **Belvédère,** nicht mehr betreten werden, da die Wellen des Atlantiks diesen Küstenabschnitt so abgetragen und in Mitleidenschaft gezogen haben, dass Besucher zu Schaden kommen könnten.

Der aus Paris stammende und hier ansässige ehemalige Modeschöpfer **Benoît Bartherotte** hat es sich zum Lebensziel gemacht, Cap Ferret zu retten. Aus seinem privaten Vermögen finanziert er seit Jahren eine Schutzmauer aus losen Gesteinsbrocken, die verhindern soll, dass das Meer die Landspitze verschlingt. So ist mittlerweile der **höchste Deich Frankreichs** entstanden, der bei Ebbe über 30 m in die Tiefe reicht, bis zur Deichkrone 40 m misst und bisher 470 m lang ist. Nach wie vor bringen jedes Jahr mindestens 100 Laster 3000 Tonnen Gestein, um den Deich weiter zu befestigen.

Wer stressfrei das berühmte Cap Ferret erkunden und genießen will, nimmt am besten den **Bus** oder den kleinen **Touristenzug.** Gleich zu Beginn der Halbinsel befinden sich im Ortsteil **Claouey** die Touristeninformation und neben einem Campingplatz ein großer Stellplatz (103).

Information

› **Office de Tourisme Lège-Cap-Ferret,** Avenue du Général de Gaulle, Claouey, Tel. 0033 556039449, www.lege-capferret.com, geöffnet: Mo.–Sa. 10–13 und 15–19 Uhr, im Juli und August auch sonntags und durchgehend

Parken

P 43 **Lège-Cap-Ferret/L'Herbe,** GPS 44.686496, -1.245181, D106, Lège-Cap-Ferret. Wohnmobilparkplatz außerhalb des Austerndorfs L'Herbe. Keine Ver-/Entsorgung.

(103) Stellplatz Lège-Cap-Ferret/Claouey

GPS 44.751174, -1.180345

Offizieller Stellplatz neben dem Camping Municipal Les Pastourelles, schattig. **Lage/Anfahrt:** direkt an der D106 gegenüber einer Tankstelle, Strand, Zentrum und Supermarkt in der Nähe; auf der D106 kommend zu Beginn der Halbinsel in Claouey am Kreisverkehr auf der linken Seite; **Platzanzahl:** 15; **Untergrund:** fest; **Service:** Trinkwasser, Abwasser, Chemie-WC; **Preise:** Übernachtung kostenlos, Ver-/Entsorgung kostenpflichtig; **Max. Stand:** sieben Nächte; **Geöffnet:** ganzjährig; **Kontakt:** Avenue du Géneral de Gaulle 106, Lège-Cap-Ferret, www.ville-lege-capferret.fr.

(104) Camping Le Truc Vert

GPS 44.715322, -1.242294

4-Sterne-Campingplatz mitten im Pinienwald, direkter Strandzugang, Bar, Restaurant, Shop, Brötchenservice, Fahrrad-Verleih, vielfältige Sportmöglichkeiten; **Lage/Anfahrt:** von der Hauptverbindung D106 nach den Austernparks rechts in die Zielstraße einbiegen; **Platzanzahl:** 480; **Untergrund:** Sand, befestigt; **Service:** Strom, Trinkwasser, Abwasser, Chemie-WC, WLAN; **Sicherheit:** beleuchtet; **Preise:** 26–35 € je nach Saison; **Geöffnet:** Anfang April–Ende Oktober; **Kontakt:** Av. du Truc Vert, 33950 Lège-Cap-Ferret, Tel. 0033 556608955, www.trucvert.com.

ANDERNOS-LES-BAINS

(26 km – km 174)

Nun geht es 80 km rund um das Becken von Arcachon, das ganze 150 km² groß ist. Das gezeitenabhängige **Binnenmeer** ist zum Atlantik hin offen und wird von der Halbinsel Cap Ferret geschützt. Viele Bereiche des Bassin d'Arcachon sind Naturschutzgebiet, der größte Teil aber gehört der Austernzucht. Rundum gibt es 26 Austernhäfen, ca. 350 Austernzüchter bearbeiten ungefähr 7000 ha Austernparks und züchten dabei bis zu 10.000 t Austern pro Jahr.

Jede der vier verschiedenen Zuchtgebiete produziert eine andere Geschmacksrichtung, z. B. die Auster vom Cap Ferret oder die Auster der Vogelinsel. Viele Austernzüchter öffnen ihre Hütten für eine **Verköstigung** der meist roh gegessenen Delikatesse. Für den Kostverächter dieser Art von Genuss werden aber auch andere Meeresfrüchte und diverse Sorten Atlantikfisch angeboten.

Der **Besuch eines Austernhafens** ist schon für sich eine Reise wert. Es ist hoch-

Im Austernhafen von Andernos-les-Bains lässt es sich vortrefflich schlemmen und nächtigen

(105) Stellplatz Andernos-les-Bains

GPS 44.744929, -1.111544

Offizieller, einfacher Wohnmobil-Parkplatz in unmittelbarer Nähe des Austernhafens, schlicht, teilweise etwas Schatten. **Lage/Anfahrt:** der Zahlautomat und die Eurorelaisstation befinden sich direkt hinter dem Hafenbecken, zum Stellplatzbereich ca. 50 m weiterfahren, von der D3 kommend den Wegweisern „Port Ostreicole" folgen; **Platzanzahl:** 50; **Untergrund:** Schotter; **Service:** Strom, Trinkwasser, Abwasser, Chemie-WC, WLAN, kostenpflichtig; **Sicherheit:** beleuchtet; **Preise:** 16 €/Fahrzeug (zahlbar mit Kreditkarte); **Max. Stand:** zwei Nächte; **Kontakt:** Avenue du Commandant David Allègre 25, Andernos-les-Bains, Tel. 0033 556820295, www.andernoslesbains.fr.

182wf-lf

interessant, dem geschäftigen Treiben zuzusehen und die speziellen Austernkutter zu betrachten.

Nach Andernos-les-Bains sollte man nicht zu spät anreisen, um noch einen Wohnmobilstellplatz für die Nacht und einen Tisch für die eigenen kulinarischen Genüsse zu ergattern. Der **Stellplatz** (105) befindet sich in unmittelbarer Nähe der Restaurants, sodass man ruhigen Gewissens auch das ein oder andere Gläschen Bordeaux-Wein genießen kann.

111wf-lf

Für denjenigen, der lieber im Wohnmobil dinieren möchte, gibt es auch ein gut sortiertes Fischgeschäft. Andernos-les-Bains ist ein kleiner Ferienort mit einer Hafenmole, die 230 m ins Bassin hinausragt und einen herrlichen Rundumblick ermöglicht. Es gibt feine Sandstrände, einen Segelklub, nette Geschäfte und den gemütlichen Stadtkern mit der historischen Église Saint Éloi aus dem 11. Jh.

Information

› **Office de Tourisme Andernos-les-Bains,** Esplanade du Broustic, Andernos-les-Bains, Tel. 0033 556820295, www.andernos-tourisme.fr, geöffnet: Mo–Sa 9.30–12.30 und 14–17.30 Uhr, So geschlossen

Essen und Trinken

› **Chez Hugo** Austernbar, Tel. 0033 663334383, Avenue du Commandant David Allègre 9, Andernos-les-Bains, geöffnet: mittags 12–15 und ab 19 Uhr (je nach Saison). Kleines Austernlokal, in dem in schlichtem Rahmen Meeresfrüchte aller Art serviert werden.

106 Camping Fontaine Vieille

GPS 44.725125, -1.079449

3-Sterne-Campingplatz mitten im Pinienwald, direkter Strandzugang, teilweise schöner Blick auf das Becken von Arcachon, drei Pools, Bar, Restaurant, Shop, Brötchenservice, Fahrrad-Verleih; **Lage/Anfahrt:** von Andernos-les-Bains auf der D3 kommend direkt nach Ortsausgang rechts in die Zielstraße einbiegen; **Platzanzahl:** 664; **Untergrund:** Wiese und Sand, befestigt; **Service:** Strom, Trinkwasser, Abwasser, Chemie-WC, WLAN; **Sicherheit:** beleuchtet; **Preise:** 22–30 € je nach Saison; **Geöffnet:** Anfang April–Anfang November; **Kontakt:** Bd. du Colonel Wurtz, 33510 Andernos-les-Bains, Tel. 0033 556820167, www.fontainevieille.fr.

Die D3 verläuft parallel zum Becken von Arcachon und auch im Austernhafen (Port Ostréiculture) von **Taussat** bietet sich die Gelegenheit, offiziell das Wohnmobil abzustellen, essen zu gehen und zu übernachten.

Parken

P 44 Taussat, GPS 44.717140, -1.069708

Im weiteren Verlauf der Strecke passiert man das **Réservoirs à Poissons,** ein Zuchtgebiet für Fische, dann geht es auf der D650 Richtung Arcachon.

Auf dem Weg dorthin liegt noch die Gemeinde **Le Teich,** die sowohl mit einem Parkplatz als auch mit einem ornithologischen Park in einem großen Naturreservat punkten kann. Hier, am Mündungsdelta des Flusses Eyre, liegt das 110 ha große **Vogelschutzgebiet,** das vielen Vogelarten ganzjährig oder zumindest auf der Durchreise eine Bleibe bietet. Ein 6 km langer Rundweg ermöglicht es Besuchern, über Beobachtungshütten, Aussichtspunkte und Infotafeln die diversen Vogelarten kennenzulernen. Mittlerweile sind

Kleiner Fahrradausflug am Becken von Arcachon

Diese Rundtour von ca. 20 km Länge beginnt in Le Teich am Parkplatz des Parc Ornithologique (s. S. 197) auf dem man auch übernachten kann.

Ein ausgewiesener Radweg führt zuerst in östlicher Richtung an der Avenue de la Côte d'Argent entlang Richtung Biganos, bis kurz nach dem Ortsende von Biganos die Möglichkeit besteht, noch vor dem dortigen kleinen See nach links abzubiegen.

Es wartet ein fast schnurgerader Weg in Richtung Audenge bis zum Ortsanfang, um dann nach links Richtung Port abzubiegen (Rue du Port). Von dort schlängelt sich die Strecke dann an den Salinen vorbei zurück in südlicher Richtung, bis der Port Biganos erreicht ist. Hier führt sie ein kleines Stückchen auf seperatem Fahrradweg an der D650 entlang, da der rechts liegende Flusslauf ansonsten nicht überquert werden kann. Durch ein landschaftlich reizvolles Teilstück ist nach weiteren 2,5 km wieder der Parkplatz Le Teich erreicht.

unter den über 300 gesichteten Arten mehr als 80 Nistvögel beobachtet worden und es werden immer mehr.

› **Réserve Ornithologique du Teich,** Rue du Port 11, Le Teich, Tel. 0033 524733733, geöffnet: ganzjährig 10–18, in der Hochsaison bis 20 Uhr, Eintritt: 9,70 €, Kinder 7,50 €. Ein Fernglas ist empfehlenswert.

Parken

P 45 **Le Teich,** GPS 44.64004, -1.019404, Rue du Port 14, www.leteich-tourisme.com. Parkplatz des Parc Ornithologique du Teich, das Übernachten ist offiziell erlaubt.

ARCACHON

(40 km – km 214)

Wer schnell nach Arcachon gelangen möchte, nimmt am besten die kostenlose N250/A660. Schon an der Ausfahrt in La Teste-de-Bruch ist der Camping Club Arcachon ausgeschildert. Der Campingplatz 107 liegt recht zentral und ist die einzige offizielle Übernachtungsmöglichkeit für Wohnmobile in der Stadt. Arcachon ist auf einem Hügel erbaut und der Campingplatz liegt oben in der **Winterstadt,** die durch ihre wunderschönen Villen zu Ruhm gekommen ist.

Die **Ville d'Hiver** wurde im 19. Jh. als Kurstadt für betuchte Kranke gebaut, denen durch die jodhaltige Meeresluft und den Piniendurft Heilung versprochen wurde. Noch heute gibt es unter den 200 wunderschönen Häusern 96 denkmalgeschützte Villen, teilweise im Stil von Schweizer Chalets, englischen Cottages oder mit maurischen Elementen bestückt. Sie wurden ursprünglich alle von den Gebrüdern Péreire, Eigentümer der Eisenbahngesellschaft Chemins de fer du Midi, zur Vermietung gebaut und brachten der Stadt den erhofften Aufschwung.

Direkt zum Strand oder ins Zentrum von Arcachon gelangt man vom Campingplatz aus bei einem schönen 1,8 km langen Spaziergang durch den angrenzenden **Parque Mauresque.** Der Weg endet kurioserweise an einem Aufzug, der hinunter in die **Innenstadt** fährt. Hier ist man sofort mitten im Geschehen: Kleine, individuelle Boutiquen, edle Chocolatiers und natürlich Eisdielen und Restaurants zu Hauf finden sich hier.

In der **Sommerstadt,** der **Ville d'Été,** ist die Avenue Gambetta die wichtigste Fußgängerzone. Sie stößt am Strand auf den Boulevard de la Plage. Hier pulsiert das touristische Leben: Maler stellen ihre Gemälde aus, Musiker geben ihr Können zum Besten und Straßenkünstler laden zum Staunen ein.

Der schönste Blick auf den Strand und die Stadt Arcachon bietet sich vom Jetée Thiers aus

Arcachon

115wf-lf

Von Bordeaux aus sind es gerade einmal 65 km bis nach Arcachon und so wundert es nicht, dass am Wochenende in den Restaurants kaum ein freier Tisch zu bekommen ist.

Die großzügige Strandpromenade der 11.000-Einwohnerstadt ist gesäumt von prächtigen Villen der Belle Époque, die irgendwann zu Appartementhäusern und Hotels umgebaut wurden. Was in anderen Städten eher abschreckend wirkt, gilt für Arcachon nicht – im Gegenteil! Die „elegante Stadt" strahlt eine bemerkenswerte Atmosphäre aus, in der man sich richtig wohlfühlen kann.

Den schönsten Blick auf das Bassin d'Arcachon und die Kulisse der Stadt hat man von der Hafenmole **Jetée Thiers** aus. Auf dem Platz vor der langen Mole, an der auch diverse Ausflugsschiffe anlegen, sind zur Erinnerung an berühmte Segler deren Fußabdrücke in den Boden eingelassen – eine schöne Art der Ehrung.

Zum **Segeln oder Windsurfen** ist das Becken von Arcachon absolut ideal: Eine steife Brise weht verlässlich vom Atlantik hinüber, vor den hohen Wellen jedoch ist man bestens geschützt. Dem Treiben auf dem Wasser zuzuschauen, zu schwimmen oder einfach nur in der Sonne zu liegen, dafür besitzt Arcachon mehrere schöne Strände, die die ganze Stadt umschließen.

Am Zentrum für Thalassotherapie (s. S. 44) in der **Ville de Printemps** (Frühlingsstadt) beginnt ein von Fußgängern getrennter, sehr schöner **Radweg.** Er führt direkt an der Promenade entlang und endet an den Häfen von Arcachon, dem **Port de Pêche** und dem Sportboothafen **Port de Plaisance,** der mit 2600 Liegeplätzen der zweitgrößte an der französischen Atlantikküste ist.

Der angrenzende Stadtteil wird als **Ville d'Automne (Herbststadt)** bezeichnet. Hier steht die Èglise St-Ferdinand, die als Dank für den fulminanten Aufstieg der Stadt Mitte des 19. Jh. erbaut wurde.

Der Parque Mauresque in Arcachon erstreckt sich vom Campingplatz (107) bis zum Aufzug, der in das Zentrum hinunterfährt

Wer mit dem Fahrrad noch ein wenig weiterfahren möchte, sollte den **Pointe de l'Aiguillon** besuchen, das Austernzentrum von Arcachon. Die komplette Rundfahrt um das Bassin d'Arcachon ist natürlich auch möglich, dafür ist der sportlich Ambitionierte allerdings 100 km lang unterwegs.

Über die vielen Veranstaltungen und Events, die in Arcachon organisiert werden, informiert man sich am besten im Fremdenverkehrsbüro, das im Zentrum der Stadt zu finden ist.

Informationen

› **Office de Tourisme,** Esplanade Georges Pompidou, Arcachon, Tel. 0033 557529797, www.arcachon.com, geöffnet: Mo–Sa 9–18, So 10–13 und 14–17 Uhr. Hier kann man auch Fahrräder ausleihen, eine Bootsfahrt zur Düne von Pilat oder zum Cap Ferret buchen oder sich über eine Stadtführung erkundigen.

Einkaufen

Die **historische Markthalle** am Place des Marquises ist mit ihrer Auswahl an Spezialitäten ein kulinarisches Erlebnis: Leckere regionale Backwaren, eine große Auswahl an edlen Bordeaux-Weinen, hochwertige Fleisch- und Wurstwaren und nicht zu vergessen die grandiosen Fischstände machen das Einkaufen zu einem Genuss. Die Markthalle ist täglich vormittags geöffnet, in der Hauptsaison finden rundherum noch Sonntags- oder Nachtmärkte statt.

Parken

P 46 Aire de Campingcar La Treste de Buch, GPS 44.651420, -1.148620, an der D650 am Sportplatz, 1 km bis zum Jachthafen.

107 Camping Huttopia Arcachon

GPS 44.651427, -1.174118

4-Sterne-Campingplatz im Pinienwald mit Pool und Restaurant. Nach Übernahme und Umbau ist nur noch eine begrenzte Anzahl von Stellplätzen vorhanden.

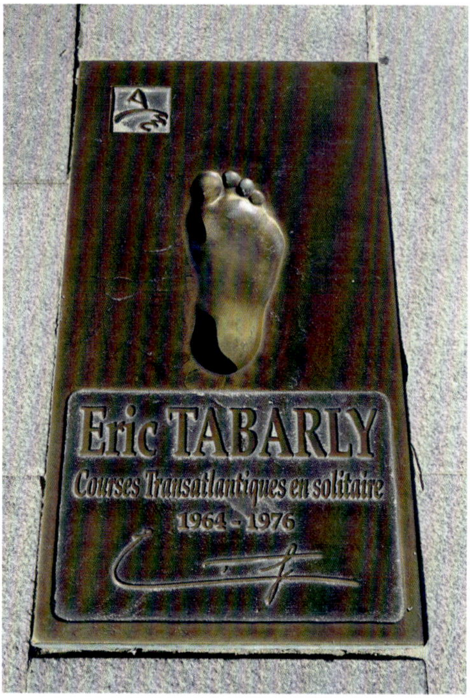

113wf-if

Lage/Anfahrt: der Campingplatz liegt auf einer Anhöhe oberhalb des Zentrums (1,8 km entfernt), schöner Fußweg durch einen Park und mit Aufzug hinunter zum Citybereich; von der Ausfahrt La Teste-de-Bruch der Beschilderung „Camping" folgen; **Untergrund:** fest; **Service:** Strom, Trinkwasser, Abwasser, Chemie-WC, WLAN; **Preise:** 33 €; **Sicherheit:** umzäunt, beleuchtet, bewacht; **Max. Stand:** unbegrenzt; **Geöffnet:** ganzjährig; **Kontakt:** Allée de la Galaxie 5, Arcachon, Tel. 0033 564091013, www.europe.huttopia.com

Arcachon geht nahtlos in den Vorort **Pyla-sur-Mer** über. Hier befindet sich die weltweit bekannte **Düne von Pilat,** die den Auftakt der Route 10 markiert.

Am Jetée Thiers sind zahlreiche berühmte Segler mit ihren Fußabdrücken verewigt

ROUTE 10

ENTLANG DES GOLFE DE GASCOGNE

116wf-as © saiko3p - stock.adobe.com

1 cm = 6 km
© Reise Know-How 2023
Saint-Nazaire
Nantes
La Barre-de-Monts
Marennes
Rochefort
Le Verdon-sur-Mer
Limoges
Bordeaux
Périgueux
Montignac
Arcachon
Hendaye
Toulouse
Lourdes
Golfe de Gascogne
Grand Piquey
Arès
Andernos-les-Bains
Bassin d'Arcachon
Arcachon
Cap Ferret
Cap Ferret
Audenge
Gujan-Mestras
Biganos
la Teste
Facture
Dune du Pilat
Mios
Cazaux
Lac de Cazaux et de Sanguinet
Leyre
Biscarrosse-Plage
Sanguinet
Belin N10
Biscarrosse
Lac de Biscarrosse et de Parentis
le Muret
Parentis-en-Born
Sanguinet
Ychoux
Liposthey
Biscarrosse
Lac d'Aureilhan
Mimizan-Plage
Pontenx-les-Forges
Mimizan
Labouheyre
Bias
Contis-Plage
St-Juilien-en-Born
Laharie
Lit-et-Mixe
Morcenx
St-Girons-Plage
St-Girons-en-Marensin
Arengosse
Lac de Léon
Castets
Rion-des-Landes
Léon
Landes
Vieux Boucau-les-Bains
Azur
Laluque
Midouze
Tartas
Magescq
Berceau de St-Vincent-de-Paul
Soustons
Lac de Soustons
St-Paul-lès-Dax
Pontonx-s-l'A.
Adour
Souprosse
le Penon
St-Géours
Montfort-en-Chalosse
Hossegor
St-Geours-de-Maremme
Dax
Mugron
Capbreton
Luy
Labenne
St-Vincent-de-Tyrosse
Ben.-M.
Chalosse
Crypte St-Girons
Tarnos
St-Martin-de-S.
Pouillon
Pomarez
Château d'Aspremont
Boucau
Ondres
Tilh
Luy de
Anglet
Bayonne
Adour
Biarrotte
Amou
Biarritz
Urt
Peyreh.
Peyrehorade
Puyoô
St-Jean-d.-L.-N.
Briscous
Anc.prieure d'Arthous
St-Jean-de-Luz
Bidache
Salies-d.-Béarn
Ciboure
Bayonne-S.
Urt
Ustaritz
Briscous
Salies-de-Béarn
Orthez
Hendaye
Hasparren
Labastide-Clairence
Escos
Orthez
St-Jean-d.-L.-S.
St-Pée-s-Nivelle
Sauveterre-de-Béarn
Binatou
la Rhune
Cambo-les-Bains
Maslacq
Irun
Espelette
Grottes d'Isturits-Oxocelhaya
A660
A63
E05
E70
N10
D824
D817
D1
E80
D936
D933
D106

196wf-kw

ROUTENÜBERSICHT

Die Dune du Pilat (s. S. 204) ist die größte Wanderdüne Europas und gilt als zweitstärkster Besuchermagnet Frankreichs. Die in Höhenmetern, Kilometern und Kubikmetern beschriebenen Ausmaße übertreffen sicherlich die Vorstellungskraft der meisten Menschen – man muss die Düne einfach selbst gesehen und erklommen haben. Der anschließende über 100 km lange Küstenabschnitt besticht mit Dünen, Strand und Meer und auf der anderen Seite mit großen Seen. Dazwischen liegen Badeorte wie Biscarrosse (s. S. 205) oder Mimizan (s. S. 208). Das Département Landes besitzt auch das größte zusammenhängende Waldgebiet Westeuropas, das hinter dem Surfparadies Capbreton (s. S. 212) am Fluss Adour endet. Dort steht nicht nur die Besichtigung der Stadt an, der Bayonner Schinken ist einen Versuch wert. Am Golf von Biskaya, dem baskischen Teil des Golfe de Gascogne, hat sich die Küste verändert: Kleine Buchten verstecken sich zwischen schroffen Küsten und wildromantisch donnern die Wellen an die Felsen. Der baskische Einfluss ist unübersehbar. Die Schuhgeschäfte bieten in erster Linie Espandrilles an und alle Straßenschilder sind zweisprachig. Die elegante Stadt Biarritz (s. S. 219) ist das Ziel dieser Route, hier wandelt man auf königlichen Spuren.

Strecke:

Dune du Pilat (s. S. 204) – **Biscarrosse-Plage** (34 km, s. S. 205) – **Parentis-en-Born** (10 km, s. S. 207) – **Mimizan-Plage** (29 km, s. S. 208) – **Vieux-Boucau-les-Bains** (61 km, s. S. 210)– **Capbreton** (21 km, s. S. 212) – **Bayonne** (21 km, s. S. 215) – **Biarritz** (9 km, s. S. 219)

Gesamtlänge:

185 km

Die gewaltige Dune de Pilat (s. S. 204) ist über 100 m hoch und fast 3 km lang

Kapitelstartseite: Blick auf Bayonne, die baskische Stadt am Zusammenfluss von Adour und Nive

DUNE DU PILAT

Die Düne von Pilat ist **eines der bekanntesten Naturwunder Europas** und steht seit 1974 unter Naturschutz. Sie ist schon für sich eine Reise wert und mit über einer Million Besuchern pro Jahr ist sie nach dem Mont-Saint-Michel in der Normandie das meistbesuchte Naturwunder Frankreichs. Der Anblick dieser größten Wanderdüne Europas ist wirklich atmenberaubend.

Ohne große Vorstellungen über die Ausmaße der Düne steht man, vom Parkplatz kommend, plötzlich vor einem riesigen Sandberg. Mit einer Steigung von bis zu 40 % ragt die Düne 110 m auf der Landseite in die Höhe und fällt auf der Meeresseite mit 20 % etwas sanfter ab.

Es ist empfehlenswert, den Aufstieg über die Treppe zu machen, die jedes Jahr der veränderten Düne angepasst werden muss. Diese dient auch dem Schutz des Naturwunders und macht die Besteigung für den Besucher um ein Vielfaches einfacher.

Auf dem Gipfel angekommen, ist das Panorama absolut überwältigend. Die Düne soll geschätzt aus **60 Millionen Kubikmetern Sand** bestehen, tatsächlich ist sie bis zu 500 m breit und 2,7 km lang. Einem ausgedehnten, wenn auch etwas anstrengenden Spaziergang hier oben steht also nichts im Wege.

Die **Wanderdüne** verändert sich weiterhin ständig: 1–4 m pro Jahr wandert sie ins Landesinnere und verschlingt dabei Stück für Stück den dahinterliegenden Pinienwald. Die starken Atlantikwinde wehen unablässig allerfeinsten Sand an Land und erhöhen den Berg, dessen Höhe Ende des 19. Jahrhunderts noch 80 m betrug (heute sind es schon 30 m mehr).

Der **Dünenkamm** ist so gewaltig, dass sich der Besucheransturm angenehm verteilt. So hat man die Möglichkeit, den fantastischen Blick auf das Becken von Arcachon, das gegenüber liegende Cap Ferret und den Atlantik in aller Ruhe zu genießen. Im Sommer verschönern **Segelschiffe** den Anblick zusätz-

117wf-if

lich und die Aktivitäten der **Paraglider** zu beobachten, ist auch eine spannende Sache.

› **Syndicat Mixte de la Grande Dune,** Aire d'Accueil de la Dune du Pilat, Pyla-sur-Mer, www.ladunedupilat.com, geöffnet: April–Nov. Das Syndicat Mixte ist ein Infozentrum mit WC und Imbiss. Die Besichtigung der Düne ist frei und kostenlos möglich.

An der Dune du Pilat gibt es einen sehr großen **Parkplatz,** der im hinteren Teil für Wohnmobile reserviert ist. Die Preise sind nach Stunden gestaffelt (4 Std. 8 €) bezahlt wird bei Ausfahrt per Kreditkarte. Eine Übernachtung ist nicht erlaubt und wird mit hohen Bußgeldern geahndet.

Die Bebauung von Arcachon geht nahtlos in den Vorort **Pyla-sur-Mer** über, an dessen Ortsausgang die Düne beginnt. Entlang der Straße verläuft ein separater Fahrradweg, sodass man auch problemlos zum Besuch der Dune du Pilat radeln kann. Rund um die Düne von Pilat befinden sich mehrere Campingplätze in allen Preislagen und Ausstattungen.

108 Camping Pyla Camping

GPS 44.577819, -1.213254

Naturbelassener 3-Sterne-Campingplatz am Ende der Düne, direkter Zugang zum Meer, beheizter Pool, Snackbar, Brötchenservice, Restaurant, Fahrrad-Verleih, Pyla-sur-Mer 7 km entfernt; **Achtung:** Aufgrund von Brandschäden war der Platz bei Drucklegung geschlossen. Bitte informieren Sie sich online über die aktuelle Situation; **Lage/Anfahrt:** von Arcachon auf der D218 kommend rechts am Ende der Dune du Pilat; **Platzanzahl:** 283; **Untergrund:** Wiese und Sand; **Service:** Strom, Trinkwasser, Abwasser, Chemie-WC, WLAN; **Sicherheit:** beleuchtet; **Preise:** 23–47 € je nach Saison; **Geöffnet:** Anfang April–Ende September; **Kontakt:** Route d'Arcachon à Biscarosse, 33115 La Teste-de-Buch, Tel. 0033 556227456, www.pyla-camping.com.

Das Panorama der gewaltigen Dune du Pilat ist ein unvergessliches Erlebnis

BISCARROSSE-PLAGE UND BISCARROSSE-BOURG

(34 km – km 34)

Der gigantische Atlantikstrand, der nur durch das Bassin d'Arcachon unterbrochen wird, setzt sich ab Pyla-sur-Mer fort. Biscarrosse-Plage, das auf der D218 nach 24 km Fahrt durch den **Forêt de la Teste** erreicht ist, hat einen herrlich breiten Strandabschnitt. Der **Badeort** ist etwas größer als so manch anderes Feriendomizil in der Region und bietet in der Saison dementsprechend viel. Neben den sportlichen Aktivitäten am Strand wie Surfen, Strandsegeln, Schwimmen und Strandspaziergängen bietet der Ort, in dem man mit dem Besuch von **Boutiquen, Eisdielen und Restaurants** den Urlaubstag bestens abrunden kann, ein Kontrastprogramm. Im Juli und August finden zudem **Abendmärkte** statt, auf denen sich so manches Souvenir erwerben lässt.

Etwas vom touristischen Geschehen entfernt liegt der große Stellplatz 109 von Biscarrosse-Plage im schönen Pinienwald, dem **Forêt de Biscarrosse.**

Erwähnenswert sind auch hier die Wander- und Fahrradwege, die zum nahe gelegenen **Étang de Cazaux et de Sanguinet** im Norden oder zum **Étang de Biscarrosse** im Süden führen. Beide Seen sind sehr groß und durch einen Kanal miteinander verbunden.

Der **Süßwasserliebhaber** wird sich hier wahrscheinlich wohler fühlen und Strände sowie nette Ferienorte mit reichlich Freizeitangeboten gibt es auch. Vor allen Dingen der Segelsport lässt sich auf den Seen perfekt ausüben, denn jeder Ort hat einen kleinen Hafen und die Atlantikwinde versprechen Segelspaß pur.

In Biscarrosse-Lac gibt es nahe dem Hafen von **Navarrosse** einen großen Parkplatz (s. S. 206), von dem in der Saison auch ein Bus zum Strand und zurück fährt.

Biscarrosse-Bourg, wie der Hauptort heißt, liegt 10 km vom Meer entfernt. 14.000

Einwohner zählt das Städtchen, das schon lange als Stützpunkt für Wasserflugzeuge bekannt ist. So gibt es auch ein **Museum,** in dem zahlreiche Modelle ausgestellt und erklärt werden.

› **Musée de L'Hydraviation,** Rue Louis Breguet 332, Biscarrosse, Tel. 0033 558780065, www.hydravions-biscarrosse.com, geöffnet: tägl. 10–19 Uhr, außerhalb der Hauptsaison Öffnungszeiten erfragen, Eintritt: Erw. 10 €, 6–18 Jahre 3 €

Parken

P 47 Biscarrosse/Port de Navarrosse, GPS 44.431534, -1.166983, Chemin de Navarrosse, Biscarrosse, www.biscagrandslacs.de. Parkplatz mit Entsorgungsmöglichkeit. In der Hauptsaison fährt ein Shuttlebus zum Strand.

109 Stellplatz Biscarrosse-Plage

GPS 44.459205, -1.246233

Offizieller, naturbelassener Stellplatz auf dem Parking du Vivier im Pinienwald, ruhig, Schatten spendende Bäume, ca. 400 m vom Strand entfernt, 2,5 km zum Zentrum von Biscarrosse-Plage. **Lage/Anfahrt:** von der D218/D83 kommend der Beschilderung „Plage Viviers" und „Camping-Car" folgen; **Platzanzahl:** 180; **Untergrund:** fester Waldboden; **Service:** Trinkwasser, Abwasser, Chemie-WC; **Sicherheit:** beleuchtet, überwacht; **Preise:** 8–16 € (je nach Saison); **Max. Stand:** unbegrenzt; **Geöffnet:** ganzjährig; **Kontakt:** Rue du Tit 681, Biscarrosse-Plage, Tel. 0033 558046452, www.biscagrandslacs.de.

110 Camping Campéole Navarrosse

GPS 44.431035, -1.171650

4-Sterne-Campingplatz direkt am See mit Liegewiese und Strand, schöner Baumbestand, Snackbar/Restaurant, Brötchenservice, Shop, 6 km vom Meer entfernt; **Lage/Anfahrt:** von Biscarrosse kommend auf der D305 Richtung Port Navarrosse rechts abbiegen, dem Straßenschild für Entsorgungsmöglichkeit für Wohnmobile folgen; **Platzanzahl:** 185; **Untergrund:** Wiese; **Service:** Strom, Trinkwasser, Abwasser, Chemie-WC; **Sicherheit:** beleuchtet; **Preise:** 19–40 € je nach Saison; **Geöffnet:** Anfang April–Ende September; **Kontakt:** Chemin de Navarrosse, 40600 Biscarrosse, Tel. 0033 253817000, www.msvacances.com.

Am Étang de Biscarrosse befindet sich ein sehr schöner Parkplatz (s. links)

126wf-lf

PARENTIS-EN-BORN

(10 km - km 44)

Die D652 führt nach Parentis-en-Born am **Étang de Biscarrosse et de Parentis.** Der große See wird nur zu einem geringen Teil touristisch genutzt und so geht es auch in der Hochsaison eher ruhig und beschaulich zu.

Vom Hafen **Le Lac** kann man wunderbar beobachten, wie die kleinen Flugzeuge der nahegelegenen Flugbootbasis zur Übung auf dem Wasser starten, eine große Schleife fliegen und wieder im See landen.

Von der Hafenmole aus sind in der Ferne auch einige kleine **Bohrtürme** auszumachen, die seit den 1950er-Jahren Erdöl fördern. Das Wasser ist aber absolut sauber und auch das **Centre d'Essais des Landes,** das militärisch genutzte Gebiet zwischen Meer und See, hinterlässt keinen negativen Eindruck.

In Seenähe befindet sich auch der **Stellplatz** des Ortes (112), der recht zentral, aber doch ruhig gelegen ist. Auch ein Ausflugslokal gibt es hier und so steht einigen gemütlichen Urlaubstagen nichts im Wege.

Ganzjährig wird donnerstagvormittags auf dem Marktplatz ein traditioneller **Wochenmarkt** mit regionalen Produkten aufgebaut, aber einmal pro Jahr findet hier in Parentis-en-Born etwas für die Region ganz Besonderes statt, die **Feria de Parentis.**

Der baskische Einfluss ist schon spürbar, denn dies ist ein **Stierkampf** – allerdings ein unblutiger! Fünf Tage lang messen sich mutige junge Männer mit mächtigen, ausgewachsenen Stieren, dabei dürfen die Tiere von den Toreros noch nicht einmal berührt, geschweige denn verletzt werden. Akrobatische Höchstleistungen sind gefordert, um den wütenden Stieren auszuweichen. Aber nicht nur in der Stierkampfarena Les Arènes Roland Portalier wird gejubelt, in der ganzen Stadt wird gefeiert und musiziert.

Das Spektakel findet Anfang bis Mitte August statt, ein Platz in der Arena kostet bis zu 55,50 €, bei Interesse sollte man die Eintrittskarten rechtzeitig im Internet vorbestellen.

Weitere Informationen über das Städtchen erhält man im Fremdenverkehrsbüro.

Information

› **Office de Tourisme Parentis-en-Born,** Place Georges Duffau 55, Parentis-en-Born, Tel. 0033 558784360, www.biscagrandslacs.com, geöffnet: Mo–Fr 9.30–12 und 14–17 Uhr, Sa/So geschlossen

(111) Camping Calède

GPS 44.351733, -1.109833

Campingplatz direkt am See mit Liegewiese und Strand, 17 km von Biscarrosse-Plage entfernt, schöner Baumbestand, Brötchenservice, Imbiss, Fahrrad-Verleih, Zentrum fußläufig erreichbar; **Lage/Anfahrt:** von der D652 aus Biscarrosse kommend vor Parentis-en-Born links Richtung Lahitte Ctre abbiegen, Platz ist dort bereits ausgeschildert; **Platzanzahl:** 80; **Untergrund:** Wiese; **Service:** Strom, Trinkwasser, Abwasser, Chemie-WC; **Sicherheit:** beleuchtet; **Preise:** 12–23 € je nach Saison; **Geöffnet:** Anfang April–Ende Sept.; **Kontakt:** Route de Calede, 40160 Parentis-en-Born, Tel. 0033 558784463, www.camping-calede.com.

174wf©Camping Calède

⑫ Stellplatz Parentis-en-Born

GPS 44.344016, -1.098413

Offizieller Stellplatz nahe dem Seeufer, ruhig, etwas Schatten. **Lage/Anfahrt:** Ortsrand, in Parentis-en-Born in Richtung Centre Ville und dann Le Lac fahren; **Platzanzahl:** 25; **Untergrund:** Schotter; **Service:** Strom, Trinkwasser, Abwasser, Chemie-WC; **Sicherheit:** beleuchtet; **Preise:** 8,50 €/Fahrzeug inklusive Ver- und Entsorgung; **Max. Stand:** unbegrenzt; **Geöffnet:** ganzjährig; **Kontakt:** Route des Campings 44, Parentis-en-Born, www.biscarrosse.com.

Im südlichen Teil des Étang de Biscarrosse et de Parentis liegt der kleine Ort **Gastes,** wo man einen weiteren großen Stellplatz 113 in der Nähe des kleinen Hafens findet.

113 Stellplatz Gastes

GPS 44.329047, -1.150969

Aire de Camping Cars von Pass'Étapes (s. S. 30), gepflegt, mit großzügigen Parzellen, teilweise Schatten. **Lage/Anfahrt:** der Stellplatz befindet sich neben dem kleinen Hafen, ruhig, Geschäfte und Restaurant in der Nähe, von der D652 kommend in Gastes Richtung Lac rechts abbiegen; **Platzanzahl:** 50; **Untergrund:** Schotter, Wiese; **Service:** Strom, Trinkwasser, Abwasser, Chemie-WC, WLAN; **Sicherheit:** beleuchtet; **Preise:** 7 €/Fahrzeug inklusive Ver- und Entsorgung; **Max. Stand:** unbegrenzt; **Geöffnet:** ganzjährig; **Kontakt:** Avenue du Lac 851, Gastes, Tel. 0033 558097503, www.biscarrosse.com.

MIMIZAN-PLAGE

(29 km – km 73)

Auf der Route des Lacs, wie die D652 entlang der großen Seen heißt, ist bald der nächste bekannte Badeort erreicht – Mimizan.

Der Hauptort **Bourg** liegt am unter Naturschutz stehenden, malerischen **Ètang d'Aureilhan.** Hier sollte man im Sommer unbedingt die **Promenade Fleurie** besuchen, auf der 300 verschiedene Blumen- und Pflanzenarten zu entdecken sind. Dieses Blütenmeer wird noch gekrönt von dem schönen Blick auf den See. In diesem Zusammenhang sei erwähnt, dass in alle Seen entlang der französischen Atlantikküste viele kleine Flüsschen münden und dass hier im südlichen Teil des Landes diese Gewässer durch Kanäle miteinander verbunden sind. Dies ermöglicht herrliche **Kanutouren** auf zum Teil idyllischen Wasserwegen. Das nötige Equipment wie Boote, Paddel und Schwimmwesten kann in zahlreichen Wassersportzentren ausgeliehen werden.

Nahtlos geht die Bebauung nach 4 km in das Urlaubsparadies **Mimizan-Plage** über, das 10 km feinsten Sandstrand sein Eigen nennen darf. Das typische Sommerreiseziel verfügt über eine breite Strandpromenade mit Bars, Cafés und Restaurants. Auf der Avenue Maurice Martin wird das touristische Angebot mit Boutiquen, Eisdielen und saisonalen Märkten abgerundet.

Neben den diversen Strandaktivitäten wie Sonnen, Schwimmen, Surfen und Spazierengehen, lockt ein großes Wander- und Fahrradwegenetz in den **Forêt de Mimizan.** 40 km geht es insgesamt auf gut ausgebauten Wegen in alle Richtungen. In der Touristeninformation ist eine Broschüre erhältlich, in der unterschiedliche Wege beschrieben werden. So gibt es den 4 km langen Dünenweg, den 5 km langen Küstenweg, aber auch längere Touren z. B. zu den Seen im Inland sind aufgeführt. Außerhalb der Hochsaison hat man das alles fast für sich allein.

Information

› **Office de Tourisme Mimizan-Plage,** Avenue Maurice Martin, Mimizan-Plage, Tel. 0033 558091120, www.mimizan-tourisme.com, geöffnet: in der Hochsaison tägl. 10–12 und 15–18 Uhr, in der Nebensaison Mi und So geschlossen

☐ *Geduldig warten Surfer auf die ultimative Welle*

(114) Stellplatz Mimizan-Plage

GPS 44.214709, -1.28225

50 m vom Meer entfernter Stellplatz, kein Schatten. **Lage/Anfahrt:** Ortsrand, Strand und Zentrum sind zu Fuß erreichbar; von der D626 kommend liegt der Stellplatz noch vor Ortsbeginn auf der rechten Seite, Womo-Piktogramm; **Platzanzahl:** 55; **Untergrund:** Asphalt, Rasengitter; **Service:** Strom, Trinkwasser, Abwasser, Chemie-WC; **Sicherheit:** beleuchtet; **Preise:** 14 €/Fahrzeug inklusive allem (zahlbar mit Kreditkarte); **Geöffnet:** ganzjährig; **Kontakt:** Rue des Hournails, Mimizan, Tel. 0033 558091120, www.mimizan-tourisme.com.

173wf-if

Der Stellplatz (114) von Mimizan liegt am Ortsrand in einer Seitenstraße. Strand und Zentrum sind problemlos zu Fuß zu erreichen.

Auf der Weiterfahrt nach Süden bieten sich noch weitere Abstecher zum Meer an. Alle Straßen enden an einem großen Badeparkplatz, einige wenige Ferienhäuser, Campingplätze und Restaurants runden das touristische Angebot ab.

Exemplarisch hierfür sei **Contis-Plage** erwähnt, das über die Stichstraße D41 zu erreichen ist und das als einzige Attraktion einen Leuchtturm besitzt. Dieser ist allerdings insofern erwähnenswert, als er der einzige

118wf-if

Das Naturschutzgebiet Réserve Natuerelle du Courant d'Huchet

Ein unvergesslicher Tagesausflug am Étang de Léon startet ganz in der Nähe des Stellplatzes (116), der unweit des Sees und in unmittelbarer Nähe des Naturschutzgebietes liegt. Hier befindet sich auch das Maison de la Réserve, in dem eine Ausstellung über das Ökosystem des Naturschutzgebiets zu sehen ist. Das kleine Museum ist kostenlos zugänglich, die lohnenswerte Wanderkarte für die Region kostet 1 €. Direkt neben dem Museum steht der Pavillon des Bâteliers, in dem Flussschiffer mit ihren tradionellen Flachbodenbooten („galupe") auf Gäste warten. Dieser Bootsausflug mit einem „batelier" (Flussschiffer) führt erst einmal über den Étang de Léon bis ans westliche Seeufer und hinein in den Courant d'Huchet, der sich durch eine wunderschöne Landschaft Richtung Atlantik schlängelt. Das Naturreservat entlang der sumpfigen Ufer ist eine paradiesische Heimat für zahlreiche Tiere wie Otter, Bisamratte, Natter, Weißreiher und diverse Zugvögel sowie den leider vom Aussterben bedrohten Eisvogel. Wegen seiner bemerkenswerten Flora und Fauna wird dieses Naturreservat auch der „Amazonas des Département Landes" genannt. Blühender Sumpfhibiskus, seltene Farnarten und meterhohe Kahlzypressen säumen das verwunschene Flussufer, eine Flussinsel wird umrundet und dann geht es zu Fuß weiter.

Die zweite Hälfte des Ausflugs startet am Parkplatz des Réserve Naturelle Pichelèbe, von wo ein 4 km langer Wanderweg entlang des unteren Courant d'Huchet beginnt, der durch einen schattigen Pinien- und Korkeichenwald führt und am schönen Atlantikstrand endet.

Moliets-Plage heißt das Ziel und wer nicht zurückwandern möchte, hat hier die Möglichkeit, in der Saison den Bus („navette") zu nehmen.

„Phare" zwischen Arcachon und Biarritz ist und nach Überwindung von 183 Stufen eine phantastische Aussicht bietet. Für denjenigen, der also einfach nur ein paar Tage Ruhe sucht, sind der Ort und sein Stellplatz (115) wirklich zu empfehlen.

(115) Stellplatz Contis-Plage

GPS 44.093712, -1.310365

Aire de Camping Cars im Pinienwald, 500 m vom Strand entfernt. Der Stellplatz hat ein Waschhäuschen mit WC, Duschen und Waschmaschine. **Lage/Anfahrt:** von der D41 kommend in Richtung Phare rechts abbiegen, Womo-Piktogramm folgen; **Platzanzahl:** 70; **Untergrund:** Schotterrasen; **Service:** Strom, Trinkwasser, Abwasser, Chemie-WC; **Sicherheit:** beleuchtet; **Preise:** 9–13 € (je nach Saison) inklusive Ver- und Entsorgung (zahlbar mit Kreditkarte); **Max. Stand:** drei Nächte; **Geöffnet:** ganzjährig; **Kontakt:** Avenue du Phare 315, Saint-Julien-en-Born, www.tourismelandes.com.

VIEUX-BOUCAU-LES BAINS

(61 km – km 134)

Auf der Fahrt entlang des Golfe de Gascogne findet sich neben den zahlreichen Badeparkplätzen noch ein großer Stellplatz (116) am **Ètang de Léon.**

(116) Stellplatz Léon

GPS 43.884696, -1.318921

Das Aire de Camping Cars Léon liegt in der Nähe des Sees, Schatten spendende Bäume, ruhig und großzügig, neben dem Campinglatz Capfun. **Lage/Anfahrt:** von der D652 kommend in Léon Richtung See fahren, Womo-Piktogramm folgen, der Platz liegt an der D409; **Platzanzahl:** 80; **Untergrund:** Schotterrasen; **Service:** Trinkwasser, Abwasser, Chemie-WC; **Preise:** 11 €/Fahrzeug inklusive Ver- und Entsorgung (zahlbar per Automat); **Max. Stand:** zwei Nächte; **Geöffnet:** ganzjährig; **Kontakt:** Route du Puntaou, Léon, www.cotelandesnaturetourisme.com.

Vin de Sable

Schon seit dem 13. Jahrhundert werden die Reben des Sandweins auf Sandböden angebaut. Ursprünglich dienten sie auch zur Befestigung der Dünen mit dem angenehmen Nebeneffekt, dass diese Weinstöcke nicht der Reblaus zum Opfer fielen.

Man findet die Weine an der südlichen Atlantikküste, aber auch an der französischen Mittelmeerküste. Die jodhaltige Luft und die speziellen Meeresaromen verleihen dem Wein eine kräftige Note und ein ganz besonderes Aroma. Aus den bekannten Rebsorten Cabernet Sauvignon oder Merlot werden Rotweine, aber vor allem Roséweine gekeltert. Der Vin de Sable des Départements Landes ist seit 2011 eine geschützte Marke (DOC).

Der bewaldete Dünengürtel entlang der französischen Atlantikküste geht nun langsam zu Ende. Die Seen werden kleiner, der Strand schmaler – die Landschaft verändert sich merklich.

Die Route des Lacs durchquert noch den kleinen Ort **Messanges,** der für den **Vin de Sable** (s. oben) bekannt ist.

Dann ist **Vieux-Boucau-les-Bains** erreicht, das, nur durch den Strand vom Ozean getrennt, einen großen Salzwassersee mit Insel besitzt. Der in den 1970er-Jahren angelegte Badesee ist ideal für diejenigen Gäste, denen die Atlantikwellen zu hoch und die Atlantikströmung zu gefährlich sind. Der See, dessen Wasser per Kanal und Schleuse immer wieder ausgetauscht wird, hat den Vorteil, dass er gezeitenunabhängig ist. Zum großen Badespaß dieses Urlaubsortes ist noch der **Ayguеblue-Wasserpark** hinzugekommen und so stehen dem Gast unzählige Freizeitmöglichkeiten offen.

Der Name „Vieux-Boucau" bedeutet „Alte Mündung", denn die Stadt und ihr damals wichtiger Hafen **Port d'Albert** lagen einst am Fluss Adour. 1578 jedoch musste der Fluss umgeleitet werden, seitdem fließt er weiter südlich bei Bayonne in den Atlantik. Die Problematik der Versandung bereitet noch heute so mancher Gemeinde großes Kopfzerbrechen.

Port d'Albert ist heute ein lebendiges Ferienzentrum mit neuen Hotels und Appartementhäusern sowie einem großen Stellplatz (118). Wer die Gelegenheit hat, sollte unbedingt einmal zur Zeit des **Course Landaise** in Vieux-Boucau-les-Bains sein. Auch dieser traditionelle Stierkampf erfordert artistische Höchstleistungen, um dem wütenden, bis zu 500 kg schweren Rind zu entkommen. Auch hier darf das Tier nur herausgefordert und gereizt, aber nicht berührt, geschweige denn verletzt werden. Von März bis Oktober finden diese Stierkämpfe vor allen Dingen zu Kirchweihfesten statt. Genaue Termine und weitere Informationen erfährt man im Fremdenverkehrsbüro.

Informationen

- **Office de Tourisme Vieux-Boucau-les-Bains,** Mail André Rigal 11, Vieux-Boucau-les-Bains, www.tourisme-vieuxboucau.com, Tel. 0033 558481347, geöffnet: Mo–Sa 9.30–12.30 und 14–18 Uhr

(117) Camping Municipal Les Sablères

GPS 43.793181, -1.406490

Gemeindeeigener 3-Sterne-Campingplatz hinter einer großen Düne, nahe Pinienwald, direkter Strandzugang, Zentrum mit Geschäften und Restaurants 800 m entfernt; **Lage/Anfahrt:** von der D652 kommend in Vieux-Boucau-les-Bains im Kreisverkehr auf die Avenue M.à. Estrella abbiegen, im zweiten Kreisverkehr rechts abbiegen, Platz ist ausgeschildert; **Platzanzahl:** 104; **Untergrund:** Wiese und Sand, befestigt; **Service:** Strom, Trinkwasser, Abwasser, Chemie-WC; **Sicherheit:** beleuchtet; **Preise:** 14–27 € je nach Saison; **Geöffnet:** Anfang April–Anfang November; **Kontakt:** Boulevard du Marension, 40480 Vieux-Boucau-les-Bains, Tel. 0033 558481229, www.camping-les-sableres.com.

118 Stellplatz Vieux-Boucau-les-Bains

GPS 43.780917, -1.4012
Aire de Village de Vieux-Boucau. **Lage/Anfahrt:** der große Stellplatz liegt ganz in der Nähe des Lac Marin und ist 500 m vom Zentrum sowie dem Meer entfernt; von der D652 kommend in Richtung Port d'Albert fahren, Womo-Piktogramm; **Platzanzahl:** 150; **Untergrund:** Asphalt; **Service:** Strom, Trinkwasser, Abwasser, Chemie-WC; **Sicherheit:** beleuchtet; **Preise:** 8–15 € (je nach Saison) inklusive Ver- und Entsorgung (zahlbar per Kreditkarte); **Max. Stand:** drei Nächte; **Geöffnet:** ganzjährig; **Kontakt:** Promenade Bire-Plecq 3, Vieux-Boucau-les Bains, www.tourisme-vieuxboucau.com.

Zwischen dem Lac Marin de Port d'Albert und dem Étang de Pinsolle befindet sich noch ein weiter Stellplatz 119, der offiziell zur Gemeinde **Soustons** gehört.

119 Stellplatz Parking Du Lac Marin, Soustons

GPS 43.775533, -1.411531
Das Parking du Lac Marin gehört zur Gemeinde Soustons-Plage und ist ein gemischter Parkplatz. **Lage/Anfahrt:** großer Stellplatz zwischen Meer, dem Badesee Port d'Albert und dem Étang de Pinsolle, teilweise Schatten, von der D652 kommend der Beschilderung Soustons-Plage folgen, den Courant de Soustons auf der Brücke queren und der Avenue de la Petre bis zum Stellplatz folgen; **Platzanzahl:** 60; **Untergrund:** Schotter; **Service:** Strom, Trinkwasser, Abwasser, Chemie-WC; **Sicherheit:** beleuchtet; **Preise:** 10–17 € (je nach Saison, zahlbar per Kreditkarte), inklusive Ver- und Entsorgung; **Max. Stand:** unbegrenzt; **Geöffnet:** ganzjährig; **Kontakt:** Avenue de la Petre 6, Soustons, www.soustons.fr.

An der Hafeneinfahrt von Capbreton befindet sich der uralte Steg Estacade

CAPBRETON

(21 km – km 155)

Um direkt an der Atlantikküste weiterfahren zu können, ist ein Wechsel von der Route des Lacs auf die D79 erforderlich. Die Straße verläuft durch den **Forêt de Soustons,** hier endet das größte zusammenhängende Waldgebiet Westeuropas.

Die Badeorte **Seignosse** und **Hossegor,** die beide nur Stellplätze am See anbieten, gehen nahtlos ineinander über.

Direkt am Meer allerdings liegt der **Stellplatz von Capbreton** 121. Der beliebte Platz im Ortsteil **Ortolans** südlich des Zentrums ist nicht ganz einfach anzufahren und nur mit sehr kleinen Womo-Piktogrammen beschildert, man muss also aufpassen!

Capbreton ist **eines der bekanntesten Surfparadiese an der Küste** und dementsprechend ausgefallen sind zum Teil die Wohnmobile und deren Fahrer.

Der Sport steht hier am herrlich breiten und langen Strand im Vordergrund und die ultimative Welle ist das Ziel des Urlaubs.

Capbreton hat aber auch einen großen **Jachthafen** und ist somit bei Seglern hoch im Kurs. Je nach Wetter und Erfolg findet hier im Hafen der **Fischmarkt** (Marché aux Poissons) statt, auf dem die Fänge des Tages frisch verkauft werden.

Die Alternative zum Kauf heißt selbst angeln, einige Hochseekutter bieten mehrstündige Ausfahrten an.

Der **Passe du Boucarot** verbindet den geschäftigen Hafen mit dem Meer, hier steht auch das Wahrzeichen von Capbreton, der hölzerne **Steg Estacade** aus dem Jahr 1858. Er war ein Geschenk von Kaiser Napoléon III. und einst 400 m lang. Mit seinen noch zum größten Teil erhaltenen, schweren Eichenholzplanken ist der lange Steg ein sehr schöner, antiker Blickfang, an dessen Ende ein Leuchtturm die Hafeneinfahrt markiert.

Das Flüsschen Boudigau fließt am eigentlichen Stadtkern vorbei, an seinem Ufer verläuft ein schöner Weg in das umtriebige

119wf-if

Zentrum von Capbreton, das man unbedingt besuchen sollte. Nette kleine Geschäfte, Cafés und Restaurants befinden sich in der Fußgängerzone und der baskische Einfluss ist allgegenwärtig. Der alte Stadtkern des über 8000 Einwohner zählenden Städtchens endet an der unter Denkmalschutz stehenden **Église Saint-Nicolas,** der im Inneren sehr beeindruckenden **Kirche der 100 Kapitäne.**

Tipp: Hier sollte man einmal **Marmitako** probieren, einen baskischen Fischeintopf mit Thunfisch, Kartoffeln, Zwiebeln, Paprika und Tomaten. Der Name des Gerichts leitet sich von dem baskischen Wort marmita („Topf mit Deckel") ab, der einzigen Kochutensilie, die Fischer einst an Bord ihres Schiffs mit auf See nahmen. Marmitako hat sich zu einem beliebten Eintopf entwickelt, der in vielen Regionen bekannt ist und manchmal sogar bei Kochwettbewerben zubereitet wird.

Neben dem ganzjährigen **Wochenmarkt** am Samstagvormittag finden in der Hauptsaison noch spezielle **Handwerks-** und **Nachtmärkte** statt. In Capbreton wird gelebt und gearbeitet, und so gibt es das ganze Jahr über diverse Veranstaltungen, über die man sich ganz in der Nähe des Marktplatzes im Fremdenverkehrsbüro ausgiebig informieren kann.

Information

› **Office de Tourisme Capbreton,** Avenue Georges Pompidou, Capbreton, Tel. 0033 558721211, www.capbreton-tourisme.com, geöffnet: Mo–Sa. 9.30–12.30 und 14–17 Uhr

120 Camping Domaine de Fierbois

GPS 43.633145, -1.446432

Campingplatz am Fuß der Dünen, nahe dem Pinienwald südlich von Capbreton, Brötchenservice, Imbiss, Pool, direkter Strandzugang, kostenloser Shuttle ins Zentrum von Capbreton, Fahrrad-Verleih; **Lage/ Anfahrt:** aus Capbreton auf der D152 kommend auf die D28 rechts einbiegen und dem Straßenverlauf folgen, um dann rechts auf die Av. des Alouettes rechts einzubiegen. Platz liegt am Ende der Straße; **Platzan-**

127wf-if

⓫ Stellplatz Capbreton

GPS 43.636205, -1.44708

Das Aire de Camping Cars ist ein großer, schattenloser Stellplatz am Ortsrand direkt hinter der Düne von Capbreton. **Lage/Anfahrt:** im Ortsteil Ortolans, ca. 1,5 km in südlicher Richtung vom Zentrum entfernt; **Untergrund:** Asphalt, Schotter; **Platzanzahl:** 120; **Service:** Strom, Trinkwasser, Abwasser, Chemie-WC, WLAN; **Sicherheit:** beleuchtet; **Preise:** 7–14 € (je nach Saison), zahlbar per Kreditkarte am Automat oder beim Kassierer inklusive Ver- und Entsorgung; **Max. Stand:** unbegrenzt; **Geöffnet:** ganzjährig; **Kontakt:** Allée des Ortolans 1, Capbreton, www.capbreton-tourisme.com. Das Ticket muss an der Windschutzscheibe angebracht werden, tägliche Kontrolle auch außerhalb der Hochsaison.

175wf-if

zahl: 104; **Untergrund:** Wiese und Sand, befestigt; **Service:** Strom, Trinkwasser, Abwasser, Chemie-WC; **Sicherheit:** beleuchtet; **Preise:** 18–50 € je nach Saison; **Geöffnet:** Anfang April–Mitte September; **Kontakt:** Av. Des Alouettes, 40130 Capbreton, Tel. 0033 558721230, www.vacances-andretrigano.com.

Bevor der lange Sandstrand der französischen Atlantikküste endet und die zerklüftete baskische Küstenregion beginnt, findet der mobile Camper noch einen Stellplatz (122) in **Ondres-Plage** vor.

(122) Stellplatz Ondres-Plage

GPS 43.57621, -1.486508

Dieses Aire de Camping Cars ist ein schattenloser Platz direkt am Strand. **Lage/Anfahrt:** abgeteilter Bereich auf einem großen Parkplatz, von der D810 kommend Richtung Ondres abbiegen und bis zum Badeparkplatz und Plages durchfahren; **Platzanzahl:** 50; **Untergrund:** Asphalt; **Service:** Strom, Trinkwasser, Abwasser, Chemie-WC, WLAN; **Sicherheit:** beleuchtet; **Preise:** 14 €/Fahrzeug inklusive Ver- und Entsorgung (nur von Ostern bis zum 1.11. kostenpflichtig, sonst keine Ver-/Entsorgung); **Max. Stand:** zwei Nächte; **Geöffnet:** ganzjährig; **Kontakt:** Avenue de la Plage 2511, Ondres, www.seignanx-tourisme.com.

Bayonner Schinken

Der Bayonner Schinken ist eine 1000 Jahre alte Spezialität der Region, ein luftgetrockneter Schinken, zart und fein im Biss und mit leicht süßlichem Aroma. Er gilt als hochwertigster Schinken Frankreichs, für den ganz besondere, nur im Département Pyrenées-Atlantiques gezüchtete Schweine verarbeitet werden. Die Schweinerasse aus Orthez hat besonders saftige Hinterkeulen und wird in artgerechter Haltung und nur mit bestem Futter gemästet. Der Bayonne-Schinken wird zunächst gepökelt und muss dann 12 Monate reifen.

BAYONNE

(21 km – km 176)

Auf der D652/D810 ist man schnell am nächsten Ziel. Am Zusammenfluss von **Nive und Adour** liegt Bayonne, die erste größere Stadt seit Arcachon. 49.000 Einwohner zählt das historische Städtchen, das im Mittelalter eine bedeutende Pilgerstation auf dem Jakobsweg war.

Durch die Heirat von Eleonore von Aquitanien mit Heinrich II. war Bayonne lange Zeit englisches Herrschaftsgebiet und intensiv ab Ende des 13. Jahrhunderts in die Englisch-Französischen Kriege verwickelt. Erst seit Mitte des 15. Jahrhundert gehört die Stadt zu Frankreich, wobei ein großer Teil der Bewohner sich eher als Baske fühlt. Dieses Erbe zeigt sich dem Fremden in erster Linie an den zweisprachigen Straßenschildern und den vielen baskischen Spezialitäten. Auch die prächtigen Fassaden der Häuser haben einen auf dieser Reise ganz neuen Architekturstil, der typisch für das Baskenland ist.

Eine hervorragende Möglichkeit, sich einen ersten Gesamteindruck zu verschaffen, bietet eine Fahrt mit einem der kostenlosen Kleinbusse, den *navettes,* in die man überall ein- und aussteigen kann.

Die **Altstadt von Grand Bayonne** wird auf der einen Seite von der gut erhaltenen Stadtmauer und auf der anderen Seite vom Ufer der Nive begrenzt. Der Fluss mündet in die Adour und genau hier am Quai Lespès steht das imposante Rathaus der Stadt, das **Hôtel de Ville et Théâtre.** Am anderen Flussufer liegt **Petit Bayonne,** hier lädt das **Musée Basque et de l'Histoire de Bayonne** zu einem Besuch ein. Da uns die baskische Kultur eher fremd ist, ist die große Ausstellung überaus aufschlussreich.

› **Musée Basque et de l'Histoire de Bayonne,** Quai des Corsaires, Bayonne, Tel. 0033 559590898,

Die Sonnenuntergänge und die Abendstimmung am Strand von Capbreton bezaubern

www.museebasque.com, geöffnet: Di–So 10.30–18 Uhr, Mo geschlossen, Eintritt: 8 €. In zwanzig Ausstellungsräumen werden auf drei Etagen insgesamt 2000 Gegenstände der baskischen Kultur gezeigt – sehr ansprechend und mit Erklärungen versehen.

Ein schöner Rundgang führt über eine der Nive-Brücken zurück in den eigentlichen Bayonner Altstadtkern, wo man sich unbedingt auch die beeindruckende **Cathédrale Sainte-Marie** aus dem 14. Jahrhundert anschauen sollte. Sie ist hier eines der größten Bauwerke der Gotik. Das dazugehörige Kloster, das **Clôitre de la Cathédrale,** schließt sich in der Rue Pasteur an.

Von hier ist man schnell in der belebten Fußgängerzone und kann sich nun den Bayonner Spezialitäten zuwenden, dem berühmten **Schinken** (s. S. 215) und der grandiosen **Schokolade.** Die Herstellung der Bayonner Schokolade lernt man am besten im „Atelier du Chocolat Andrieu“ kennen, wo man von Montag bis Freitag für 6,50 € pro Person in der Allée de Gibéléou (www.atelierduchocolat.fr) viel über die Entdeckung des Kakaos und seine Herkunft bis zur fertigen Schokolade erfahren kann. Die berühmte Spezialität der Stadt erhält man in zahlreichen Geschmacksvariationen aber auch bei vielen anderen Chocolatiers, deren Geschäfte eine einzige Verführung darstellen.

Der Bayonner Veranstaltungskalender ist von diesen kulinarischen Genüssen inspiriert. So gibt es unter anderem zu Ostern das **Schinkenfest** oder am Himmelfahrtswochenende die **Schokoladentage.**

Darüber hinaus ist die Stadt auch für ihren **Cidre** bekannt. Der eigentlich normannische Apfelwein wurde durch die Vermählung von Eleonore mit Heinrich II. in der Region eingeführt.

In Bayonne wurde übrigens auch das **Bajonett** erfunden, eine am Lauf von Schusswaffen befestigte Stichwaffe in Form eines langen Dolchs.

Bevor man sich wieder zum Wohnmobil begibt, sollte man noch einen Spaziergang durch den **Botanischen Garten** von Bayonne machen. Der japanisch beeinflusste Garten ist ein Ruheidyll und erstreckt sich entlang der alten Stadtmauer unweit des **Château Vieux,** das über der Altstadt thront.

120wf-if

Einen kleinen, kostenlosen Stadtplan, den Veranstaltungskalender und viele weitere Informationen erhält man im Fremdenverkehrsbüro.

Information

› **Office de Tourisme Bayonne,** Place des Basques, Bayonne, Tel. 0033 559460900, www.bayonne-tourisme.com, geöffnet: Mo–Sa 9–18 Uhr, So geschlossen

Einkaufen

Bayonne besitzt eine **historische Markthalle,** die ganz zentral am Quai Commandant Roquebert am Ufer des Flusses Nive zu finden ist.

Bayonne besitzt eine Vielzahl von Gebäuden in typisch baskischer Architektur

Parken

P 48 Parking Allées Boufflers, Bayonne, GPS 43.492969, -1.472164, direkt am Fluss, ca. 200 m zum Zentrum

P 49 Anglet, GPS 43.526261, -1.514773, Avenue de l'Adour. Eine gebührenpflichtige Park- bzw. Übernachtungsmöglichkeit mit Ver- und Entsorgung gibt es am Ortsrand von Anglet, Bushaltestelle nach Bayonne.

Die Stadt liegt 5 km vom Meer entfernt und geht nahtlos in den Badeort **Anglet** über. Einen offiziellen Stellplatz hat Bayonne nicht, zum Übernachten muss man also die wenigen Kilometer bis nach Anglet ans Meer fahren (Stellplatz 123). Von hier aus kann man sowohl zur Stadtbesichtigung von Bayonne wie auch zum Besuch von Biarritz mit dem Bus gelangen.

Anglet selbst hat einen schönen, 4 km langen Strand mit einer sehr gepflegten Liegewiese und einer Strandpromenade, die an dem Felsen endet, auf dessen anderer Seite Biarritz beginnt. Hier trifft sich eine begeisterte Surfergemeinde und die im Wasser auf die nächste Welle wartenden Sportler erinnern in ihren schwarzen Neoprenanzügen an eine große Ansammlung von Haien.

Das ausgeschilderte **„Chambre d'Amour"**, das Liebeszimmer, ist eine Grotte, in der einst ein Liebespaar von der Flut überrascht und ertrunken sein soll.

› **Restaurant Le Lieu,** Place des Docteurs Gentilhe, Anglet, Tel. 0033 559454218, www.lelieuanglet.fr, geöffnet: in der Saison täglich 11–15 und 18–24, So 9.30–17 Uhr. Modernes, gehobenes Fischrestaurant mit großer Terrasse am Ende der Promenade von Anglet.

Am besten verlässt man Bayonne auf der D260, um dann auf die D5 in Richtung „Chambre d'Amour" zu wechseln. So kommt man automatisch am **Stellplatz von Anglet** 123 vorbei.

Die Kuppel und die Säulen in der Cathédrale Sainte-Marie in Bayonne sind wahre Schmuckstücke

123 Stellplatz Anglet

GPS 43.506924, -1.533728
Das Aire de Camping Cars des Corsaires ist von einer hohen Hecke abgeschirmt, Ortsrand, ruhig, 200 m vom Strand entfernt. **Lage/Anfahrt:** der schattenlose Stellplatz liegt oberhalb des Plage des Corsaires, aus Bayonne kommend die D260 in Richtung Plage und „Chambre d'Amour" (ausgeschildert) verlassen; **Platzanzahl:** 60; **Untergrund:** Asphalt; **Service:** Trinkwasser, Abwasser, Chemie-WC; **Sicherheit:** beleuchtet; **Preise:** 6–10 € (je nach Saison, zahlbar per Kreditkarte bei der Ausfahrt am Automaten); **Max. Stand:** unbegrenzt; **Geöffnet:** ganzjährig; **Kontakt:** Boulevard des Plages 67, Anglet, www.anglet-tourisme.com.

BIARRITZ

(9 km – km 185)

Wer direkt in die „elegante Stadt" reisen möchte, ist von Bayonne über die D810 am schnellsten her. Bis in die Mitte des 19. Jahrhunderts war Biarritz noch ein unbedeutendes Fischerdorf. Das änderte sich schlagartig, als 1854 Kaiserin Eugénie von Spanien kommend auf der Durchreise zwei Monate in Biarritz Station machte.

Der Kaiserin gefiel es hier so gut, dass Kaiser Napoléon III. ihr eine Residenz bauen ließ, in der das Paar viele Jahre den Sommer verbrachte. Von da an war Biarritz für den europäischen Adel von großem Interesse – man war schließlich gerne unter sich. Künstler und Literaten, Stars und Sternchen und natürlich der Geldadel ließen nicht lange auf sich warten. Casinos gehörten damals zum guten Ton und auch ein Golfplatz musste sein, der legendäre **Golf de Phare** entstand. Auch der russische Zar liebte die elegante Stadt und so gibt es hier in der Avenue de l'Impératrice

Der Blick auf Biarritz und den kleinen alten Hafen bezaubert immer wieder aufs Neue

122wf-as © dudlajzov

125wf-if

eine **russisch-orthodoxe Kirche** mit einer goldenen Kuppel. Kaiserin Eugénie wiederum ließ die **Chapelle Impériale** in der Avenue de la Reine Victoria bauen, eine Kapelle im spanisch-maurischen Stil.

Der Boom währte über zwei Weltkriege hinaus bis in die 1960er-Jahre, als plötzlich Saint-Tropez in Mode kam.

Biarritz gilt nach wie vor als **gehobener Badeort** und hat sich seinen Charme bewahrt. Herrliche Villen aus der Zeit der Belle Époque prägen das Stadtbild und die ehemalige königliche Residenz, heute das vornehme Hotel du Palais, ist nach wie vor ein beeindruckender Blickfang.

Der elegante Ort verführt geradezu zum Lustwandeln: hochwertige Boutiquen, edle Chocolatiers und elegante Cafés und Restaurants vermitteln den Eindruck von Exklusivität. Im Kontrast dazu erzählt das **Musée de la Mer** am alten **Port des Pêcheurs** vom harten Leben der Walfänger. In dem ultramodernen Museum, das sehr geschickt in die Klippen gebaut wurde, ist auch ein großes Aquarium untergebracht, dessen Meerwasser direkt aus dem Atlantik kommt.

› **Musée de la Mer,** Plateau Atalaye, Biarritz, Tel. 0033 559227540, www.aquariumbiarritz.com, geöffnet: ganzjährig 9.30–19 Uhr (im Sommer länger), Eintritt: 14,90 €. Das Aquarium ist barrierefrei.

Direkt hinter dem alten Fischerhafen führen eine Treppe und ein schmaler Tunnel (für Wohnmobile nicht passierbar) zum **Rocher de la Vierge,** dem **Jungfrauenfelsen.** Auf dem Wahrzeichen von Biarritz thront seit 1865 eine Madonna und der Blick von hier auf das Panorama der Stadt und den tosenden Atlantik ist äußerst beeindruckend. Auf der anderen Seite des Stadtstrands, des **Grande Plage,** erblickt man das zweite Wahrzeichen von Biarritz, den weißen, 1831

⊡ *Vom Rocher de la Vierge, dem berühmten Jungfrauenfelsen von Biarritz, bietet sich ein herrlicher Blick auf den legendären Badeort*

⊡ *Die hiesigen klimatischen Verhältnisse lassen prachtvolle Trauben für geschmackvollen Wein gedeihen*

Die Gascogne und ihr Wein

Bayonne (s. S. 215) und Biarritz sind zwei Städte im Südwesten Frankreichs, die einst zur historischen Provinz Gascogne gehörten, welche von Gironde und Garonne bis zum Pyrenäenkamm reichte. Seit Napoleons Zeiten ist sie in diversen Départements aufgegangen und heute ein Teil der Region Nouvelle-Aquitaine. Erhalten hat sich ihre Sprache, das Gascognische, das mit dem Baskischen verwandt ist, es wurde später mit romanischen Elementen vermischt und ist nach wie vor ein eigener französischer Dialekt.

In der Antike besiedelt, behielt die Provinz lange eine gewisse Eigenständigkeit; sie wurde auch von den Römern noch vom übrigen Gallien unterschieden. Um diese Eigenständigkeit gab es zahlreiche Kämpfe, so gehörte die Region zeitweise zu England, ihre Geschichte spiegelt also das übliche Kriegsgeschehen in Südwestfrankreich wieder.

„Côtes de Gascogne" bezeichnet ein Weinanbaugebiet im Landesinneren, in dem hauptsächlich Landweine produziert werden. „Vins de Pays Côtes de Gascogne" ist ein AOC-Prädikat, das die Weinbauern seit 1982 zur Einhaltung strenger Richtlinien verpflichtet. Mit 1400 Weinlandwirten und einer Produktionsmenge von 830.000 hl befindet sich hier Frankreichs größtes Produktionsgebiet für weißen Landwein, abgefüllt in 100 Mio. Flaschen, von denen 75 % exportiert werden.

Etwa in der Mitte der Gascogne liegt die alte Provinz Armagnac (gasconisch „Armanhac") mit ihrem Hauptort Auch. Weniger bekannt, aber deutlich älter als Cognac ist der Armagnac, der aus den Weißweinen der Region gebrannt wird. Eine Urkunde im Museum von Condom bezeugt seine Existenz schon im 15. Jh. Name, Herkunft und Herstellungsverfahren werden durch die Apellation d'Origine Côntrolée gesetzlich geregelt. Anders als Cognac, den man in zwei aufeinander folgenden Brennvorgängen gewinnt, wird Armagnac nur einmal gebrannt; spezielle technische Vorkehrungen trennen die Dämpfe von Roh- und Feinbrand vor der Kondensation. Gelagert wird er in Fässern aus

123wf-lf

dem Holz Gascogner Eichen, wobei jedes Mal zunächst neue Fässer verwendet werden, die ihm sein Bouquet, das an Vanille und Backpflaume erinnert, und Farbe geben, bevor man ihn in alte Fässer umlagert. Auch das unterscheidet ihn von Cognac, für den auch z. T. uralte Fässer wiederverwendet werden. Zeitweilig gab es eine große Nachfrage nach diesem Weinbrand, die zur Qualitätsminderung verführte. Vielleicht steht er deswegen noch immer etwas im Schatten des berühmteren Cognac. Wie für den großen Bruder gilt aber auch für Armagnac: je älter, desto teurer. Auch die Klassifizierung richtet sich nach dem Alter: V.S. steht für „Very Special", V.S.O.P. bedeutet „Very Superior Old Pale" und X.O. „Extra Old" oder „Napoléon".

D'Artagnan

D'Artagnan, den Alexandre Dumas mit seinen drei Musketieren in Romanen verewigte, ist eine der Berühmtheiten der Region. Den Comte d'Artagnan gab es wirklich, er machte unter Ludwig XIV. eine glänzende Karriere bei den französischen Musketieren, der Hausgarde des Königs. So begleitete er den jungen Monarchen 1660 zu seiner Eheschließung mit der spanischen Infantin Maria Teresa nach Saint-Jean-de-Luz. Ludwig XIV. vertraute seinem Musketier in großem Maße und betraute ihn mit zahlreichen geheimen und heiklen Missionen. Nach einem ereignisreichen Leben fiel er 1673 im Französisch-Niederländischen Krieg bei Maastricht.

Biarritz

0 — 200 m

erbauten Leuchtturm. Die Phare steht auf der Felsspitze des **Pointe St-Martin,** der über einen schön angelegten Park erreicht werden kann. 248 Stufen führen zu einem fantastischen Rundumblick auf den 73 m hohen Turm.

Südlich von Biarritz, das man problemlos auf der Hauptstraße D911 durchfahren sollte, schließt sich der Ortsteil **Milady** an, wo sich neben Strand und Meer auch ein Stellplatz 125 befindet.

Zum Leuchtturm von Biarritz führt ein wunderschön angelegter Park

Information

› **Office de Tourisme Biarritz,** Square d'Ixelles, Biarritz, Tel. 0033 559223710, www.tourisme.biarritz.fr, geöffnet: Mo–Sa 9–18, So 10–13 Uhr

Einkaufen

Die **Markthallen** von Biarritz befinden sich in der Rue des Halles und sind immer vormittags geöffnet.

124 Biarritz Camping

GPS 43.462092, -1.567036

4-Sterne-Campingplatz, 600 m zum Strand Milady, durch Hecken parzelliert, beheizter Pool, Wellnessangebote, Bar/Restaurant, Brötchenservice, Biarritz-Zentrum ist 2 km entfernt; **Lage/Anfahrt:** von der D810 aus Anglet/Bayonne kommend bei der Esso-Tankstelle rechts in die Av. du Président JF Kennedy einbiegen, dann links in die Rue Francis Jammes abbiegen, die in die Zielstraße mündet; **Platzanzahl:** 82; **Untergrund:** Wiese; **Service:** Strom, Trinkwasser, Abwasser, Chemie-WC; **Sicherheit:** beleuchtet; **Preise:** 20–50 € je nach Saison; **Geöffnet:** Anfang April–Ende Oktober; **Kontakt:** 28 Rue de Harcet, 64200 Biarritz, Tel. 0033 559230012, www.biarritz-camping.fr.

125 Aire de Camping Cars Milady

GPS 43.466566, -1.571762

Stellplatz an der D911, durch Hecken von der Straße getrennt. **Lage/Anfahrt:** Strand 300 m entfernt, Ortsrand, Restaurants und Geschäfte in unmittelbarer Nähe; vom Zentrum kommend liegt der Stellplatz auf der linken Seite der D911; **Platzanzahl:** 60; **Untergrund:** Asphalt; **Service:** Strom, Trinkwasser, Abwasser, Chemie-WC; **Sicherheit:** beleuchtet; **Preise:** 12 €/Fahrzeug inklusive Ver- und Entsorgung; **Max. Stand:** zwei Nächte; **Geöffnet:** ganzjährig; **Kontakt:** Avenue de la Milady, Biarritz, www.tourisme.biarritz.fr.

Parken

P 50 **Avenue du Lac Marion,** GPS 43.470724, -1.554434. Großer, kostenloser Parkplatz, Bus Linie 5 in die Innenstadt bzw. 20 Minuten zu Fuß.

ROUTE 11

DIE BASKISCHE KÜSTE UND DIE PYRÉNÉES-ATLANTIQUES

128wf-as © andreyspb21 - stock.adobe.com

ROUTENÜBERSICHT

Strecke:
Saint-Jean-de-Luz (s. S. 228) – **Hendaye** (12 km, s. S. 230) – **Sare** (23 km, s. S. 232) – **Espelette** (14 km, s. S. 233) – **Saint-Jean-Pied-de-Port** (37 km, s. S. 234) – **Oloron-Sainte-Marie** (76 km, s. S. 237) – **Pau** (32 km, s. S. 239) – **Lourdes** (41 km, s. S. 242)

Streckenlänge:
235 km

Mit Überquerung der Adour befindet man sich im Département Pyrénées-Atlantiques. In Saint-Jean-de-Luz (s. S. 228) ist man im französischen Teil des Baskenlandes *(Pays Basque)* angelangt. Noch vor zwanzig Jahren undenkbar, wird das Baskische wieder gelebt. Man ist stolz darauf, Baske zu sein, dazu gehören Sprache, kulinarische Spezialitäten und Traditionen wie Pelota (s. S. 228). Nun heißt es Abschied nehmen vom Meer, denn die Route führt in die atlantischen Pyrenäen. Vom heiligen Hausberg der Basken, dem La Rhune (s. S. 232), hat man einen letzten, fantastischen Blick auf die Atlantikküste, dann geht es „auf zu neuen Gefilden". Im Pilgerort Saint-Jean-Pied-de-Port (s. S. 234) ist man endgültig in einer anderen Welt an-

« *Kapitelstartseite: Saint-Jean-de-Luz ist ein baskisches Städtchen, das man unbedingt besuchen sollte*

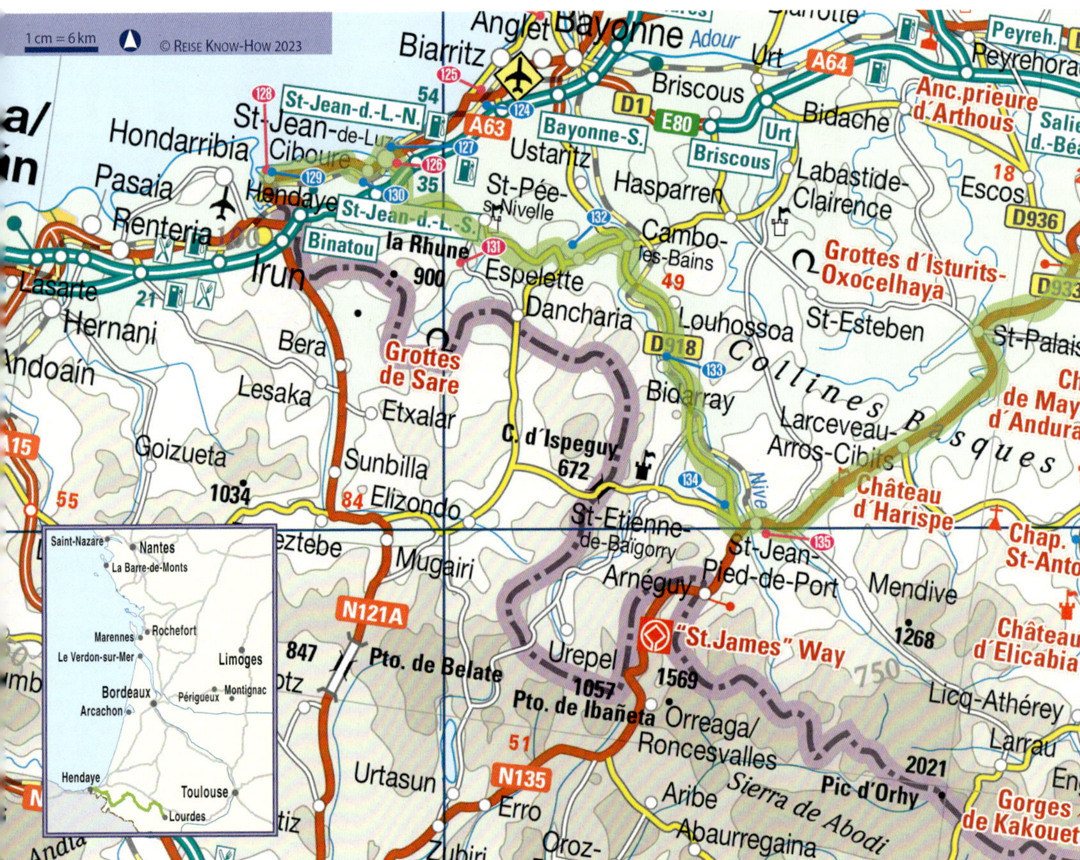

gekommen und sicherlich wird sich so mancher wünschen, auch einmal eine Pilgerreise nach Santiago de Compostela mitmachen zu können. Weiter geht es durch das liebliche Weinanbaugebiet des Jurançon bis in die Universitätsstadt Pau. Hier wähnt man sich in mediterranen Regionen, denn ein Palmen- und Blumenmeer verschönert die lebendige Stadt. Der Höhepunkt der Route ist Lourdes (s. S. 242): Die nächtliche Prozession um den Heiligen Bezirk ist so beeindruckend, dass auch nichtreligiöse Gäste sie niemals vergessen werden.

Statue der heiligen Bernadette in Lourdes

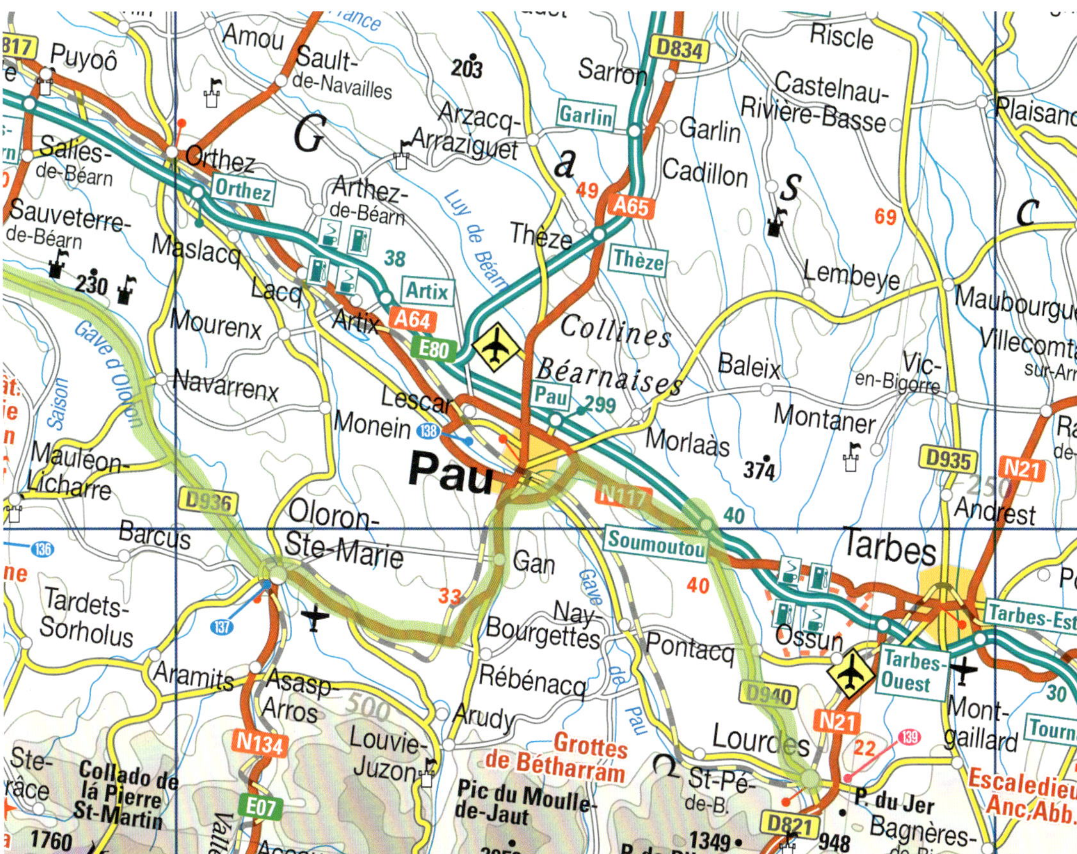

SAINT-JEAN-DE-LUZ

Dieses überaus charmante Städtchen hat eine lange und bewegte Vergangenheit vorzuweisen. Da die Bucht von Saint-Jean-de-Luz den einzigen geschützten Hafen im Golf von Biskaya darstellte, war der Ort schon im Mittelalter das Fischereizentrum schlechthin, insbesondere für den Walfang. Das Fett der Wale wurde für die Öllampen benötigt und aus ihren Knochen wurden allerlei Haushaltsgegenstände gefertigt.

Nachdem die Bestände stark überfischt waren, verdienten sich viele Einwohner von Saint-Jean-de-Luz als Freibeuter ihr Brot. Im Namen des Königs von Frankreich wurden englische und spanische Schiffe gekapert und geplündert – die Stadt kam zu ungeheurem Reichtum. Saint-Jean-de-Luz wurde immer wieder von Sturmfluten erheblich zerstört und 1854 endlich genehmigte Napoléon III. die Gelder für die Schließung der Bucht durch eine Schutzmauer.

Ein wunderschöner Spaziergang führt am Stadtstrand entlang auf der **Promenade Jacques Thibaud,** die am Leuchtturm des historischen Hafens endet.

Ein Ereignis, das noch heute in der Stadt lebendig ist, war die königliche **Hochzeit von**

Pelota

Dieses Spiel ist eine der schnellsten Sportarten der Welt und erfordert ungeheure Konzentration sowie eine immense Reaktionsfähigkeit. Pelota ist ein baskisches Rückschlagspiel, bei dem ein kleiner Gummiball gegen eine Wand („frontón") geschleudert wird. Ein Zweierteam wirft und fängt den Ball abwechselnd, zum Teil mit der bloßen Hand, einem Schlagbrett oder einem Spitzkorb („chistera") als Beschleunigungsinstrument. Das Spielfeld ist bis zu 60 m lang und 15 m breit und der Ball kann eine Spitzengeschwindigkeit von über 200 km/h erreichen.

Zwischen prächtigen Häusern lässt es sich in Saint-Jean-de-Luz hervorragend bummeln

129wf-if

Ludwig XIV. mit der spanischen Infantin (Königstochter) Maria Teresa. Am 9. Juni 1660 fand die Vermählung in der **Église Saint-Jean-Baptiste** statt, die sich inmitten der heutigen Fußgängerzone, der **Rue Gambetta,** befindet. Das Hauptportal, durch das das Brautpaar die im Innern sehr schöne Kirche verließ, wurde zugemauert und ist es bis heute geblieben. Nur von außen zu bewundern ist in dem Zusammenhang das **Maison de l'Infante** in der **Rue de l'Infante.** Das **Maison Louis XIV** am **Place des Corsaires,** das seit 1643 derselben Familie gehört, beherbergt heute ein kleines Museum.

› **Maison Louis XIV,** Pl. des Corsaires, Saint-Jean-de-Luz, Tel. 0033 559262758, www.maison-louis-xiv.fr, geöffnet: Anf. April–Anf. Nov. Mi–Mo 11.30–17 Uhr, Eintritt: 7 €. Die Besichtigung dauert ca. 40 Min.

Ein Bummel durch die belebten Gassen von Saint-Jean-de-Luz ist in jeder Hinsicht ein Genuss. Unzählige Cafés und Restaurants laden zur Einkehr ein, edle Chocolatiers bieten ihre süßen Verführungen an, kleine Boutiquen stellen die typischen baskischen Streifen in allen Variationen zur Schau, und an den vielen Espandrilles dürfte wohl kaum eine Frau vorbei kommen. Auch die historische **Markthalle** von 1884 am **Boulevard Victor Hugo** muss man unbedingt besucht haben, die Auswahl ist großartig. Hier lassen sich auch die hiesigen Spezialitäten, die **Fischsuppe Ttoro** und der **baskische Mandelkuchen** gleich vor Ort probieren. Nur wenige Häuser weiter befindet sich das Fremdenverkehrsbüro.

Tipp: Man sollte einmal die **„Brébis Pyrénées"** probieren. Dieser Pyrenäenkäse aus

Schafsmilch ist eine Seltenheit. Er ist ein Bergkäse, wird im Baskenland hergestellt, ist frei von Konservierungsstoffen und hat eine verzehrbare Naturrinde. Der Rohmilchkäse reift mindestens sechs Monate, hat eine schnittfeste Konsistenz und einen würzigen Geschmack.

Der Stellplatz 126 von Saint-Jean-de-Luz ist leider nicht sehr einladend, und so ist eher einer der vielen Campingplätze zu empfehlen, die zum Teil bis Anfang November geöffnet sind. Ein mehrtägiger Aufenthalt in dieser schönen Umgebung lohnt sich auf alle Fälle.

Die **Pont Charles-de-Gaulle** verbindet Saint-Jean-de-Luz mit **Cibourne,** hier liegt der Port de Plaisance, der Jachthafen. Der Nachbarort ist ein reiner Ferienort, den man automatisch durchquert, wenn man sich zur Weiterfahrt für die **Route de la Corniche** entschieden hat. Den westlichen Abschluss der Bucht gegenüber von Saint-Jean-de-Luz bildet **Socoa,** das einen schönen Sandstrand zu bieten hat.

Nun geht es die Steilküste hinauf, die D912 entlang der **Corniche Basque** ist aber auch für Wohnmobile problemlos zu befahren. Parallel zur Straße verläuft der **Sentier du Littoral,** der Küstenwanderweg, der sich von Bidart nördlich von Saint-Jean-de-Luz bis nach Hendaye an der spanische Grenze erstreckt.

Information

› **Office de Tourisme Saint-Jean-de-Luz,** Boulvard Victor Hugo 20, Saint-Jean-de-Luz, www.saint-jean-de-luz.com, geöffnet: Mo–Sa 9–12.30 und 14–18 Uhr, So geschlossen

126 Stellplatz Saint-Jean-de-Luz

GPS 43.385326, -1.662771

Aire de Camping Cars, nur geeignet um den historischen Ort zu besichtigen, nicht sehr ansprechend zwischen Bahnhof und der D810 gelegen, eng, unruhig, schattenlos, Womo-Piktogramm. Für große Wohnmobile nicht geeignet. **Lage/Anfahrt:** Zentrum und Strand zu Fuß erreichbar, die D810 durchquert den Ort, der Stellplatz befindet sich kurz vor der Brücke nach Cibourne auf der linken Seite; **Platzanzahl:** 15; **Untergrund:** Asphalt; **Service:** Strom, Trinkwasser, Abwasser, Chemie-WC; **Preise:** 6 €/Fahrzeug für 24 Stunden, Ver- und Entsorgung kostenpflichtig; **Max. Stand:** zwei Nächte; **Geöffnet:** ganzjährig; **Kontakt:** Avenue Charles de Gaulle, Saint-Jean-de-Luz, www.saint-jean-de-luz.com.

127 Camping Le Bord de Mer

GPS 43.406709, -1.641696

3-Sterne-Campingplatz mit tlw. schönem Blick auf das Meer, durch Hecken parzelliert, Strandzugang, Bistro, 3 km bis in das Zentrum von Saint-Jean-de-Luz; **Lage/Anfahrt:** von der D810 kommend Ausfahrt Sansu, im Kreisverkehr die erste Ausfahrt rechts benutzen, Straßenverlauf folgen, Platz liegt dann auf der linken Seite; **Platzanzahl:** 62; **Untergrund:** Rasen; **Service:** Strom, Trinkwasser, Abwasser, Chemie-WC, WLAN; **Sicherheit:** beleuchtet; **Preise:** 25 bis 40 € je nach Saison; **Geöffnet:** Anfang April bis Anfang November; **Kontakt:** Chemin d'Erromardie, 64500 Saint-Jean-de-Luz, Tel. 0033 559262461, www.camping-le-bord-de-mer.fr.

HENDAYE

(12 km – km 12)

Hier ist das Ende der französischen Atlantikküste erreicht, auf der anderen Seite der Bucht von Hendaye beginnt Spanien. Die Grenze bildet der Fluss **Bidassoa,** auf dessen **Fasaneninsel** 1659 der Pyrenäenfrieden zwischen Ludwig XIV. und dem spanischen König geschlossen wurde. Darin war auch die Vermählung mit Maria Teresa (s. S. 229) festgeschrieben worden. Eine zweckdienliche Ehe, die laut Geschichtsbüchern allerdings nicht glücklich war. Die 6820 m² große Insel wird übrigens noch heute im halbjährlichen Rhythmus abwechselnd von Frankreich und Spanien verwaltet.

Im 65 ha großen Naturschutzgebiet nördlich des Orts, der **Site Naturel Protégé Domaine d'Abbadia,** steht das neogotische

Château d'Antoine d'Abbadie, in dem sowohl das Observatorium des ehemaligen Besitzers wie auch die original möblierten Räume zu bewundern sind. Der Astronom Antoine d'Abbadie hat das Märchenschloss, dessen Fassade mit allerlei Skulpturen geschmückt ist, 1860 bauen lassen. Vom schönen Schlosspark aus kommt man direkt zum 3 km langen Strand des Orts, wo es heißt, Abschied zu nehmen von Sand und Meer.

› **Château Oberservatorium Abbadia,** Route de la Corniche, Hendaye, Tel. 0033 559200451, www.chateau-abbadia.fr, Eintritt: 4,90 €, geöffnet: ganzjährig Di–So 14–18 Uhr, Mo geschlossen

Einkaufen

Der **Wochenmarkt** findet jeden Mittwoch auf der Place de la République statt. Samstags ist am Hafen Sokoburu Marktag.

128 Stellplatz Hendaye

GPS 43.370333, -1.764399

Aire de Camping Cars, reiner Übernachtungsplatz ohne Schatten, unruhig, eng. **Lage/Anfahrt:** am Bahnhof im Ortszentrum, Geschäfte, Hafen und Strand fußläufig erreichbar; **Platzanzahl:** 25; **Untergrund:** Asphalt; **Service:** Strom, Trinkwasser, Abwasser, Chemie-WC; **Sicherheit:** beleuchtet; **Preise:** 10 €/Fahrzeug, Ver-/Entsorgung kostenpflichtig (zahlbar mit Kreditkarte vor der Einfahrt); **Max. Stand:** drei Nächte; **Geöffnet:** ganzjährig; **Kontakt:** Rue d'Ansoenia, Hendaye, www.hendaye-tourisme.fr.

129 Camping Hendaye Ametza

GPS 43.372801, -1.756157

Auf dem sehr gepflegten 4-Sterne-Campingplatz sind alle Stellplätze mindestens 100 m² groß. Beheizter Pool, Restaurant, Minishop, Tennis- und Sportplatz, Kinderclub in der Hochsaison, kostenloses WLAN auf dem ganzen Platz und gratis Shuttlebus zum 3 km langen Strand, der 900 m entfernt ist. Das Zentrum von Hendaye ist fußläufig erreichbar. **Lage/Anfahrt:** von der Küstenstraße D912 kommend die Abzweigung links Richtung A63 „Stade Sopite" auf die D358 nehmen, über die Bahnlinie fahren, der Campingplatz liegt auf der linken Seite; **Untergrund:** Rasen; **Service:** Strom, Trinkwasser, Abwasser, Chemie-WC, WLAN; **Preise:** Pauschalpreis für Wohnmobile inkl. Strom 28 €; **Geöffnet:** Anfang April–Anfang Oktober; **Kontakt:** 156 Bd de l'Empereur, 64700 Hendaye, Tel. 0033 559200705, www.camping-ametza.com.

Ein Strandspaziergang in der Bucht von Hendaye ist ein Genuss

SARE

(23 km – km 35)

Nun geht es in die atlantischen Pyrenäen – das erste Ziel ist der heilige Hausberg der Basken, der **La Rhune.** Auf der D810 passiert man **Urrugne,** wo man an einem Badesee einen ganzjährig geöffneten Campingplatz (130) vorfindet. Zurück in Saint-Jean-de-Luz folgt man dem Wegweiser Richtung **Ascain** D918, und nach 3 km ist der **Col de Saint-Ignace** erreicht. Vom hiesigen Parkplatz aus fährt ein kleiner Zug 4,2 km hinauf zum Gipfel des La Rhune, wofür er 35 Minuten benötigt.

Die Zahnradbahn aus dem Jahr 1924 transportiert jährlich 350.000 Besucher. Bei einer Geschwindigkeit von 8 km/h hat man ausreichend Zeit, die Landschaft zu genießen. Dem echten Basken allerdings ist es eine Ehre, den 910 m hohen Gipfel zu Fuß zu erklimmen. Auf gut markierten Wegen wandernd, braucht man je nach Kondition ungefähr zwei Stunden.

Oben angekommen, bildet der Grat die Grenze zu Spanien. Von hier hat man einen grandiosen Rundumblick über die baskische Küste bis hin zur spanischen Stadt San Sebastián und über die Pyrenäenkette.

La Rhune wird sicherlich auch deshalb „heiliger Berg des Baskenlands" genannt, weil hier 24 Dolmen (s. S. 70) und elf Cromleche gefunden wurden – der Beweis für eine große, religiöse Kultstätte in der fernen Vergangenheit.

› **Le petit train de la Rhune,** Col de Saint-Ignace, Sare, Tel. 0033 559542026, www.rhune.com, geöffnet: 11.2–11.11. täglich 9.30–11.30 und 14–16 Uhr, im Sommer bis 17.30 Uhr, Hin- und Rückfahrt 20 €, Kinder 13 €

Nach kurzer Fahrt auf der D4 ist **Sare** erreicht, ein Plus Beau Village (s. S. 88), dem man nachsagt, einst ein Piratennest gewesen zu sein. Sehr schön restaurierte historische Häuser aus dem 15. Jh. säumen die Straße

(130) Camping Larrouleta, Urrugne

GPS 43.370295, -1.686225

3-Sterne-Campingplatz südlich von Saint-Jean-de-Luz, ACSI-Platz. Beheizte Sanitäranlagen, beheiztes, überdachtes Schwimmbad, Minimarkt, in der Hauptsaison Bar und Restaurant geöffnet, Supermarkt 800 m entfernt. Cibourne, Sacoa und Saint-Jean-de-Luz per Bus erreichbar. **Lage/Anfahrt:** der Platz liegt im Grünen an einem kleinen, privaten Badesee, 3 km vom Strand entfernt; von der D810 oder A63 kommend Ausfahrt 2 „Saint-Jean-de-Luz" nehmen; **Untergrund:** Wiese; **Service:** Strom, Trinkwasser, Abwasser, Chemie-WC, WLAN; **Sicherheit:** umzäunt, beleuchtet, bewacht; **Preise:** 19–34 € (je nach Saison); **Max. Stand:** unbegrenzt; **Geöffnet:** ganzjährig; **Kontakt:** Route de Sacoa 210, Urrugne, Tel. 0033 559473784, www.larrouleta.com.

183wf © Camping Larrouleta, Urrugne

und die **Église Sainte-Cathérine** besticht im Innern durch ihre typisch baskische, dreigeschossige Eichenholzgalerie. Ganz in der Nähe des Kirchenplatzes liegt auch das obligatorische Pelotafeld und mit etwas Glück findet gerade ein spannendes Spiel statt.

Da Sare auch einige nette Restaurants vorzuweisen hat, ist der hiesige Übernachtungsplatz 131 natürlich sehr willkommen.

Hauptanziehungspunkt des Ortes sind allerdings die **Grottes de Sare,** die etwas außerhalb über die D306 auch von Wohnmobilen problemlos angefahren werden können. Während der 45-minütigen Führung wird der Besucher ungefähr 1 km durch eine illuminierte Höhle begleitet, in der auf sehr anschauliche Weise das Leben der Steinzeitmenschen dargestellt wird. Immer wieder begegnet man ganzen Horden von Fledermäusen, die, kopfüber an der Höhlendecke hängend, in aller Selenruhe schlafen. So nah kommt man den kleinen Flugtierchen sehr selten, hier kann man sie bestens beobachten.

Im anschließenden **Garten** sind unterschiedliche Menhire (s. S. 70) mit den entsprechenden Erklärungen aufgebaut und ein kleines **Museum** zeigt eine Ausstellung über die Entwicklung des Menschen bis in die heutige Zeit.

› **Grottes de Sare,** an der D306, Sare, www.grottesdesare.fr, geöffnet: tägl. je nach Jahreszeit unterschiedlich, Eintritt: 10 €, Kinder 6 €. Die Grotten sind nur im Rahmen einer Führung zu besichtigen.

131 Stellplatz Sare

GPS 43.311985, -1.583972

Aire de Camping Cars, Teil eines Parkplatzes. **Lage/Anfahrt:** zentrumsnah, von Ascain kommend biegt man in Sare am ersten Kreisverkehr rechts auf die D406 ab, dem Womo-Piktogramm folgen; **Platzanzahl:** 20; **Untergrund:** Asphalt; **Service:** Trinkwasser, Abwasser, Chemie-WC; **Sicherheit:** beleuchtet; **Preise:** 10 € inklusive Ver-/Entsorgung; **Max. Stand:** zwei Nächte; **Geöffnet:** ganzjährig; **Kontakt:** D406, 64310 Sare, www.sare.fr.

ESPELETTE

(14 km – km 49)

Weiter geht die Fahrt nach **Ainhoa,** einem kleinen Ort, der ebenfalls zu den schönsten Dörfern Frankreichs zählt. Die gepflegten Häuser hier sind ein Paradebeispiel für die schöne baskische Architektur. Die nette Atmosphäre von Ainhoa lässt sich bei schönem Wetter von einer Restaurantterrasse aus so richtig genießen.

Ein Erlebnis der besonderen Art ist der Besuch von **Espelette.** Das Dorf ist berühmt für seine Chilischoten, mit denen ganze Häuserfronten geschmückt sind. Vor allem im Herbst werden die kleinen Paprikaschoten zum Trocknen an den Fassaden aufgehängt, um sie dann später zum berühmten **„piments d'Espelette"** zu mahlen. Nach erfolgreicher Ernte im Oktober feiert das Dorf mit viel Tanz und Musik auch die **Fête du Piment.** Anläßlich dieses Festes findet traditionell ein Wettbewerb statt, bei dem das beste Axoa der Region gekürt wird. Dies ist im Original eine Kalbfleischpfanne, bei der es darauf ankommt, dass das Fleisch möglichst klein geschnitten ist und selbstverständlich mit Piment d'Espelette gewürzt wird.

Die scharfe Pfefferschote hat selbst das Rathaus von Espelette fest im Griff, denn hier gibt es eine kostenlos zugängliche Dauerausstellung zum Thema „Chili in der Welt".

Schlendert man gemütlich durch den Ort, so begegnet dem Besucher die Chilischote in allen denkbaren Variationen: frisch, getrocknet, eingelegt, als Pulver, aber auch als äußerst delikate Zugabe zu Schokolade.

Vom Parkplatz (s. S. 234) kommend, führt der Weg zur Dorfbesichtigung automatisch an Anttons Schokoladenlädchen am Place du Marché vorbei. In der angeschlossenen Manufaktur gibt es regelmäßige Vorführungen, bei denen man angefangen von der Pflanze Kakao bis hin zur fertigen Süßigkeit alles über die Schokolade erfährt.

› **Chocolatier Antton,** Place du marché, Espelette, Tel. 0033 559938872, www.chocolats-antton.com, geöffnet: Feb.–Dez. tägl. 9.30–19.30 Uhr. Jede halbe Stunde wird eine kostenlose, 20-minütige Vorführung rund um die Schokolade angeboten. Selbstverständlich erwartet man anschließend auch einen kleinen Einkauf.

Einkaufen

Auf dem Wochenmarkt werden jeden Mittwochmorgen zahlreiche lokale Spezialitäten angeboten.

Tipp: Piperade ist ein traditionelles baskisches Gericht, das aus Gemüsepaprikaschoten, kurz in Olivenöl angebratenen Tomaten, Zwiebeln und Knoblauch besteht. Anschließend wird in Streifen geschnittener, leicht angebratener Bayonne-Schinken hinzugefügt und das Ganze wird mit aufgeschlagenen Eiern übergossen. Wie ein Omelett in der Pfanne erwärmt, lässt sich dieses wohlschmeckende Gericht auch bestens im Wohnmobil zubereiten.

Parken

P 51 Espelette, GPS 43.33873, -1.447551, Merkatu Plaza. Der speziell für Wohnmobile ausgewiesene Parkplatz befindet sich gleich am Ortseingang des Dorfs, der Platz ist mit Hecken von der Straße abgeschirmt. Hier kann auch übernachtet werden.

132 Camping Biper Gorri

GPS 43.353492, -1.449063

4-Sterne-Campingplatz mitten im Pays Basque, schöner Baumbestand, beheizter Pool, Sauna, Hamam, Shop, Restaurant, E-Bike-Verleih; **Lage/Anfahrt:** von der D918 in Espelette im großen Kreisverkehr die dritte Ausfahrt rechts auf die D3918 einbiegen, dann links dem Straßenverlauf folgen. Platz ist ab hier ausgeschildert, nach ca. 1,6 km auf der rechten Seite; **Platzanzahl:** 149; **Untergrund:** Wiese; **Service:** Strom, Trinkwasser, Abwasser, Chemie-WC, WLAN; **Sicherheit:** beleuchtet; **Preise:** 14–25 € je nach Saison; **Geöffnet:** Anfang April–Anfang November; **Kontakt:** Chemin de Lapitxague, 64250 Espelette, Tel. 0033 559939688, www.camping-biper-gorri.com.

SAINT-JEAN-PIED-DE-PORT

(37 km – km 86)

Die Fahrt zu einem der Höhepunkte dieser Route führt durch eine saftig grüne Landschaft. Nur gelegentlich sieht man Bauernhöfe mit Kühen, Schafen und den kleinen, stämmigen **Pottok-Pferden,** die es nur hier im Baskenland gibt.

Die D918 verläuft entlang des **Flusses Nive,** der sich bestens für Canyoning und Rafting eignet, ganz zu schweigen von den zahlreichen Wander- und Klettermöglichkeiten der Gegend.

Wer zur Abwechslung mal ein wenig Rafting ausprobieren möchte, ist auf dem schlichten Camping Amestoya 133 bestens aufgehoben.

133 Camping Amestoya

GPS 43.284540, -1.353730

Der kleine, schlichte Campingplatz am Fuße der baskischen Berge liegt direkt am Fluss La Nive, die Wassersport-Basis zum Mieten von Kanus und Kajaks ist 2,5 km entfernt. Es gibt einen Shuttle-Service. **Lage/Anfahrt:** der Campingplatz liegt direkt an der D918 und ist von Saint-Jean-Pied-de-Port 20 km entfernt; **Untergrund:** Wiese; **Service:** Strom, Trinkwasser, Abwasser, Chemie-WC, WLAN; **Preise:** 23,50 €; **Geöffnet:** Mitte April–Mitte Oktober; **Kontakt:** D918, 64780 Bidarray, Tel. 0033 559372581, www.camping-bidarray.fr.

Noch sind die Pyrenäen hier im baskischen Hinterland eher sanft hügelig, bis sie irgendwann mit dem Berg **Pico de Aneto** und seinen 3404 Metern ihren höchsten Gipfel erreicht haben werden.

134 Europ'Camping

GPS 43.172298, -1.253516

4-Sterne-Campingplatz mitten im Pays Basque, schöner Baumbestand, Pool, Snackbar, Shop, 2 km von Saint-Jean-Pied-de-Port entfernt; **Lage/Anfahrt:** von der D933 aus Südwest kommend in Saint-Jean-Pied-de-Port scharf links auf die D918 einbiegen, nördlich von Saint-Jean-Pied-de-Port auf die Learraa links einbiegen, Platz ist ausgeschildert; **Platzanzahl:** 66; **Untergrund:** Rasen; **Service:** Strom, Trinkwasser, Abwasser, Chemie-WC, WLAN; **Sicherheit:** beleuchtet; **Preise:** 19–33 € je nach Saison; **Geöffnet:** Anfang April–Ende September; **Kontakt:** Learraa, 64220 Ascarat, Tel. 0033 559371278, www.europ-camping.com.

Nach 37 km ist dann **Saint-Jean-Pied-de-Port** erreicht, wo es gleich mehrere zentrumsnahe Übernachtungsmöglichkeiten (135 und Parkplatz) gibt. Seit Hape Kerkelings Buch „Ich bin dann mal weg" ist Saint-Jean-Pied-de-Port wohl einer der bekanntesten Orte auf dem 800 km langen spanischen Teil des Jakobsweges nach Santiago de Compostela. Diese letzte französische Bastion, direkt an der spanischen Grenze gelegen, ist der Startpunkt schlechthin.

Die Atmosphäre hier vibriert geradezu vor lauter freudiger Erwartung der Wanderer, bevor sie die große Pilgerreise beginnen.

An vielen Hausfassaden in Espelette hängen Chilischoten zum Trocknen

Pilgern gestern und heute

Frei aus dem Kirchenlatein übersetzt bedeutet das Wort Pilger (franz. pélerin) „aus Glaubensgründen in die Fremde ziehen". Dies war sicherlich zur Hochzeit des Pilgertourismus zwischen dem 11. und 15. Jh. der Fall, als mit dem mühseligen Wandern zu Wallfahrtsstätten eine Vergebung der Sünden einherging.

Reformatoren wie Martin Luther und Johannes Calvin sprachen sich gegen das Pilgerwesen aus, da sie den Aberglauben und Ablasshandel verurteilten.

Über 400 Jahre fast in Vergessenheit geraten, ist der Trend zu pilgern seit etwa 30 Jahren wieder ungebrochen. Dabei wird heutzutage in den meisten Fällen allerdings keine religiöse Wallfahrt unternommen, sondern teilweise sogar nur die sportliche Herausforderung gesucht. Die meisten Menschen unserer Zeit wollen Stress abbauen und in der Ruhe und Schlichtheit des Pilgerwanderns in Einklang mit sich selbst und der Umwelt kommen.

Der meistgewanderte Weg nach Santiago de Compostela ist der spanische Camino Francés, der von Saint-Jean-Pied-de-Port in 800 km zum Ziel, der Kathedrale von Santiago, führt, wo der heilige Jakobus begraben liegt.

Durch Frankreich führen vier historisch gewachsene Pilgerrouten, an denen 49 UNESCO-Weltkulturerbestätten liegen und die alle hier in Saint-Jean-Pied-de-Port zusammentreffen, die Via Turonensis aus Paris, die Via Podiensis aus Le Puy-en-Velay, die Via Lemovicensis aus Vézelay und die Via Tolosana aus Arles. Die französischen Fernwanderwege haben eine rot-weiße Streifenmarkierung und die Jakobswege erkennt man an einem blauen Jakobsmuschelsymbol mit gelben Streifen.

Grundvoraussetzung für das Erlangen der Pilgerurkunde in Santiagio de Compostela ist ein Pilgerpass, der an vielen Pilgerstätten abgestempelt wird und den Nachweis erbringt, dass mindestens 100 km zu Fuß oder 200 km per Rad oder Pferd zurückgelegt wurden.

132wf-if

Kleine Wanderung auf den Spuren der Pilger

Am Spanischen Tor am südlichen Altstadtausgang beginnt die erste Etappe der Pilgerreise nach Santiago de Compostela. Früher hieß die Route über den großen Pyrenäenpass Route de Napoléon, heute Route du Maréchal Harispe. Der erste Streckenabschnitt verläuft über 6 km auf asphaltierten Wegen 300 Höhenmeter bergauf bis nach Huntto, von wo es auf schönen Bergwegen mit teils herrlichem Panorama weitergeht. Unterwegs finden sich in regelmäßigen Abständen kleine Pilgerunterkünfte, die zur Einkehr einladen.

Die 16 km zum Col de Bentarte werden mit 4½ Stunden Wanderzeit angegeben, hier verläuft die Grenze zu Spanien. Stattliche 1160 Höhenmeter sind bis hierher zu bewältigen, wofür man mit einer fantastischen Aussicht belohnt wird.

Wer noch bis ins spanische Ronceveaux pilgern möchte, muss mit insgesamt über 6 Stunden Wanderzeit für die 24,5 km rechnen und sollte dort besser auch übernachten.

Da das Panorama der Hin- bzw. Rückwanderung völlig unterschiedliche Eindrücke vermittelt, ist es genauso schön, dieselbe Strecke nach Saint-Jean-Pied-de-Port oder, wie das Städtchen auf baskisch heißt, Donibane Garazi, wieder hinunterzuwandern.

Man kann die historische Altstadt durch mehrere Stadttore betreten und spätestens hier dürfte wohl jeder Besucher das Gefühl bekommen, in einer anderen Welt zu sein.

Auf uraltem Kopfsteinpflaster wandelnd, geht es über die alte Nive-Brücke stetig hinauf. Die **Église Notre-Dame** lädt den Besucher zu einigen Minuten des Innehaltens ein, das Pilgerbüro hält den ersehnten Pilgerpass bereit und drückt auch gleich den ersten Pilgerstempel hinein. Direkt nebenan ist die kostenlos zu sehende Ausstellung im Bischofsgefängnis **Prison des Evêques** aus dem 13. Jh. sehr interessant und gegenüber hat ein Geschäft alles parat, was Pilger eventuell auf ihrer Wanderung benötigen könnten. Unverzichtbar sind die Jakobsmuschel und der Wanderstock, beide sind in zahlreichen Variationen zu erwerben. In bescheidenen Herbergen kann der Gast absteigen und auch die Restaurants sind auf das schlichte Pilgerniveau eingestellt und bieten erstaunlich preiswerte Gerichte an.

› **Restaurant Hurrup Eta Klik,** Rue de la Citadelle 3, Saint-Jean-Pied-de-Port, Tel. 0033 559370918. Gemütliches Restaurant in der historischen Altstadt, empfehlenswert ist die Forelle (truite) aus heimischen Gewässern.

Die Rue de Citadelle endet – wie könnte es anders sein – an der Zitadelle oberhalb der Stadt, von hier oben lässt sich ein fantasti-

135 Stellplatz Saint-Jean-Pied-de-Port

GPS 43.159207, -1.236894

Der Stellplatz liegt auf einem feuchten Wiesengelände mit altem Baumbestand, ruhig, Beton-Potons bilden die Parkflächen. In der Nähe befindet sich auch Camping Municipal Plaza-Berri, der allerdings nur vom 15. April bis zum 1. November geöffnet ist. **Lage/Anfahrt:** in unmittelbarer Nähe des historischen Zentrums, von der D918 kommend den Ort zur Hälfte durchfahren, der Beschilderung „camping municipal" folgen, Womo-Piktogramm; **Platzanzahl:** 50; **Untergrund:** Wiese; **Service:** Strom, Trinkwasser, Abwasser, Chemie-WC; **Sicherheit:** beleuchtet; **Preise:** 9 €/Fahrzeug (zahlbar per Automat), inklusive Ver-/Entsorgung; **Kontakt:** Chemin d'Eyheraberry, Saint-Jean-Pied-de-Port, www.st-jean-pied-de-port.fr.

148wf-if

scher Blick über das weite Umland genießen. Die Vauban-Festung (s. S. 176) selbst kann nicht besichtigt werden, allerdings kann man sehr schön auf den Spuren des Festungsbaumeisters auf der Stadtmauer entlangspazieren.

Saint-Jean-Pied-de-Port ist ein wirklich malerisches Städtchen, die Altstadt trägt den begehrten Titel „Plus Beau Village", und das **Jakobs-Tor** unterhalb der Zitadelle gehört zudem zum UNESCO-Weltkulturerbe.

Montags hat man zwischen 16 und 17 Uhr hier in Saint-Jean-Pied-de-Port die Gelegenheit, einmal bei einem Pelota-Spiel (s. S. 228) zuzusehen. Der Tradition der Region entsprechend wird das rasante Spiel sogar mit bloßer Hand ausgeführt.

Das **Pelote Basque Fronton** (Spielmauer) steht unterhalb der Stadtmauer in der Nähe des städtischen Campingplatzes.

◁ In Saint-Jean-Pied-de-Port beginnt für viele Pilger die 800 km lange Wanderung nach Santiago de Compostela

Information

› **Office de Tourisme Saint-Jean-Pied-de-Port,** Place Charles de Gaulle 14, Saint-Jean-Pied-de-Port, www.st-jean-pied-de-port.fr, geöffnet: Mo–Sa 9–12 und 14–18 Uhr, So geschlossen. Hier ist auch eine deutschsprachige Stadtbeschreibung erhältlich.

Parken

P 52 **Saint-Jean-Pied-de-Port,** GPS 43.165108, -1.232165, Chemin de la Nasse 5. Aire de Camping Cars „Jai-Alai" mit Versorgungsmöglichkeit am Ortsrand, neben einem Supermarkt, Zentrum fußläufig erreichbar.

OLORON-SAINTE-MARIE

(76 km – km 162)

Weiter geht die Reise nach Nord-Osten und noch immer befindet man sich im Département Pyrénées-Atlantiques. Auf der Höhe des kleinen Ortes **Larceveau** ist der Abzweig Richtung **Mauléon** erreicht. Die D918 verläuft durch einen ausgesprochen schönen Landstrich. Oben auf dem **Col d'Osquich** lädt ein Ausflugslokal mit herrlicher Aussicht zur

133wf-if

Einkehr ein und auf einigen schön angelegten Parkplätzen lässt sich ein Panorama-Picknick genießen.

Wer ein Weilchen die wunderschöne Landschaft im Pays Basque genießen möchte, sollte auf dem Camping Uhaitza „Le Saison" 136 Station machen.

136 Camping Uhaitza „Le Saison"

GPS 43.208652, -0.897310

Der kleine 3-Sterne-Campingplatz hier im Baskenland liegt im Wald und direkt am Fluss „Le Saison" mit Kiesstrand und Schwimmmöglichkeit. Hier kann auch geangelt werden. Auf dem Platz sind ein beheizter Pool, Spielplatz, Tischtennisplatte und Billardtisch vorhanden. Brötchenservice und Imbiss von Juni bis Ende September. Die Region ist ein sehr schönes Wandergebiet. **Lage/Anfahrt:** vom Col d'Osquish kommend die D918 bis Mauléon-Licharre fahren, den Fluss überqueren und rechts abbiegen, der Campingplatz liegt außerhalb des Ortes und ist ausgeschildert; **Untergrund:** Wiese; **Service:** Strom, Trinkwasser, Abwasser, WLAN, **Preise:** 15–21 € je nach Saison und Stellplatz; **Geöffnet:** Ende März–Anfang November; **Kontakt:** 867 Route d'Argouague, 64130 Mauléon-Licharre, Tel. 0033 559281879, www.camping-uhaitza.com.

Oloron-Sainte-Marie ist ein Zusammenschluss zweier Gemeinden an den Ufern des **Gave d'Oloron.** Auf der einen Seite liegt **Sainte-Marie** mit der gleichnamigen Église im Quartier Sainte-Croix. Die Kirche hat eine sehr interessante, ungewöhnliche Form mit drei Längsschiffen, an die sich je zwei Kapellen anschließen. Schon allein das außergewöhnliche, skulpturenreiche Portal, von König Heinrich IV. gestiftet, macht diese Kathedrale zu einem der schönsten Gotteshäuser Frankreichs.

In der Sonne sitzend, einen Café au Lait beim Kirchenwirt genießend, hat der Betrachter reichlich Zeit, all die Feinheiten der Kirchenfassade zu entdecken. Ganz oben ist das apokalyptische Orchester zu sehen, auf dem unteren Bogen sind Bauern und Handwerker in ihrer täglichen Arbeit dargestellt und überall finden sich Wasserspeier und kuriose Figuren. Welche Botschaft wollte wohl der Steinmetz im 13. Jh. mit den zwei aneinandergeketteten Muslimen ausdrücken, die die Last des Portals auf ihren Schultern zu tragen scheinen?

Seit 1998 ist die **Église Sainte-Marie** Teil des UNESCO-Weltkulturerbes „Jakobsweg in Frankreich", doch trotz der UNESCO-Förde-

Das „apokalyptische Orchester" befindet sich an der reich geschmückten Fassade der Église von Oloron-Sainte-Marie

rung ist sie leider in bedauernswertem Zustand.

Ein schöner Spaziergang führt durch den Stadtteil Sainte-Marie hinunter zum Fluss, über die blumengeschmückte Brücke betritt man den weltlicheren Teil des Ortes, **Oloron.** Hier wird eher gelebt und gearbeitet, hier geht man ins Restaurant und einkaufen.

Eine Urlaubserinnerung gefällig? Oloron ist bekannt für seine Manufakturen, in denen **Baskenmützen** und **Espandrilles** gefertigt werden, zwei der wenigen noch verbliebenen Produktionsstätten für diese typisch baskischen Accessoires.

Der kostenlose Parkplatz Gemeinde befindet sich in Sainte-Marie.

Parken

P 53 **Oloron-Sainte-Marie,** GPS 43.183971, -0.608462, Rue Adoue, www.oloron-ste-marie.fr. Parkbuchten für Wohnmobile auf dem Parkplatz Tivoli direkt am Fluss, Versorgungsmöglichkeit vorhanden.

137 Camping Pyrénées Nature

GPS 43.178519, -0.623671

Naturcampingplatz zwischen Feldern am Fuß der Pyrenäen, Brötchenservice, Shop, Zentrum fußläufig erreichbar, Ausgangspunkt für viele Outdoor-Aktivitäten, im Juli und August Haustiere nicht erlaubt; **Lage/Anfahrt:** von der D55 aus Süden kommend in Bidos auf die D6 links abbiegen, am dritten Kreisverkehr links abbiegen, Platz ist ausgeschildert und befindet sich auf der rechten Seite; **Platzanzahl:** 111; **Untergrund:** Wiese; **Service:** Strom, Trinkwasser, Abwasser, Chemie-WC, WLAN; **Sicherheit:** beleuchtet; **Preise:** 16–20 € je nach Saison; **Geöffnet:** ganzjährig; **Kontakt:** Chemin de la Gravette, 64400 Oloron-Sainte-Marie, Tel. 0033 559391126, www.campingpyreneesnature.fr.

PAU

(32 km – km 194)

Auf der N134 geht die Reise mitten durch das leicht hügelige, sonnenreiche Weinanbaugebiet des Jurançon weiter. Und dann ist die Hauptstadt des Départements Pyrénées-Atlantiques erreicht – Pau.

Das Wichtigste zuerst: Einen offiziellen Übernachtungsplatz gibt es hier nicht. Der einzige beschilderte Parkplatz für Wohnmobile befindet sich am Bahnhof *(gare),* der auch der ideale Ausgangspunkt für die Stadtbesichtigung ist.

Genau gegenüber ist schon die Station der Schrägseilbahn zu sehen, das touristische Wahrzeichen der Stadt. Der kostenlose **Funiculaire** bringt den Besucher in die Oberstadt und auch wieder hinunter. Hier oben bietet der **Boulevard des Pyrénées** einen fantastischen Blick in die Ferne. Unterhalb der unter Napoléon I. angelegten Prachtstraße erstreckt sich ein wunderschöner, vertikaler (!) Park, der ein einziges Palmenmeer zu sein scheint. Kaum eine andere Stadt in den atlantischen Pyrenäen dürfte wohl so viel mediterranes Flair besitzen wie Pau.

Der Spaziergang entlang der blumengeschmückten Promenade ist ein wahrer Genuss: auf der einen Seite der traumhafte Blick, auf der anderen Straßenseite edelste Appartementhäuser. Der herrliche Weg endet

135wf-as © Aurelie Fontana

Der Funiculaire ist der einzigartige Stadtaufzug von Pau

am Schloss, in dem Heinrich IV. 1553 geboren wurde. Das majestätische historische Bauwerk beherbergt heute ein Nationalmuseum, in dem neben einer beeindruckenden Sammlung von Teppichen und Gobelins auch die königlichen Prachtsäle und privaten Gemächer zu bewundern sind.

› **Musée National du Château de Pau,** Rue du Château, Pau, Tel. 0033 559823800, www.chateau-pau.fr, geöffnet: tägl. 9.30–17.45 Uhr, Eintritt: 7 €

Während des Rundgangs durch den historischen Teil der Oberstadt kommt man automatisch an der **Place Royale** vorbei, auf der ein großes Standbild von Heinrich IV. steht, König von Frankreich und Navarra (Spanien). Gegenüber befindet sich auch das **Fremdenverkehrsbüro,** wo man gerne zu weiteren Sehenswürdigkeiten und Museen Auskunft gibt.

Die Fußgänger- und Einkaufsstraße der lebendigen Universitätsstadt ist die **Rue Maréchal Joffre,** die auf die brunnengeschmückte **Place Georges Clémenceau** führt. Die Wasserspiele unter den pinkfarbenen Sonnenschirmchen sind der beliebteste Treffpunkt der 78.000 Einwohner zählenden Stadt, die natürlich noch viel mehr zu bieten hat und in der es noch viel mehr zu entdecken gibt.

Ein außergewöhnliches Ereignis für die französische Nation, die ja nicht als fasnachtbegeistert gilt, ist der **Carneval Béarnais,** der hier in Pau jedes Jahr voller Begeisterung gefeiert wird.

Ein weiteres wichtiges Ereignis in der Stadt ist der **Grand Prix de Pau,** heute der Europäische Formel-3-Cup, der jährlich auf dem **Circuit de Pau** abgehalten wird. Eine Woche vor oder nach dem eigentlichen Rennen findet darüber hinaus ein Showrennen mit historischen Wagen statt, ein weiterer Anziehungspunkt dieser wirklich sehenswerten Stadt.

Pau liegt in der historischen Provinz Béarn, die zusammen mit dem französischen Baskenland das Département Pyrénées-Atlantiques bildet. Zu den Spezialitäten der Region gehören der Honig aus Béarn und die allseits bekannte Sauce Béarnaise.

Pau

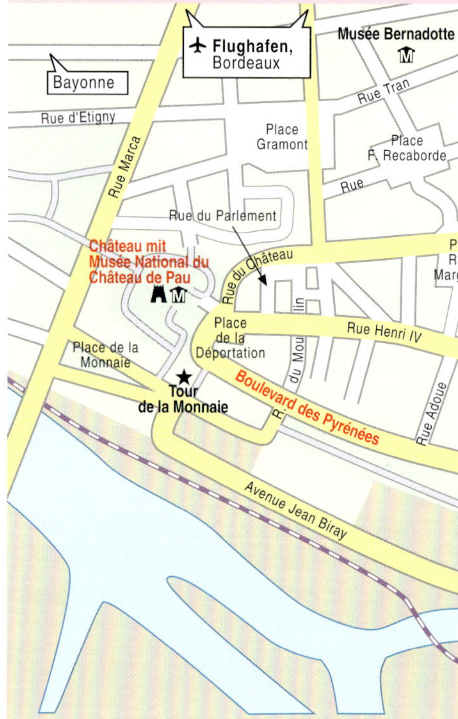

138 Camping Le Terrier

GPS 43.320673, -0.451298

3-Sterne-Campingplatz im Grünen am Fluss zu Füßen der Pyrenäen, beheizte Sanitärräume, beheizter Pool, Brötchenservice, Pizzeria; **Lage/Anfahrt:** aus Pau auf der D834 kommend in die Av. André Marie Ampère einbiegen, dem Straßenverlauf folgen, um im dritten Kreisverkehr dann links auf die D501 einzubiegen. Platz liegt auf der rechten Seite; **Platzanzahl:** 55; **Untergrund:** Wiese; **Service:** Strom, Trinkwasser, Abwasser, Chemie-WC, WLAN; **Sicherheit:** beleuchtet; **Preise:** 14 €; **Geöffnet:** ganzjährig; **Kontakt:** Avenue du Vert Galant, 64230 Lescar, Tel. 0033 559810182, www.camping-terrier.fr.

Blick auf die Prachtbauten von Pau und das beeindruckende Schloss von Heinrich IV.

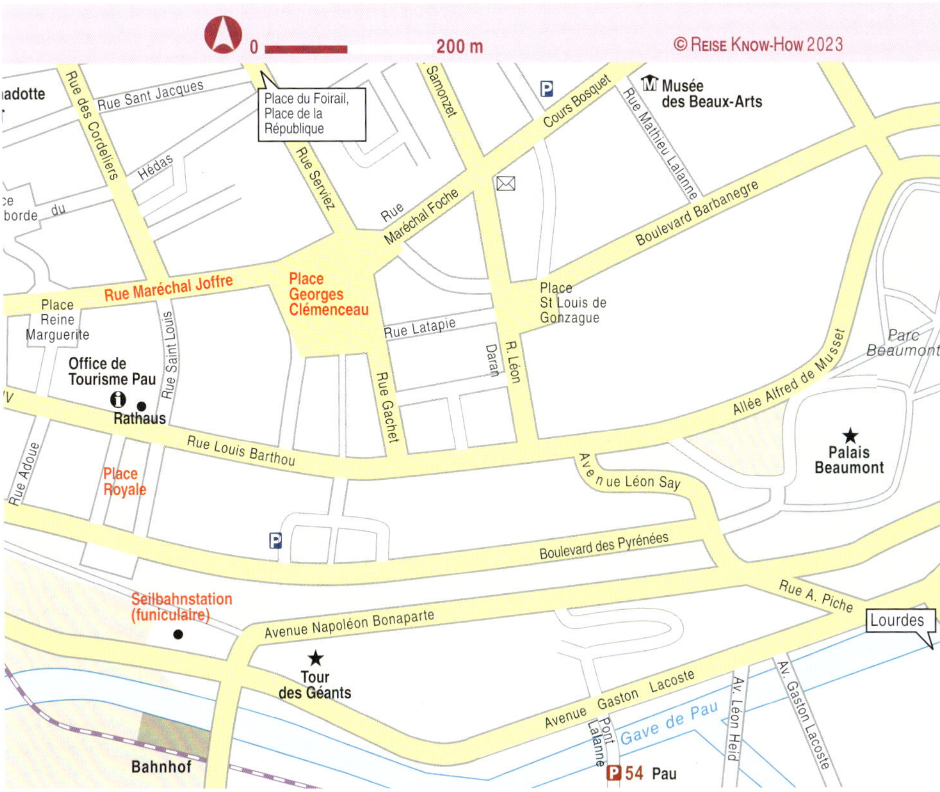

134wf-as © sasha64f

Die Weine des Jurançon

Dieses Weinanbaugebiet liegt im Südwesten Frankreichs in den Ausläufern der Pyrenäen. Man geht davon aus, dass hier bereits vor 2000 Jahren Weinanbau stattgefunden hat, schriftlich wurde dieses Gebiet jedoch erstmals 1117 erwähnt. Im 16. Jh. wurden auf Beschluss des Parlaments von Navarra die Anbauflächen als besondere Weinberglagen („Crus") definiert. Gleichzeitig wurde verboten, ausländische Weine einzuführen. Der Herzog von Vendôme, Anton von Bourbon, ließ bei der Taufe seines Sohnes, des besser unter dem Namen Heinrich IV. bekannten französischen Königs, dessen Lippen mit Wein aus dem Jurançon benetzen und gleichzeitig mit einer Knoblauchzehe einreiben. Dies sollte den Neugeborenen stärken. Diese Taufpraxis ist als „baptême béarnais" bekannt und wurde im französischen Königshaus Sitte. Doch das Anbaugebiet litt unter dem Panschen von Wein, dem 1860 aufkommenden Mehltau und bald darauf der alles vernichtenden Reblaus. Der Erste Weltkrieg besiegelte dann fast das Ende des Weinanbaus in dem Gebiet. Erst die Anerkennung zur AOC (Appelation d'Origine Contrôlée) verhalf dem Gebiet seit 1936 dazu, dass sich hier ein Qualitätswein entwickelte. Im Jurançon werden hauptsächlich Weißweine produziert, seit 1975 ist es erlaubt, den Wein als Auslese zu deklarieren. Diese Sonderstellung hat in Frankreich sonst nur noch die Apellation Alsace Grand Cru.

Information

› **Office de Tourisme Pau,** Place Royale, Pau, Tel. 0033 559272708, www.tourismepau.com, geöffnet: Mo–Sa 9–18, So 9.30–13 Uhr

Einkaufen

Die **Markthallen Halles de la République** sind täglich geöffnet, Mo/Mi/Sa gibt es auch einen Markt auf der Place du Foirail.

Parken

P **54 Pau,** GPS 43.291875, -0.364678

LOURDES

(41 km – km 235)

Die Anziehungskraft des Ortes der Marienerscheinung ist ungebrochen und heute ist Lourdes, das den Abschluss dieser Route markiert, **nach Rom der meistbesuchte Wallfahrtsort der Christenheit.**

Tausende und Abertausende von Christen finden sich hier regelmäßig in ihrem Glauben zusammen und hoffen auf die Kraft des Wassers aus der Quelle der Bernadette, die 1933 heiliggesprochen wurde. Die katholische Kirche hat aus 7000 Einreichungen bisher 67 Wunderheilungen offiziell anerkannt und so ist die Hoffnung auf Genesung für viele Kranke zu verstehen. Über fünf Millionen Besucher, darunter viele Schwerstkranke, kommen jährlich nach Lourdes, rundum gibt es allein 200 Hotels und insgesamt 35.000 Übernachtungsbetten.

Trotz der immensen Anzahl der gläubigen Wallfahrer und neugierigen Touristen ist der **Heilige Bezirk, Sanctuaires Notre-Dame,** ein geheimnisvoller Ort geblieben.

An 365 Tagen im Jahr kann der Gläubige in einer der 22 Kirchen und Kapellen an einem der in zahlreichen unterschiedlichen Sprachen gehaltenen Gottesdienste teilnehmen.

Von April bis Oktober, der eigentlichen Wallfahrtszeit, zieht jeden Abend um 21 Uhr eine Lichterprozession rund um den Kreuzweg mit seinen 15 Stationen. Die Nacht wird von Tausenden von Kerzen erleuchtet, die **Basilique de l'Immaculée Conception** und die **Basilique Notre-Dame-du-Rosaire** sind wunderschön illuminiert.

Dabei ist der riesige Freiplatz vor der unterirdischen **Basilika Sankt Pius X.** für die vielen Kranken reserviert, für die diese Wallfahrt oft die letzte Hoffnung ist.

⊡ *Der Heilige Bezirk von Lourdes liegt direkt am Fluss Gave de Pau*

136wf-if

139 Stellplatz Le Vieux Berger, Lourdes

GPS 43.104541, -0.032667

Separate Wohnmobilplätze vor den Toren des Campingplatzes „Le Vieux Berger". **Lage/Anfahrt:** am nördlichen Ortsrand von Lourdes, von der N21 kommend auf die D821 abbiegen, der Campingplatz ist ausgeschildert; **Untergrund:** Schotter; **Service:** Strom, Trinkwasser, Abwasser, Chemie-WC, WLAN; **Sicherheit:** beleuchtet; **Preise:** 16 €/Fahrzeug, alle Servicebereiche des Campingplatzes sind inklusive, vom 16.11 bis zum 31.3 ist der Campingplatz geschlossen, die Stellplätze sind dann kostenlos, Ver- und Entsorgung kosten dann 4,50 €; **Geöffnet:** ganzjährig; **Kontakt:** Route de Julos, Lourdes, Tel. 0033 562946057.

185wf-if

Blick vom 948 m hohen Hausberg Pic du Jer auf die Stadt Lourdes und den Heiligen Bezirk

Nachdem der Rosenkranz in fünf Sprachen gebetet wurde, wendet sich die Prozession der heiligen Grotte zu.

Auch der weniger gläubige oder eher nüchterne Tourist wird sich der Faszination dieses Anblicks kaum entziehen können. Der feierliche Ernst und die Hoffnung in den Augen der Prozessionsteilnehmer berühren und machen betroffen.

Um die **Grotte de Massabielle** entstand ein 52 ha großer Pilgerkomplex, durch den die Gave du Pau fließt. Das Wasser der Grotten-Quelle kann an verschiedenen Hähnen kostenlos entnommen werden und wer möchte, kann es auch segnen lassen.

Von der großen Freitreppe zur **Église Sainte-Bernadette** hat man einen grandiosen Blick über den Kreuzweg hinauf zur weltlichen Burg von Lourdes.

Bernadette und die Heilige Quelle von Lourdes

Der Legende nach ist der 14-jährigen Bauerstochter Bernadette Soubirous im Jahr 1858 nahe der Grotte von Massabielle mehrfach eine weiß gekleidete Jungfrau erschienen. Da der Pfarrer des Dorfes ihr nicht glaubte, bat er sie, die Dame bei der nächsten Begegnung nach ihrem Namen zu fragen. „Ich bin die unbefleckte Empfängnis" war die Antwort der Marienerscheinung.

Da man glaubte, dass ein ungebildetes Bauernmädchen niemals einen solchen Ausdruck kennen würde, war der Beweis erbracht, dass es sich wirklich um eine Marienerscheinung handeln musste. Eines Tages entsprang in der Grotte eine Quelle, in deren Wasser eine Frau aus einem Nachbarort ihren gelähmten Arm tauchte und daraufhin geheilt war.

Nach dieser Wunderheilung strömten immer mehr Pilger zu der Grotte, gesehen hat die Marienerscheinung außer Bernadette allerdings seitdem niemand. Die Muttergottes bat das Mädchen darum, dass an der Stelle der Grotte eine Kirche errichtet werden sollte.

138wf-as © rustamank

Lourdes hat keinen gemeindeeigenen Stellplatz. Rund um den Ort findet man mehrere Campingplätze, von denen nur **Le Vieux Berger** 139 vor seinen Toren ganzjährig Wohnmobil-Stellplätze anbietet.

Information

› **Office de Tourisme Lourdes,** Place Peyramale, Lourdes, Tel. 0033 562427740, www.lourdes-infotourisme.com, geöffnet: Mo–Sa 9–12 und 14–17.30 Uhr, So geschlossen

Parken

P **55 Boulevard du Lapacca,** GPS 43.097849, -0.039748. Zentral gelegene, kostenlose Parkmöglichkeit für Wohnmobile.

P **56 Gave de Pau,** GPS 43.089809, -0.0533693. Bus-und Wohnmobilparkplatz mit Versorgungsmöglichkeit.

In seiner tausendjährigen Geschichte ist dieses **Château Fort** niemals eingenommen worden. Heute ist hier ein Museum untergebracht. Im Eintritt ist ein fantastischer Blick inbegriffen.

› **Château Fort de Lourdes,** Rue du Fort, Lourdes, Tel. 0033 562423737, www.chateaufort-lourdes.fr, geöffnet: Di–So 10–18 Uhr, Eintritt: 7,50 €

Die schönste Aussicht auf Lourdes und den Sanctuaires Notre-Dame hat man vom 948 m hohen Hausberg, dem **Pic du Jer.** Südlich der Stadt wird der Besucher in einer über 100 Jahre alten Standseilbahn hinaufgefahren (Hin- und Rückfahrt 12 €, www.picdujer.com). Hier oben auf dem Gipfel sind herrliche Spaziergänge möglich, ein Ausflugslokal zur Stärkung gibt es auch.

137wf-lf

⊡ Die nächtliche Prozession in Lourdes ist sicherlich auch für nicht religiöse Teilnehmer ein unvergessliches Erlebnis

140wf-if

141wf-if

142wf-if

139wf-if

ANHANG

KLEINE SPRACHHILFE

Die folgenden Wörter und Redewendungen wurden dem Reisesprachführer „Französisch – Wort für Wort“ (Kauderwelsch-Band 40) aus dem Reise Know-How Verlag entnommen.

DIE WICHTIGSTEN RICHTUNGSANGABEN

à droite	(a droat)	rechts / nach rechts
à gauche	(a gohsch)	links / nach links
tout droit	(tu droa)	geradeaus
en face	(ã faß)	gegenüber
ici	(ißi)	hier
là	(la)	dort
juste ici	(shüst ißi)	gleich hier
proche / près d'ici	(prosch / prä dißi)	nah / in der Nähe
loin	(loe˜)	weit
de retour	(dö rötur)	zurück
le carrefour	(karfur)	die Kreuzung
le feu	(fö)	die Ampel
au coin	(o koe˜)	an der Ecke
au centre	(o ßãtr)	im Zentrum

HÄUFIG GEBRAUCHTE WÖRTER UND REDEWENDUNGEN

oui	(ui)	ja
non	(nõ)	nein
merci	(märßi)	danke
s'il vous plaît	(ßilwu plä)	bitte
Salut!	(ßalü)	Hallo!
Salut!	(ßalü)	Tschüss!
Bonjour!	(bõshur)	Guten Tag!
Bonsoir!	(bõßoar)	Guten Abend!
Au revoir!	(oh röwoar)	Auf Wiedersehen!
Pardon! / Excusez-moi!	(pardõ / äxküsemoa)	Entschuldigung!

DIE WICHTIGSTEN ZEITANGABEN

hier	(jär)	gestern
aujourd'hui	(oshurdüi)	heute
demain	(döme˜)	morgen
après-demain	(aprä döme˜)	übermorgen
le matin	(lö mate˜)	morgens
à midi	(a midi)	mittags
l'après-midi	(laprä midi)	nachmittags
le soir	(lö ßoar)	abends
la nuit	(la nüi)	nachts
tous les jours	(tu le shur)	täglich
avant	(awã)	früher
plus tard	(plü tar)	später

ZAHLEN

0	(sero)	zéro
1	(e˜, ün)	un, une
2	(dö)	deux
3	(troa)	trois
4	(katr)	quatre
5	(ße˜k)	cinq
6	(ßiß)	six
7	(ßät)	sept
8	(üit)	huit
9	(nöf)	neuf
10	(diß)	dix
11	(õs)	onze
12	(dus)	douze
13	(träs)	treize
14	(kators)	quatorze
15	(ke˜s)	quinze
16	(säs)	seize
17	(dißät)	dix-sept
18	(dißüit)	dix-huit
19	(dißnöf)	dix-neuf
20	(we˜)	vingt
30	(trãt)	trente
40	(karãt)	quarante
50	(ße˜kãt)	cinquante
60	(ßwaßãt)	soixante
70	(ßwaßãtdiß)	soixante-dix
80	(katrwe˜)	quatre-vingt
90	(katrwe˜diß)	quatre-vingt-dix
100	(ßõ)	cent

WOCHENTAGE

lundi	(le˜di)	Montag
mardi	(mardi)	Dienstag
mercredi	(märkrödi)	Mittwoch
jeudi	(shödi)	Donnerstag
vendredi	(we˜drödi)	Freitag
samedi	(ßamdi)	Samstag
dimanche	(dimãsch)	Sonntag

MONATE

janvier	(shãwie)	Januar
février	(fewrie)	Februar
mars	(marß)	März
avril	(awril)	April
mai	(mä)	Mai
juin	(shüe˜)	Juni
juillet	(shüijä)	Juli
août	(ut)	August
septembre	(septe˜br)	September
octobre	(oktobr)	Oktober
novembre	(nowe˜br)	November
décembre	(deße˜br)	Dezember

DIE WICHTIGSTEN FRAGEWÖRTER

qui?	(ki)	wer?
quoi?	(qua)	was?
où?	(u)	wo?
d'où?	(du)	woher?
où?	(u)	wohin?
pourquoi?	(purqua)	warum?
comment?	(kome˜)	wie?
combien?	(kõbie˜)	wie viel?
quand?	(kã)	wann?
depuis quand?	(döpüi kã)	seit wann?
combien de temps?	(kõbie˜ dö tã)	wie lange?

DIE WICHTIGSTEN FLOSKELN UND REDEWENDUNGEN

Soyez le bienvenu! / Soyez la bienvenue!	(ßoaje lö / la bie˜wönü)	Herzlich willkommen! (m/w)
Comment allez-vous?	(komãtalewu)	Wie geht es Ihnen?
Ça va?	(ßa wa)	Wie gehts?
Ça va.	(ßa wa)	Danke gut.
Je ne sais pas.	(shö nö ßä pa)	Ich weiß nicht.
Bon appétit!	(bõ apeti)	Guten Appetit!
A votre santé!	(a wotr ßãte)	Zum Wohl!
L'addition, s'il vous plaît!	(ladißjõ, ßilwuplä)	Die Rechnung bitte!
Je suis désolé!	(shö ßüi desole)	Es tut mir sehr leid!
Est-ce qu'il y a ...?	(äß kilja ...)	Gibt es ...?
Est-ce que vous-avez ...?	(äß kö wusawe ...)	Haben Sie ...?
J'ai besoin de ...	(shä bösõ dö ...)	Ich brauche ...
S'il vous plaît, donnez-moi ...	(ßilwuplä, done-moa ...)	Geben Sie mir bitte ...
Où est-ce qu'on peut acheter ...?	(u äß kõ pö aschte ...)	Wo kann man ... kaufen?
Combien coûte ...?	(kõbie˜ kut ...)	Wie viel kostet ...?
Je cherche ...	(shö schärsch ...)	Ich suche ...
Où est ...?	(u ä ...)	Wo ist ...?
Où se trouve ...?	(u ßö truw ...)	Wo befindet sich ...?
Pourriez-vous m'emmener à ...?	(purie wu mãmöne a ...)	Können Sie mich zu/nach ... bringen?
Aidez-moi, s'il vous plaît!	(äde-moa, ßilwuplä)	Helfen Sie mir bitte!
A quelle heure?	(a käl-ör)	Um wie viel Uhr?

WOMO-WÖRTERLISTE DEUTSCH – FRANZÖSISCH

A

Abblendlicht	*feux de croisement*
abdichten	*étanchéifier*
Ablassschraube	*écrou de vidange/ bouchon du carter*
abschleppen	*remorquer*
Abschleppseil	*câble de remorquage*
Anlasser	*démarreur*
Antenne	*antenne*
Antriebswelle	*arbre de transmission*
Antriebsräder	*roues motrices*
Armaturenbrett	*tableau de bord*
Auffahrt	*bretelle d'accès*
Auspuff	*tuyau d'échappement*
Außenspiegel	*rétroviseur extérieur*
austauschen	*changer*
Autoschlüssel	*clé de voiture*

B

Batterie (laden)	*(charger la) batterie*
befahrbar	*praticable/ carrossable*
Benzin	*essence*
Benzinpumpe	*pompe à essence*
beschädigt	*en panne/abimé*
Blech	*tôle*
Blinker	*clignotant*
Bremsbelag	*plaquette de frein*
Bremse	*frein*
Bremsflüssigkeit	*liquide de frein*

C, D

Chemietoilette	*WC chimique*
defekt	*en panne*
dicht	*étanche*
Dichtung	*joint*
Diesel	*diesel, gasoil*
Differenzial	*différentiel*
Druck	*pression*

E

Einbahnstraße	*rue à sens unique*
Einspritzanlage	*système à injection*
Einspritzpumpe	*pompe à injection*
Einstellschraube	*vis de réglage/ du ralenti*
Einstellung	*réglage*
entleeren	*vider, vidanger*
Ersatzrad	*roue de secours*
Ersatzteil	*pièce de rechange*

F

Fahrtrichtung	*sens de la marche*
Felge	*jante*
Feder	*ressort*
Fernlicht	*feux de route/phares*
Feuerlöscher	*extincteur*
Frostschutz	*antigel*
Flüssigkeit	*liquide*
Führerschein	*permis de conduire*
Fühler	*capteur/sonde*

G

Gang	*vitesse*
Garantie	*garantie*
Gaspedal	*accélérateur*
Gebläse	*ventilateur*
gebrochen	*cassé*
Gebühr	*taxe*
Gelenk	*joint, charnière*
Geschwindigkeit	*vitesse*
gesperrt	*fermé, barré*
Getriebe	*boîte de vitesses*
Gewinde	*filetage*
Gewicht	*poids*
Glühbirne	*ampoule*
Glühkerze	*bougie de préchauffage*
Gurt	*ceinture*
Grauwasser	*eaux usées*

H

Handbremse	*frein à main*
Hebebühne	*plate-forme élévatrice/ pont élévateur*
Hebel	*levier*
Heizung	*chauffage*

Hinterachse	*essieu arrière*
Hupe	*klaxon*

K

Kabel	*câble*
(Benzin-)Kanister	*bidon (d'essence)*
Kardanwelle	*arbre à cardan*
Karosserie	*carrosserie*
Keilriemen	*courroie trapézoïdale*
Klimaanlage	*climatisation*
Kfz-Kennzeichen	*plaque d'immatriculation*
Kolben	*piston*
Kugellager	*roulement à billes*
Kühler	*radiateur*
Kühlwasser	*eau de refroidissement*
Kühlschrank	*frigidaire, frigo*
Kupplung	*embrayage*
Kurzschluss	*court circuit*

L

Ladedruck	*pression de l'alimentation*
Ladung	*chargement*
Lager	*coussinet*
Leck	*fuite*
Leerlauf	*point mort/ralenti*
Lenkung	*direction*
Lenkrad	*volant*
Lenkradschloss	*serrure antivol*
Lichtmaschine	*générateur/dynamo*
Luftfilter	*filtre à air*
Lüftung	*ventilation*

M

Massekabel	*câble de masse*
Messstab	*jauge*
Motor	*moteur*
Motoröl	*huile de moteur*
Mutter	*boulon/écrou*

N

Nabe	*moyeu*
niedrig	*bas*
Nockenwelle	*arbre à cames*
Notrufsäule	*borne de détresse*

O

Oktanzahl	*indice d'octane*
Öl	*huile*
Ölfilter	*filtre à huile*
Ölverlust	*perte d'huile*
Ölwanne	*cuvette à huile/carter*
Ölwechsel	*vidange*

P

Panne	*panne*
Parkplatz	*place de parking/ parking*
Parkscheinautomat	*horodateur*
Plattfuß	*pneu dégonflé*
Profil	*profil du pneu*
Propangas	*GPL (gaz propane liquide)*
Prüflampe	*lampe de contrôle/ voyant lumineux/ lampe témoin*
Pumpe	*pompe*

R

Rad	*roue*
Radkappe	*enjoliveur*
Radkreuz	*clé en croix*
Radmutter	*boulon*
Radwechsel	*changement de roue*
Rahmen	*châssis*
Rastplatz	*aire de repos*
Reflektor	*réflecteur*
Regelung	*réglage*
Reifen	*pneu*
Reifendruck	*pression des pneus*
Reifenpanne	*crevaison*
Relais	*relais*
reparieren	*réparer*
Reserverad	*roue de secours*
Rohr	*tuyau*
Rücklicht	*feu arrière*
Rückspiegel	*rétroviseur*
Rückwärtsgang	*marche arrière*

S

Schalter	*interrupteur*
Scheibenbremse	*frein à disque*
Scheibenwischer	*essuie-glace*
Scheinwerfer	*phares*
Schlauch	*chambre à air*
Schlüssel	*clé*
Schneeketten	*chaînes à neige*
Schraube	*vis*
Schraubenschlüssel	*clé*
Schraubenzieher	*tournevis*
Sicherung	*fusible*
Starthilfekabel	*câble de démarrage*
Stecker	*prise mâle/fiche*
Steckdose	*prise femelle*
Stoßstange	*pare-chocs*
Stoßdämpfer	*amortisseur*
Straße	*rue/route*
Strom	*courant électrique*

T

Tank	*réservoir*
tanken	*prendre de l'essence*
Tankstelle	*station d'essence/ station service*
Tempolimit	*limitation de vitesse*
Trommelbremse	*frein à tambour*
Turbolader	*chargeur turbo*

U

Überbrückungskabel	*câble*
undicht	*non étanche*
Umwälzpumpe	*pompe de circulation*
Unfall	*accident*
Unterdruck	*dépression*
Unterlegscheibe	*rondelle*

V

Ventil	*valve*
Ventilator	*ventilateur*
Ver-/Entsorgung	*eau/vidange*
Vergaser	*carburateur*
Versicherung	*assurance*
Verschleiß	*usage*
Verteiler	*distributeur*
volltanken	*faire le plein*
Vorderachse	*essieu avant*

W

Wagenheber	*cric*
Warnblinker	*feu de détresse*
Wartung	*entretien*
Wassertank	*réservoir d'eau*
Werkstatt	*garage/atelier automobile*
Werkzeug	*outil*
Windschutzscheibe	*pare-brise*
Wohnmobil	*camping-car*
Wohnmobilstellplatz	*aire (de camping-car), aire naturelle*

Z

Zahnrad	*pignon/roue dentée*
Zahnriemen	*courroie crantée*
Zündfunke	*étincelle d'allumage*
Zündkabel	*câble d'allumage*
Zündkerze	*bougie*
Zündschlüssel	*clé de contact*
Zündspule	*bobine d'allumage*
Zündung	*allumage*
Zündverteiler	*distributeur d'allumage*
Zylinder	*cylindre*
Zylinderkopf	*culasse/ tête de cylindre*

DIE WICHTIGSTEN SÄTZE FÜR WOHNMOBILISTEN

AUF DEM CAMPINGPLATZ

Haben Sie noch einen Stellplatz frei?	*Est-ce que vous avez un emplacement libre?*
Kann ich hier parken?	*Est-ce que je peux me garer ici?*
Wir brauchen einen ... ... Stromanschluss. ... Wasseranschluss. ... Anschluss an die Kanalisation.	*Il nous faut ...* *... un branchement électrique.* *... un branchement d'eau.* *... un branchement d'égout.*
Was kostet ein Stellplatz pro Tag?	*Combien coûte l'emplacement par jour?*
Wo sind bitte die Toiletten?	*Où sont les toilettes?*
Wann wird nachts das Tor geschlossen?	*Quand est-ce que l'entrée sera fermée pour la nuit?*
Gibt es auf dem Campingplatz ... ... einen Supermarkt? ... ein Restaurant?	*Est-ce qu'il y a sur le camping ...* *... un supermarché?* *... un restaurant?*
Machen Sie bitte die Rechnung fertig?	*Pourriez-vous préparer la facture s'il vous plaît?*
Wir reisen morgen früh ab.	*On partira demain matin.*

IN DER WERKSTATT

Gibt es hier eine Werkstatt?	*Est-ce qu'il y a un garage ici?*
Können Sie mich abschleppen?	*Est-ce que vous pouvez me remorquer?*
Ich habe ein Problem mit …	*J'ai un problème de …*
Können Sie sofort reparieren?	*Pouvez-vous réparer tout de suite?*
Wie lange dauert die Reparatur?	*La réparation durera combien de temps?*
Was kostet die Reparatur?	*Combien coûte la réparation?*

IM NOTFALL

Rufen Sie bitte schnell ... ... die Polizei. ... einen Krankenwagen. ... die Feuerwehr.	*S'il vous plaît appelez vite ...* *... la police/les gendarmes.* *... une ambulance.* *... les pompiers.*

KULINARISCHES WÖRTERBUCH

Jeder Auslandsreisende kennt das Gefühl, im Supermarkt verzweifelt durch die Regalreihen zu irren, um ein bestimmtes Lebensmittel anhand von Abbildungen zu finden. Wie verunsichert steht man oft vor dem in Mittelmeerländern grandiosen Angebot an Fisch, ohne die Bezeichnungen übersetzen zu können? Wie oft sitzt man im Restaurant und braucht unsäglich lange, bis man die Speisekarte auch nur einigermaßen verstanden hat? Im Endeffekt kauft und bestellt jeder Tourist in erster Linie das, was er auch kennt. Das ist sehr schade, denn gerade das Ausprobieren regionaler Spezialitäten macht so manchen Urlaub zusätzlich spannend. Da Wohnmobilisten nunmal keine Vollpension gebucht haben und sich selbst versorgen müssen, sieht sich der mobile Reisende diesen Problemen also besonders häufig ausgesetzt. Folgende Übersetzungen einiger gängiger Lebensmittel und weiterer kulinarischer Begriffe sollen ein klein wenig zur Entspannung beitragen! Im Reise Know-How Verlag ist auch der Sprachführer „Französisch kulinarisch Wort für Wort“ erhältlich, der beim Restaurant- und Marktbesuch vor Ort weiterhilft.

Anguille – Aal
Aiglefin – Schellfisch
Agneau – Lamm
Ail – Knoblauch
Airelle – Heidelbeere
Amande – Mandel
Anchois – Anchovis, Sardellen
Avocat – Avocado
Bifteck – Beefsteak
Beignet – Krapfen/Berliner
Bette – Mangold
Betterave rouge – Rote Beete
Beurre – Butter
Bière – Bier
Blé – Weizen
Boeuf – Rind
Boisson – Getränk
Boucherie – Fleischerei
Boulangerie – Bäckerei
Brioche – süßes, lockeres Hefegebäck
Brochet – Hecht
Brouillade – Rührei
Buccin – Meeresschnecke
Bugne – Schmalzgebäck
Cabillaud – Kabeljau
Cacahouète – Erdnuss
Caille – Wachtel
Caillé – Dickmilch
Caillebotte – Frischkäse, Quark
Calmar – Tintenfisch
Canard – Ente
Canelle – Zimt
Câpre – Kapern
Capucine – Kapuzinerkresse
Cari – Curry
Carottes – Karotten
Carpe – Karpfen
Cassis – Schwarze Johannisbeere
Célerie – Sellerie
Cèpe – Steinpilz
Cerf – Hirsch
Cerfeuil – Kerbel
Cerise – Kirsche
Cervelle – Hirn
Chanterelle – Pfifferling
Cantilly – Schlagsahne
Cheval – Pferd
Chèvre – Ziege
Chevreuil – Reh
Chipiron – kleiner Kalmar
Chou – Kohl
Choucroute – Sauerkraut
Ciboule – Frühlingszwiebel
Ciboulette – Schnittlauch
Cidre – Apfelwein
Cochon de lait – Spanferkel
Coeur – Herz
Colin – Seelachs
Colza – Raps
Concombre – Gurke
Congre – Meeraal
Coq – Huhn
Coquillages – Schalentiere
Coquille – Muschel
Courge – Kürbis
Ciurgettes – Zucchini
Crème – Sahne
Cresson – Kresse
Cuisse – Keule, Schenkel
Cumin – Kümmel
Daurade – Dorade
Dinde – Pute
Dindon – Truthahn
Eau – Wasser
Eau-de-vie – Schnaps
Échalote – Schalotte
Èchine de porc – Schweinenacken
Écrevisse – Flusskrebs
Églantine – Hagebutte
Épices – Gewürze
Épinard – Spinat
Escalope – Schnitzel
Escargot – Weinbergschnecke
Escarole – Endivie
Espadon – Schwertfisch

Faisan – Fasan
Farine – Mehl
Fenouil – Fenchel
Fèves – Dicke Bohnen
Figue – Feige
Fraise – Erdbeere
Framboise – Himbeere
Fromage – Käse
Gâteau – Kuchen
Genièvre – Wacholderbeere
Gingembre – Ingwer
Glace – Eis
Graine de tournesol – Sonnenblumenkern
Graisse – Fett, Schmalz
Grenouille – Frosch
Griotte – Sauerkirsche
Groseille – Johannisbeere
Hareng – Hering
Haricot – Bohne
Herbes potagères – Suppengrün
Homard – Hummer
Huile – Öl
Huître – Auster
Jambon – Schinken
Jus – Saft
Lait – Milch
Laitue – Kopfsalat
Langue – Zunge
Lapin – Kaninchen
Lardons – Speckwürfel
Laurier – Lorbeer
Lavande – Lavendel
Légumes – Gemüse
Lentilles – Linsen
Levèche – Liebstöckel
Lieu – Dorsch
Lièvre – Hase
Loup de mer – Wolfsbarsch
Mâche – Feldsalat
Maquereau – Makrele
Marron – Esskastanie
Massepain – Marzipan
Menthe – Minze
Merlu – Seehecht
Miel – Honig
Moutarde – Senf
Oignon – Zwiebel
Omble – Saibling
Pain – Brot
Pastis – Aperitif mit Anis
Patate – Süßkartoffel
Pâté – Pastete
Pâtes – Nudeln
Pâtisserie – Konditorei
Pêche – Pfirsich
Persil – Petersilie
Pied – Fuss
Pignon – Pinienkern
Pintade – Perlhuhn
Poire – Birne
Poireau – Lauch
Pois – Erbse
Poisson – Fisch
Poivre – Pfeffer
Poivron – Gemüsepaprika
Pomme – Apfel
Pomme de terre – Kartoffel
Porc – Schwein
Poulet – Hähnchen
Prune – Pflaume
Pruneau – Backpflaume
Radis – Rettich
Raufort – Meerrettich
Raisin – Weintraube
Rhubarbe – Rhabarber
Riz – Reis
Rognon – Niere
Romarin – Rosmarin
Saint-Pierre – Petersfisch
Sandre – Zander
Sanglier – Wildschwein
Saucisse – Würstchen
Sauge – Salbei
Saumon – Lachs
Sel – Salz
Sole – Seezunge
Sucre – Zucker
Thon – Thunfisch
Truffe – Trüffel
Truite – Forelle
Turbot – Steinbutt
Veau – Kalb
Viande – Fleisch
Vin – Wein
Vinaigre – Essig
Volaille – Geflügel

Das ist
noch nicht alles!
Mehr Reise Know-How gibt es hier:
www.reise-know-how.de
Reiseführer | CityTrip | InselTrip | Wohnmobil-Tourguide | Kauderwelsch

REGISTER

A

Abbaye des Châteliers 88
Adour 215
Ainhoa 233
Andernos-les-Bains 194
Anglet 218
Angoulême 134
Angoulins 94
Anreise 14
Arcachon 196
Ars-en-Ré 91
Arzt 25
Ascarat 235
Atlantikwall 186
Aubeterre-sur-Dronne 136
Auslandskrankenversicherung 26
Austern 117
Avrillé 69

B

Baker, Josephine 158
Baskenland 225
Bastide 173
Bayonne 215
Bayonner Schinken 215
Beaune 16
Beauvoir-sur-Mer 54
Belle Époque 95
Benediktinerorden 76
Benutzungshinweise 11
Bergerac 161
Bernadette 244
Beynac-et-Cazenac 157
Biarritz 219
Bidarray 235
Biscarrosse-Bourg 205
Biscarrosse-Plage 205
Blaye 125
Bordeaux 168
Botschaften 18
Bouchemaine 14
Bourdeilles 138
Boyardville 106
Brantôme-en-Périgord 138
Brouage 103
Brücke von Saint-Nazaire 38
Bruno 161

C

Cairn 70
Campagne 151
Campingplätze 11, 18
Canal de la jeune Autise 76
Canard 153
Capbreton 212
Cap Ferret 193
Carcans-Plage 190
Castelnaud-la-Chapelle 157
Champ de César 69
Charente 127
Château Cos d'Estournel 178
Château de Talmont 66
Châtelaillon-Plage 94
Circuit UNESCO 172
Cité du Vin 173
Claouey 194
Cognac 132
Comics 135
Corderie Royale 100
Côte d'Argent 181
Côte de Beauté 120
Côte de Lumière 55
Côte des Fleurs 55, 70
Côte sauvage 118
Coulon 77
Course Landaise 211
Cromlech 70
Culottes 89

D

D'Artagnan 221
Debitkarte 21
Départements 17
Diebstahl 18
Diplomatische Vertretungen 18
Dolmen 70
Dolus-d'Oléron 106
Domme 152
Dorsch 63
Dune du Pilat 204
Dünen 204

E

Ebbe 22
EC-Karte 21
Éclade de Moules 116
Écomusée du Daviaud 59
Écomusée Marais Salants 89
Église monolithe 163
Église Saint-Eutrope 130
Einkaufen 19
Einreisebestimmungen 19
Elektrizität 19
Entre-Deux-Mers 169
Entsorgung 33
Espelette 233
Essen 254

F

Feiertage 20
Feste 20
Festival Symphonie d'Eté 96
Fleur de sel 48
Flut 22
Foie Gras 153
Forêt de Lacanau 191
Forêt de Vendays 187
Formentine 58
Fort Boyard 107
Fort de la Prée 88
Fort Fouras 95
Fort Médoc 175
Fouras 95
Französisch 248, 250, 254
Fremdenverkehrsbüro 23

G

Gascogne 221
Gastes 208
Gastronomie 20
Gasversorgung 21
Geld 21
Gezeiten 22
Girocard 21
Gironde 165
Golfe de Gascogne 201
GPS-Koordinaten 11
Grands Sîtes de France 103
Grand Théâtre 173

Grotte de Massabielle 244
Grottes de Matata 121
Grottes Régulus 122
Grotte von Montignac 148

H

Haustiere 23
Heilige Quelle von Lourdes 244
Hendaye 230
Hiers-Brouage 103
Hourtin-Plage 189
Hourtin-Port 189
Hunde 23
Hundertjähriger Krieg 156

I

Île-d'Aix 96
Île de Noirmoutier 48
Île de Ré 87
Île d'Oléron 104
Île d'Yeu 58
Île Madame 102
Île Penotte 64
Informationen 23
Internet 31

J

Jadeküste 35
Jard-sur-Mer 67
Jazz Festival Fouras 96
Jurançon 242

K

Kabeljau 63
Karten 24
Kartensperrung 21
KFZ-Kennzeichen 24
Konsulate 18
Krankenhaus 25
Kreditkarten 21
Kulinarisches Wörterbuch 254
Kulmino 59
Küstenschutz 185

L

La Barre-de-Monts 58
La Bernerie-en-Retz 45
La Brée-les-Bains 108
Lacanau-Océan 191
La Cotinière 110
La Couarde-sur-Mer 92
La Faute-sur-Mer 72
La Frébouchère 69
La Garette 76
L'Aiguillon-sur-Mer 72
La Palmyre 118
La Plaine-sur-Mer 41
La Rochelle 73, 82
La Roque-Gageac 155
La Teste-de-Buch 205
La Tranche-sur-Mer 70
La Tremblade 117
Le Bois-Plage-en-Ré 92
Le Martray 90
Léon 210
Le Pin-Sec 188
Le Porge 193
Lescar 240
Les Milandes 157
Les Moutiers-en-Retz 46
Les Plus Beaux Villages de France 88
Les Portes-en-Ré 90
Les Sables-d'Olonne 64, 66
Le Verdon-sur-Mer 179
Limeuil 159
Loix 89
Lourdes 242

M

Macau 174
Maillezais 75
Maison du Marais Poitevin 78
Marais aux Oiseaux 104, 106
Marais Breton 47
Marais Poitevin 74
Marennes 116
Margaux 174
Märkte 19
Maubuisson 190
Mauléon-Licharre 238
Maut 24
Medizinische Versorgung 25
Médoc-Marathon 177
Megalithen 70
Menhire 70
Meschers-sur-Gironde 121
Metz 14
Mieten 34
Mimizan-Plage 208
Mimoseninsel 111
Montalivet-les-Bains 187
Montauban 17
Montignac 148
Monument aux Girondis 168
Mortagne-sur-Gironde 123
Moulin de Bellère 92
Musée Martime 83

N

Nationalfeiertag 72
Niort 78
Nive 215
Noirmoutier-en-Île 49
Notre-Dame-de-Monts 59
Notruf 29

O

Öffnungszeiten 26
Oloron-Sainte-Marie 237
Ondres-Plage 215

P

Panne 27
Pannenhilfe 29
Parcs à Huîtres 47, 116
Parentis-en-Born 207
Parken 27
Passe aux Boeufs 102
Pau 239
Pauillac 177
Pays Basque 226
Pelota 228
Périgord 127, 138
Périgord Blanc 138
Périgord Noir 138
Périgord Vert 138
Périgueux 141
Pertuis Breton 90
Pertuis D'Antioche 105
Phare Cordouan 184

Phare de Chassiron 109
Phare des Baleines 90
Phare des Barges 65
Pilat 204
Pilgern 235
Pineau des Charentes 134
Place Pey Berland 172
Plage de la Patache 90
Pointe de Chay 94
Pointe de l'Aiguillon 200
Pointe de L'Aiguillon-sur-Mer 71
Pointe de L'Herbaudière 50
Pointe Saint-Gildas 41
Polizei 29
Pont Jacques Chaban-Delmas 173
Pornic 43
Port de la Meule, 59
Port de Mindin 38
Port-des-Barques 102
Port des Salines 110
Port du Bec 47
Porte de la Grosse Horloge 83
Post 28
Préfailles 42
Preise 19, 26
Protestantismus 86
Pyrénées-Atlantiques 225

Q, R

Quelle von Lourdes 244
Rasten 27
Reisezeit 28
Réserve Naturelle du Courant d'Huchet 210
Réserve Ornithologique du Teich 197
Ribérac 138
Richard Löwenherz 68
Rivedoux-Plage 93
Rochefort 100
Rocher d'Antioche 109
Royan 120

S

Saint-Brevin-les-Pins 38
Saint-Cathérine 172
Saint-Clément-des-Baleines 91
Saint-Denis-d'Oléron 108
Sainte-Marie-de-Ré 92
Saint-Émilion 162
Saintes 130
Saint-Estèphe 178
Saint-Georges-de-Didonne 120
Saint-Georges d'Oléron 107
Saint-Hilaire-de-Riez 61
Saint-Jean-de-Luz 228
Saint-Jean-de-Monts 61
Saint-Jean-Pied-de-Port 234
Saint-Julien-en-Born 210
Saint-Laurent-Médoc 176
Saint-Léon-sur-Vézère 150
Saint-Martin-de-Ré 88
Saint-Michel-Chef-Chef 39
Saintonge 130
Saint-Pierre d'Oléron 106
Saint-Sauveur 58
Saint-Yzans-de-Médoc 178
Salzblume 48
Sandwein 211
Sare 232
Sarlat-la-Canéda 151
Saumur 15
Schinken 215
Sébastien le Prestre de Vauban 176
Shopping 19
Sicherheit 28
Souillac 17
Soulac-sur-Mer 184
Soustons 212
Sperrnotruf 21
Sprachhilfe 248, 250, 254
Stellplätze 11, 29
St-Gilles-Croix-de-Vie 62
Stromspannung 19
Sully-sur-Loire 15

T

Tal der Vézère 148
Talmont-Saint-Hilaire 66
Talmont-sur-Gironde 122
Tanken 31
Telefon 31
Thalassotherapie 44
Tharon-Plage 39
Touristeninformation 23
Trémolat 160
Trou du Diable 61
Trüffel 143

U

Unfall 27, 32
Urrugne 232

V

Vauban, Sébastien le Prestre de 176
Vendays-Montalivet 188
Vendée Globe 65
Vendée-Krieg 52
Venise Verte 74
Veranstaltungen 20
Verkehrsregeln 32
Versorgung 33
Vertheuil 178
Vezac 156
Viaduc d'Oléron 104
Vieux-Boucau-les Bains 210
Villefranche-sur-Saône 16
Vin de Sable 211
Vorwahlen 31

W

Wein 172, 178, 211, 221, 242
WLAN 31
Wörterbuch 254

Z

Zoll 34

DIE AUTORIN

150wf-if

„Niemals hätte ich gedacht, dass ich mich zu einem reisenden Schreiberling entwickeln würde“, sagt **Ines Friedrich** und fügt hinzu: „aber im Nachhinein erscheint mir dies geradezu logisch.“ In ihrem Lebenslauf beschreibt die Autorin, dass die Lust zum Schreiben wohl in ihren Genen stecken würde: „Meine Mutter hat ihre Memoiren geschrieben und meine Schwester war Journalistin.“

Das Bedürfnis, die Welt kennenzulernen und darüber berichten zu wollen, zeigte sich schon recht früh. Als Austauschschülerin ging die Autorin nach dem Abitur für ein Jahr nach Anaheim (Kalifornien) und hat von dort wöchentlich und ausführlich von ihrem Leben und ihren Erlebnissen nach Hause berichtet. „Den dicken Ordner mit den auf hauchdünnem Luftpostpapier geschriebenen Briefen habe ich heute noch.“

Neugierig auf alles Neue und Fremde verbrachte die aus Hannover stammende Autorin ihre Ausbildungszeit in Berlin und studierte in Süddeutschland, wo sie viele Jahre selbstständig in der Modebranche tätig war.

„Mit einem Wohnmobil in den Urlaub zu fahren, vermittelt nahezu grenzenlose Freiheit“ und das veranlasste die Autorin und ihre mittlerweile vierköpfige Familie dazu, ein entsprechendes Gefährt erst einmal zu mieten, bis man sich den Lebenstraum erfüllen konnte und ein Wohnmobil kaufte. Seitdem reist Ines Friedrich in Begleitung ihres Mannes viele Wochen im Jahr kreuz und quer vor allen Dingen durch Deutschland, Frankreich, Italien und Österreich und recherchiert, fotografiert und schreibt für unterschiedliche Verlage.

IMPRESSUM

Ines Friedrich

Die schönsten Routen entlang der FRANZÖSISCHEN ATLANTIKKÜSTE

2., neu bearbeitete und aktualisierte Auflage 2023

ISBN 978-3-8317-3668-3

Printed in Germany

Druck und Bindung:
mediaprint solutions GmbH, Paderborn

Herausgeber: Klaus Werner
Layout: amundo media GmbH (Inhalt), Wayan Rump (Umschlag)
Lektorat: amundo media GmbH
Routenkarten: world mapping project
Ortspläne: amundo media GmbH, der Verlag, Ingenieurbüro K. Wendler
Kontakt: Osnabrücker Str. 79, 33649 Bielefeld, info@reise-know-how.de
Anzeigenvertrieb: KV Kommunalverlag GmbH & Co. KG, Alte Landstraße 23, 85521 Ottobrunn, Tel. 089 928096-0, info@kommunal-verlag.de

Bildnachweis
Umschlagvorderseite: Klaus Werner | Umschlagrückseite: Ines Friedrich
Soweit ihre Namen nicht vollständig am Bild vermerkt sind, stehen die Kürzel an den Abbildungen für die folgenden Fotografen, Firmen und Einrichtungen. Ines Friedrich: if | adobe.stock.com: as | Klaus Werner: kw

144wf-if

145wf-if

146wf-if

143wf-if

ROUTENATLAS

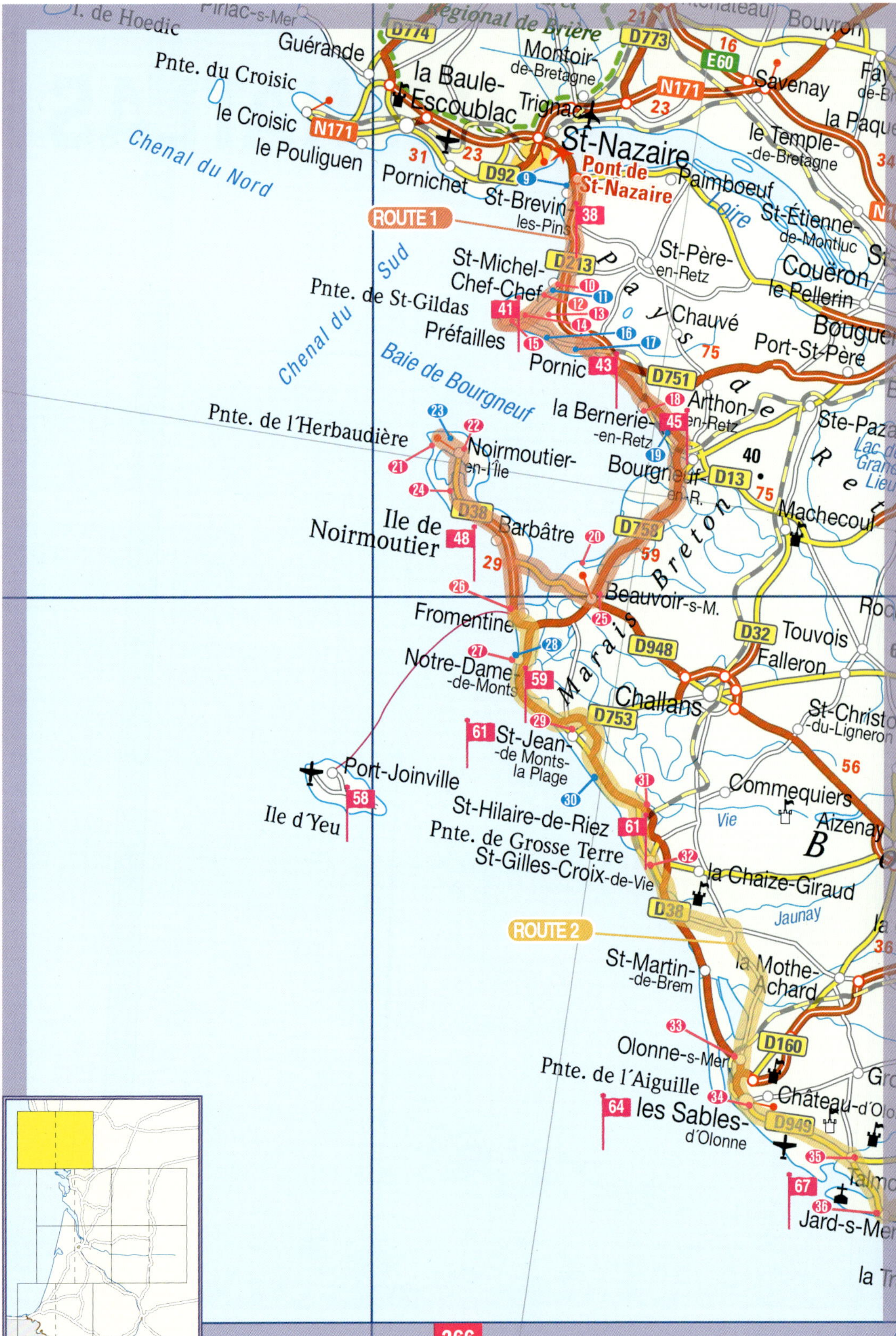
Guérande
Pnte. du Croisic
le Croisic
le Pouliguen
Chenal du Nord
la Baule-Escoublac
Pornichet
Montoir-de-Bretagne
Trignac
St-Nazaire
Pont de St-Nazaire
Savenay
la Paquelais
le Temple-de-Bretagne
Paimboeuf
Loire
St-Étienne-de-Montluc
Couëron
le Pellerin
Bouguenais
St-Brevin-les-Pins
ROUTE 1
St-Père-en-Retz
St-Michel-Chef-Chef
Pnte. de St-Gildas
Chenal du Sud
Chauvé
Préfailles
Port-St-Père
Pornic
Baie de Bourgneuf
la Bernerie-en-Retz
Arthon-en-Retz
Ste-Pazanne
Pays de Retz
Lac de Grand Lieu
Pnte. de l´Herbaudière
Noirmoutier-en-l'Île
Bourgneuf-en-R.
Machecoul
Ile de Noirmoutier
Barbâtre
Beauvoir-s-M.
Marais Breton
Fromentine
Touvois
Falleron
Notre-Dame-de-Monts
Challans
St-Christophe-du-Ligneron
St-Jean-de Monts-la Plage
Port-Joinville
Ile d´Yeu
St-Hilaire-de-Riez
Commequiers
Vie
Aizenay
Pnte. de Grosse Terre
St-Gilles-Croix-de-Vie
la Chaize-Giraud
Jaunay
ROUTE 2
St-Martin-de-Brem
la Mothe-Achard
Olonne-s-Mer
Pnte. de l´Aiguille
Château-d'Olonne
les Sables-d´Olonne
Talmont
Jard-s-Mer
N171
D774
D773
E60
D92
D213
D751
D13
D758
D38
D32
D948
D753
D160
D949
266

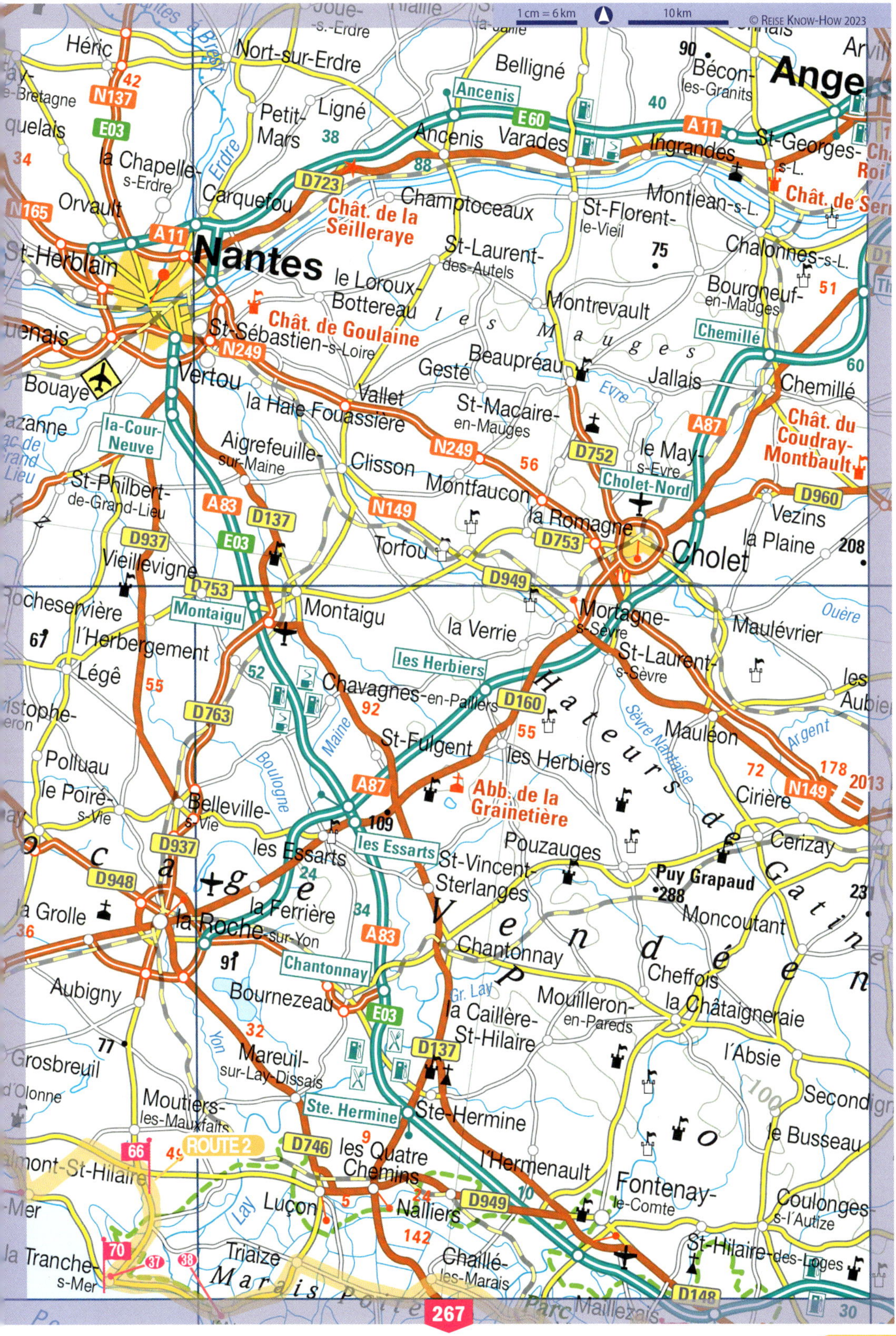
1 cm = 6 km
10 km
© Reise Know-How 2023
Héric
Nort-sur-Erdre
Belligné
Bécon-les-Granits
Angers
Orvault
Petit-Mars
Ligné
Ancenis
Varades
Ingrandes
St-Georges-s-L.
la Chapelle-s-Erdre
Carquefou
Nantes
St-Herblain
Champtoceaux
St-Florent-le-Vieil
Montjean-s-L.
Chalonnes-s-L.
Chât. de la Seilleraye
Chât. de Goulaine
St-Laurent-des-Autels
le Loroux-Bottereau
Montrevault
Bourgneuf-en-Mauges
Chemillé
St-Sébastien-s-Loire
Vertou
Bouaye
Beaupréau
Jallais
Gesté
Vallet
la Haie Fouassière
St-Macaire-en-Mauges
les Mauges
Chât. du Coudray-Montbault
la-Cour-Neuve
Aigrefeuille-sur-Maine
Clisson
Montfaucon
le May-s-Èvre
Cholet-Nord
St-Philbert-de-Grand-Lieu
la Romagne
Vezins
Torfou
Cholet
la Plaine
Vieillevigne
Montaigu
la Verrie
Mortagne-s-Sèvre
Maulévrier
Rocheservière
l'Herbergement
St-Laurent-s-Sèvre
Légé
les Herbiers
Chavagnes-en-Paillers
Mauléon
St-Fulgent
Polluau
le Poiré-s-Vie
Belleville-s-Vie
Abb. de la Grainetière
Cirière
Cerizay
les Essarts
Pouzauges
St-Vincent-Sterlanges
Puy Grapaud
Moncoutant
la Grolle
la Ferrière
la Roche-sur-Yon
Chantonnay
Cheffois
Aubigny
Bournezeau
Mouilleron-en-Pareds
la Châtaigneraie
la Caillère-St-Hilaire
l'Absie
Grosbreuil
Mareuil-sur-Lay-Dissais
Moutiers-les-Mauxfaits
Ste. Hermine
Ste-Hermine
Secondigny
le Busseau
les Quatre Chemins
l'Hermenault
Fontenay-le-Comte
Luçon
Nalliers
Coulonges-s-l'Autize
la Tranche-s-Mer
Triaize
Chaillé-les-Marais
St-Hilaire-des-Loges
Maillezais
Marais Poitevin
Hateurs de Gâtine
Vendée
ROUTE 2
A11
A83
A87
E03
E60
N137
N165
N249
N149
D723
D752
D753
D960
D949
D160
D137
D937
D763
D948
D746
D148
267

264
Pertuis Breton
l'Aiguillon-s-M.
Marans
Anse de l'Aiguillon
Pnte. des Baleines
Ars-en-Ré
ROUTE 3
St-Martin-de-Ré
Ile de Ré
Villedoux
Rivedoux-Plage
Pertuis d'Antioche
La Rochelle
la Jarrie
Aytré
Châtelaillon-Plage
Pnte. de Chassiron
St-Denis-d'Oléron
ROUTE 4
Île d'Aix
Ile d'Oléron
Boyardville
Fouras
Rochef. Ouest.
St-Pierre-d'Oléron
Rochefort
Dolus-d'Oléron
le Château-d'Oléron
Bourcefranc-le-Chapus
Brouage
St-Trojan-les-Bains
Pertuis de Maumusson
Marennes
ROUTE 6
St-Agnant
St-Jean-d'Angle
la Tremblade
ROUTE 5
Arvert
Pnte. de la Coubre
le Grande-Côte
St-Palais-sur-Mer
Saujon
Royan
St-Georges-de-Didonne
Pnte. de Grave
le Verdon-s-Mer
Meschers-s-Gironde
Soulac-s-Mer
Talmont
Mortagne-s-Gironde
Talais
Gironde
St-Vivien-de-Médoc
Montalivet-les-Bains
Vendays-Montalivet
Lesparre-Médoc
Hourtin-Plage
Artiguillon
Médoc
D137
E03
N11
D137
E602
D733
N150
D730
D1215
270

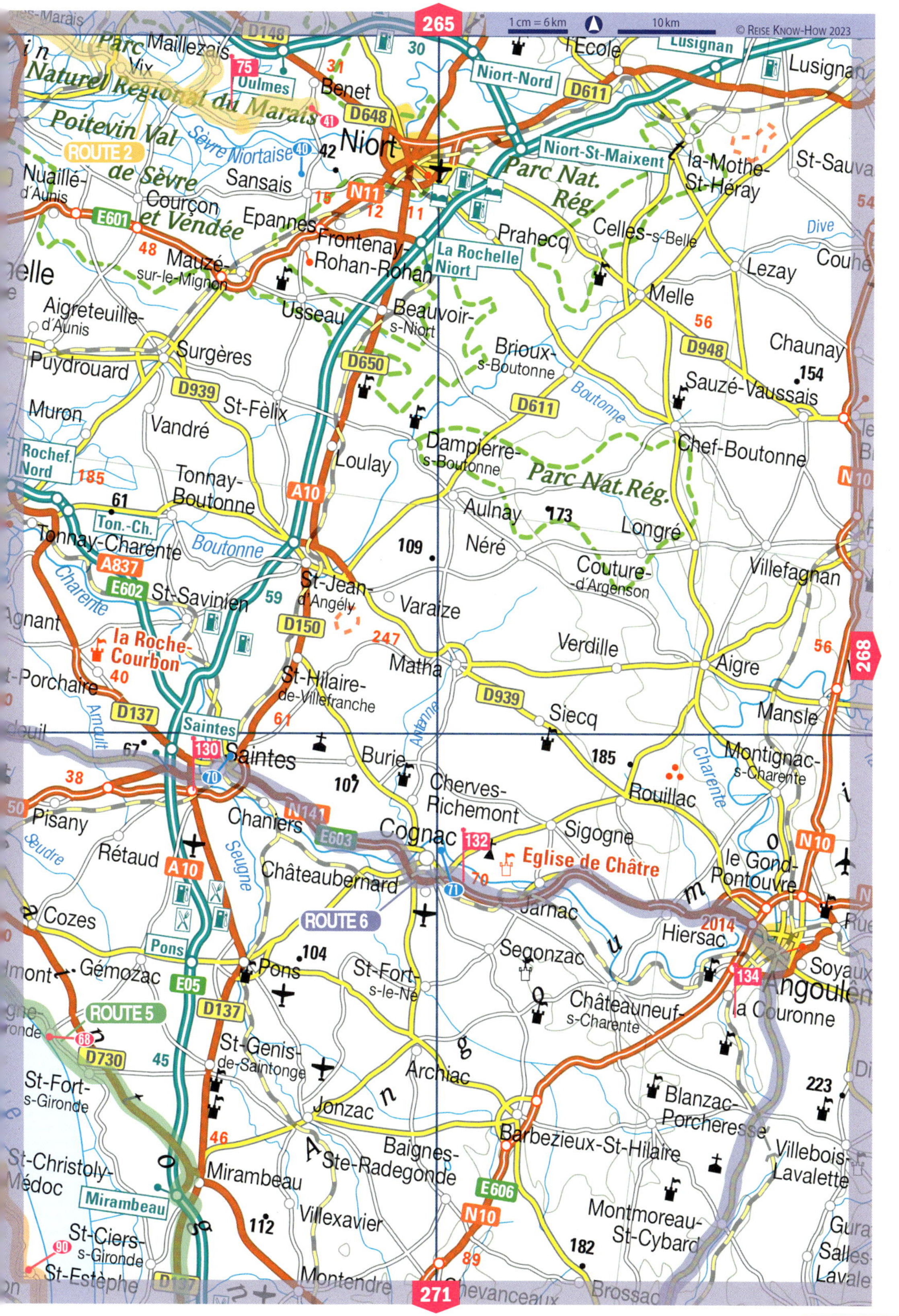
265
1 cm = 6 km
10 km
© Reise Know-How 2023
Parc Naturel Régional du Marais Poitevin Val de Sèvre et Vendée
Maillezais
Vix
Oulmes
Benet
Niort
Niort-Nord
Lusignan
l'Ecole
Sèvre Niortaise
Sansais
Nuaillé-d'Aunis
Courçon
Epannes
Frontenay-Rohan-Rohan
Mauzé-sur-le-Mignon
Niort-St-Maixent
Parc Nat. Rég.
la-Mothe-St-Héray
St-Sauvant
Prahecq
Celles-s-Belle
La Rochelle Niort
Lezay
Couhé
Dive
Melle
Aigreteuille-d'Aunis
Usseau
Beauvoir-s-Niort
Surgères
Puydrouard
Brioux-s-Boutonne
Chaunay
Sauzé-Vaussais
Muron
Vandré
St-Fèlix
Boutonne
Chef-Boutonne
Rochef. Nord
Loulay
Dampierre-s-Boutonne
Tonnay-Boutonne
Parc Nat. Rég.
Aulnay
Longré
Ton.-Ch.
Tonnay-Charente
Néré
Villefagnan
Charente
St-Savinien
St-Jean-d'Angély
Varaize
Couture-d'Argenson
la Roche-Courbon
Matha
Verdille
Aigre
St-Porchaire
St-Hilaire-de-Villefranche
Siecq
Mansle
268
Saintes
Burie
Montignac-s-Charente
Cherves-Richemont
Rouillac
Pisany
Chaniers
Cognac
Sigogne
Rétaud
Seugne
Châteaubernard
Eglise de Châtre
le Gond-Pontouvre
Cozes
ROUTE 2
ROUTE 5
ROUTE 6
Jarnac
Hiersac
Gémozac
Pons
Segonzac
St-Fort-s-le-Né
Soyaux
Angoulême
Châteauneuf-s-Charente
la Couronne
St-Genis-de-Saintonge
Archiac
St-Fort-s-Gironde
Jonzac
Blanzac-Porcheresse
Barbezieux-St-Hilaire
Baignes-Ste-Radegonde
Villebois-Lavalette
St-Christoly-Médoc
Mirambeau
Villexavier
Montmoreau-St-Cybard
St-Ciers-s-Gironde
St-Estèphe
Montendre
Chevanceaux
Brossac
Salles-Lavalette
271

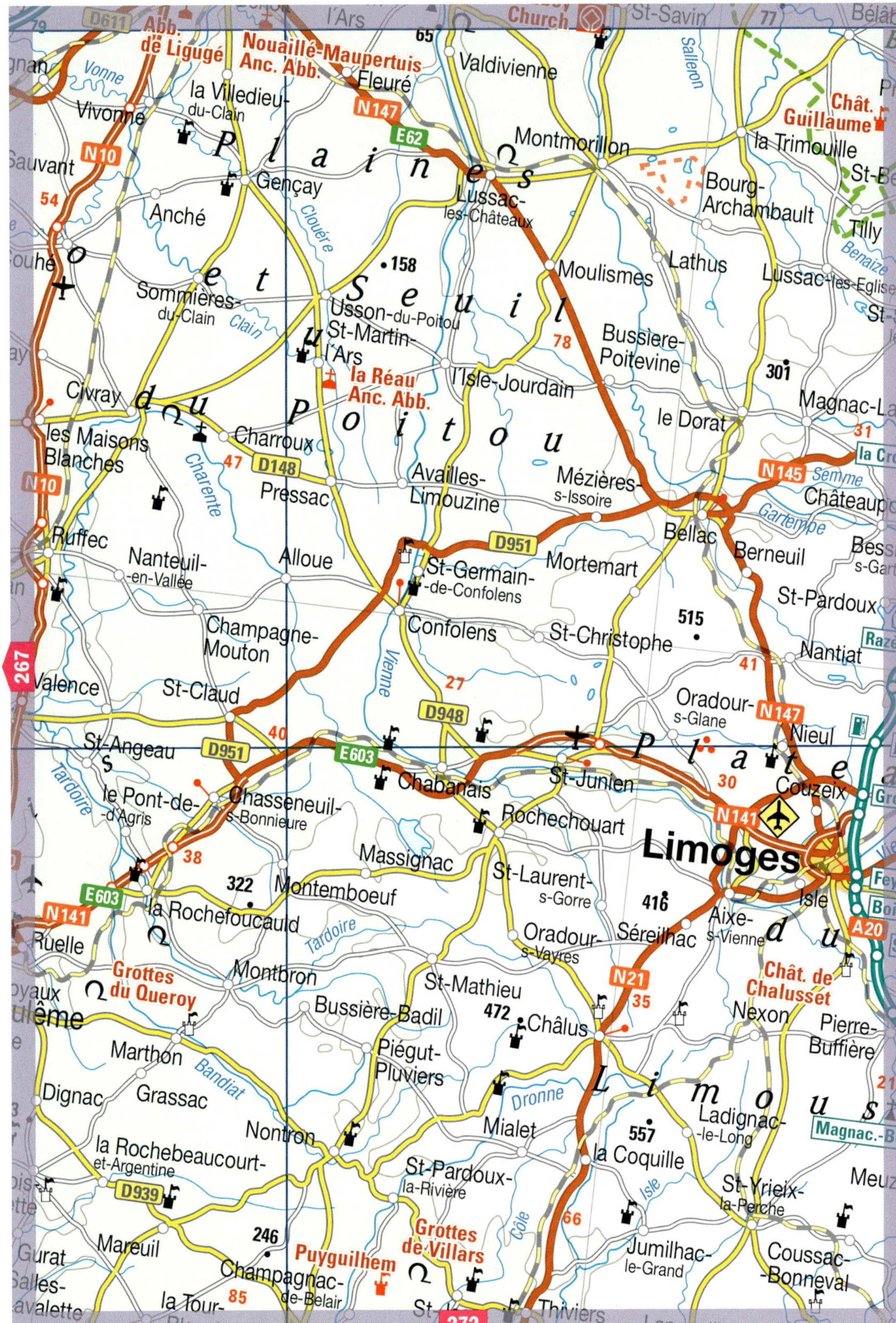
Abb. de Ligugé
Nouaillé-Maupertuis Anc. Abb.
Church
St-Savin
Valdivienne
Fleuré
Vivonne
la Villedieu-du-Clain
N147
E62
Montmorillon
Châtl. Guillaume
la Trimouille
Sauvant
N10
Plaines et Seuil du Poitou
Gençay
Anché
Lussac-les-Châteaux
Bourg-Archambault
Tilly
Clouère
Lathus
Couhé
Moulismes
Lussac-les-Eglises
Benaize
158
Sommières-du-Clain
Usson-du-Poitou
St-Martin-l'Ars
Clain
Bussière-Poitevine
301
78
la Réau Anc. Abb.
l'Isle-Jourdain
Civray
Magnac-La
le Dorat
les Maisons Blanches
Charroux
31
la Cro
D148
47
Charente
Availles-Limouzine
Mézières-s-Issoire
N145
Semme
Pressac
Châteaupo
Gartempe
Ruffec
D951
Bellac
Berneuil
Bessin s-Garte
Nanteuil-en-Vallée
Alloue
St-Germain-de-Confolens
Mortemart
St-Pardoux
Confolens
Champagne-Mouton
St-Christophe
515
Razès
Nantiat
41
Vienne
267
Valence
St-Claud
27
Oradour-s-Glane
N147
D948
40
Nieul
St-Angeau
D951
E603
Plateau du Limousin
Tardoire
Chabanais
St-Junien
30
Couzeix
le Pont-de-d'Agris
Chasseneuil-s-Bonnieure
N141
Rochechouart
Limoges
38
Massignac
E603
322
Montemboeuf
St-Laurent-s-Gorre
416
Isle
Feyt
N141
la Rochefoucauld
Aixe-s-Vienne
Bois
Ruelle
Oradour-s-Vayres
Séreilhac
A20
Tardoire
Grottes du Queroy
Montbron
St-Mathieu
N21
Châtl. de Chalusset
35
Bussière-Badil
472
Châlus
Nexon
Pierre-Buffière
Marthon
Bandiat
Piégut-Pluviers
Dignac
Grassac
Dronne
Ladignac-le-Long
Nontron
Mialet
557
Magnac.-Bo
la Rochebeaucourt-et-Argentine
la Coquille
St-Pardoux-la-Rivière
St-Yrieix-la-Perche
Meuza
D939
Isle
Côle
66
Grottes de Villars
Jumilhac-le-Grand
Mareuil
246
Coussac-Bonneval
Puyguilhem
Champagnac-de-Belair
85
la Tour-Blanche
Thiviers
272
Salles-Lavalette
Gurat
Lanouaille

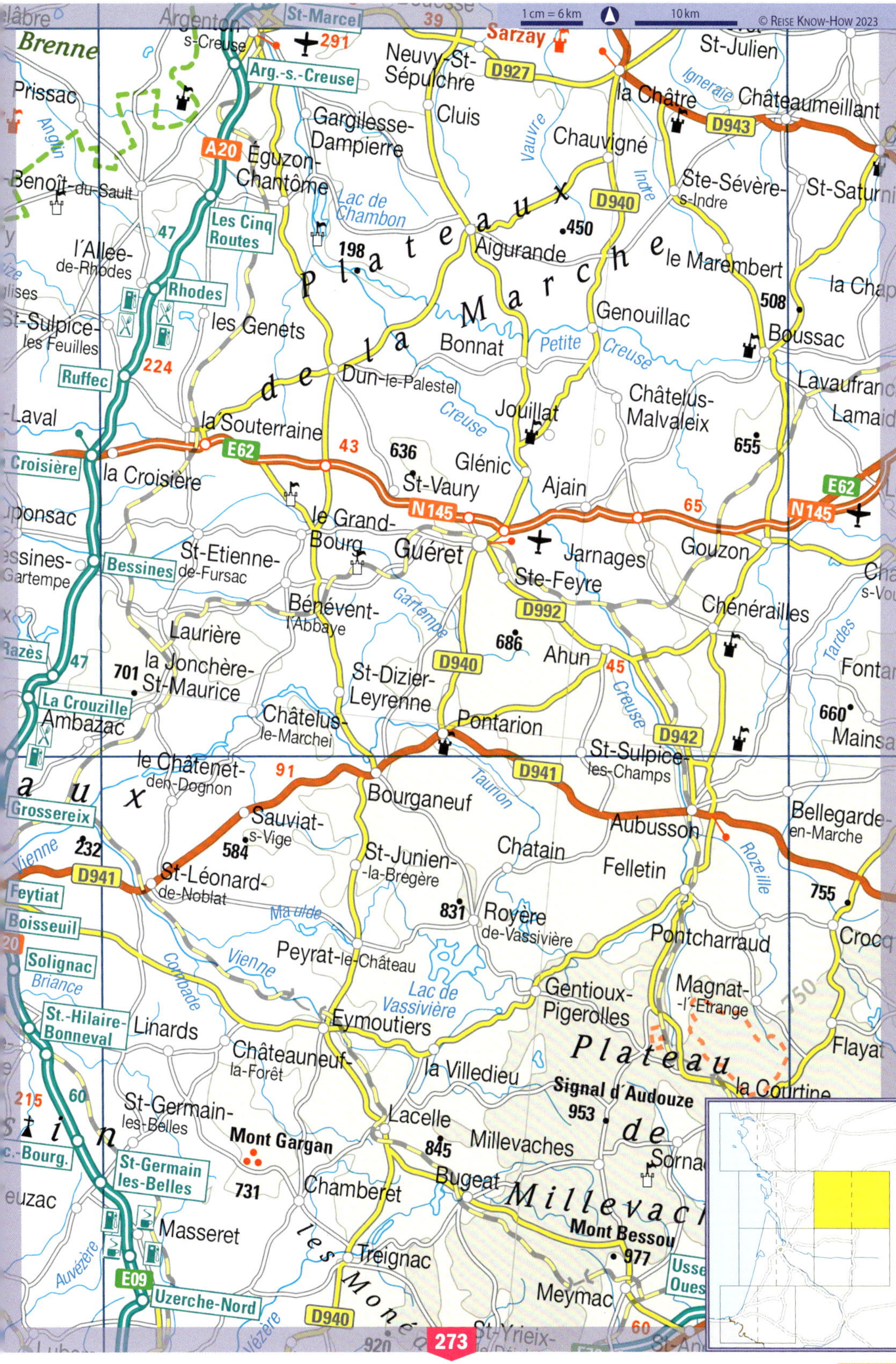
1 cm = 6 km
10 km
© Reise Know-How 2023
Brenne
Argenton-s-Creuse
St-Marcel
Arg.-s.-Creuse
Sarzay
Neuvy-St-Sépulchre
D927
St-Julien
la Châtre
Igneraie
Châteaumeillant
D943
Prissac
Anglin
Gargilesse-Dampierre
Cluis
Chauvigné
Vauvre
A20
Éguzon-Chantôme
St-Benoît-du-Sault
Lac de Chambon
D940
Ste-Sévère-s-Indre
Indre
St-Saturnin
Les Cinq Routes
Plateau de la Marche
450
Aigurande
le Marembert
l'Allee-de-Rhodes
198
Rhodes
la Chapelle
508
Genouillac
St-Sulpice-les-Feuilles
les Genets
Bonnat
Petite Creuse
Boussac
Ruffec
224
Dun-le-Palestel
Châtelus-Malvaleix
Lavaufranche
Lamaids
Laval
Jouillat
655
la Souterraine
Creuse
Croisière
la Croisière
E62
43
636
Glénic
St-Vaury
Ajain
65
E62
N145
Bonsac
le Grand-Bourg
Guéret
Jarnages
Gouzon
Bessines-Gartempe
Bessines
St-Etienne-de-Fursac
Ste-Feyre
Bénévent-l'Abbaye
Gartempe
D992
Chénérailles
Laurière
686
Ahun
Tardes
Razès
47
701
la Jonchère-St-Maurice
D940
45
Fontanières
St-Dizier-Leyrenne
La Crouzille
Ambazac
Châtelus-le-Marcheix
Pontarion
Creuse
660
D942
Mainsat
le Châtenet-en-Dognon
91
St-Sulpice-les-Champs
D941
Taurion
Bourganeuf
Grossereix
Sauviat-s-Vige
Aubusson
Bellegarde-en-Marche
232
584
Vienne
Chatain
St-Junien-la-Bregère
Felletin
Rozeille
D941
St-Léonard-de-Noblat
Feytiat
755
831
Royère-de-Vassivière
Maulde
Boisseuil
Pontcharraud
Crocq
Peyrat-le-Château
Vienne
Solignac
Briance
Combade
Gentioux-Pigerolles
Magnat-l'Étrange
Lac de Vassivière
St.-Hilaire-Bonneval
Linards
Eymoutiers
Flayat
Châteauneuf-la-Forêt
la Villedieu
Plateau de Millevaches
215
60
Signal d'Audouze
953
la Courtine
St-Germain-les-Belles
Lacelle
Mont Gargan
845
Millevaches
Sornac
St-Germain-les-Belles
731
Chamberet
Bugeat
Masseret
Mont Bessou
977
Les Monédières
Treignac
Ussel-Ouest
Auvézère
E09
Meymac
Uzerche-Nord
D940
Vézère
920
60
St-Yrieix-
273

266
Hourtin-Plage
Lac-d'Hourtin-Carcans
Hourtin
Artiguillon
St-Laurent-Médoc
Carcans-Plage
Maubuisson
Carcans
ROUTE 8
Lacanau Océan
Castelnau-de-Médoc
Lac de Lacanau
Lacanau
Ste-Hèlène
ROUTE 9
Saumos
St-Médard-en-Jalles
le Temple
Lège-Cap-Ferret
Blagon
D106
Port-de-la-Lune
Pessac
le Grand Piquey
Arès
Andernos-les-Bains
Pierroton
Bassin d'Arcachon
Arcachon
Cap Ferret
Gujan-Mestras
Audenge
D1250
Biganos
Marcheprime
Cap Ferret
la Teste
Facture
Dune du Pilat
A660
Mios
D1010
A63
le Barp
ROUTE 10
Cazaux
E05
Lac de Cazaux et de Sanguinet
Leyre
Salles
Biscarrosse-Plage
Sanguinet
E70
Belin-Béliet
Belin N10
Biscarrosse
le Muret
Lac de Biscarrosse et de Parentis
Parentis-en-Born
Sanguinet
Ychoux
Liposthey
Biscarrosse
Pissos
Lac d'Aureilhan
Mimizan-Plage
N10
Pontenx-les-Forges
Mimizan
Labouheyre
Trensacq
Bias
Contis-Plage
Sabres
Parc Naturel Régional des Landes de Gascogne
274

267
1 cm = 6 km
10 km
© Reise Know-How 2023
St-Estèphe
Montendre
Chevanceaux
Brossac
Etauliers
Blaye-Montendre
D730
Chalais
St-Séverin
Pauillac
177
Montlieu-la-Garde
136
Aubeterre-s-Dronne
le Pontet
43
142
Blaye
125
ROUTE 5
Montguyon
ROUTE 6
47
St-Savin
St-Aulaye
187
92
A10
Valin
Lamarque
Pugnac
Cavignac
la Roche-Chalais
E05
E606
174
Bourg
N10
Isle
St-Christophe-de-Double
Echourgnac
Margaux
Guîtres
Courtas
St-André-de-Cubzac
la Garosse
Courtas
Montpon-Ménestérol
ROUTE 8
St-André-de-Cubzac
Libourne Nord
39
Ambarès-et-Lagrave
Fronsac
A89
17
Carbon-Blanc
St-Loubès
Lussac
48
E70
Montpon-Ménestérol
26
87
Libourne
162
Arveyres
St-Emilion
86
Villefranche-de-Lonchat
St-Rémy
Mérignac
N89
E70
Cenon
25
Jurisdiction of Saint-Emilion
Libourne-Ouest
Branne
Vélines
168
Bordeaux
Castillon-la-B
66
Prigonrieux
Villenave-d'Ornon
D936
Gradignan
Créon
Dordogne
Quinsac
Pujols
ROUTE 7
Ste-Foy-la-Grande
272
Leognan
Garonne
le Tourne
Targon
Soussac
La Brède
Pellegrue
de-Malforat
La Brède
D1113
Margueron
Saucats
Podensac
Cantois
Sauveterre-de-Guyenne
Cadillac
A62
Duras
Eymet
37
Podensac
Monségur
St-Macaire
Villagrains
E72
la Réole
58
Chât. Yquem
Langon
Lévignac-de-Guyenne
Langon
Hostens
Chât. de Roquetaillade
Canal Latéral à la Garonne
Seyches
Miramont-de-Guyenne
Marmande
Villandraut
Auros
36
A62
Bazas
la Réole
Bazas
Puymiclan
St-Simphorien
E72
8
D813
Château de Cazeneuve
N524
Fauguerolles
Marmande
Sore
Lerm-et-Musset
Grignols
D933
22
le Mas-d'Agenais
Tonneins
Captieux
29
Chap. St-Sabin
Clairac
Callen
Captieux
Casteljaloux
D666
Ciron
61
Damazan
Luxey
7
Aiguillon
A65
D8
Aiguillon
241
Port-Ste-
D932
Allons
D8
275
Bourriot-
Houeillès
24

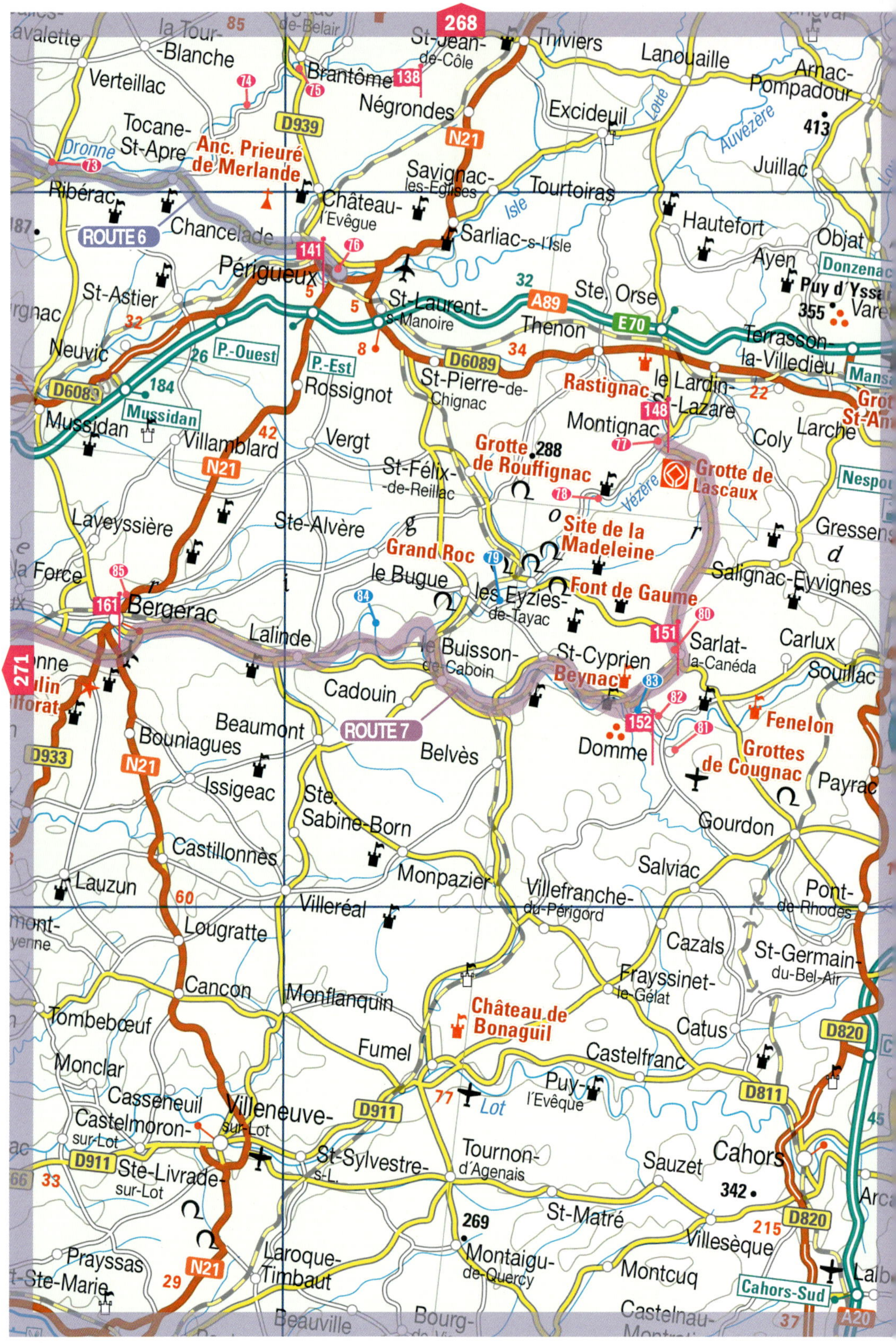
268
271
Verteillac
Brantôme
Négrondes
Thiviers
Excideuil
Lanouaille
Arnac-Pompadour
Ribérac
Tocane-St-Apre
Anc. Prieuré de Merlande
Château-l'Evêque
Savignac-les-Eglises
Tourtoirac
Hautefort
Juillac
Chancelade
ROUTE 6
Périgueux
Sarliac-s-l'Isle
Objat
Ayen
St-Astier
St-Laurent-s-Manoire
Thenon
Ste. Orse
Terrasson-la-Villedieu
Neuvic
P.-Ouest
P.-Est
Rossignot
St-Pierre-de-Chignac
Rastignac
le Lardin-St-Lazare
Mussidan
Villamblard
Vergt
Montignac
Coly
Larche
Grotte de Rouffignac
Grotte de Lascaux
St-Félix-de-Reillac
Laveyssière
Ste-Alvère
Site de la Madeleine
Gressens
Grand Roc
Salignac-Eyvignes
la Force
le Bugue
les Eyzies-de-Tayac
Font de Gaume
Bergerac
Lalinde
Sarlat-la-Canéda
Carlux
le Buisson-de-Caboin
St-Cyprien
Souillac
Beynac
Cadouin
Beaumont
ROUTE 7
Fenelon
Bouniagues
Belvès
Domme
Grottes de Cougnac
Issigeac
Payrac
Ste. Sabine-Born
Gourdon
Castillonnès
Lauzun
Monpazier
Salviac
Villeréal
Villefranche-du-Périgord
Pont-de-Rhodes
Lougratte
Cazals
St-Germain-du-Bel-Air
Cancon
Monflanquin
Frayssinet-le-Gélat
Tombebœuf
Château de Bonaguil
Catus
Fumel
Castelfranc
Monclar
Casseneuil
Puy-l'Evêque
Castelmoron-sur-Lot
Villeneuve-sur-Lot
Lot
Ste-Livrade-sur-Lot
St-Sylvestre-s-L.
Tournon-d'Agenais
Sauzet
Cahors
St-Matré
Villesèque
Prayssas
Laroque-Timbaut
Montaigu-de-Quercy
Montcuq
Cahors-Sud
Beauville
Castelnau-
N21
D939
A89
E70
D6089
D911
D811
D820
D933
A20

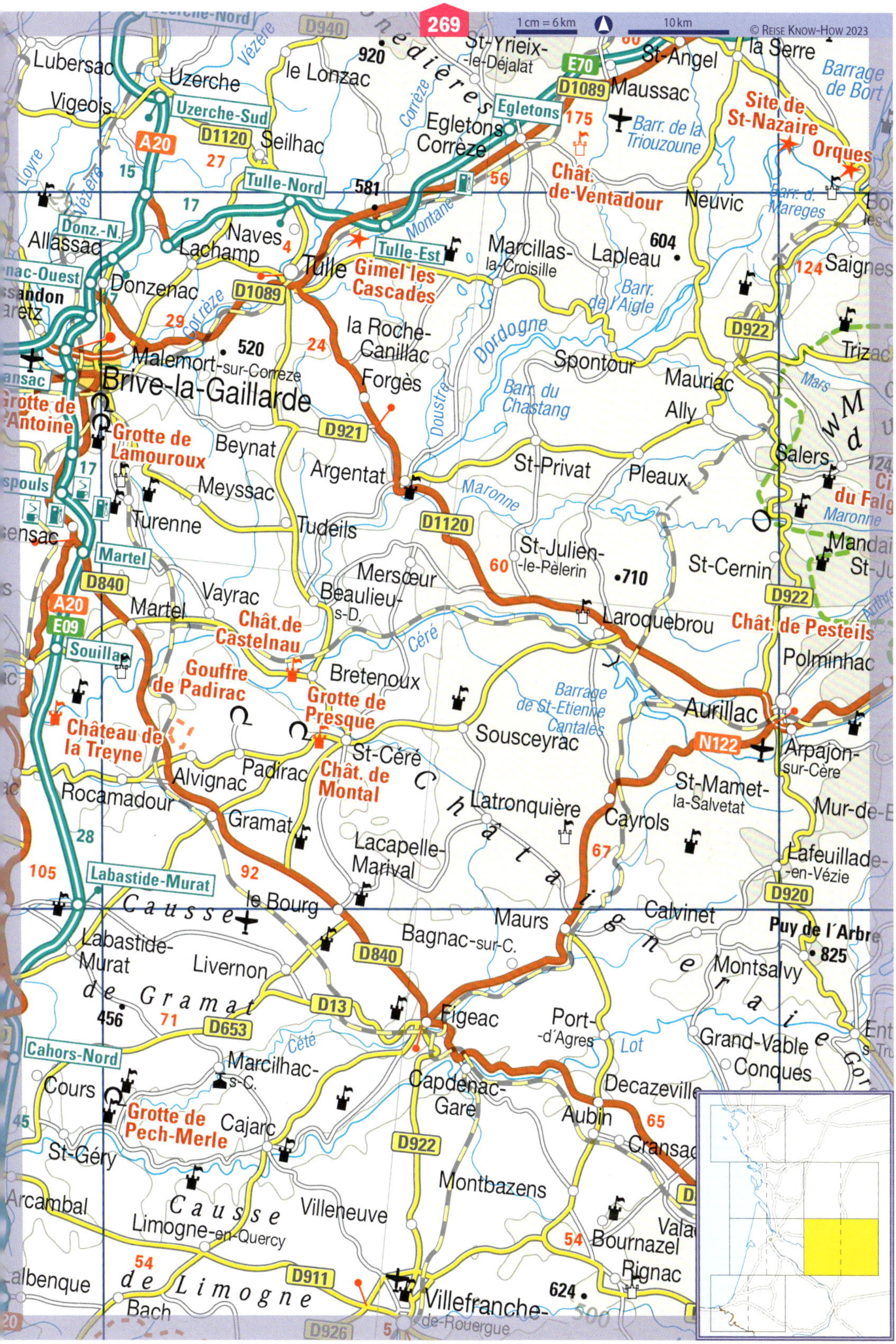
269
1 cm = 6 km
10 km
© Reise Know-How 2023
Lubersac
Uzerche
Vigeois
Uzerche-Sud
le Lonzac
920
St-Yrieix-le-Déjalat
St-Angel
la Serre
Barrage de Bort
E70
D1089
Maussac
Egletons
Egletons
Corrèze
Seilhac
D1120
A20
Barr. de la Triouzoune
Site de St-Nazaire
Orgues
Tulle-Nord
581
Châtˇ de-Ventadour
Neuvic
Barr. d. Mareges
Allassac
Donz.-N.
Naves
Lachamp
Tulle
Tulle-Est
Gimel les Cascades
Marcillas-la-Croisille
Lapleau
604
Saignes
Donzenac
D1089
Barr. de l'Aigle
D922
la Roche-Canillac
Dordogne
Spontour
Trizac
Malemort-sur-Correze
520
Brive-la-Gaillarde
Forgès
Barr. du Chastang
Mauriac
Ally
Grotte de Lamouroux
Beynat
D921
Argentat
St-Privat
Pleaux
Salers
Meyssac
Maronne
Turenne
Tudeils
D1120
St-Julien-le-Pèlerin
710
St-Cernin
Martel
D840
Vayrac
Mersœur
Beaulieu-s-D.
A20
E09
Martel
Châtˇde Castelnau
Cère
Laroquebrou
Châtˇ de Pesteils
D922
Souillac
Gouffre de Padirac
Bretenoux
Polminhac
Grotte de Presque
Barrage de St-Etienne Cantales
Aurillac
Château de la Treyne
Sousceyrac
N122
Arpajon-sur-Cère
St-Céré
Alvignac
Padirac
Châtˇ de Montal
St-Mamet-la-Salvetat
Rocamadour
Latronquière
Cayrols
Mur-de-B
Gramat
Lacapelle-Marival
Lafeuillade-en-Vézie
Labastide-Murat
le Bourg
D920
Causse
Maurs
Calvinet
Puy de l'Arbre
825
Labastide-Murat
Bagnac-sur-C.
Livernon
D840
Montsalvy
de Gramat
456
D13
Figeac
Port-d'Agres
D653
Célé
Lot
Grand-Vabre
Cahors-Nord
Marcilhac-s-C.
Conques
Cours
Capdenac-Gare
Decazeville
Grotte de Pech-Merle
Cajarc
Aubin
St-Géry
D922
Cransac
Montbazens
Arcambal
Causse
Villeneuve
Limogne-en-Quercy
Bournazel
Rignac
Lalbenque
de Limogne
D911
624
Bach
Villefranche-de-Rouergue
D926

270
St-Juilien-en-Born
Lit-et-Mixe
St-Girons-Plage
St-Girons-en-Marensin
Lac de Léon
Castets
Léon
ROUTE 10
Vieux Boucau-les-Bains
Azur
Laluque
Magescq
Berceau de St-Vincent-de-
Soustons
Lac de Soustons
St-Paul-lès-Dax
le Penon
St-Géours
D824
Hossegor
A63
St-Geours-de-Maremme
Capbreton
E05
E70
N10
St-Vincent-de-Tyrosse
Labenne
Ben.-M.
Tarnos
St-Martin-de-S.
Pouil
Boucau
Château d'Aspremont
Ondres
Biarrotte
Anglet
Bayonne
Adour
Peyreh.
Peyrehora
Biarritz
Urt
A64
Briscous
Anc.prieure d'Arthous
St-Jean-d.-L.-N.
D1
E80
Bidache
St-Jean-de-Luz
Bayonne-S.
Urt
Hondarribia
Ciboure
Ustaritz
Briscous
Labastide-Clairence
Escos
Pasaia
Hendaye
St-Pée-s-Nivelle
Hasparren
D936
St-Jean-d.-L.-S.
Renteria
Binatou
la Rhune
Cambo-les-Bains
Grottes d'Isturits-Oxocelhaya
Irun
900
Espelette
Lasarte
Hernani
Dancharia
Louhossoa
St-Esteben
Bera
Grottes de Sare
D918
ROUTE 11
St-Palais
Andoain
Lesaka
Bidarray
Collines Basques
de May d'Andura
Etxalar
Larceveau-Arros-Cibits
Goizueta
C. d'Ispeguy 672
1034
Sunbilla
Elizondo
Nive
Château d'Harispe
Leitza
Ezkurra
Doneztebe
St-Etienne-de-Baïgorry
St-Jean-Pied-de-Port
Chap. St-Anto
Mugairi
Arnéguy
Mendive
N121A
"St.James" Way
1268
Château d'Elicabia
Jaunsarás
847
Pto. de Belate
Urepel
Alkotz
1057
1569
Licq-Athérey
Pto. de Ibañeta
Orreaga/Roncesvalles
Larrau
2021
Pic d'Orhy
Urtasun
N135
Sierra de Abodi
Gorges de Kakouet
Irurtzun
N240A
Aribe
Ostiz
Erro
Abaurregaina
Andia
Zubiri

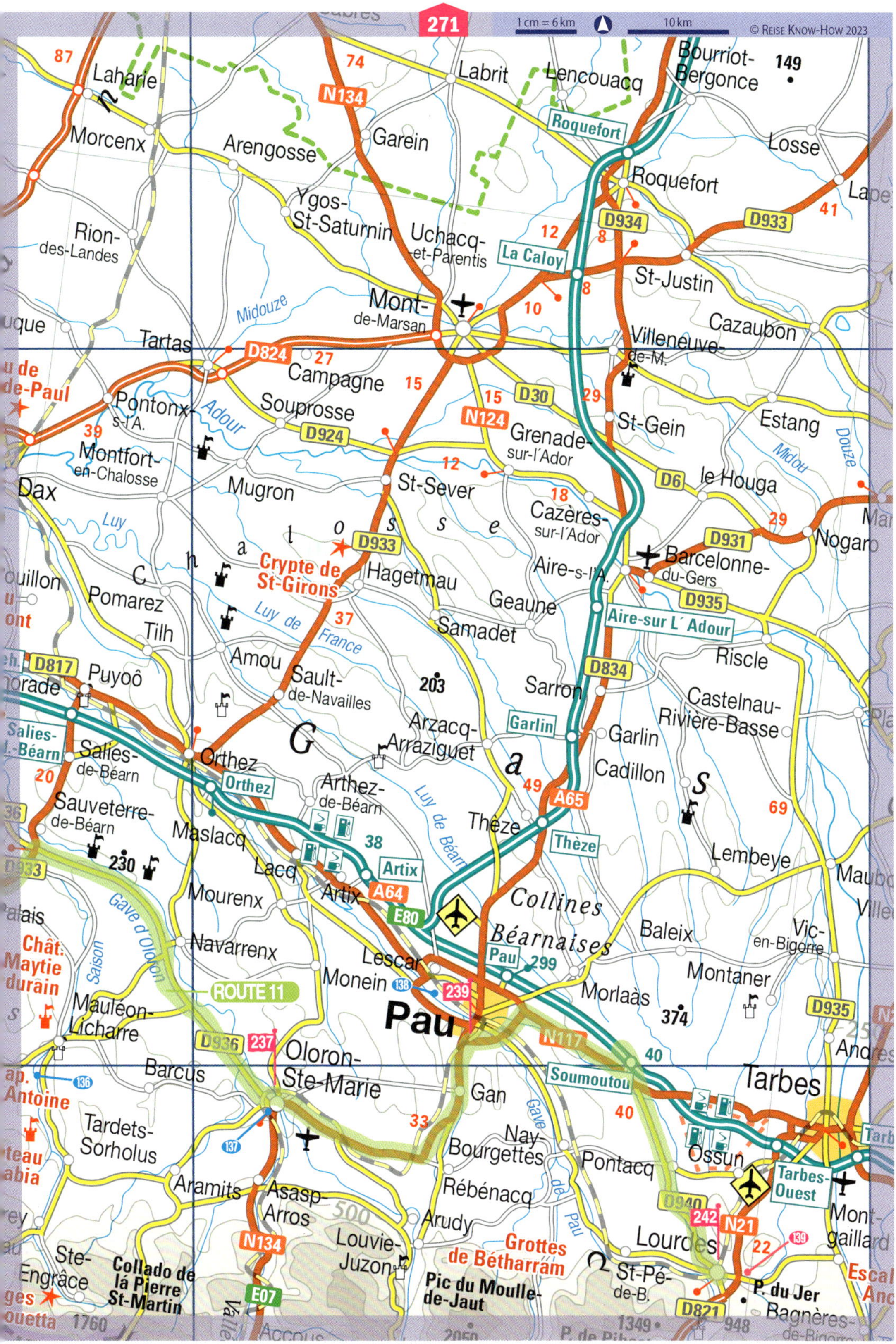
271
1 cm = 6 km
10 km
© Reise Know-How 2023
Laharie
Morcenx
Arengosse
Labrit
Garein
Lencouacq
Bourriot-Bergonce
149
Roquefort
Losse
Ygos-St-Saturnin
Uchacq-et-Parentis
Rion-des-Landes
La Caloy
St-Justin
Midouze
Mont-de-Marsan
Tartas
D824
Campagne
Villeneuve-de-M.
Cazaubon
Pontonx-s-l'A.
Adour
Souprosse
D30
N124
St-Gein
Estang
Montfort-en-Chalosse
D924
Grenade-sur-l'Ador
Midou
Douze
Dax
Mugron
St-Sever
le Houga
Luy
Cazères-sur-l'Ador
D6
D931
Nogaro
Chalosse
Crypte de St-Girons
D933
Hagetmau
Barcelonne-du-Gers
Aire-s-l'A.
Pomarez
Tilh
Luy de France
Geaune
D935
Samadet
Aire-sur L' Adour
Amou
Riscle
D817
Puyoô
Sault-de-Navailles
203
Sarron
D834
Castelnau-Rivière-Basse
Salies-de-Béarn
Arzacq-Arraziguet
Garlin
Orthez
Cadillon
Sauveterre-de-Béarn
Arthez-de-Béarn
Luy de Béarn
Thèze
A65
Maslacq
Lembeye
230
Lacq
Artix
A64
E80
Collines Béarnaises
Mourenx
Gave d'Oloron
Baleix
Vic-en-Bigorre
Navarrenx
Pau
299
Montaner
Saison
Lescar
Monein
Morlaàs
374
Châtel Maytie
ROUTE 11
239
Pau
N117
D935
Mauléon-Licharre
D936
237
Oloron-Ste-Marie
Soumoutou
Tarbes
Barcus
Gan
Gave de Pau
Tardets-Sorholus
33
Nay-Bourgettes
Pontacq
Ossun
Tarbes-Ouest
Aramits
Asasp-Arros
Rébénacq
Arudy
D940
242
N21
Mont-gaillard
N134
Louvie-Juzon
Grottes de Bétharram
Lourdes
St-Pé-de-B.
Ste-Engrâce
Collado de lá Pierre St-Martin
Pic du Moulle-de-Jaut
P. du Jer
E07
D821
Bagnères-de-Bigorre
1760
1349
948

ÜBERSICHT STELL- UND CAMPINGPLÄTZE

GPS-Koordinaten der Stell- und Campingplätze im Buch (Kartendatum WGS84). Die aufgeführten Stell- und Campingplätze können als Waypoint-Liste auf der Produktseite dieses Buches unter www.reise-know-how.de heruntergeladen werden.

ANFAHRT

1 Stellplatz Metz Aire Municipale S. 14
2 Stellplatz Aire d'accueil camping-cars de Bouchemaine/Angers S. 14
3 Stellplatz Sully-sur-Loire S. 15
4 Stellplatz Aire De Camping Car Saumur S. 15
5 Stellplatz Beaune S. 16
6 Stellplatz Villefranche-sur-Saône S. 16
7 Stellplatz Montauban S. 17
8 Stellplatz Souillac S. 17

ROUTE 1

9 Camping de Mindin, St-Brevin-les-Pins S. 39
10 Stellplatz Municipal, Saint-Michel-Chef-Chef S. 40
11 Camping Clos Mer et Nature, Tharon-Plage S. 41
12 Camping-Car Park Le Thar-Cor, Tharon-Plage S. 41
13 Stellplatz Municipal, La Plaine-sur-Mer S. 41
14 Stellplatz Pointe, Préfailles S. 42
15 Stellplatz Les Pinettes, Préfailles S. 42
16 Camping Eléovic, Préfailles S. 43
17 Camping Capfun La Madrague S. 45
18 Stellplatz municipal, La Bernerie-en-Retz S. 45
19 Camping de l'Hermitage des Dunes S. 46
20 Stellplatz Port du Bec, Bouin S. 47
21 Stellplatz L'Herbaudière, Île de Noirmoutier S. 53
22 Stellplatz Noirmoutier-en-Île S. 53
23 Camping Municipal La Pointe, Île de Noirmoutier S. 53
24 Stellplatz L'Épine, Île de Noirmoutier S. 54
25 Stellplatz Beauvoir-sur-Mer S. 54

An der französischen Atlantikküste kann man mit seinem Wohnmobil teilweise sehr idyllisch direkt am Wasser stehen

ROUTE 2

26 Camping-Car Park La Grande Côte, La Barre-de-Monts S. 58
27 Stellplatz La Clairière, Notre-Dame-de-Monts S. 60
28 Camping municipal de L'Orgatte S. 60
29 Stellplatz Le Repos des Tortues, Saint-Jean-de-Monts S. 61
30 Camping Les Ombrages S. 63
31 Stellplatz Saint-Hilaire-de-Riez S. 63
32 Stellplatz Saint-Gilles-Croix-de-Vie S. 63
33 Stellplatz Olonne-sur-Mer S. 66
34 Stellplatz Les Sables-d'Olonne S. 66
35 Stellplatz Talmont-Saint-Hilaire S. 67
36 Stellplatz Aire des Goffineaux, Jard-sur-Mer S. 69
37 Stellplatz La Tranche-sur-Mer S. 71
38 Stellplatz Aire de Camping-car de la Base Nautique, L'Aiguillon-sur-Mer S. 72
39 Stellplatz Camping-Car Park La Faute-sur-Mer S. 72
40 Camping Îlot du Chail S. 76
41 Parking de l'Autremont Aire de service camping-car, Coulon S. 78

ROUTE 3

42 Stellplatz Jean Moulin Aire Camping-car, La Rochelle S. 87
43 Camping du Soleil, La Rochelle S. 87
44 Stellplatz Saint-Martin-de-Ré S. 89
45 Camping les Baleines S. 90
46 Camping La Combe à L'Eau, Ars-en-Ré S. 91
47 Aire de Stationnement Camping Cars, Saint-Clément-des-Baleines S. 91
48 Stellplatz Le Bois-Plage-en-Ré S. 92
49 Camping Les Grenettes, Sainte-Marie de-Ré S. 93

193wf-if

50 Aire de Service et Stationnement du Platin, Rivedoux-Plage S. 93
51 Stellplatz Châtelaillon-Plage S. 95
52 Stellplatz Fouras S. 96

ROUTE 4

53 Stellplatz Rochefort S. 102
54 Camping Le Rayonnement S. 102
55 Stellplatz Port-des Barques S. 103
56 Camping Les Gros Joncs S. 110
57 Stellplatz Château d'Oléron S. 111
58 Stellplatz Dolus-d'Oléron S. 112
59 Camping Municipal „Les Saumonards" S. 112
60 Camping Municipal Saint-Denis-d'Oléron S. 112
61 Stellplatz Saint-Denis-d'Oléron, Aire Le Moulin S. 112
62 Stellplatz Le Grand Village-Plage S. 112

ROUTE 5

63 Stellplatz La Tremblade S. 118
64 Stellplatz La Palmyre S. 119
65 Camping Beausoleil S. 119
66 Stellplatz Royan S. 120
67 Stellplatz Meschers-sur-Gironde S. 122
68 Stellplatz Mortagne-sur-Gironde S. 124
69 Stellplatz Blaye S. 126

ROUTE 6

70 Camping au Fil de l'Eau S. 132
71 Camping de Cognac S. 134
72 Camping Paradis Aubeterre-sur-Dronne S. 137
73 Stellplatz Ribérac S. 138
74 Stellplatz Bourdeilles S. 139
75 Stellplatz Brantôme-en-Périgord S. 140
76 Stellplatz Périgueux S. 144

ROUTE 7

77 Stellplatz Montignac S. 150
78 Stellplatz St-Léon-sur-Vézère S. 150
79 Camping Val de la Marquise Dordogne S. 151
80 Stellplatz Sarlat-la-Canéda S. 152
81 Stellplatz Domme S. 154
82 Stellplatz La Roque-Gageac S. 156
83 Camping la Plage S. 156

84 Camping Les Berges de la Dordogne S. 160
85 Stellplatz Bergerac S. 162
86 Camping Yelloh Village Saint-Émilion S. 164

ROUTE 8

87 Camping Le Village du Lac S. 174
88 Stellplatz Saint-Laurent-Médoc S. 176
89 Camping Municipal Les Gabarreys S. 177
90 Parkplatz Saint-Estèphe S. 178
91 Stellplatz Le Verdon-sur-Mer S. 180

ROUTE 9

92 Stellplatz Soulac-sur-Mer/L'Amélie-sur-Mer S. 185
93 Camping Les Sables d'Argent S. 186
94 Stellplatz Le Gurp S. 187
95 Stellplatz Vendays-Montalivet S. 187
96 Camping Municipal de l'Océan S. 188
97 Camping Municipal Pin Sec S. 188
98 Stellplatz Hourtin-Port S. 189
99 Stellplatz Maubuisson S. 191
100 Camping de L'Océan Carcans S. 191
101 Camping Municipal La Grigne S. 192
102 Stellplatz Lacanau/Le Huga S. 192
103 Stellplatz Lège-Cap-Ferret/Claouey S. 194
104 Camping Le Truc Vert S. 194
105 Stellplatz Andernos-les-Bains S. 195
106 Camping Fontaine Vieille S. 196
107 Camping Huttopia Arcachon S. 200

ROUTE 10

108 Camping Pyla Camping S. 205
109 Stellplatz Biscarrosse-Plage S. 206
110 Camping Campéole Navarrosse S. 206
111 Camping Calède S. 207
112 Stellplatz Parentis-en-Born S. 208
113 Stellplatz Gastes S. 208
114 Stellplatz Mimizan-Plage S. 209
115 Stellplatz Contis-Plage S. 210
116 Stellplatz Léon S. 210
117 Camping Municipal Les Sablères S. 211
118 Stellplatz Vieux-Boucau-les-Bains S. 212
119 Stellplatz Parking Du Lac Marin, Soustons S. 212
120 Camping Domaine de Fierbois S. 213
121 Stellplatz Capbreton S. 214
122 Stellplatz Ondres-Plage S. 215
123 Stellplatz Anglet S. 219
124 Biarritz Camping S. 224
125 Aire de Camping Cars Milady S. 224

ROUTE 11

126 Stellplatz Saint-Jean-de-Luz S. 230
127 Camping Le Bord de Mer S. 230
128 Stellplatz Hendaye S. 231
129 Camping Hendaye Ametza S. 231
130 Camping Larrouleta, Urrugne S. 232
131 Stellplatz Sare S. 233
132 Camping Biper Gorri S. 234
133 Camping Amestoya S. 234
134 Europ'Camping S. 235
135 Stellplatz Saint-Jean-Pied-de-Port S. 237
136 Camping Uhaitza „Le Saison“ S. 238
137 Camping Pyrénées Nature S. 239
138 Camping Le Terrier S. 240
139 Stellplatz Le Vieux Berger, Lourdes S. 243

Liebe Leserin, lieber Leser,

ein unabhängiger Verlag für unabhängig Reisende – das sind wir, der Reise Know-How Verlag aus Bielefeld, eines der letzten Familienunternehmen in der Branche. Obwohl wir zu den größten Reiseführerverlagen Deutschlands gehören, ist der familiäre Umgang miteinander in allen Bereichen des Verlagslebens zu spüren: In der Geschäftsführung in zweiter Generation, in einer wertschätzenden Arbeitsatmosphäre, in der Nähe zu unseren frei arbeitenden Autorinnen und Autoren, im engen Austausch mit unseren Leserinnen und Lesern – und auch in der Zusammenarbeit mit Druckereien in Deutschland, in denen wir ausschließlich und regional unsere Bücher produzieren. Die sollen schließlich erst mit Ihnen auf große Reise gehen.

Alles, was wir in unsere Bücher und Landkarten stecken, soll Ihnen eines ermöglichen: Auf Ihre ganz eigene, individuelle Weise die Welt zu entdecken. Wir wünschen Ihnen viel Freude und unvergessliche Erlebnisse mit diesem Wohnmobil-Tourguide.

Es grüßen herzlich
Peter Rump & Wayan Rump

ZEICHENERKLÄRUNG ZUM ROUTENATLAS

A10 E50 N330 D407	Straßennummer Road numbers Numérotation des routes Número de carretera	Nationalpark / Naturpark / Naturschutzgebiet National park / Nature reserve Parc national / Parc naturel / Réserve naturelle Parque nacional / Reserva natural	
Coulanges	Autobahn mit Anschlussstelle / Tunnel Motorway with junction / Tunnel Autoroute avec échangeur / Tunnel Autopista con conexión / Túnel	Sperrgebiet Restricted area Zone interdite Zona prohibida	
	Autobahn in Bau / geplant Motorway under construction / planned Autoroute en construction / en projet Autopista en construcción / en proyecto	Internationaler Flughafen International airport Aéroport international Aeropuerto internacional	
	Schnellstraße / Tunnel Expressway / Tunnel Voie rapide / Tunnel Autovía / Túnel	Flughafen / Flugplatz Airport / Airfield Aéroport / Aérodrome Aeropuerto / Aeródromo	
	Schnellstraße in Bau / geplant Expressway under construction / planned Voie rapide en construction / en projet Autovía en construcción / en proyecto	Autobahntankstelle / -kiosk Filling station / snackbar Station-service / kiosque Stazione di servizio / chiosco	
	Fernstraße / Tunnel Major route / Tunnel Route grande circulation / Tunnel Carretera nacional / Túnel	Autobahnraststätte / Übernachtung Restaurant / hotel (motel) Restaurant / hôtel (motel) Ristorante / hotel (motel)	
	Fernstraße in Bau / geplant Major route under construction / planned Route grande circulation en construction / en projet Carretera nacional en construcción / en proyecto	Parkplatz Car park Parking Aparcamiento	P
	Nebenstraße / Tunnel Secondary road / Tunnel Route secondaire / Tunnel Carretera secundaria / Túnel	Aussichtspunkt Viewpoint Point de vue Mirador	
	Sonstige Straße Other road Autre route Otro tipo de vía	Sehenswürdigkeit / Naturdenkmal Point of interest / Natural feature of interest Curiosité / Curiosité environnementale Lugar de interés turístico / natural	
	Eisenbahn / Tunnel Railway / Tunnel Voie ferrée / Tunnel Vía férrea / Túnel	Archäologischer Fundort Archeological site Vestige archéologique Yacimiento arqueológico	
	Zahnradbahn / Standseilbahn / Seilschwebebahn Rack railway / Cable car / Cableway Chemin de fer à crémaillère / Téléphérique / Téléphérique Ferrocarril de cremallera / Funivia / Funivia	Leuchtturm Lighthouse Phare Faro	
Eivissa	Fähre Ferry Transbordeur Transbordador	Burg, Schloss / Ruine, sehenswert Castle / Ruin of interest Château / Ruine exceptionnel Castillo / Ruina de interés turístico	
142 71 71 142 71 71	Entfernung in Kilometern Distance in kilometres Kilométrage Distancia en kilómetros	Kirche sehenswert Church of interest Église exceptionnelle Iglesia de interés turístico	
	See / Damm, Wehr Lake / Dam, weir Lac / Barrage, digue Lago / Presa	Kloster sehenswert Monastery of interest Cloître exceptionnelle Monasterio de interés turístico	
	Staatsgrenze mit Übergang International boundary with checkpoint Frontière nationale avec passage douanier Frontera internacional con paso fronterizo	Kapelle sehenswert Chapel of interest Chapelle exceptionnelle Cappella de interés turístico	
Mont Mounir 2817 1480	Berg (Höhe in m) / Höhenpunkt (Höhe in m) Mountain (height in m) / Spot elevation (height in m) Mont (altitude en mètres) / Sommet (altitude en mètres) Montaña (altitud en metros) / Cima (altitud en metros)	Höhle Cave Grotte Cueva	
2327 Col de la Cayolle	Pass (Höhe in m) Pass (height in m) Col (altitude en mètres) Puerto de montaña (altitud en metros)	UNESCO Welterbe UNESCO world heritage Patrimoine mondial de l'UNESCO Patrimonio de la Humanidad (UNESCO)	

Der in diesem Buch abgedruckte Routenatlas beruht auf dem Faltplan **„Frankreich"** 1 : 1.000.000 aus dem world mapping project™, herausgegeben vom Reise Know-How Verlag.